아도르노 강의록 003

사회학 강의

Einleitung in die Soziologie

테오도르 W. 아도르노
문 병 호 옮김

세창출판사

아도르노 강의록 003

사회학 강의

초판 발행 2014년 5월 10일
2쇄 발행 2023년 11월 20일
-
지은이 Theodor W. Adorno
옮긴이 문병호
펴낸이 이방원
책임편집 배근호   책임디자인 손경화
마케팅 최성수 · 김 준   경영지원 이병은
-
펴낸곳 세창출판사
　　　신고번호 제1990-000013호
　　　주소 03736 서울시 서대문구 경기대로 58 경기빌딩 602호
　　　전화 02-723-8660   팩스 02-720-4579
　　　이메일 edit@sechangpub.co.kr   홈페이지 www.sechangpub.co.kr
　　　블로그 blog.naver.com/scpc1992   페이스북 fb.me/Sechangofficial   인스타그램 @sechang_official
-
ISBN 978-89-8411-466-1   94160
　　　978-89-8411-369-5 (세트)

값 38,000원

으로 보이는 합리성에 들어 있는 비합리적인 것 289 ｜ 소규모 비합리적 집단

들의 의식儀式; '젖소 사회학' 292 ｜ 사회적 통제 관할처로서의 사회학; 사회학

적 이상이 테크노크라시가 되는 것에 대하여 293 ｜ 비판의 임무 294

제16강 · 298

제17강 · 316

일러두기

1 이 책의 토대는 테오도르 W. 아도르노가 1968년 여름학기에 프랑크푸르트 대학에서 17회에 걸쳐 진행한 강의이다. 17회로 마감된 이유는 당시 유럽을 휩쓸었던 68 학생운동의 와중에서 강의가 계획된 대로 이루어질 수 없는 상황이 수차 발생하였기 때문이다.

2 이 책의 맨 앞에 있는 '차례'는 원전에서는 맨 뒤에 '개관'이라는 제목으로 첨부되어 있다. 한국어판에서는 그러나 독자의 편의를 위해 '개관'을 '차례'로 바꾸어 책의 맨 앞에 배치하였다. '개관'이 갖는 의미에 대해서는 편집자 후기를 참조하기 바란다.

3 '편집자 주'에 있는 내용 중에서 편집자가 이 강의의 이해에 도움이 되도록 학문적 차원에서 달아 놓은 주석들은 모두 한국어로 번역하였다. 그러나 '편집자 주'의 서지 정보는 독일어 원문을 그대로 유지하였다. 이는 전문 연구자들의 연구에 도움을 주기 위함이다. 동시에, 독일어에 익숙하지 않은 독자들을 위해 옮긴이가 필요하다고 판단한 경우에는 책이나 논문의 제목 정도를 한국어로 번역해 놓았다. 괄호 사용은 소괄호 '( )'를 원칙으로 하고, 괄호가 중첩될 때에는 대괄호 '[ ]' 내부에 소괄호 '( )'를 사용하였다.

4 원문에서 이탤릭체로 처리된 '강조'는 한국어 고딕체로 처리하였다.

5 괄호를 사용하고 작은 글자를 사용하여 본문에 넣어 놓은 역주는 독자들에게 편의를 주기 위함이다. 예를 들어 '소련'은 1968년에는 존재하였던 국가였으나 현재는 더 이상 존재하지 않기 때문에 이에 대해 역주를 달아 놓았다.

아도르노의 저술들은 전집(롤프 티데만Rolf Tiedemann이 그레텔 아도르노 Gretel Adorno와 수전 벅-모스Susan Buck-Morss 그리고 클라우스 슐츠Klaus Schulz의 도움을 받아 편집한 것으로 1970년 프랑크푸르트 암 마인Frankfurt am Main에서 출간되었다) 그리고 유고들(테오도르 W. 아도르노 자료실 편, 프랑크푸르트 암 마인, 1993)에서 인용하였다. 줄임말들은 아래와 같다.

GS 3 *Max Horkheimer und Theodor W. Adorno*, Dialektik der Aufklärung. Philosophische Fragmente. 2. Aufl., 1984.
계몽의 변증법

GS 4 Minima Moralia. Reflexionen aus dem beschädigten Leben. 1980.
미니마 모랄리아

GS 5 Zur Metakritik der Erkenntnistheorie/Drei Studien zu Hegel. 3. Aufl., 1990.
인식론 메타비판 / 헤겔 연구 세 편

GS 6 Negative Dialektik/Jargon der Eigentlichkeit. 4. Aufl., 1990.
부정변증법 / 고유성이라는 은어

GS 8 Soziologische Schriften I. 3. Aufl., 1990.
사회학 논문집 I

GS 9 · 2 Soziologische Schriften II, Zweite Hälfte. 1975.
사회학 논문집 II, 제2권

GS 10 · 1 Kulturkritik und Gesellschaft I: *Prismen/Ohne Leitbild*. 1977.
문화비판과 사회 I

강의록을 출판하는 것에 대해

아도르노가 자유롭게 행해진 강연을 출판하는 것에 대해 1962년에 동의하였을 때, 그는 출판에 머리말을 붙이면서 다음과 같이 말하였다. "나는 강연이 갖고 있는 작용성의 방식에서 볼 때 구어와 문어가 오늘날 우리가 느끼는 것보다도 철저할 정도로 더욱 멀리 떨어져 있다는 것을 의식하고 있다. 강연이 사물에 대한 서술이 갖는 구속성을 확보하기 위해 써야만 하는 정도로 청취자들에게 말을 하게 된다면, 강연은 이해되지 않은 채 머물러 있을 것 같다. 강연이 말하는 것 중에서 어떤 것도 강연이 텍스트로부터 요구했어야 했던 것에 합치될 수는 없다. … 우리가 자유로운 강연이라고 명명하고 있는 것처럼, 자유로운 강연을 녹음테이프로 녹음하여 확산시키는 경향이 도처에서 성립되는 곳에서, 바로 이곳에서 강연은 스스로 관리된 세계의 행동방식의 징후를 보이고 있다. 관리된 세계는 고유한 진실을 갖고 있는 일시적인 말을 무상성에서 단단히 못질을 해 버린다. 이는 말하는 사람으로 하여금 관리된 세계가 하는 못질에 충실하겠다고 맹세시키기 위함이다. 녹음테이프로 강연을 녹음하는 것은 살아 있는 정신의 지문指紋과 같은 것이다." 아도르노의 이런 말은 그가 사망하기 1년 전인 1968년에 마지막으로 행했던 학술적 강의를 출판하는 것에 더욱 강력하게 통용된다. 이 책을 통해 출판되는 강의는 그가 했던 강의들 중에서 녹음 자체가 강의 그대로 보존된 유일한 강의이다. 이 책의 편집은 그러므로 아도르노가 때로는 자신이 행했던 강연을 조금만 수정한 채 인쇄하도록 했던 것보다 한 발자국 더 나아간다. 이 책의 편집은 단어들을 그대로 재현시키는 것을 통해서 녹음테이프의 내용을 매개하는 것을 모색한다. 이런 방식으로 하지 않으면, 강의 내용은 구출될 수 없는 상태에서 그 모습을 잃어 버렸을 수도 있었다. 다시 말해, 이 책의 편집은 아도르노가 강의하면서 보여주는 생동감 넘치는 인상을 —이러한 인상이 인쇄된 책에서 눈에 띄는 것은 불충분하겠지만— 매개하고자 한다. 독자는 아도르노의 텍스트 한 편을 읽는 것이 아니고, '진실을 고유한 무상성'에서 갖고 있었던 강연의 기록 문서를 읽는다는 점을 한순간이라도 망각해서는 안 될 것이다.

사회학 강의

신사 숙녀 여러분, 사회학 강의에 이렇게 많은 분들이 참여해 준 것에 대해 기쁘게 생각하며, 내가 이렇게 기뻐하는 것에 대해 여러분이 양해해 주리라 생각합니다. 내가 이에 대해 여러분이나 나를 속이려고 한다면, 그것은 거짓말일 것입니다. 또한 여러분이 공론장公論場에서 일고 있는 분위기[2]와 관련하여 나에게 알려 준 신뢰에 대해 감사합니다. 이러한 분위기는 나에게서와 마찬가지로 여러분에게도 거의 숨겨져 있지 않고 드러나 있는 것들입니다. 그러나 나는 다른 한편으로는 바로 이런 점과 관련하여 … [더 크게 말해 주세요!] 예, 마이크 장치가 제대로 작동되고 있지 않는가요? — 나는 다른 한편으로는, 이 강의에 여러분이 이처럼 많이 참석해 준 것과 관련하여 사회학 전공의 전망에 대해 몇 마디 말을 해야 할 의무를 느낍니다.

독일 사회학자 대회[3]의 기회를 맞아 '독일 사회학회'[4]가 사회학 전공의 전망에 대해 실제로 구속력 있는 정보를 여러분에게 제공할 책임이 있다는 점에 대해서는 여러 가지 측면에서 지적되었습니다. 그 밖에도, 이와 동시에 함부르크 대학에서 일하는 동료 사회학자이자 대학교육 문제를 다루는 위원회의 책임자인 클루트 교수[5]가 사회학 전공자의 전망에 관련하여 대단히 많은 노력을 기울였다는 것을 여러분에게 말하지 않을 수 없습니다. 그러나 나는 우리가 프랑크푸르트에서 갖고 있는 항상 불충분한 자료를 최소한 여러분에게 제시해야 한다고 생각합니다. 여러분이 정말로 사회학 공부를 갓 시작한 학생들이라면, 내가 제시한 자료를 통해서 사회학 공부를 계속해서 할 것인지, 특히 사회학 공부를 주전공으로 계속할 것인지에 대해 여러분이 결정할 수 있게 될 것입니다. 사정이 이러하므로 나는 여기에서 다음과 같이 말하지 않을 수 없습니다. 사회학 전공자들의 직업 전망은 좋지 않습니다.[6] 우리가 이에 관해 낙관주의적으로 저쪽으로 굴러간다면, 이것은 비길 데 없는 거짓이 될 것입니다. 직업 전망은 우리가 기대해도 좋을 만큼 좋아지지 않았고, 오히려 더 나빠졌습니다. 한편으로는 사회학을 전공한 졸업자들의 수가 천천히 증가하였지만 동시에 항시적으로 증가하였습니다. 다른 한편으로는 사회학 졸업자들을 잘 알려진 경제적인 진행과정들[7]과의 연관관계에서 수용할 수 있는 능력이 감소하였습니다. 여기에서 나는 과거의 내 자신에게는 현재처럼 생생하게 드러내지 않았던 것을 이제 상세하게 말하고자 합니다. 나는 이것을 사회학 전공자의 직업 전망을 더 자세히 다룬 이후에야 비로소 배우게 되었습니다. 다시 말해, 사회학의 천국이며 학문 공화국 내부에서 사회학이 어떤 경우이든 완전하게 동등한 권리를 갖고 있는 미국에서도 사회학 전공자들이 어디에서나 별 어려움이 없이 그들의 직장을 발견한다고 말할 수 없습니다. 나는 이 문제와 관련하여 미국의 의미에서 독일에서 전개될 방향에 대해 진단을 한 바 있었습니다. 이러한 전개는 사회학 전공자들의 직업 전망에서는 어떠한 본질적인 것도 변화시키지 않을 것으로 보입니다. 사회학을 주전공으로 하는 학생들의 수는 1955년 이래[8] 말로 서술할 수 없을 정도로 증가하였습니다. 여기에서는 몇몇 숫자만 제시하고자 합니다. 사회학 주전공자는 1955년에 30명, 1959년에 163명, 1962년에 331명, 1963년에는 383명이었으며, 현재인 1968년에는 그 수가 626명입니다. 이러한 관계들을 제시하면서, 내가 여러분 모두가 사회학을 공부하는 것은 경이로운 일이라고 말하려고 노력하는 사람이 될 수는 없습니다. 경이로운 일이라고 말한다면, 나는 유명한 전문가로서 정말로 바보가 될 수밖에 없을 것입니다.

여러분이 사회학을 공부하는 학생들이 생각하고 있는 것, 즉 지금 공부하는 학생들이 소망하는 직업들과 학생들이 실제로 얻었던 직업들을 완벽하게 비교해 보면, 그 결과는 더욱 나쁘게 나타납니다. 이 결과를 분석해 보면 흥미롭습니다. 예를 들어 사회학 전공자들의 4%만이 대학에서 활동하기를 원하였지만 졸업생의 28%가 다시 대학에 들어와서 일을 하게 되었습니다. 다른 말로 하면, 사회학자들을 양성한 대학이 동시에 사회학자들에 대한 중심적 소비자이면서 그들을 받아들이는 주된 기관입니다. 이런 관계들을, 비교적 자유롭게 언어를 사용하여 심리학 이론으로 표현한다면, 근친상간적이라고 나타냈던 바 있었습니다. [학생들 사이에서 웃음이 터짐] 이런 현상이 바람직한 것은 아니라고 생각합니다. 여기에서 몇몇 수치를 여러분에게 제공하고자 합니다. 이러한 문제로 여기에서 오래 지체하고 싶지는 않기 때문입니다. 다른 한편으로는, 졸업생의 4%만이 시장 조사와 여론 조사 분야에서 직업을 갖기를 희망하였지만 실제로는 졸업생의 16%가 이 분야로 들어갔습니다. 상대적으로 많은 비율인 17%가 신문사, 방송국, TV방송국에서 일하기를 원했지만 졸업생의 5%만이 언론기관에서 일자리를 얻었습니다. 산업사회학과 경영사회학 분야에서는 조금 더 유리한 결과가 나와 있습니다. 취업을 희망한 비율은 3%였고 실제 취업은 4%에 달하였습니다.

이러한 결과들을 제시하면서 여러분에게 더 이상 불편을 주고 싶지는 않습니다. 그러나 여러분은 어떤 경우이든 사회학 전공과 취업이 어떤 상태에 놓여 있는지를 보았을 것입니다. 폰 프리데부르크 교수[9]는 이 문제에 대해 명료한 가설을 내 놓았습니다. 그는 사회학의 역할이 오늘날 본질적으로 교양교육의 역할을 담당하는 것에 있다고 보고 있습니다. 이와 동시에, 한편으로는 교육에 대한 필요성, 교육을 받고자 하는 소망과 다른 한편으로는 직업적인 일자리의 가능성 사이에 명백하게 놓여 있는 모순들이 드러나게 되는 것입니다. 이러한 문제들 사이에는 어떻든 확실한 긴장이 놓여 있는 것입니다. 이에 대해서 문제 제기가 있어야 할 것으로 보이며, 나는 이것이 비판적 사회학에게는 가치 없는 일이 아니라고 생각합니다. 직업과 대우의 관계가 사회에서 어떤 모습을 보이고 있는가를 탐구해 보는 것도 비판 사회학이 해야 할 일이라고 생각합니다. 여기에서 두 가지의 직업군을 생각해 보기로 하겠습니다. 직업에 종사하는 사람에게 별로 즐거움을 주지 못하며 사회에 희생당하는 요소가 들어 있고 사람들이 원래는 하고 싶지 않은 일을 본성을 거역하면서 해야 되는 요소가 들어 있는 직업들이 일반적으로 존재하며 —나는 여기에서 물론 육체노동을 제외하고 이른바 정신적인 직업들에 대해서만 언급하고 있습니다—, 사람들이 원하는 바를 거역하면서 실행하는 것들을 스스로 강제적으로 해야 하는 직업들도 일반적으로 존재하고 있습니다. 이러한 직업들이 지금보다 더욱 인간애가 있었던 시대에 한때 "인간에 대한 규정"[10]이라고 명명하였던 것을 따르는 직업들보다 사회적으로 볼 때 일반적으로 더 좋은 대우를 받는 것에 대해 비판 사회학이 연구해 볼 필요가 있을 것입니다. 직업과 대우와의 관계가 사회학 전공과 직업 찾기와의 복합적 관계에도 조금은 적용될 수 있을 것입니다. 이렇게 해서, 사회학에서 교육 필요성에 대한 개념이 약간은 변경되리라 봅니다. 우리가 이러한 현상을 한 번은 정말로 자세히 추적해보면, 전통적인 교육 개념과는 전혀 상이한 요소가 들어 있다고 생각합니다. 어떻든 이 세계에서 바른 길을 찾아가야 하는 필요성, 그 기이함에도 불구하고 이처럼 매우 특별하게 존재하는 사회를 하나로 묶어 두는 것이 무엇인지를 파악해야 하는 필요성, 우리의 위에 존재하면서 우리를 익명으로 지배하는 법칙을 파악해야 하는 필요성이 존재합니다. 사회학 교육이 전통적 교육 개념과는 매우 상이한 것의 배후에 놓여 있는 것들이 바로 앞에서 말한 필요성들입니다. 이와 관련하여 나는 소외의 개념을 예로 들어 설명하고자 합니다. 소외의 개념에 대해 나는 축견계류령畜犬繫留令과 같은 것을 선포해 놓았습니다. 소외의 개념은, 그 토대를 사실상으로는 물질적인 관계에서 갖고 있음에도, 정신적인 것에, 다시 말해 낯선 것과 고립되어 있는 것에 그 토대가 본질적으로 잘못 놓여 있습니다. 여러분이 그러나 예외적으로 나에게 소외의 개념을 사용하는 것을 너그럽게 양해해 준 상태에서 우리가 소외의 개념에 대해 말해 본다면, 나는 사회학이 사람들이 소외의 문제를 끝내는 것을 희망하는 데 하나의 정신적인 수단으로서의 역할을 실제로 어느 정도 수행한다고 말할 수 있겠습니다. 이것은 매우 어려운 물음입니다. 우리가 이 물음 안에서 주어진 목표를 실제로 추적하는 한, 우리는 역으로 실제적인 목적들로부터, 즉 사회가 실제적이고도 직업적으로 요구하는 것으로부터 소외됩니다. 진지한 의미에서 볼 때 실제로 깊게 미치는 사회학적 통찰을 오늘날 사람들에게 일반적으로 일어나고 있는 직업적 요구와 함께 공동적인 형식으로 가져가는 것은 특별할 정도로 어려운 일입니다. 이처럼 서로 갈라져 있지만 절실하게 필요를 느끼는 것들을 하나로 합치는 것은 사회학이 당면한 어려움 중의 하나입니다. 다시 말해, 마르크스가 고도로 아이러니한 의미에서 사회적으로 유용한 노동이라고 불렀던 것을 한편으로는 성취하면서 다른 한편으로는 앞에서 말한 제자리를 찾는 것을 이루어내는 것을 하나로 통합시키는 어려움이 사회학에 놓여 있는 것입니다. 이렇게 해서 나는 우리가 오늘 다루어야 하는 문제에 이미 다가서게 되었습니다. 앞에서 말한 것들은 어쨌든 더 이상 하나의 공통분모로 거의 가져갈 수 없는 것들입니다. 가장 진지하고 깨어 있는 태도로 공부했던 학생들은 이 문제로 인해 과거에 특별한 고통을 받았습니다. 나는 이것을 잘 기억하고 있습니다. 오늘날에는 이러한 사실 자체는 지성적으로 진보된 학생들의 영역에서 매우 많은 학생들의 의식 속에, 어떤 경우는 내가 이 강의실에서 추측하고 있는 학생들의 의식 속에 들어가 있을 것입니다. 사람들이 사회에 대해 더욱 많이 이해하면 할수록, 이 사회에서 자신이 유용하게 되는 것이 더욱더 어려워지게 됩니다. 내가 사회에 대해 더욱 많이 이해하면 할수록, 내가 사회 속으로 들어가서 나를 발견하는 정도가 더욱 적어지는 것은 ―일단은 이렇게 표현해도 된다면― 모순입니다. 이러한 모순은, 순진한 의식에서 보이는 것처럼, 인식하는 사람과 주체가 부담해야 될 모순이 아닙니다. 사회학 공부와 결합되어 있는, 이처럼 불가능하고 모순에 가득 찬 특징은 오히려 가장 깊은 정도로 인식의 대상, 사회학적 인식의 대상과 관련을 맺고 있습니다. 내가 더 선호하는 표현을 사용해도 된다면, 이러한 모순은 사회적 인식과 가장 깊게 서로 관련을 맺고 있습니다. 우리가 이러한 것들을 사실상 하나의 공통분모로 가져갈 수 있는 능력이 없는 경우에도, 여러분은 이를 비난해서는 안 될 것입니다. 이것이 바로 사회학에 놓여 있는 이질성입니다. 나는 이러한 이질성에 대해 앞으로 더욱 많이 논의하고 싶습니다. 어떻든 여러분은 사회학 공부를 시작할 때부터 이러한 이질성을 고려해야 합니다. 여러분은 무엇이 한 측면에 속하는지 또는 다른 측면에 속하는지를 구분할 수 없는 의식에서, 다시 말해 진흙에 파묻혀진 의식에서 벗어나서 여러분의 삶의 보존에 필요한 숙련성과 지식을 사회학에서 획득하고 이와 동시에 사회학 공부를 통해서 통찰을 얻도록 의식적으로 시도해야 합니다. 이러한 목적을 위해서 이 강의에 참가한 대다수 학생들은 사회학 공부를 하기로 결심했을 것으로 생각합니다.

여러분 중에 많은 분들이 '독일 사회학회'에 대해 여러 가지 불만을 터트린 것으로 알고 있습니다. 나는 어떤 경우이든 여러분 중에서 많은 분들이 그러한 불만에 함께한 것으로 받아들이고 있습니다. 나는 이제는 '독일 사회학회'가 나아가는 길에 대해서 더 이상 책임을 지고 있지 않습니다.[11] [박수소리] 여러분 중에서 많은 사람들이 갖고 있는 불만 중에는 독일 사회학회가 여러분에게 사회학 공부의 길잡이나 이성적인 학업 계획을 제공하는 것을 빠트리고 있다는 불만이 포함되어 있습니다. 나는 이 자리에 놓여 있을지도 모를 소홀함들을 얼버무리고 싶지 않으며 여러분에게 솔직하게 말하고자 합니다. 나는 독일 사회학회를 옹호하지 않지만 다음과 같이 확실하게 말해 두고자 합니다. 다시 말해, 여러분이 독일 사회학회에 대해 갖고 있는 불만은 어느 정도까지는 사회학이라는 학문 분과에 그 책임이 있습니다. 의학이나 또는 수학적 자연과학들, 또는 거의 확실하게 법률학에서는 지속성이 가능하다는 의미에서 볼 때 사회학에서는 이러한 지속성이 가능하지 않은 것입니다. 이러한 지속성은 약속될 수도 없고 기대될 수도 없습니다.

　　여러분이 어떻게 하면 사회학 공부를 계획할 것인가에 대해 내가 여러분과 여기에서 비판적 대결을 벌일 것이라는 기대를 나의 강의에서 하고 있다면, 이것은 내게는 조금은 무리한 요구로 다가옵니다. 이 대학에서 우리 교수들은 여러분 모두가 사회학 공부에 관한 것들을 경험하거나 또는 어떤 경우이든 사회학 시험에 관계되는 모든 것을 들을 수 있도록 확실하게 배려하고 있습니다. 그러나 여기에 사회학에 이르는 왕도王道는 존재하지 않습니다. 여러분이 처음에는 사회학의 대상이 무엇인지를 듣고, 이어서 사회학의 중심 분야들이 무엇이고 사회학의 방법론들이 무엇인가에 대해 듣는 방식과 같은 왕도는 존재하지 않습니다. 또는, 위와 같은 방식으로 사회학을 공부할 수는 없다는 사실을 억압할 수도 없고 억압할 의지도 없다는 것이 내가 취하고 있는 최소한의 입장입니다. 사회학을 공부하려고 한다면, 다음과 같이 하는 것이 좋다고 생각합니다. 처음에는 대략 사회학 입문 강의를 듣고 이어서 동시에 경험과학적인 기술들에 관한 강의들과 공부하는 사람의 관심을 특별하게 끄는 세부 분야에 대한 강의들을 듣는 순서가 좋다고 봅니다. 그러나 나는 약간은 산만한 형체를 갖고 있는 사회학에 들어와서 공부하는 방식을 공부하는 사람 자신이 스스로 찾아야 한다고 생각합니다. 이 자리에서 내가 생각하고 있는 바를 여러분에게 다음과 같이 말하는 것에 대해 양해를 구하는 바입니다. 다시 말해, 우리가 자유에 대한 생각을, 즉 대학의 자유의 아카데믹한 영역에서 학업의 자유에 대한 생각을 매우 진지하게 받아들인다면 ―내가 자유에 대한 생각을 진지하게 받아들이는 만큼 여러분도 진지하게 받아들이고 있을 것이라고 생각합니다―, 이것은 학생들 자신에 의한 학업 계획에 강하게 관련되어 있다고 봅니다. 사회학을 공부하고자 하는 사람이 이 전공 영역에서 자세한 학업 계획을 완성하고 이에 따라 학습하게 되면, 이러한 학습은 많은 문제들을 확실히 편하게 해 줄 것이며, 일차적으로 시험에 관심이 있는 ―나는 어떠한 경우에도 시험을 사소한 것이라고 평가하지는 않습니다 ― 학생들을 그들이 처한 현재의 조건들에서 아마도 가능한 것보다는 더욱 커다란 척도로 확실성을 가지면서 학업 목표를 이룰 수 있는 위치로 진입시켜 줄 것입니다. 이렇게 됨으로써 그러나 다른 한편으로는, 대학 공부가 고등학교 수업과 비슷하게 되는 모멘트, 즉 규격화의 모멘트가 새로운 전공이며 이러한 새로움 때문에 당분간은 상대적으로 자유로운 전공에 들어오게 될 것입니다. 나는 여러분이 이러한 새로움에서 무엇을 경험하게 되기를 희망하는 것보다는 이것에 반대되는 것이 여러분에게 경험되리라는 생각을 조심스럽게 갖고 있습니다.

대학이 고등학교 수업을 닮아가는 경향과 대학개혁 사이에는 기이한 모순이 존재하고 있습니다. 내가 개관해 볼 수 있는 한, 대학개혁에 관한 물음들에는 이러한 모순이 나타나고 있는 것입니다. 이러한 모순은 매우 명백하게 나타나고 있으며 이것을 발견하기 위해서 정말로 위대한 사상가가 필요하지 않음에도, 모순은 제대로 전혀 성찰되고 있지 못하고 있습니다. 다시 말해, 대학개혁을 위한 노력에는 두 개의 서로 상충되면서 대립되는 모티프가 하나의 사실관계에 들어 있는 것입니다. 한편에서는, 대학이 고등학교 수업과 닮아가는 형태가 존재합니다. 이러한 경향에서 여러분은 여러 우회로를 경험하면서 직업적인 교육과 사전事前 교육의 의미에서, 즉 특별지출 비용의 의미에서 가능한 한 모든 짐에서 벗어나 있게 됩니다. 이것은 기술적 합리성이라는 의미에서 합리화되어 있는 부담 벗기의 원리에 놓여 있습니다. 다른 한편에서는, 대학개혁에 대한 요구가 존재합니다. 이것은 함부로 다룰 수 없는 문제입니다. 이러한 요구는 자유롭고 독창적인 생각들에 우선권을 부여하고 무엇보다도 특히 그러한 방향을 지향하고 있습니다. 내가 언어로 정리하여 표현하였듯이, 우리가 어느 쪽에 대해 결정을 해야 하는가 하는 문제는 어렵지 않은 것으로 보입니다. 두 번째 길이 내게는 더욱 중요한 길이라는 점은 대단한 수수께끼 놀이가 되지 않습니다. 그러나 자율적인 정신을 가진 인간으로서의 여러분이 이런 문제에 대해 그냥 겸손하게 있는 것보다는 이처럼 서로 결합되기가 어려운 요구들에는 내가 강의의 모두에서 여러분에게 말하였던 이율배반이 선명하게 드러나고 있다는 점을 명백하게 해 두어야 한다고 생각합니다. 이것이 여러분에게는 더욱 가치 있는 일이 될 것입니다. 사회학 입문 강의들과 모든 가능한 기술 및 숙련성을 전제하는 고도로 전문화된 강의들로 나누는 문제는 여기에서 제쳐 두고라도, 나는 여러분에게 사회학 공부에 대한 지침을 제공할 수는 없습니다. 그 이유는 매우 간단합니다. 이러한 학습이, 다시 말해 공공연하게 학습으로 넘어가 버린 학습이 교육 기능을 충족시켜야 한다면, 괴테의 유명한 노새처럼 '안개 속에서 길을 찾는'[12] 교육을 받는 사람의 자율성이 학습에 속해야 한다는 생각을 내가 갖고 있기 때문입니다.

사회학과 같은 전공들에서 이해에 이르는 길은 학교에서 수학을 배우는 것처럼 완전히 투명한 진전이 이루어지지 않습니다. 모든 개별적인 것이 공부하는 사람에게 매우 명백하게 이해되고 단순한 것에서 복잡한 것으로 나아가지 않습니다. 또는, 그 밖에도 이것이 이러한 것들과 더불어 어떻게 되더라도 사회학과 같은 전공들에서는 투명한 진전이 성취되지 않습니다. 나는 이것이 철학에도 그대로 해당된다고 보며, 사회학을 철학으로부터 엄격하게 구분하는 것에 대해 거부하는 입장을 갖고 있습니다. 나는 몇 년 전에 『디스쿠스Diskus』에 철학 공부에 대해서 논문을 쓴 적이 있습니다.[13] 나는 철학 공부에 해당되는 것이 어떠한 필요한 수정도 없이 그대로 사회학 공부에도 통용된다고 생각합니다. 이 점을 실제로 점잖지 않은 태도로 말하는 것도 아니고 이제 아마추어로서 공부를 막 시작한 학생들을 고무시키기 위한 목적으로 말하는 것도 아닙니다. 오히려, 이것은 경험을 표현한 것입니다. 다시 말해, 대학에서 하는 학문적 공부는 강력한 의미에서 고등학교 공부와 구분되며, 모든 것이 단계를 밟고 매개되어 빈틈없이 실행되는 것이 아니고 어떤 확실한 도약들에서 이루어집니다. 우리가 말하듯이, 공부하는 사람에게 갑자기 어떤 빛이 떠오르며, 공부하는 사람이 충분히 오랫동안 공부에 집중하면 처음에는 때에 따라서 이해의 어려움을 발견하기도 하지만 학습 자료를 다루는 기간과 특히 자유에 대한 성찰을 통해서 질적인 도약과 같은 것이 일어나게 됩니다. 공부하는 사람에게 처음에는 전혀 명백하지 않았던 것들도 질적인 도약들을 통해서 밝혀지게 됩니다. 여기에서 『미니마 모랄리아Minima Moralia』에 들어 있는 「빈틈」이라는 짧은 글[14]을 여러분에게 상기시켜도 되리라 봅니다. 나는 20여 년 전에, 그리고 이른바 교육적인 문제들을 내 앞에 놓인 문제들로 보기 이전에, 이 짧은 글에서 앞에서 말한 도약과 같은 사실관계를 나타내 보이려고 시도한 바 있었습니다. 여러분이 사회학 공부에서 처음부터 내가 바로 지금 여러분에게 보여주려고 시도했던 차원에서 확실한 자유성이나 인내를 갖고 움직이게 된다면, 나는 여러분이 사회학 공부를 잘하고 있다고 생각합니다. 여러분이 공부의 각 단계에서 학습 대상을 이해했는지의 여부에 대해 즉각적으로 고집을 부리는 태도를 취하지 말고 전체에 대한 여러분의 이해에 장애가 되기보다는 도움이 되도록 함께 도약해 보면 공부에 좋은 결과가 있을 것으로 생각합니다. 이것은 그러나 여러분이 대가의 말verba magistri에 비판 없이 순종해야 한다는 것을 의미하지는 않습니다. 대가의 말이 여러분에게 어떠한 명증성을 갖지 못하는 경우에도 여러분이 무비판적으로 순종해서는 안 됩니다. 오히려, 여러분은 공부를 시작할 때부터 실증주의적이고 데카르트적인 모델에 ㅡ이 단어를 여기에서 입에 담는 것을 사양하지 않겠습니다ㅡ 따라서는 안 될 것입니다. 다시 말해, 단계별로 나아가는 모델을 따라서는 안 되는 것입니다. 이러한 모델로부터는 내가 여러분을 지금 입문시키고 싶어 하는 이론의 의미에서 볼 때 이러한 모델이 그것 나름대로 한때 요구 제기를 했던 절대적인 통용성을 갖는지의 여부가 최고도로 불확실합니다. 이 점이 바로 내가 이러한 문제들에 대해 여러분에게 말하고자 했던 내용입니다.

지금까지 짧은 시간에 걸쳐 사회학 입문에 대해 언급하였습니다. 여러분 중에서 많은 사람들은 나의 이처럼 짧은 언급에서도 ㅡ그 사람들이 이미 알고 있는 지식에 기초하여ㅡ 사회학 입문이 어렵다는 점이 해명되는 결과를 얻어냈을 것입니다. 사회학 입문의 과제는 매우 특정한 어려움들에 직면해 있습니다. 첫째로, 우리가 수학에서 정의된 다양성[15]이라고 나타내는 것을 사회학은 갖고 있지 않기 때문입니다. 둘째로는, 더 나아가 사회학이 셸러의 표현[16]을 빌리자면 "지배를 위한 지식"을 매개하는 학문들의 공부에 어떤 경우이든 일반적으로 들어 있어야 하는 지속성과 같은 종류로부터 빠져나와 있기 때문입니다. 이것은 여러분 중에서도 어떤 순진한 믿음으로 사회학 공부에 자신을 내맡기는 사람들에게는, 다시 말해 이른바 사회학 입문 강의에 들어와 있다는 사실을 내가 가정假定해야만 하는 사람들에게는 확실히 역설적인 점을 갖고 있습니다. 나처럼 나이가 들어 어떤 일에 대해 냉엄해진 사람들에게는 이것은 덜 역설적입니다. 우리가 살고 있는 사회는 ㅡ우리가, 많은 사회학자들이 그렇게 행하고 있듯이, 사회가 존재한다는 사실 관계를 부인하지 않는다면, 사회학의 대상은 사회입니다ㅡ 스스로 그 내부에서 본질적으로 그 근본에 있어서 모순에 가득 차 있다는 사실을 우리가 한 번은 깊게 확실하게 알게 된다면, 앞에서 말한 역설적인 것을 더 느끼게 될 것입니다. 또한 사회, 사회적 현상들, 또는 사회적 사실들, 뒤르켐이 말하는 "사회적 사실들"[17]을 파악하는 학문이 그 내부에서 앞에서 말한 지속성을 표현하고 있지 않다는 점에 대해서 더 이상 그토록 소름 끼치게 놀라지 않게 될 것입니다. 우리가 매우 나쁘고 약삭빠른 사람이라면, 심지어 다음과 같은 생각에까지 이를 수도 있습니다. 다시 말해, 파슨스Talcott Parsons의 거대한 체계에 근원으로 놓여 있는 것처럼 사회학적 인식의 단절 없는 지속성에 관한 과학주의적인 요구에는 조화론적인 경향이 숨겨져 있다[18]는 생각까지 해 볼 수 있는 것입니다. 사회적 현상들에 대한 서술 형식, 체계화의 비非단절성은 동시에 —이것은 물론 무의식적인 것이며, 이러한 비단절성에서는 작업에 들어 있는 객관적 정신입니다— 사회에 근본으로 들어 있으며 사회가 담지하는 모순들을 어느 정도는 세계로부터 설명해 보려는 경향을 그 내부에 갖고 있습니다. 그 밖에도, 여기에서 내가 일단은 말하고자 하는 생각에 들어가기 위해서 여러분에게 다음과 같은 글을 추천합니다. 이것은 여러분 중에서도 정말로 사회학 공부의 초보자에게 하고 싶은 말입니다. 『사회학적 여론餘論』 중에서도 특히 제1장, 2장을 읽어 보기를 권하고 싶습니다. 이 부분에서는 내가 앞에서 말한 내용이 이론적으로 전개되고 있을 뿐만 아니라 비교적 풍부한 교리사적 재료를 통해 입증되어 있습니다.[19]

　　나는 여러분 또는 여러분 중에서 많은 사람들이 다음과 같은 기대를 갖고 이 강의에 참석하였을 것으로 가정합니다. 일단은 사회학이 다루는 분야를 규정하는 것, 이어서 사회학이 다루는 개별 분과를 분류하는 것, 그리고 사회학의 방법론을 설명하는 것에 대한 기대감을 여러분이 갖고 있을 것입니다. 나는 사회학 강의를 그러한 방식으로 진행할 수 있다는 점과 이것이 교육적으로는 결실을 맺을 수 있다는 점을 부인하고 싶은 마음이 전혀 없습니다. 그럼에도 이러한 방식으로 강의를 진행하는 방향으로 결심을 할 수가 없습니다. 이렇게 함으로써 여러분 중에서 많은 사람들이 입문 강의로부터 기대하는 것보다도 더욱 많은 것을 여러분에게 부당하게 강요하고 있다는 점에 대해서 나는 명확하게 인식하고 있습니다. 또한, 위에서 말한 강의 방식에 반대하는 방향으로 강의를 진행하기로 결심함으로써 이러한 강의의 연관관계에서 비로소 실제로 전개시킬 수 있는 확실한 이론적 입장들이 강의 내부로 들어와서 역할을 하게 된다는 점에 대해서도 내 스스로 명확하게 인식하고 있습니다. 내가 이처럼 명확하게 인식하고 있음에도, 나는 위에서 말한 방식에 따라 이 강의를 진행하고자 합니다. 그러나 통상적인 강의 방식으로부터 벗어나 있는, 많은 사람들에게 확실히 낯선 것을 독단적으로 설정하고 싶지는 않습니다. 오히려 앞에서 내가 여러분에게 설명하였던 강의 방식대로 강의를 진행하지 않는 이유를 여러분에게 근거를 세우고 싶습니다. 또한 이것이, 우리가 학문적 의식에서 일어서서 당연히 문제를 제기해야 될 대상이지만 바로 이런 이유 때문에 ―우리가 헤겔에서 배워야만 하듯이[20]― 경멸해서는 안 되는 대상인 이른바 건강한 인간 오성을 어떻게 요구하는가에 대해서도 근거를 세우고 싶습니다. 일단은 통상적인 사회학 강의의 방식과는 반대되는 방식으로 여러분을 사회학과 사회학적 문제로 안내하고 싶습니다. 여러분 측에서 나의 강의 방식을 가볍게 거절하는 항변이 있을지라도 내가 의도하는 방식에 따라 여러분을 사회학의 세계로 이끌고 싶습니다. 내가 사회학이 다루는 분야에 대한 정의, 분야의 분류, 방법론으로 구성되는 질서에서 사회학을 공부할 수 있다고 믿지 않는 이유를 보여줌으로써 여러분에게 그래도 확실한 개관을 제공하고 싶은 것입니다.

이와 동시에 여기에서 일단은 매우 간단한 것을 여러분에게 말할 수 있습니다. 이것은 너무나 간단하여 우리가 사회적인 대립주의들의 문제성에 대해 논의하지 않고도 여러분 모두에게 파악됩니다. 다시 말해, 사회학 자체가, 사회학이 오늘날 우리 앞에 놓여 있는 것에서 드러나듯이, 서로 전혀 결합되어 있지 않고 의존되어 있지 않은 상태에서 성립된 과목들의 집적체라는 사실이 여러분 모두에게도 간단히 파악될 것입니다. 나는 오늘날 사회학 학파들 사이에서 거의 화해할 수 없는 정도로 논쟁이 발생하는 것의 많은 부분은 일단은 ―물론 이러한 논쟁들에 더욱 심오한 것이 들어 있다는 점에 대해서 참으로 명백하게 인식하고 있습니다만― 사회학에서는 상호 간에 전혀 관계를 맺고 있지 않은 모든 가능한 것이 하나의 모자 밑에서 실제로 모이고 있다는 것에서 유래하고 있다고 생각합니다. 사회학은 원천적으로 볼 때 철학으로부터 발생하였습니다. '사회학'이라는 명칭을 학문의 지도에 처음으로 기입하였던 오귀스트 콩트Auguste Comte는 그의 첫 번째 위대한 주저작을 『실증 철학 강의』[21]라고 명명하였습니다. 다시 말해, 그는 책 이름을 '실증주의 철학에서의 배우는 과정'이라고 ―우리는 콩트의 책 이름을 제대로 번역해야 할 것입니다― 명명한 것입니다. 다른 한편으로는 중상주의 체제 아래에서 이미 자극되었던 18세기의 중상주의적 정치 경제학으로부터 경험적인 기법들이 개별적으로 사회적인 사실관계들을 조사하기 위한 목적으로 점차적으로 형성되었습니다. 이러한 기법들과 철학으로부터 유래하는 다른 요구 제기는 결코 한 번도 결합된 적이 없었으며, 서로 독립적으로 성립되었습니다.

이 강의에서 여러분이 교리사적인 숙고로 인해 부담을 느끼지 않기를 원합니다. 여러분이 각자 고유하게 갖고 있는 필요성을 내가 어느 정도 판단해 본다면, 이 강의와 같은 입문 강의에서는 모든 것이 어디에서 왔는가를 비판적으로 검토해서 여러분에게 상세하게 보여주는 것보다는 사회학이 다루는 문제들에 가능한 한 직접적으로 다가서는 것이 더욱 좋다고 생각합니다. 역사적 차원을 평가절하하고 있다는 혐의를 내가 받고 있지는 않습니다. 역사적 차원의 고찰들과 관련하여 여러분에게 권하고 싶은 것이 있습니다. 여러분은 역사적 차원의 고찰들에 대해서 이 강의와 연계되어 있는 초급 세미나 과정에 개설된 여러 상이한 세미나들에서 여러분의 관심을 충족시킬 수 있습니다. 이 세미나들은 역사적 차원의 고찰에 맞도록 구성되어 있습니다.[22] 그러나 나는 사회학에 원래부터 들어 있으며 우리를 무언가 불안하게 하는 사회학의 이질성, 즉 원래는 이름을 갖지 않은 것이 집적되어 있는 특징은 이미 콩트 자신에게 숨겨져 있다는 점을 여러분에게 말하고 싶습니다. 이러한 이질성은 물론 노정露呈되어 있지 않습니다. 콩트는 매우 합리주의적으로 행동하였고 매우 꼼꼼하게 학문의 무대에 등장하였던 학자였기 때문입니다. 콩트에서는 어떠한 경우에도 가능한 한 모든 것이 마치 수학적 증명처럼 응집되어 있듯이 표면에서 표현되어야 하는 필요성이 주장되고 있습니다. 그러나 사회학에서 그 내부에서 들어 있는 이러한 문제는 철학에 들어 있는 문제와 전혀 상이하지 않습니다. 우리는 사회학에서의 유명한 텍스트들도 역시 힘의 장場, Kraftfeld으로 이해하여야 합니다. 우리는 겉으로 보기에는 그 내부에서 일치하는 의견들의 표면 아래에서 힘들을 발견해야 합니다. 이러한 힘들은 서로 잇닿아 있는 상태에서 지칠 정도로 일을 하는 힘들이며, 이렇게 해서 다소간 잠정적으로 체계 형태들이나 또는 결론이 난 표현들에 이르게 된 힘들입니다. 사정이 이러하므로 콩트에서는 2가지 측면이 보입니다. 한편으로는, 콩트는 인식에 관한 자연과학적인 이상을 매우 명백하게 갖고 있습니다. 그가 갖고 있는 커다란 모티프 중의 하나는 사회에 관한 학문이 절대적인 신뢰성, 합리적인 투명성을 갖고 잊지 못한다는 한탄이었으며, 그리고 무엇보다도 특히, 엄격하게 관찰된 사실들에 명백하게 기초를 두는 것을 그가 자연과학에 부여하는 만큼 아직도 갖고 있지 못한 것에 대한 한탄이었습니다. 콩트는 자신이 제기하는 한탄이 해결되어야 할 문제와 관련이 있는지의 여부에 대해서 성찰하지 않은 채 한탄하였습니다. 예를 들어, 콩트는 그가 말하는 예측들이 자연과학적 영역에서 일반적으로 가능한 예측들과 같은 의미에서 사회과학에서도, 어떤 경우이든 거시 사회학의 영역에도 가능한지의 여부에 대해서 성찰하지 않았던 것입니다. 이 점을 오늘 여러분에게 앞서 말하는 바입니다. 콩트는 사회학이 학문으로서 다른 학문보다 뒤늦게 성립된 학문, 즉 후발 학문의 특징을 갖고 있다는 이유들을 제시하고 있으며, 이것은 자명한 일입니다. 그러나 콩트는 사회학이 후발 학문이기 때문에 해야 하는 커다란 걱정들을 그에게는 가치 없는 걱정들로 보아 치부하였으며, 인식이 충분히 진보하면 사회에 관한 학문도 자연과학의 탁월한 성공적인 모델에 따라 형성될 수 있다는 순진한 생각에서 출발하고 있습니다. 그러나 다른 한편으로는, 콩트에서는 사회학이 그래도 철학으로도 불리고 있습니다. 이 점은 여러분에게 이미 말한 바 있습니다. 이것은 콩트에서는 매우 어려운 문제입니다. 콩트는 철학에 적대적인 학자였기 때문입니다. 우리는 무엇보다도 특히 콩트가 철학에 적대적이었다고 말할 수 있습니다. 이 점에서 볼 때 콩트는 그의 스승이었던 생시몽 Saint-Simon의 직접적인 후계자였습니다. 무엇보다도 특히, 콩트는 사변적 사고, 형이상학의 철전치 원수였습니다. 콩트에 따르면 이전에 사변적 형이상학이 성취하였던 결과의 자리에 사회학이 들어서는 것이 그의 바람이었습니다. 그러나 어떤 경우에도 콩트가 사회학으로부터 의도하는 바는 다음과 같은 것이었습니다. 사회학이 개별적인 영역들과 개별적인 인식실제적인 문제들의 탐구를 넘어서서 사회의 올바른 설치에 대해 어떤 지침 같은 것을 제공해 주어야 하는 것이 마땅하다는 의도를 콩트는 갖고 있었습니다. 콩트 자신이 보았던 매우 특정한 상황에서 빠져나와서 한편으로는 시민사회적인 해방, 프랑스 혁명의 유산으로서 사회의 올바른 설치에 대한 지침을 사회학에 주어야 한다고 생각했던 것입니다. 다른 한편으로는, 헤겔과 유사하게, 시민사회가 시민사회를 넘어서는 ─헤겔에서 이미 명명되고 있는 것처럼[23]─ 것이 충만된 의식에서 사회학이 앞에서 말한 지침을 제공해야 한다는 것이 콩트의 의도였던 것입니다. 콩트가 느끼고 있는 이러한 대립주의는 질서의 원리와 진보의 원리, 다시 말해 사회학에서 정역학靜力學의 원리와 동역학의 원리[24] 사이에 존재하는 이분법에 퇴적되어 있습니다. 그러나 이러한 것이 항상 가능함에도, 콩트는 한편으로는 자연과학적으로 지향

점을 갖고 있었다거나, 또는 자연과학적으로 생각하고 있었다거나, 또는 자연과학적 이상을 갖고 있었습니다. 그러나 다른 한편으로 콩트는, 그가 자신의 이론에 따른 의미에서 사회학을 통해서 사회를 조정하는 것을 주목했다는 점에 있어서는, 세속화된 철학적 이상을 갖고 있었습니다. 여러분은 사회학의 이중적 성격, 또는 이중적인 종류가 사회학이 이론적으로 시작되는 시점에까지 이르고 있음을 보게 되었습니다. 다음 시간에는 이 점에 대해서, 그리고 사회학의 원천적인 기능에 대해서 더욱 좁은 의미에서 더욱 많이 언급하고 싶습니다.

1) 이 강의가 행해진 날이 1968년 4월 16일로 되어 있는 것은 이 강의를 도둑질
하여 인쇄된 책(vgl. Theodor W. Adorno, Vorlesung zur Einleitung in die
Soziologie, Junius-Drucke, Frankfurt a. M. 1973)에서 뿐만 아니라 프랑크푸
르트 사회조사연구소의 비서가 9회의 강의들에 대해서 테이프에 들어 있는
내용을 글로 옮겨 쓴 후 아도르노 기념관에 보관되어 있는 원고에서도 발견
된다. 그러나 강의 날짜가 1968년 4월 16일로 기입되어 있는 것은 잘못된 것
이다. 아도르노는 1968년 4월 8일부터 11일까지 프랑크푸르트에서 개최되
었던 독일 사회학자 대회가 끝난 직후인 1968년 4월 12일 바덴바덴으로 휴
가를 떠나 그곳에서 1968년 4월 22일까지 머물렀다. ─ 강의는 화요일과 목
요일 16-17시에 열렸다.

2) 아도르노는 여기에서 독일 사회학자 대회에 대해 언론에 보고한 내용에 관련
된 분위기를 언급하였다. 이 보고서는 독일 사회학자 대회의 발표자인 다렌
도르프Ralf Dahrendorf와 쇼이흐Erwin K. Scheuch의 동의를 받아 '프랑크푸르트
관례'에 따르는 사회학이 특히 실제로부터 떨어져 있다는 점에 대해 한탄하
는 내용을 담고 있었다. "사회학을 전공하는 수많은 학생들이 학업이 끝난 후
에는 자신이 배운 이론들이 실제에서 사용되지 않는다는 것을 확인하지 않을
수 없는 것 같다"(Der Spiegel, 22. April 1968, S.84). 이와 동시에 학생들 측에
서 '독일 사회학회'에 제기된 비판도 보고되었다. 학생들은 학회가 "사회학
전공자들의 직업 전망에 대한 정밀한 정보", 학생 수, "사회학 학습계
획"(ebd.)에 대한 정보를 만드는 것을 지체하고 있다고 비판하였다.

3) 제16차 독일 사회학자 대회는 '후기 자본주의 또는 산업사회?'라는 주제로 개
최되었다. 1963년 11월부터 1967년 11월까지 '독일 사회학회' 회장을 역임
하였던 아도르노는 준비위원장 자격으로 '후기 자본주의 또는 산업사회?'라
는 제목의 개회 강연을 하였다. ─ Vgl. Spätkapitalismus oder Industrie-
gesellschaft? Verhandlungen des 16. Deutschen Soziologentages. Im Auftrag
der Deutschen Gesellschaft für Soziologie hrsg. von Theodor W. Adorno,
Stuttgart 1969, S.12-26; jetzt GS 8, S.354-370.

4) '독일 사회학회'는 1909년에 특히 베버Max Weber, 1864-1920, 짐멜Georg Simmel,
1858-1918, 좀바르트Werner Sombart, 1863-1941에 의해 설립되었다. 독일 사회학
회는 1933년부터 1945년까지는 활동을 중단하지 않을 수 없었다. 1946년 4

월에 비제Leopold v. Wiese, 1876-1969가 회장을 맡아 기초가 새로 다져졌다.

5) 클루트Heinz Kluth, 1921-1977는 1961년 이래 함부르크 대학의 사회학 정교수로 재직하였다.

6) 사회학 전공자들의 직업 전망이 지속적으로 악화됨에 따라 독일 사회학회 이사회는 다음 해인 1969년 4월 11일에 열린 회의에서 사회학 디플롬Diplom 학위 과정을 대학에 추가적으로 설치하는 것에 반대하는 취지의 성명을 의결하였다. 사회학을 주전공 과정으로 설치하는 것은 특히 직업을 얻을 기회가 충분하지 못하다는 것과 관련해서 거부되었다. 새로운 사회과학적인 졸업 과정을 설치하는 것이 추천되었다. 이 과정이 생각한 것은 여러 개의 전공영역들의 결합이었으며, 여러 개의 전공영역들에서 사회학은 중심 영역이 되거나 또는 다른 영역을 보완하는 방식의 결합이 추천되었다.

7) 여기에서 의도되고 있는 것은 1966년과 1967년에 있었던 경기 하강이다. 경기 하강에서는 미래에 이루어질 수 있는 재생산 가능성들이 대학졸업자들이 차지하는 부분에 대해서는 위험성이 있는 것으로 최초로 드러났다.

8) 1955년 이래 사회학을 전공하는 학생들의 수가 증가한 주 원인은 1954년에 프랑크푸르트 대학에 도입된 디플롬Diplom 시험 규정이었다. 이 규정은 사회학을 1954년부터는 주전공으로 공부하는 것을 가능하게 하였다. 아도르노는 여기에서 프랑크푸르트 사회조사연구소의 내부 조사에 따라 도출된 통계적 자료와 관련시켜 논의를 진행하였다.

9) 폰 프리데부르크Ludwig von Friedeburg, 1924년생는 1955년부터 1962년까지 프랑크푸르트 사회조사연구소의 선임연구원이었다. 이어서 자유 베를린 대학의 사회학 교수가 되었으며, 1966년에 프랑크푸르트로 되돌아와서 1968년에는 사회조사연구소를 이끄는 일원이 되었다. 그는 동시에 사회학 세미나를 관장하는 교수 중의 한 명이었다.

10) 아도르노는 여기에서 피히테, 셸링 등 독일 이상주의의 교육 개념에서 정리되었던 교육의 이념을 넌지시 암시하였다(Vgl. etwa Johann Gottlieb Fichte, Die Bestimmung des Menschen인간에 대한 규정, in: Fichtes Werke, hrsg. von Immanuel Hermann Fichte, Bd. 2: Zur theoretischen Philosophie II, Berlin 1971 [Photomechanischer Nachdruck], S.165-319; F. W. Schelling, Vorlesungen über die Methode des akademischen Studiums학문적 공부의 방법론 강의, in: Schellings Werke. Nach der Originalausgabe in neuer Anordnung herausgegeben von Manfred Schröter. Dritter Hauptband: Schriften zur Identitätsphilosophie

1801-1806, München 1927, S.229-374).

11) 콘스탄츠 대학의 사회학자인 다렌도르프Ralf Dahrendorf, 1929년생가 1967년 11월 4일에 아도르노의 뒤를 위어 독일 사회학회 회장으로 선출되었다. 그는 1968년에 자유민주당FDP의 최고위원이 되었다.

12) 이 인용은 괴테의 『빌헬름 마이스터의 수업시대』에 나오는 시 「레몬이 한참 익어가는 나라를 너는 아느냐」에서 발견된다. 이 시의 제3연에 다음과 같은 시구詩句가 나온다. "노새가 안개 속에서 길을 찾는다"[vgl. Goethe, Poetische Werke, Romane und Erzählungen II: Wilhelm Meisters Lehrjahre, Berlin 1976 (Berliner Ausgabe, Bd.10.), S.149].

13) Vgl. Theodor W. Adorno, *Zum Studium der Philosophie* 철학 공부에 대해서, in: Diskus. Frankfurter Studentenzeitung, Jg. 5(1955), Heft 2(Beilage), S.81-83; jetzt GS 20.1, S.318-326.

14) Vgl. GS 4, S.88-90.

15) 아도르노 전집 제13권 220쪽에 정리되어 있는 용어 사용에서 드러나고 있듯이, 아도르노는 정의된 다양성을 그 내부에서 닫혀져 있는 다양성으로 이해하고 있다. 수학에서 이 용어가 사용되고 있는지의 여부는 확인되지 않는다.

16) 셸러Max Scheler, 1874-1928는 실증주의적 학문들이 "세계를 우리 인간이 갖고 있는 목표들과 목적들을 위해서 지배하고 개조"하는 데 봉사하고 있다고 보았으며, 그 결과를 "지배를 위한 지식, 또는 성과를 위한 지식"이라고 명명하였다(vgl. Max Scheler, Gesammelte Werke, Bd. 9: Späte Schriften. Mit einem Anhang hrsg. von Manfred S. Frings, Bern, München 1976, S.114).

17) Vgl. Emile Durkheim, Die Regeln der soziologischen Methode사회학적 방법론의 제규칙, herausgegeben und eingeleitet von Rene König, 3. Aufl., Neuwied, Berlin 1970, I. Kapitel: »Was ist ein soziologischer Tatbestand?사회학적 사실이란 무엇인가?«, S.105-114. — 제1장의 결말 부분에서 뒤르켐은 다음과 같은 정의定義에 도달하고 있다. "사회학적 사실은 행위의 모든, 많든 적든 확정된 방식이다. 이러한 방식은 개별 인간에게 외부적인 강제적 속박을 행사하는 능력을 갖고 있다. 이러한 방식은 또한 주어진 사회의 영역에서 일반적으로 출현한다. 행위의 이러한 방식은 동시에 이 방식이 개별적으로 언급하는 것들과는 독립적으로 존재하는 고유한 생명을 소유하고 있다"(Ebd., S.114). — Zu Durkheim vgl. auch Adornos *Einleitung* zu Emile Durkheim에밀 뒤르켐 입문, »Soziologie und Philosophie«, Frankfurt a. M. 1967; jetzt GS 8, S.245-279.

18) Vgl. Talcott Parsons, The Social System사회 체계, Glencoe 1951. — 아도르노
는 그의 『독일 사회학에서 실증주의 논쟁』의 도입부에서 이러한 조화론적인
경향에 대항하여 객체의 모순성에 대한 주장을 굽히지 않았다. "이러한 경향을
보여주는 최근의 실례는 탈코트 파슨스의 너무나도 잘 알려진 시도이다. 파
슨스는 인간에 관한 통일체적인 학문을 진척시키려고 시도하였다. 파슨스의
학문은 그 카테고리 시스템인 개인과 사회, 심리학과 사회학을 같은 정도로
통일체적인 학문 아래에서 포괄하거나 또는 최소한 하나의 지속성에서 제안
하고 있다. 데카르트 이래로, 무엇보다도 특히 라이프니츠 이래로 통용되는
지속성의 이상理想은 최근의 자연과학적인 발전에 의해서만 회의적으로 된
것이 아니다. 지속성의 이상은 사회적으로는 일반적인 것과 특수한 것 사이
에 존재하는 갈라진 틈을 기만하고 있다. 이러한 틈에는 영속적으로 존재하
는 대립주의가 표현되어 있다. 학문을 하나의 완결된 통일체에 집어넣는 것
은 객체에 내재하는 모순성을 배제시킨다. … 개인과 사회의 배치背馳와 개
인과 사회의 문제에 바쳐진 학문 분과들의 배치背馳에는 사회적으로 설정된
모멘트가 내재되어 있다. 이러한 모멘트는 통일체적 학문으로부터 벗어나 있
다. 고루하게 조직화된 총체성 모형은 개인과 개인의 법칙성으로부터 복합적
인 사회적 형체들에까지 다다르고 있다. 총체성 모형은 모든 것에 대해 공간
을 확보하고 있다. 총체성 모형은 오로지 다음과 같은 사실, 즉 개인과 사회
는 ―극단적으로 서로 상이한 것이 아님에도 불구하고― 역사적으로 서로 갈
라진 상태로 존재했다는 사실에 대해서만 공간을 얻지 못한다"(Theodor W.
Adorno, Einleitung zum »Positivismusstreit in der deutschen Soziologie«, in: Theodor
W. Adorno, Hans Albert u. a., Der Positivismusstreit in der deutschen
Soziologie. 3. Aufl., Neuwied, Berlin 1971, S.24; jetzt GS 8, S.297). 아도르노
는 앞의 구절에 대한 언급에서 이보다 앞선 논문인 「사회학과 심리학의 관계
에 대하여」를 지적하고 있다. 이 논문은 이미 1955년에 『사회학에 대한 프랑
크푸르트 논문집』의 제1권에서 출간된 바 있었다(jetzt GS 8, S.42-85). 이 논
문에서는 심리학과 사회이론을 하나로 통합시키려는 파슨스의 시도에 대한
아도르노의 상세한 비판이 들어 있다. 파슨스는 이러한 시도를 그의 논문인
「심리분석과 사회구조」에서 행하였다(in: The Psychoanalytic Quarterly, Vol.
XIX, 1950, No. 3, S.371ff.).

19) Vgl. Soziologische Exkurse사회학적 여론. Nach Vorträgen und Diskussionen,
Frankfurt a. M. 1956. (Frankfurter Beiträge zur Soziologie. Im Auftrag des

Instituts für Sozialforschung hrsg. von Theodor W. Adorno und Walter Dirks. Bd.4.) — 제1장, 2장의 제목은 다음과 같다: I 사회학의 개념, II 사회.

20) 아도르노가 여기에서 헤겔의 어떤 자리를 논의에 관련시키고 있는지에 대해서는 확인되지 않는다. 추측건대 아도르노는 이 연관관계에서 『정신현상학』 서문을 생각하고 있었던 것 같다. 여기에서 아도르노가 말하는 내용과 유사한 연관관계가 『정신현상학』 서문에 다음과 같이 들어 있다. "학문의 지각 있는 형식은 모든 사람에게 제공되고 모든 사람에 대해서 동일하게 만들어진 —학문에 이르는— 길이다. 오성을 통해서 이성적인 지식에 도달하는 것은 학문에 들어서는 의식의 정당한 요구이다"(Georg Wilhelm Friedrich Hegel, Werke. Auf der Grundlage der Werke von 1832-1845 neu edierte Ausgabe. Redaktion Eva Moldenhauer und Karl Markus Michel, Bd. J: Phänomenologie des Geistes정신현상학, Frankfurt a. M. 1974, S.20; vgl. aber auch das Kapitel: »Verhältnis der Spekulation zum gesunden Menschenverstand«사변과 건전한 인간 오성과의 관계, in: Hegel, Werke, a. a. O., Bd.2: Jenaer Schriften 1801 bis 1807, Frankfurt a. M. 1974, S.30-35).

21) Vgl. Auguste Comte, Cours de philosophie positive실증 철학 강의, 6 Bde., Paris 1830-1842. Adorno benutzte die Übersetzung der Bände IV-VI von Valentine Dorn: »Soziologie«, 3 Bde., 2. Aufl., Jena 1923. — 콩트(1798-1857)가 사회학의 이름을 붙인 것에 대한 도입적 지식에 대해서는 아도르노가 이 강의에서 가리키고 있는 『사회학적 여론』(편집자주 19번 참조)의 제1장에 있는 각주가 인용될 만하다. '사회학'이라는 용어는 콩트에서는 그가 1824년 12월 25일에 발라Valat에게 보낸 편지»Lettres d'Auguste Comte à Monsieur Valat«, Paris 1870, S.158 에서 발견되고 있다. 이 표현이 공론장公論場에 나타난 것은 1838년에 나온 콩트의 주저작의 제4권에서였다. 콩트는 이때까지는 자신이 만들려고 노력했던 학문을 '사회적 물리학'이라고 나타냈다. 콩트는 사회학이라는 새로운 이름을 도입하는 것에 대해 다음과 같이 근거를 세웠다. "나는 지금부터 감히 새로운 단어를 시도해도 될 것 같다. 이 단어는 내가 이미 도입하였던 표현인 사회적 물리학과 완전히 같은 것이며, 이는 이러한 유일한 이름을 통해서 사회적 현상들에 근원으로 놓여 있는 전체적인 법칙들에 대한 실증적 연구에 관련되어 있는 자연철학의 보완 부분을 나타낼 수 있기 위함이다."

22) 이 강의가 끝난 직후에 초급 세미나인 '사회학 강의를 위한 연습 과정'이 화요일 17-19시에 진행되었다. 이 세미나에서는 조교들이 학생들의 학습을 도

와주었다.

23) Vgl. Hegel, Werke, a. a. O., Bd. 7: Grundlinien der Philosophie des Rechts법
철학 기초, Frankfurt a. M. 1970, S.390(§§ 245 und 246).

24) 아도르노는 그의 논문「사회학적 카테고리로서의 정역학과 동역학에 대하
여」에서 콩트의 이원론인 정역학과 동역학, 질서와 진보에 대해 상세하게 서
술하고 비판하였다(vgl. GS 8, S.217-237; bes. die Seiten 218-227).

신사 숙녀 여러분, 지난 시간에 표제어 정도의 수준에서 여러분에게 보여주려고 시도했던 내용을 기억하고 있으리라 생각합니다. 사회학에 고유한 이중적 성격은 오귀스트 콩트에 의해서 사회학 개념이 최초로 도입되었던 곳에서 이미 드러나고 있다는 점을 기억하고 있을 것입니다.

여러분 중에서 많은 사람들이 그 자리에 함께하였던 독일 사회학자 대회에서 논의된 내용과 관련하여 오늘날 공론장公論場25)에서 독일 사회학자 대회가 사회학에서의 확실한 대립들을 밖으로 끌어내지 못했다고 말하고 있다면, 이것은 제 생각으로는 틀린 견해입니다. 왜냐하면 이러한 대립 자체가, 사회학이 그 원천에서 존재하였던 것으로 머물러 있는 한, 세계로부터 전혀 공급되지도 않을 것이며, 우리가 그렇게 말하듯이 전혀 해체되지도 않을 것이기 때문입니다. 오히려 여러 상이한 단계에서, 즉 사회학 내부에서의 대립주의가 전개되는 여러 상이한 단계에서 이러한 대립주의를 표현하는 것이 항상 다시 가능하게 될 것입니다. 이에 반하여 사람들이 그러한 종류의 사회학자 대회에서는 이를테면 개별학문적인 세부사항들이나 상황에 따라서는 매우 과도할 정도로 상세한 세부사항들이 제시되어야 한다는 것을 기대한다면, 이것은 내가 보기에는 사회학자 대회와 같은 행사의 목적을 빗나가게 하는 것입니다. 이러한 행사는 본질적인 문제점에 대해 정보를 제공하는 것이 마땅합니다. 사람들이 이러한 행사에서 그 어떤 세부적인 결과들을 기대하는 것은 온당하지 못하다고 봅니다. 세부사항을 제시하는 것이 이러한 행사의 척도로서 요구된다면, 이와 동시에 문제가 되고 있는 논쟁이나 대립주의는 특정한 의미에서 이미 미리 결정되는 결과에 이르게 됩니다. 그러므로 다음과 같은 것이 관건이 됩니다. 즉, 이러한 논쟁을 일반적으로 미리 결정하지 말고, 이것이 잘되게 하려는 의지가 있다면 논쟁의 상이한 단계들에서 논쟁을 조정해야 합니다.[26]

신사 숙녀 여러분, 앞에서 말한 내용의 내부에는 사회학이 정치에 대해 갖는 위치와 관련되는 문제가 들어 있다고 생각합니다. 여러분은 이 점을 이미 콩트에게서 제대로 명확하게 인식할 수 있었을 것입니다. 이 논의와 관련하여 나는 여러분 중에서 내가 가정하는 초보 학습자들에게, 또는 실제로 초보 학습자에게 다시 시선을 돌리고자 합니다. 어떤 젊은이가 사회학 공부를 시작하려고 하면 집에서 특정한 저항에 자주 직면하게 된다는 점을 나는 알고 있습니다. 사회학이라는 단어의 두 음절인 'So'와 'zi' 때문에 [학생들 사이에서 폭소가 터짐] 사회학이 사회주의를 잉태하는 것과 같은 어떤 것이 되어야 한다고 믿게 되기 때문입니다. 우리가 특별히, 사회학 개념이 역사적으로 어떻게 성립되었고 어떤 의미를 역사적으로 갖고 있는가를 파악해보면, 사회학이 사회주의를 잉태하는 것이라는 생각과 정반대의 생각이 맞다고 말할 수 있습니다. 사회학이 사회주의를 잉태한다는 생각은 사실관계가 전적으로 순진하게 전도된 것에 지나지 않습니다. 나는 물론 나의 학생 시절을 명확하게 기억할 수 있으며, 당시에 다음과 같은 사실을 너무 놀란 상태에서 지각했던 것을 생생하게 기억할 수 있습니다. 다시 말해, 우리가 사회적인 문제를 파악한다는 사실이 더욱 좋은 사회 또는 올바른 사회를 이끌어 내는 것과 관련이 있는 물음들에 자동적으로 이르게 되지 않는다는 점에 대해서 놀라움을 금할 수 없었습니다. 오히려 나는 그 당시에 어떤 특정한 사회학자들에서 어떤 특정한 태도를 ―이것을 눈을 깜빡거리게 하는 태도라고 말하고 싶습니다― 만나게 되었습니다. 이 태도는 다음과 같은 내용을 의미하는 태도였습니다. 그래, 우리 사회학자들은 속사정을 뻔히 알고 있지. 우리는 모든 것이 ㅡ여기에서 '모든 것'에 강조가 놓여 있습니다ㅡ 속임수에 지나지 않는다는 것을 알고 있지. 다시 말해, 혁명도 존재하지 않으며 계급도 존재하지 않고 모든 것은 단지 그 어떤 이해관계들이 매번 발명한 것에 불과하다는 것을 알고 있지. 그리고 사회학이란 학문은 이처럼 눈을 깜빡거리게 하는 더욱 좋은 지식을 갖고 그러한 발명들에 대해 조사하기 위한 목적에서 원래부터 발생하였다는 것입니다. 이에 대해 다음과 같은 정도로까지 말할 수 있습니다. 오늘날 사회학이 이론적 사고의 이른바 기독교적인 교의와 같은 경건한 견해에 저항하는 척하는 것은 눈 깜빡거리기의 제스처가 체계로까지 올라서거나, 또는 학문적 이론으로까지 올라선 것과 많이 다른 점이 전혀 없다고 말할 수 있는 것입니다. 이러한 제스처에 숨겨져 있는 것이 있습니다. 다시 말해, 모든 것이 사회적인 이해관계들에 의해 조건이 지어져 있다고 말하는 사회학자에게는 진리와 같은 것이 전혀 존재하지 않는다는 사실이 숨겨져 있는 것입니다.

이와 동시에 말하고 싶은 것이 있습니다. 사회학에 대한 이러한 발상은 최초의 발상자인 빌프레도 파레토Vilfrede Pareto[27]에 의해 극도로 선명하게 드러났으며, 이러한 발상은 나에게는 근본적으로 잘못된 것으로 나타납니다. 그 이유는 일단은 매우 간단합니다. 첫째, 모든 사회적으로 관련되는 의식의 총체적인 이데올로기적인 특징에 관한 생각에서 진리 개념에 대한 부정이 성립되고 있으며, 이러한 부정을 통해서 참된 것과 잘못된 것의 구분이 불가능하게 되는 결과에 이르기 때문입니다. 둘째로는, 올바른 의식의 가능성이 설사 성립되지 않는다고 할지라도 잘못된 의식에 대해 전혀 논의조차 할 수 없게 되기 때문입니다. 나는 사회학에 대해 이처럼 매우 확산되어 있고 오늘날에도 역시 탈을 쓴 채 매우 확산되어 있는 관념이 왜 근본적으로 잘못된 관념인가를 이 강의의 진행 과정에서 여러분에게 예시할 수 있을 것으로 생각하고 있으며 또한 그렇게 되기를 바라고 있습니다. 이런 잘못된 관념은 개별 인간이 주관적으로 취하는 입장들의 방식들과 행동방식들로 되돌아갈 수 있다고 믿고 있으며, 되돌아가고 나서는 이러한 방식이 일반화된다고 믿고 있기 때문입니다. 이러한 생각은 또한 인식될 수 있는, 사회적으로 객관적인 구조 법칙과 같은 것들이 존재한다고 오인하고 있기 때문입니다. 이러한 한, 여러분이 지난 몇 주 동안에 그토록 많이 지각하였던 사회학에서의 방법론 논쟁[28]은 ―나는 이제 이 문제로 나아가고 싶습니다 ― 특별할 정도로 내용적인 물음들로 넘쳐 있습니다. 내가 여러분에게 방금 매우 짧게 시사하였던 방향에서 방법론 논쟁의 내용적인 함의들을 보게 된다면, 열정과 방법론 논쟁이 획득한 중점을 여러분이 제대로 이해할 수 있게 될 것으로 생각합니다. 사회학은, 이 학문이 역사적으로 성립된 것에서 보이듯이, 예로부터 테크노크라시적인 것을 갖고 있습니다. 우리는 거의 이 정도로까지 말할 수밖에 없습니다. 사회학은 소셜 엔지니어링social engineering과 같은 것을 갖고 있는 것입니다. 다시 말해, 특정한 방법론적인 기술들을 사용하는 학문적 전문가들이 ―우리가 전문가들에게 사회에 대한 통제를 공공연하게 또는 간접적으로 맡기는 것을 통해서― 어떤 가능한 한 균형이 잡혀 있고 안정적인 상태를 가져오게 될 것이라는 믿음과 같은 것을 사회학이 갖고 있는 것입니다. 나는 이 상태를 기능화되는 상태라고 말하고자 합니다. 이 상태에서는 지속되는 확대와 개선을 통해서 성립되는 체계들이 유지됩니다.

콩트에 대해 조금 더 살펴보겠습니다. 여러분이 사회학에서 벌어지는 논쟁의 핵심적인 관점들에 들어가기 위해서는 콩트의 경우와 같은 사회학의 역사에 관련되는 문제들에 대해 최소한 짧은 시간이라도 생각해 보는 것이 좋다고 생각합니다. 이미 콩트에서도 오인되어서는 안 될 것이 있습니다. 학문으로서의 사회학에 대한 콩트의 구상은 그가 헤겔과 일치하는 생각에서, 즉 아마도 무의식적으로 헤겔과 일치하는 생각에서 사회 내부에서 튀어 나오게 하는 경향으로 고찰하였던[29] 경향들을 지향하고 있음이 콩트에서 이미 드러나고 있는 것입니다. 사회학은 이미 콩트에서 상위에 놓여 있는 합리적인 관할처Instanz의 일종과 같은 것으로 생각되고 있는 것입니다. 콩트는 이러한 관할처에서 순수한 학문적 행동으로부터 특정한 방식의 기획을 통해서 사회를 지도하는 것이 가능해져야 한다고 생각하였습니다. 사실상의 지배관계들이 사회에서 어떻게 현존하고 있는가를 내다봄으로써 사회를 지도해야 한다는 것입니다. 역사와 사회에 대한 콩트의 구성이 철저하게 정신의 구성, 지배적인 정신의 구성, 다시 말해 신학적, 형이상학적, 학문적 정신의 구성이었던 한, 콩트는 그의 이름이 실증주의와 함께 많이 거명되고 있음에도 전적으로 이상주의적이었습니다. 위에서 말한 정신의 밑에 놓여 있는 실재적인 사회적 힘들을 내다보면서 콩트는 역사와 사회에 대한 이상주의적인 구성을 생각하고 있었던 것입니다. 콩트의 『실증 철학 강의』는 제대로 된 상세한 읽을거리이며, 프랑스 철학자가 쓴 책으로는 여러분이 고통을 감내하면서 읽어야 할 정도로 지나치게 정신에 의해 가멸된 저작이 아닙니다. 여러분이 사회학 공부를 하려면 최소한 한 번은『실증 철학 강의』에 익숙해져야 할 것입니다. 사실상으로『실증 철학 강의』안으로 들어가서 살펴보는 노력을 기울이게 되면, 여러분은 다음과 같은 점을 보게 될 것입니다. 다시 말해, 콩트에 따르면 사회를 지배하는 두 개의 원리인 정적인 원리와 역동적인 원리, 즉 질서의 원리와 진보의 원리들에서 ―이 두 개의 원리는 그 밖에도 콩트에 의해 매우 딱딱하고 매우 기계적으로 뚜렷하게 대조를 이루고 있습니다― 여러분은 모든 교감과 실제로 확실한 악센트들이 이미 질서, 정역학의 측면에 놓여 있다는 점과 콩트가 제기하는 문제에서 동역학이 어떻게든지 제한될 수 있는가 하는 점을 보게 될 것입니다. 그 밖에도, 이 점은 콩트의 스승이었던 생시몽과 결정적인 차이를 보여주었던 것이기도 합니다. 생시몽은 투쟁하는 시민계급Bürgertum에 속해 있었으며, 이런 이유로 인해 생시몽에서는 역동적인 악센트가 콩트에서보다도 훨씬 강하게 나타납니다. 생시몽에서도 역시 기술적 전문가들의 중심적 역할과 같은 테크노크라시적인 모티프가 관철되었다고 내가 말하고 싶은 의도가 없음에도 불구하고 생시몽은 콩트보다도 역동적이었습니다. 생시몽이 살았던 시대의 기술이 도달한 상태가 그러한 테크노크라시적인 모티프를 허용하지는 않았지만, 어떤 경우이든 그러한 모티프는 생시몽에서 이미 기초를 만들고 있었습니다.[30] 우리는 여기에서 다음과 같이 말할 수 있습니다. 바로 이러한 모티프, 다시 말해 기술로부터 출발하여 사회에 대해 본질적으로 사고하고 기술을 어느 정도 확실한 정도까지 사회를 이해하는 열쇠와 같은 카테고리로 만드는 모멘트가 마르크스에서 생산력에 관한 교설의 뿌리가 되었던 한, 여기에서도 역시 사회학에 고유하게 내재하는 이중적 의미성이 명백하게 드러납니다. 마르크스는 그의 생산력 논의에 의해서 고전적 국민경제학과는 본질적으로 구분됩니다. 고전적 국민경제학에서는 생산력에 관한 그러한 논의가 존재하지 않았기 때문입니다. 여기에서 나는 여러분에게 매우 기이한 한 가지 사실을 말하고자 합니다. 앞에서 말했던 모순이 서로 대립되어 있는 방향에 서 있는 콩트와 마르크스와 같은 사상가들에게 얼마나 깊은 정도로 들어와 있는가를 보여주기 위해서 여러분에게 단지 간략하게 언급하는 수준에서 말하겠습니다. 사람들이 일반적으로 사회학이라고 부르고 콩트는 특별하게 사회학이라고 명명했던 것에 대해 극도로 비판적이었으며 거부하는 태도로 대립하는 위치에 있었던 마르크스에게서, 그가 기술 및 기술의 우위에 대한 믿음을 생시몽, 콩트와 공유했던 한, 위에서 말한 모순이 숨겨져 있는 기이한 사실이 드러나고 있는 것입니다. 마르크스는 기술에 대해서 제대로 된 낙관주의적 견해를 갖고 있었습니다. 마르크스는 한편으로는 특별히 사회적인 관계들을, 즉 생산수단들에 대한 위치에 따라 결정되는 소유의 질서를 사회적으로 규정된 것으로 고찰하고 있었음에도, 기술적 생산력의 상태가 모든 상황에서 사회를 이해하는 열쇠와 같은 카테고리로서 관철되어야 한다고 생각하였던 것입니다. 무엇이 원래부터 규정하는가 하는 물음, 다시 말해 규정하는 것이 기술적 생산성인지 또는 생산관계인지에 대한 물음이 마르크스에게서, 조심스럽게 말한다면, 명료하게 조정되지 않았다고 우리가 말했다고 해서 이것이 마르크스에게 부당한 짓을 범하는 것은 아니라고 생각합니다. 이에 대해 우리는 물론 절대적인 우위에 대한 그러한 논의가 —그것이 생산력의 우위에 관한 것이든 생산관계의 우위에 관한 것이든— 사실상으로 가능하지 않다는 점을 그 이유로 들 수 있습니다. 오히려 우위는 사회적인 투쟁들의 상태에 따라 변전합니다. 여기에서 여러분은 사회에 대한 변증법적 착상이라고 나타낼 수 있는 것에 진입하는 시각을 이미 획득하고 있습니다. 상승하는 시민사회적인 계급의 이해관계들이 생산력을 해방시켰던 이해관계들이었던 한, 그리고 생산력과 생산관계 사이에 확실한 균형이 지배적이었던 한, 생산력을 열쇠와 같은 카테고리로 보았던 마르크스의 생각은 옳았다고 말할 수 있습니다. 반면에 나는 여기에서 오늘날의 상황을 마르크스가 분석하였던 상황과 본질적으로 구분시켜주는 것 중의 하나에 대해 생각해 보고자 합니다. 다시 말해, 오늘날의 사회는 이른바 산업사회임에도 불구하고 운용하는 사람들의 이해관계들 때문에 사회적인 생산의 관계들이 기술적인 힘들에 비해 절대적인 우위를 점하고 있다고 생각합니다.[31] 사회학이 왜 의학이나 법률학처럼 간단하게 동질적인 학문이 아닌가 하는 물음을 사회학에서 드러나는 사실로부터 출발하여 여러분에게 보여주기 위해서 내가 앞에서 전개했던 문제들이 사회학 자체의 이질성에서 그 이유를 갖고 있을 뿐만 아니라 사회학에 내재하는 특별한 본질에서도, 즉 사회학에 고유한 대립주의적 특징에서도 그 이유를 갖고 있음을 여러분은 이제 이해하게 되었을 것입니다. 나는 이 점을 여러분이 일단은 주목해 주기를 바라는 의도를 갖고 있었습니다.

마르크스가 정치 경제학, 또는 더욱 맞게 말한다면 『정치 경제학 비판』에서 명명한 것과 대립되는 더욱 좁은 의미에서의 사회학 개념은 처음부터 원래 복고적인 개념이었습니다. 확실한 요소들에 근거하여

주어진 것이 마치 자연과학들에서처럼 분석되어져야 한다는 것이었으며, 이에 따라 예측이 이루어져야 한다는 복고적인 생각을 담고 있었던 것입니다. 물론 이런 생각에는 동시성의 개념과 전도顚倒의 개념이 자리를 잡을 곳이 없었습니다. 사회학의 이러한 개념에서 동시성의 모멘트를 집어넣으려는 유일한 시도는, 다시 말해 내가 앞에서 명명하였던 빌프레도 파레토의 시도는 그러므로 매우 관심을 끄는 시도입니다. 파레토에서는 역동적인 모멘트가 매우 관심을 끄는 역할을 수행하지만, 근본적으로는 이른바 '엘리트들의 순환'에 의해서 모든 다른 것이 있음에도 불구하고 사회적 균형과 같은 것이 유지되고 사회의 비합리성 자체는 폐기되지 않는 것에 최종적으로 이르게 되는 결과가 드러나고 있기 때문입니다. 역동적인 모멘트와는 반대의 결과가 나타나는 것입니다. 파레토 자신에게는 사회의 비합리성이 사회의 마지막 단어입니다. 그 이유를 말하겠습니다. 이 강의가 시작될 때 말했듯이, 사회학에 대한 파레토의 생각에 근거할 때는 진리와 같은 것이 전혀 존재할 수 없기 때문입니다. 사회학 자체는 따라서 카오스적이고 비합리적인 관점을 받아들이게 되며, 이러한 관점은 큰 어려움 없이 파레토 사회학이 무솔리니에게 시중드는 것[32]을 가능하게 하였던 것입니다. 파레토가 이러한 사회적 직관이 커다란 역할을 수행하였던 나라이자 자신의 조국인 이탈리아의 전통에서 최종적으로는 아리스토텔레스에까지 거슬러 올라가는 직관인 사회적 운동의 순환적 특징[33]에 관한 직관을 다시 한 번 받아들였다고 보면, 내가 더욱 좁은 의미에서, 오늘날 주로 정립된 것이라고 말하고 싶은 의미에서 사회학의 복고적 모멘트라고 나타내고자 하는 것이 파레토가 받아들인 직관에서 보이고 있습니다. 다시 말해, '다른 것', '새로운 것'은 존재할 수 없고 사회는 자연이며 —바로 이탈리아에서 있었던 경험과 일치하고 있듯이— 자연 그대로의 관점들의 맹목적인 반복의 의미에 머물러야 한다는 의미에서 내가 나타내고자 하는 의미가 파레토 사회학에 들어 있는 것입니다. 이와 동시에 우리는 무한히 깨어 있고, 의문을 품으며 지식을 갖고 있는 대중이 수천 년 동안 수를 셀 수 없는 지배들을 감내하지 않을 수 없었다는 사실에 대해 명백하게 인식해 두어야 합니다. 대중이 지배를 의식하고 있었고 지배에 냉담했음에도 불구하고 대중은 지배에 대항하여 할 수 있는 것이 많지 않은 채 ―나는 이렇게까지 말하고 싶습니다― 지배를 감내할 수밖에 없었던 것입니다. 오히려 대중은 다음과 같이 행동했습니다. 우리는 살아남았다. 사람들은 살아남을 수 있었던 것입니다. 생존에 관한 학문의 특징이라고까지 말하고 싶은 사회학의 이러한 특징은 사회학에 예로부터 내재되어 있었습니다. 나는 생존에 관한 이러한 생각에 대항하여 그것을 평가절하하고 경멸한다고 말하고 싶은 생각이 전혀 없습니다. 사회학에 대한 규정을 어떻든 유지하려고 하면, 사회학은 오늘날에도 역시 생존의 모멘트에 관한 것을 그 내부에서 보존하고 있는 것이 확실합니다. 생존의 모멘트가 사회학에 들어 있지 않다면, 그리고 사회학의 관심이 인간이라는 종種이 모든 어려움에도 불구하고 생존하는 것에 놓여 있지 않다면, 사회학은 사실상으로 공허한 관념의 유희에 지나지 않을지도 모릅니다. 다만 생존의 이러한 모티프가, 오늘날에는, 사회 기술들과 전문가 공식들의 의미에서 당시에, 다시 말해 생존의 학문으로서의 특징을 갖고 있었던 시기에 생각하였던 것과 같은 의미에서 더 이상 해결될 수는 없었습니다. 현재의 사회학에서 우리 앞에 놓여 있는 논쟁은 한편으로는, 사회학이 우리에게 부담으로 놓여 있듯이, 추상적인 구도들과 어떻게 하면 세계가 더욱 좋아질 수 있을까 하는 구체적인 문제를 파악하는 것 사이의 논쟁이 아닙니다. 현재의 사회학에서 벌어지는 논쟁은 오히려 파레토와 수많은 사회학자들이, 이들 중에는 위대한 역사철학자인 비코Vico도 포함되어 있는 수많은 사회학자들이 정립한 가증스러운 순환으로부터 궁극적으로 나오는 관점에서 본질적으로 성립됩니다. 동시에, 구체적인 것에 대한 관계는 이러한 공론적公論的인 논쟁에서 서술되고 있는 것과는 전혀 다른 관계라는 점을 말하고 싶습니다. 나는 이 점을 여러분에게 말하는 것에 가치를 부여하고자 합니다. 그 이유는 다음과 같습니다. 프랑크푸르트에서 최근에 벌어졌던 '토의들'을 자세히 추적하는 노력을 기울이지 않았던 공론적인 견해가 이른바 추상적인 철학적 사회학과 이른바 구체적이고 실제적인 사회학을 구분함으로써 현실에서 문제가 되는 물음들을 완벽할 정도로 왜곡시키고 있는 것처럼 보이기 때문입니다. 여러분이 이러한 공론적인 견해에 얹혀 있게 되지 않는 것[34]에 모든 것이 달려 있으며, 이것은 내게도 중요한 일입니다. 공론적인 견해가 갖고 있는 독점에 대한 비판은 또한 언론 보도와도 관련이 있으며, 학문과 학문이 표명하는 내용들에 관한 공론적인 언론 보도와 관련되어 있습니다. 또한 이러한 보도들, 그리고 여러분이 공론적인 견해에 대해 언론 보도에서 읽은 것도 일반적으로 조종이 되어 있으며, 생각할 수 없을 정도로 왜곡되어 있습니다. 아마도 우리는 … [박수로 인해 강의가 중단됨], 아마도 우리는 사회학 초급 세미나에서 이러한 왜곡들을 언젠가 한 번은 조금 더 자세히 다루는 기회를 갖게 될 것입니다. 나는 이것을 기꺼이 토론의 대상으로 삼고자 합니다. [박수소리]

여러분이 나에게 사회학은 무엇이 되어야 하는가라고 질문한다면, 나는 사회학은 사회에 대한 통찰이 되어야 한다고 답하겠습니다. 사회학은 사회의 본질적인 것에 대한 통찰이 되어야 하며 사회가 무엇인지에 대한 통찰이 되어야 합니다. 그러나 이것은 통찰이 비판적이라는 의미에서의 통찰입니다. 이러한 통찰은, 비트겐슈타인이 말했던 것처럼,[35] 사회적으로 '경우인 것'을 이것이 존재하겠다고 제기하는 요구에서 측정함으로써 비판적 의미의 통찰이 됩니다. 이렇게 측정하는 것은 사회적으로 '경우인 것'이 제기하는 존재에의 요구에서 발생하는 모순에서 동시에 사회적인 전체 상태의 변화 잠재력들과 변화 가능성들을 알아내기 위한 목적을 갖고 있습니다. 신사 숙녀 여러분, 내가 여기에서 말한 것을 사회학에 대한 정의라고 메모하고 이것을 여러분의 집으로 가져가지 말기를 요청합니다. 여러분에게 말하고 있는 것은 사회에 관한 이론이고, 이러한 이론으로부터 나는 여러분에게 단편斷片들을 강의하고 있으며, 내가 여기에서 말하고 있는 이론은 변증법적입니다. 헤겔이 말했듯이, 우리는 이론을 어떤 '격언'으로 가져갈 수 없습니다.[36] 그러한 변증법적 이론이 무엇인가, 그리고 사회학 자체가 무엇인가, 또는 무엇이 되어야 하는 것은 우리가 이것을 정말로 행하는 것을 통해서만 일어날 수 있습니다. 이것이 바로 변증법적 이론에 속하는 특징입니다. 나는 앞에서 말한, 실제로 행하는 것 내부에서 상세하게 수행된 사회적 인식이나 사회적 비판의 모든 개별적인 부분이 일반적이고 정의적定義的이며 포괄적인 개념들에 무게를 실어 준다고 조심스럽게 말하겠습니다. 그리고 이것은 확실한 의도와 더불어, 다시 말해 내가 여러분에게 그러한 정의를 제공하지 않았던 ―이에 대해서 나는 이미 앞에서 여러분에게 말하였습니다― 확신으로부터 일어나는 것입니다. 일반적이고 포괄적으로 정의를 내리는 것과 같은 방식이 전통적인, 확정적으로 규정하는 문제들을 경직된 개념들에 따라 조직화하는 사고의 방식에 속합니다. 이러한 사고를 비판하는 것이 여기에서 여러분에게 최소한 몇 가지에 대해 보고하고 싶어 하는 입장의 기초를 이룰 수 있습니다.

그럼에도 나는 여기에서 사회학의 영역에 관한 물음을 조금은 다루고 싶습니다. 사회학이 무엇을 파악하는가에 대해 조금은 더 자세히 경험하는 것에 대한 요구권을 여러분이 궁극적으로 갖고 있기 때문입니다. 영역에 관한 이러한 물음은 사회학의 영역이, 헤겔이 말하고 있는 것처럼, "악무한성"[37]을 서술하고 있다는 점에서 일단을 병을 앓고 있습니다. 다시 말해, 인간의 지력知力, 인간의 사고에 의해, 또한 이와 동시에 사회에 의해 매개되어 있지 않은 것은 태양 아래에 존재하지 않습니다. 그 까닭은, 인간의 지력이 항상 개별적인 인간 존재에 함께 주어져 있는 것이 아니며 인간의 지력, 인간의 사회에 인간이라는 종種의 전체적인 역사가 들어 있고 더 나아가 말해도 된다면 사회 전체가 그 안에 들어 있기 때문입니다. 앞에서 말한 것은 자연과학과 기술에도 해당됩니다. 여기에서 거친 예를 든 것에 대해 여러분의 양해를 구합니다. 내가 거친 예를 든 것은 너무나도 용이하게 우리의 의식으로부터 달아나 버리는 것에 대해 여러분에게 명백하게 알려주고 설명을 하기 위함입니다. 사회적 생산물의 형언할 수 없을 정도로 거대한 부분이, 그것이 군비의 목적이든 또는 광고를 목적으로 공허한 별들에 대해 탐구를 하는 것이든, 사회적인 이유들로 인해 [쉬 소리가 남] 전체 세계에서 지출되지 않았더라면, 암을 유발하는 것의 발견과 암에 대항하는 가능한 치료의 발견과 같은 의학에서의 결정적인 발견들을 이루어낼 수 있게 되기까지는 오랜 시간이 걸렸을 것입니다. [박수소리] 여러분이 내는 '쉬 소리'가 인간이 달에서 발견될 수 있는 것을(이 강의는 1968년에 행해졌고, 인간의 달 착륙은 1969년임, 역주) 또는 달 착륙을 지향하고 있는 것을 여러분이 받아들이고 있음을 의미하는지를 모르겠습니다. 내가 여러 의사들로부터 들어서 알고 있는 이른바 불치병들의 가능한 치료처럼 그토록 직접적으로 인간의 삶에 관련되어 있는 기본적인 필요성과 문제들이 사회적인 이유에서 해결되지 않고 의학원리적으로 해결될 수 있다고 하는 것은 내게는 불합리한 생각으로 다가옵니다. 이와 유사한 문제들이 기술에게도 해당됩니다. 이에 대해서는 원래는 독일인이었으나 미국인이 된 경제학자 아돌프 뢰베Adolf Löwe가 입증한 바 있었습니다.[38] 이미 가능한 것으로 드러나 있으며 의문의 여지없이 일방적으로 중앙 집중화의 방향으로 조종될 수는 없지만 사회적인 조직화의 이유 때문에, 즉 자본의 집중 때문에 오늘날까지 아직도 관철되지 않고 있는 기술에게도 해당되는 것입니다.[39] 나는 일방적으로 이처럼 매우 강력하게 이러한 실례들을 여러분에게 제공하는 것은 전혀 아닙니다. 내가 이러한 실례들을 든 것은, 사회적으로 매개되지 않은 것이 없다는 나의 주장이 앞에서 든 개별적인 경우들에서도 실제로 그렇게 나타나고 있는가에 대해 논쟁을 하고 싶었기 때문입니다. 이러한 생각들에서는 유명한 논쟁점인 '맞습니다-그러나'가 즉각적으로 성립됩니다. 어떤 잘못된 것에 대해서 가장 강력한 주장들이, 즉 그렇게 되어야만 하고 어떤 상황에서도 다르게 되어서는 안 된다는 가장 강력한 주장들이 존재하지 않는다면, 세계에는 어떠한 잘못된 것도 존재하지 않습니다. 그러나 여러분은 앞에서 든 거친 실례들에서 어떠한 경우에도 —내가 의도하고 있는 점을 여러분이 제대로 이해해 주기를 바랍니다— 사회와 직접적으로 전혀 관계가 없는 문제 설정들이 얼마나 많이, 우리가 이렇게 명명하고 있듯이 관계가 없음에도, 사회적으로 매개되어 있음을 인식할 수 있을 것입니다. 또한 겉으로 보기에는 자신에게 고유하게 내재하는 내용에 따라서는 사회와 전혀 관계가 없는 것, 즉 이미 존재하는 것으로서 존재하는 것에 사회가 얼마나 많이 들어 있는가를 여러분은 인식할 수 있을 것입니다. 이러한 것으로부터 사회에 대한 학문적, 또는 정신적 파악이 취하고 있는 두 가지 입장에 따라 여러 상이한 결과들이 도출됩니다. 한편으로는, 우리는 사회학의 관심이 본질적인 것에 대한 관심이어야 한다고 말하게 될 것이며, 사회학이 사회적으로 중요한 것들과 관계를 맺어야 하며 어떻든 상관이 없는 것들에 관계할 필요는 없다고 말하게 될 것입니다. 이렇게 말하는 것은 하나의 의도입니다. 우리가 이 의도를 이처럼 추상적으로 말해도, 대부분의 사회학자들이 아마도 이 의도에 동의하리라 봅니다. 그러나 이러한 의도의 내부에 또한 매우 심각한 어려움이 있습니다. 이것은 일단은 단순한 어려움입니다. 사회적 인식에서 무엇이 중요한 것으로 통용되어야 하며 무엇이 별로 중요하지 않은가 하는 문제를 우리가 선험적으로 알아낼 수 있는 방법이 전혀 없는 것입니다. 이른바 중심에서 벗어나 있고 투명하지 않은 현상들에 대한 파악이 특별할 정도로 중요한 사회적 통찰들에 이르는 것도 경우에 따라서는 가능합니다. 그 이유를 말하겠습니다. 모든 것을 포괄하는 일반적인 견해의 망網, Netz에 의해 아직도 —어느 정도 확실하게— 포착되어 있지 않은 영역들과 소재들, 그리고 사회적 의식의 체계에 아직도 —어느 정도 확실하게— 들어가 있는 영역들과 소재들이 체계내재적이지 않고 체계를 외부로부터 적중시키는 확실한 관점들을 그러한 영역들과 소재들에서 획득하는 찬스를 가장 먼저 제공해 주기 때문입니다. 이러한 연관관계에서 나는 프로이트Sigmund Freud의 이론을 언급하고 싶습니다. 프로이트의 이론은, 우리가 사회이론에서의 프로이트 이론이 갖는 비중에 대해 세세하게 판단하는 것과 매우 똑같은 정도로, 어떤 경우이든 사회학의 주관적-경험적 측면에 대해서, 그리고 개인들과 집단들의 동기 부여를 규정하는 것에 대해서 대단한 정도로 많은 결실을 맺었던 이론이었습니다. 프로이트의 이론이 처음부터 이른바 공식적인 중심 문제들에 집중했더라면, 프로이트의 이론이 전개되었던 것과 같은 모습으로는 결코 전개되지 않았을 것입니다. 그의 이론은 다만 이른바 "현상 세계에서 식탁에 남아 있는 것처럼 남아 있는 것"에 —이 표현은 프로이트가 직접 만든 표현입니다[40]— 시선을 돌림으로써 프로이트 이론이 되었던 것이 실제가 된 것입니다. 같은 연관관계에서 벤야민의 저작들도 함께 언급하고 싶습니다. 벤야민의 저작들은 오늘날 사회학, 무엇보다도 특히 문화에 대한 비판 이론에게 매우 특별할 정도로 강한 감동을 주고 있습니다. 그의 저작들이 갖고 있는 기본원칙은 이른바 경전經典의 밖에 머물러 있는 소재들과 현상들에 관련을 맺는 것이었습니다. 이러한 소재들과 현상들이 벤야민의 기본원칙에 충실하면 할수록, 그것들은 더욱더 많은 결실을 맺는 것으로 입증되었습니다. 그러나 일시적인 것, 눈에 띄지 않는 것, 공식적인 주제 설정의 의미에서 미리 준비되어 있지 않은 것에 대한 파악에는 본질적인 것에 대한 관심과 시각을 잠재적으로 함께 가져가는 것이 당연히 속해 있어야 합니다. 나는 이 점을 여기에서 첨언하고 싶습니다. 프로이트의 저작들과 같은 저작들의 배경에 포기와 배제의 역사로서의 문명사에 대한 관심이 궁극적으로 놓여 있지 않다면, 또는 벤야민의 구상들의 배경에 사회적으로 필연적인 가상假像으로서의 '변증법적 형상'41)의 이론이 놓여 있지 않다면, 그러한 이론들이 점화되었던 근거가 된 형상들은 결코 밝혀지지 않았을 것입니다. 이렇게 되는 것을 통해서 그러나 다른 한편으로는 앞에서 내가 언급한 경우가 아닌 경우에 추상적으로 사회에 다가와 형성된 관념들이 변용되게 됩니다. 이것은, 내가 여기에서 입담이 세게 표현해도 된다면, 우리 '프랑크푸르트 학파'가 여기에서 의도하는 것에 대한 전적인 오해일 뿐입니다. 사람들은 우리 프랑크푸르트 학파가 추상적인 이념의 맞은편에서 구체적인 세부사항들을 다시 몰아내고 싶어 한다면서 우리에게 부담을 주었습니다. 우리 프랑크푸르트 학파가 의도하는 바는 사람들이 오해하는 것과는 정반대입니다. 우리의 공감을 불러일으키고 있는 것과 확실한 방식으로 우리가 소재적으로 관심을 갖고 있는 것은 바로 그러한 구체적인 모멘트들에 향해 있습니다. 그러나 이러한 공감과 관심은 통상적이고 선광選鑛되어 있으며 분류적인 학문의 의미에서와는 전혀 다른 의미에서 구체적인 모멘트들을 향하고 있는 것입니다.

여러분 중의 많은 사람들에게서 나를 향해 제기될 것으로 내가 각오하고 있는 여러분의 반론에 대해 다음과 같이 말함으로써 나를 조금은 방어하고 싶습니다. 확실히 주관적으로 지향된 사회심리학적인 물음들은 ―사회의 구조 문제들에 마주할 때 이런 물음들에는 즉자 및 대자적으로 아마도 어떤 대단한 품위가 전혀 부여되지 않을 것입니다― 그래도 어떤 품위를 갖고 있습니다. 그 이유는, ―이것을 나는 여기에서 말하지 않을 수 없으며, 이렇게 하는 것 이외의 다른 방도가 없습니다―, 아우슈비츠의 대학살 이후에 ―아우슈비츠는 그것이 발생한 이래로 세계에서 부단히 반복되고 있는 것에 대한 전형이었습니다― 아우슈비츠가 다시 한 번 발생해서는 안 된다는 관심이나 아우슈비츠가 어디에서 발생하고 언제 발생하든 그것이 억제되어야 한다는 단순한 관심이 인식수단들의 선택과 문제들의 선택을 규정해야 할 것이기 때문입니다. 이러한 관심은 사회에서 표면적으로 나타나는 일시적 현상들 Epiphänomene에 지나지 않는 것이라고 할지라도 인식수단들과 문제들의 선택을 규정해야 마땅할 것입니다. ㅡ 나는 매우 유명한 철학자의 아내였던 여류 사회이론가가 나를 비난했던 것을 기억하고 있습니다. 그녀는 내가 아우슈비츠와 이와 관련되는 문제들에 대해 과도할 정도로 의미를 두는 관심을 갖고 있다면서 나를 비난하였습니다. 아우슈비츠에서는 아무런 죄가 없는 600만 명에 달하는 사람들이 광기적인 이유로 인해 살해되었습니다. 이것을 보면서 다음과 같이 내 생각을 말하고자 합니다. 아우슈비츠가 사회이론의 의미에서는 일시적 현상이며 단순히 도출되어진 일시적 현상이고 열쇠와 같은 기능을 갖는 현상이 아니라고 할지라도, 나는 아우슈비츠가 갖고 있는 잔혹함의 차원 하나만으로도 인식수단들과 문제들의 선택을 규정할 만한 그러한 비중과 권리를 갖고 있다고 생각합니다. 그러한 점에서 볼 때, 실용주의가 취한 입장은 정당합니다. 실용주의는 일단은 요구하고 나서 그러한 인식에 ㅡ내가 소름끼치는 단어를 사용하는 것을 여러분이 양해해 준다면ㅡ 우위성을 부여할 것을 요구하고 있습니다. 실용주의는 이러한 인식이 아우슈비츠와 같은 사건들이 일어나지 않도록 하는 것을 목표로 삼아야 한다는 입장을 취하고 있습니다. 본질적인 것에 들어 있는 복합성과 우리가 관계해야만 하는, 복합성에 대해 행해진 비판에 대해서 다음 시간에 계속해서 말할 것입니다.

25) 아도르노는 1968년 4월 23일의 강의에서도 독일 사회학자 대회에 대해 언론
에서 지속적으로 왜곡되어 보도된 내용을 이미 강의에 관련시켰다. 언론은
결여되어 있는 결과들이, 즉 구체적이고도 실제적으로 이용할 수 있는 결과
들이 독일 사회학자 대회에서 존재하지 않았다는 것이며, 그 대신에 "자기 고
백을 하는 사회학"(FAZ, 프랑크푸르터 알게마이네 차이퉁, 4월 13, 14, 15일
자)과 "경험주의자들"과 "이론가들" 사이의 방법론 논쟁(FR, 프랑크푸르터
룬트샤우, 4월 11일자)만이 존재하였다고 보도하였다. 언론은 이처럼 이구동
성으로 독일 사회학자 대회를 비판하였다. 4월 26일에는 '디 차이트Die Zeit'
가 다음과 같은 논평을 실었다. "프랑크푸르트 사회학자 대회의 중심에는 정
치가인 랄프 다렌도르프가 대표하는 ⋯ 사회-실용주의자들과 프랑크푸르트
학파의 대가인 테오도르 아도르노가 대표하는 사회-철학자들 사이의 논쟁이
놓여 있었다." Vgl. auch GS 8, S.351.

26) 아도르노는 자신이 여름 학기 동안에 작업하였던 『독일 사회학에서 실증주
의 논쟁』 서론에서 당시에 가장 중요하였던 것인 논쟁의 '단계'를 조정하려
고 시도하였다(편집자주 18번에 있는 입증 내용을 참조). 이 논문의 집필은
이 강의와 가장 밀접한 연관관계에 놓여 있었다. 아도르노가 1968년 5월 9일
페터 스촌디Peter Szondi에게 보낸 편지에 다음과 같이 쓰여 있다. "저는 미학
책을 편집하는 일에는 도무지 손을 대지 못하였습니다. 독일 사회학에서 실
증주의 논쟁에 대해 출판하는 루흐터한트사의 책에 들어갈 커다란 서문을 써
야만 하는 것이 그 부분적인 이유입니다. 저는 이러한 이유로 인해 동시에 저
의 중심적인 사회학 강의에서 실증주의를 반박하고 있습니다."

27) 파레토(1848-1923)에 대한 아도르노의 비판에 대해서는 다음을 참조. *Beitrag
zur Ideologienlehre*이데올로기론, GS 8, S.457-477.

28) 『독일 사회학에서 실증주의 논쟁』으로서 학문사에 들어가게 된 방법론 논쟁
의 가장 중요한 '단계들'에 대해서는 편집자주 67번을 참조.

29) 아도르노는 콩트 사회학의 기능이 헤겔에서 국가의 기능과 유사한 것으로
보았다. "헤겔은 사회적인 모순이 국가에 의해서 균형에 이르는 것을 기대하
였다. 그의 이론에 따르면, 그는 시민적인 사회를 넘어서는 힘들을 국가가 제
어하는 것을 기대한 것이다. 합리성의 실재적인 약점을 절대적인 이상주의자
와 마찬가지로 비판적으로 깨닫지 못하였던 콩트도, 헤겔처럼, 사회학에 의

해 모순이 치유되기를 기대하였다. 콩트는 사회학이 사회적인 모순들을 그 내부에서 서로 모순이 없는 개념들로 가져간다고 생각하였다. 이러한 개념들의 가장 거친 모델이 바로 정역학적靜力學的인 법칙들과 동역학적인 법칙들이다. 이러한 법칙들을 제대로 분리하는 것이 사회적 모순들의 균형을 학문적으로 준비할 수 있으며 이렇게 한 다음에 세계에서 준비할 수 있다는 것이 콩트의 생각이었다. 쪼개져 있는 사회가 사회에 고유한 동역학에 힘입어 더 높은, 인간의 가치가 더 존중받는 형식으로 옮겨갈 수 있다는 시각은 콩트에서와 마찬가지로 헤겔에서도 들어와 있지 않다. 헤겔과 콩트는 사회를 이미 존재하는 제도들에서 유지시키려는 의도를 갖고 있었다. 이런 이유에서 콩트는 정적인 원리를 동역학을 교정시키는 것으로서 덧붙여 취하고 있는 것이다"(GS 8, S.226; 편집자주 24번에 있는 내용을 참조).

30) 콩트에 대한 생시몽의 관계에 대해서는 다음을 참조. Oskar Negt, Strukturbeziehungen zwischen den Gesellschaftslehren Comtes und Hegels콩트와 헤겔의 사회론 사이에서 나타나는 구조의 관계들, Frankfurt a. M. 1964, S.36f. (Frankfurter Beiträge zur Soziologie. Bd. 14).

31) 아도르노는 생산력과 생산관계의 관계에 대한 물음을 독일 사회학자 대회에서 행한 강연인 「후기 자본주의 또는 산업사회?」의 중심에 위치시켰다(vgl. GS 8, bes. S.361-370).

32) 파레토의 이데올로기론이 전체주의 국가에 대해 갖는 관계에 대해서는 다음을 참조. Adorno, *Beitrag zur Ideologienlehre*이데올로기론, GS 8, S.464-470.

33) Vgl. Aristoteles, Politik정치, l. Buch, 1253a (Die Naturgegebenheit des Staates 국가의 숙명성) und das 5. Buch (Über den Wechsel der Verfassungen헌법의 변동에 대해).

34) 편집자주 2번과 25번을 참조.

35) 아도르노가 여기에서 넌지시 알려주고 있는, 비트겐슈타인의 유명한 표현은 다음과 같다. "세계는 경우인 것이 모여 있는 모든 것이다." ─ Vgl. Ludwig Wittgenstein, Schriften: Tractatus logico-philosophicus논리-철학 논고. Tagebücher 1914-1916. Philosophische Untersuchungen철학적 탐구. Frankfurt a. M. 1960, S.11.

36) 헤겔이 이렇게 정리한 것을 아도르노가 그의 저작들에서 여러 번 언급하고 있으나(vgl. etwa GS 6, S.24 oder GS 11, S.485), 그것은 헤겔에서는 입증될 수 없는 표현이다.

37) '악무한성', 그리고 '선무한성'의 개념에 대해서는 다음을 참조. G. W. F. Hegel, Werke, a. a. O., Bd. 5: Wissenschaft der Logik I 논리학 I, Frankfurt a. M. 1969, S.149-173.

38) Vgl. Adolf Löwe, Economics and Sociology. A Plea for Cooperation in the Social Sciences, London 1935. 아도르노는 여기에서 아마도 뢰베의 다음 논문을 생각하고 있었던 것 같다. »The Social Productivity of Technical Improvements«, in: The Manchester School, 8, 1937, S.109-124.

39) 아도르노는 독일 사회학자 대회에서 행한 강연인 「후기 자본주의 또는 산업 사회?」에서 사회에서의 정적靜的인 모멘트들에 대한 책임을 기술에게 부과해서는 안 된다고 주장하였다. "기술이 해악이 아니고 기술이 사회적인 관계들과 엉클어지게 하는 것이 해악이다. 기술은 사회적 관계들에 의해서 휘감겨져 있다. 이윤의 이해관계와 지배의 이해관계에 대한 고려가 기술적인 발전의 운하를 만들었다는 사실만이 기억될 만하다. 기술적 발전은 그동안 통제 필요성과 치명적으로 서로 조화를 이룬다. 파괴 수단들의 발명이 기술의 새로운 장의 전형이 된 것도 바로 이런 이유가 있었기 때문이다. 이에 반해서, 기술이 갖고 있는 잠재력 중에서 지배, 중앙 집중주의, 자연에 대한 폭력으로부터 떨어져 있으며 기술에 의해서 문자 그대로, 그리고 형상적으로 훼손된 것으로부터 많은 것을 치료하는 것을 허용할 수 있는 기술의 잠재력은 위축되었다"(GS 8, S.362f.).

40) Sigmund Freud, Gesammelte Werke, hrsg. v. Anna Freud u. a., Bd. II: Vorlesungen zur Einführung in die Psychoanalyse정신분석 입문 강의, London 1940, S.20.

41) 벤야민 자신은 변증법적 형상의 이론을 글을 통해서는 결코 전개시킨 적이 없었다. 이 개념이 어떻게 전승되었는가에 대해서는 다음의 문헌을 참조. Rolf Tiedemann, Dialektik im Stillstand정지 상태에서의 변증법. Versuche zum Spätwerk Walter Benjamins벤야민 후기 저작에 대한 시론試論, Frankfurt a. M. 1983, S.32f u. S.40(편집자주 17번 참조).

신사 숙녀 여러분, 지난 시간의 내용을 잠깐 상기시키고자 합니다. 나에게는, 그리고 내가 여기에서 말해도 되는 사회학에 대한 이해에는 본질적인 것에 대한 파악이 사회학의 대상들을 선택하는 것에서 결정적으로 중요한 기준으로 출현한다는 점을 여러분에게 말하였습니다. 이와 동시에 나는 곧바로 이어서 본질적인 것이 이른바 거대한 대상들과 동질적인 것이 될 수 없다는 점을 말하였습니다. 그렇습니다. 거대한 대상들은, 정신적인 영역과 정신적 성찰의 영역에서 여러모로 드러나고 있는 것처럼, 이미 사고의 지문指紋들과 같은 것으로 공급이 되고 있습니다. 이렇게 해서 거대한 대상들에 대해 실제적으로 일차적인 관계를 획득하는 것은 매우 어려운 일이 되고 말았습니다. 본질적인 것은 다음과 같은 현상들에서 사람들에게 열릴 수 있으며, 나는 여기에서 오늘날에도 열리게 될 것이라고까지 말하고자 합니다. 다시 말해, 앞에서 말한 그러한 의미를 겉으로 보기에는 전혀 갖고 있지 않은 것처럼 보이는 현상들에서, 즉 사람들이 얼이 빠진 채 거대한 것과 동치시킬 수 있는 확실한 직접성에 본질적인 물음들이 향하는 것보다도 훨씬 완벽하게 본질이 나타나는 현상들에서 본질적인 것이 열리게 될 것입니다. 이와 동시에 나는 지난 시간에 우위성의 개념에 반대하는 입장을 피력하였습니다. 단순한 대상에게서 그것이 본질적인 것인지 또는 아닌 것인지의 여부를 선취적으로 알아차릴 수는 없다는 주장을 내가 펼친 것에 대해 여러분은 아마도 기억하고 있을 것입니다. 오히려 불변적인 것에 대한 결정은 일반적으로 실행에, 다시 말해 그러한 대상들에서 사람들에게 열리게 되는 것에 놓여 있습니다. 나는 이에 대한 일련의 예들을 들었으며, 이것은 여러분이 본질적인 것에 관한 것을 구체적으로 표상할 수 있도록 하기 위함이었습니다.

실증주의는 본질적인 것에 대한 물음을 거부합니다. 그러나 이러한 거부는, 내가 본질적인 것은 대상들에 의해 직접적으로 전혀 해명될 수 없다고 지적함으로써 본질적인 것에 대한 물음을 상대화시키려고 시도했던 의미에서와는 전혀 다른 의미에서 실증주의가 취하고 있는 태도입니다. 여러분이 내게 '실증주의'라는 표현을 확실한 넓이에서 사용해도 되도록 단 1초 동안의 —1초의 시간은 매우 긴 시간이 될 것입니다. 1초 동안의 시간은 원래부터 나의 사회학 강의 전체에 관련될 것이기 때문입니다— 시간을 허용해 주기를 바랍니다. 실증주의를 빈Wien의 논리실증주의[42]나 또는 오늘날 미국에서 만개하고 있는 이른바 분석철학과 학문이론의 의미에서가 아니고 우리가 지금 여기에서 노력하고 있는 것들에 대한 과학주의적인 반대 입장이라고 내가 일단은 나타내고 싶은 의미에서, 즉 앞에서 말한 의미를 넘어서는 의미에서 사용하게 되면, 실증주의는 사회학이 본질적인 것을 다루어야 한다는 물음과 요구에 대항하는 결과를 가져오게 될 것으로 보입니다. 다시 말해, 본질이라는 것은 도대체 존재하지 않는 것이며, 또는 여러분 주변으로부터 최근에 주목을 받게 된 슐리크Schlick가 정리한 유명한 표현에서처럼 오로지 현상만이 존재하며 본질은 존재하지 않는다는[43] 결과에 이르게 되는 것입니다. 여기에서 나타나는 결과들은 다양합니다. 이렇게 됨으로써 한편으로는, 니체가 이미 전통적 형이상학에서 고민한 바 있었던 것으로부터 빠져나오는 것처럼 보이기도 합니다. 'e'로 쓰여진, '배후 세계적인 것'[44]으로부터, 즉 사람들이 현상들의 배후 세계에서 숨겨진 다른 것을 찾아내려고 노력하는 것으로부터 빠져나오는 것이 가능한 것처럼 보이기도 하는 것입니다. 숨겨진 다른 것을 비판하는 것은 매우 일반적인 의미에서 볼 때는 계몽이 갖고 있는 의도 중의 하나로 줄곧 이어져 내려 왔으며, 이러한 의도가 계몽의 역사의 한 부분이기도 하였습니다. 다른 한편으로는, 앞에서 말한 결과들에는 사회학이 받아들이고 있는 매우 기이한 선회가 들어 있습니다. 이러한 선회는 내가 미국에 있을 때[45] 실증주의적인 사회학자들에 의해서 그 당시에 이미 나에게 시인되었습니다. 이러한 선회는 쾰른의 사회학자인 쇼이흐Scheuch에 의해서 명확하게 받아들여졌으며, 여러분이 이에 대해 접해 본 적이 있었다면 여러분은 쇼이흐가 수용한 선회를 기억할 것입니다. 선회의 내용은 다음과 같습니다. 즉, 사회학의 작업은 원래부터 넓은 척도에서 탐구 방법들을 향해야 하며 탐구 방법들에서 작업을 해야 되고 대상의 중요성을 향해서는 안 된다는 것입니다.[46] 이것을 지나치게 사물적이고 원시적인 방식으로 표현하는 것을 피해서 말해 본다면, 그러한 선회는 기대되는 통찰의 중요성을 향해서는 안 된다는 입장을 갖고 있습니다. 이처럼 중요한 것은 원래부터 존재하지 않기 때문이라는 것입니다. 이러한 입장으로부터 수많은 작업들이 발원하게 됩니다. 이러한 작업들은 단순히 처리 가능한 그 어떤 탐구 수단들이나 ―내 자신이 그러한, 항상 반복적으로 적용되는 탐구 수단을 발견하였기 때문에,[47] 나는 여기에서 불에 놀라서 도망치는 불에 탄 아이와 같은 존재가 되고 말았습니다― 또는 항상 반복되는 동일한 탐구 수단들을 적용하고, 이러한 탐구 수단들을 그 어떤 변화된 문제 설정들, 대상 영역들에 적용하며, 이렇게 하는 정도가 높아지면 탐구 수단들을 정교화하거나 수정하게 됩니다. 이렇게 함으로써, 내가 이 강의의 중심에 위치시키고 있는 방법론 논쟁에 매우 중요한 것이 전체 사회학 안으로 처음부터 들어오게 되는 결과에 이르게 되는 것입니다. 이렇게 해서 이미 미리 주어져 있는 것, 어느 정도 확실하게 관리적이며 위에서부터 설정된 과제에 종속된 것을 적용하는 특징이 사회학에 들어오게 되는 것입니다. 그 까닭은 다음과 같습니다. 본질과 현상에 대한 결정과 같은 것이 전혀 존재하지 않는다면, 본질의 개념이 그것 스스로 단순한 미신의 영역에 속한다면, 사회학이 제기하는 물음들이 선호하는 뜻에 따라 계약들을 ―신사 숙녀 여러분, 계약이라는 단어를 포박하듯이 이해하는 의미에서― 향할 수 있게 될 것입니다. 이러한 계약들은 행정을 담당하는 그 어떤 자리들에 의해서 어떤 사람에게 할당될 것이며, 그 사람은 이러한 일들을 따라감으로써 이른바 사회적으로 유용한 논문을 성취할 수 있게 될 것입니다. 이렇게 해서, 여기에서 관계들이 매우 기이하게 전도됩니다. 사회학이 사회의 근본 원리에 대한 물음들에 맞춰지는 것을 극단적으로까지는 부정하지 않고 있는 다렌도르프Dahrendorf와 같은 사회학자가 ―그는 이 문제와 관련하여 중재적인 입장을 더욱 많이 취하고 있습니다― 어떤 경우이든 로버트 머튼Robert Merton이 주장한 "중간 범위의 이론"[48]의 의미에서 호흡 곤란을 일으키고 싶어 할 정도로 관계들이 기이하게 전도되는 모습이 드러나고 있습니다. 위에서 말한 이유 때문에 다렌도르프와 같은 사회학자가 비판 사회학을 비난하고 있습니다. 비판 사회학은 사회학의 물음 제기를 전체에 관련시키고 있으며, 구체적이고 직접적인 계약들을 충족시키지 못하고, 실제로부터 지나치게 멀리 떨어져 있다[49]는 것입니다. 이렇게 해서 여기에서 실증주의는 사회에 관한 비판적인 논의로부터 빼앗기게 되었던 실제에 대한 관계를, 겉으로 보기에는, 산출하게 됩니다. 이를 통해 실제의 개념은, 여기에서 일단은 선취적으로 미리 말해 둔다면, 전체적인, 주어진 사회적 기구 내부에서 그 어떤 조치들에 대한 필요한 재료들을 제공하는 것을 말하는 개념으로 수정되는 결과에 이르게 됩니다. 주관적으로 볼 때는, 다시 말해 사회학자 자신들이 몰아붙이는 것의 관점에서 볼 때는, 이러한 경향은 우리가 아마도 사회학자라는 직업의 '직원화職員化'라고 부를 수 있게 되는 결과에 이르게 됩니다. 이렇게 해서 조사-기술자, 조사-담당-직원이 출현하게 됩니다. 조사-기술자는 자신에게 맡겨진 과제들을 설정할 수 있고 이미 앞에 놓여 있는 방법론들을 자신에게 귀속된 과제들에 적용할 능력만을 갖게 됩니다. 자율적인 학문 연구자의 자리에 조사-기술자가 들어서는 것입니다. 자신에게 고유한 경험에 근거하여 자신이 제기하는 물음들을 스스로 찾고, 이미 존재하는, 그리고 증대되는 지식과 옆 사람의 소매에 닿을 정도로 좁은 간격을 유지하면서 자신에게 고유한 기법들과 방법론들을 동시에 발전시키는 자율적인 학문 연구자의 자리에 조사-기술자가 들어서게 되는 것입니다.

여기에서 여러분에게 요청하고 싶습니다. 내가 사람들에게서 잘못 이해되지 않도록 요청하고 싶은 것입니다. 지난 1세기가 흐르는 동안에 본질의 개념에 대해 실행된 비판은, 즉 세계를 본질적인 것으로, 의미가 깊은 것으로, 세계 내부에서 표명된 신적神的인 세계 기획의 의미에서 이해하는 것이 더 이상 가능하지 않다는 결과에 이르게 한 비판은 철회될 수 없습니다. 이러한 본질 자체는 오히려 ―나는 이 점을 여러분에게 이미 말하려고 시도하였다고 생각합니다― 의미와 한 몸이 아니며 특별하게 존재하는 긍정성도 아니고, 모든 개별적인 것을 엮어 버리는 연관관계이거나 죄의 연관관계입니다. 모든 개별적인 것은 이러한 연관관계의 내부로 엮여 들어가 있으며, 이러한 연관관계는 모든 개별적인 것에서 그 모습을 보여주고 있는 것입니다. 나는 여기에서 '그 모습을 보여준다'라고 말하였습니다. 이 말에는 아마추어적이고 거칠거나 또는 천편일률적으로 저돌적으로 돌진하는 사람에게 행동의 억제를 요구하는 것이 물론 들어 있습니다. 본질은 출현해야 한다는 헤겔의 문장50)은, 사회학이 본질의 분석에 중요한 학문인 한, 사회학에 대해서도, 그리고 사회학의 방법론에 대해서도 철저하게 그 의미를 갖고 있습니다. 다시 말해, 사회의 본질적인 법칙들이 현상들에서 현상들에 대한 해석을 통해서 스스로 가시적이 되지 않으면, 그리고 이러한 본질이 바로 현상들에서 그 덮개가 벗겨지지 않으면, '본질'이나 또는 '사회의 본질적인 법칙들'에 대한 논의는 소용이 없거나 전적으로 공허한 논의가 될 뿐입니다. 우리가 본질은 출현해야 한다는 헤겔의 문장으로부터 자기비판의 엄격한 원칙을 만들지 않으면, 이론적 사회학은 사실상으로 위험에 처하게 되며, 위로부터 시작하여 실제로 공허한 세계관과 경직된 스테레오판에 이르게 되고 말 것입니다. 사회학이라는 학문 분과를 오늘날 위협하는 가장 위험스러운 것은 사회학이 동시에 가장 나쁜 의미에서 양극화되었다는 점입니다. 한편으로는 단순한 사실 확인으로, 다른 한편으로는 제대로 되거나 또는 잘못된 본질성에 대한 구속력 없는 미사여구로 양극화된 것입니다. 나는 여기에서 여러분에게 변증법의 입장에서 현상학에 대해 행해진 비판을 상기시키지 않을 수 없다고 생각합니다. 변증법의 입장에서 시도한 현상학에 대한 비판에 대해서는 내가 『인식론 메타비판』[51]에서 몇 가지 기여한 바가 있었다고 생각하며, 이를 여러분에게 보여주고자 합니다. 다시 말해, 본질에 대한 관심은 직접적으로, 반박됨이 없이, 매번 개별적인 논증의 연관관계의 저 건너편에서 현상들로부터 본질성을 끄집어내서 바라보는 것이 될 수는 없습니다. 이와 동시에 나는 현상학에도 들어 있는 진리의 모멘트를 착복하듯이 감추고 싶지는 않습니다. 개별적인 사회적 현상들에서 본질적인 것이 어떻게 떠오르는가 또는 어떻게 출현하는가에 대해 시각을 갖지 못한 사람은, 그리고 개별적인 '사회학적 사실들'[52]을 사회적인 것의 암호들로 알아차리고 암호들을 읽어내려고 시도하지 않는 사람은, 사회에 대한 나의 고유한 판단에 따르면, 사회학으로부터 손을 떼고 차라리 사회 전문가가 되어야 할 것입니다. 또는 우리가 명명하려고 하듯이, 그러한 사람은 사회학자는 아닙니다. 그런 사람이 사회 전문가로서 스스로 만족을 느낀다면, 본질에 대한 통찰들을 무엇보다도 특히 본질적인 척도에서 볼 때 역사적인 조건들에서 ─현상은 역사적인 조건들 아래에서 성립되며 역사적인 조건들은 현상을 매우 다양하게 표현하고 상세하게 말합니다─ 검토하지 않는다면, 그런 사람을 사회학자로 보는 것은 매우 어려운 일일 것입니다.

그렇다면 무엇이 본질적이냐 하는 물음에 대해 여러분에게, 내가 지난 시간의 강의에서 본질 개념에 부여하였던 제한에도 불구하고, 일단은 조금은 무딘 답변이라도 하지 않을 수 없습니다. 이는 본질적인 것에 관심을 갖는 사회학, 또는 사회에 관한 학문이 무엇에 관심을 가져야 하고 원래부터 무엇을 지향해야 하는가에 대해 여러분에게 간단하나마 방향을 제시하기 위함입니다. 본질적인 것에 대해 이처럼 무디게라도 답변해야 하는 이유는 여러분이 아직도 사회학에 익숙한 분들이 아니라는 가정을 내가 갖고 있기 때문입니다. 본질적인 것에 관련하여 나는 이제 다음과 같이 말하고자 합니다. 본질적인 것은 사회의 객관적인 운동법칙들입니다. 이러한 운동법칙들은 인간의 운명에 대해 결정을 하며, 인간의 숙명이기도 합니다. 인간의 숙명은 물론 변화될 수도 있습니다. 사회의 객관적인 운동법칙들은 다른 한편으로는 또한 인간의 숙명이 다르게 되고 사회가 강제적 속박의 결합체로 ―사람들은 이러한 결합체로 빠져들어가 있습니다― 존재하는 것을 중지시킬 수 있는 가능성과 잠재력을 내포하고 있기도 합니다. 그러나 이러한 객관적인 운동법칙들은 그것들이 사실상으로 사회적인 현상들에서 표현되었을 때만이 그 통용성을 갖게 됩니다. 이러한 운동법칙들이 순수한 개념들로부터 단순하게 이루어지는 연역적 도출의 ―설사 이러한 도출들이 사회적인 인식에서 깊게 뿌리를 내릴 수 있을지 모르지만― 의미에서 스스로 쇠진된다면, 그것들은 그 통용성을 갖지 못합니다. 이를 위해 나는 여기에서 하나의 예를 들겠습니다. 오늘날의 사회에도 계급관계가 속해 있는지의 여부에 관한 물음이 본질적인 물음이라는 점을 여러분이 일단은 받아들여 보십시오. '계급이 존재하느냐 또는 존재하지 않느냐' 하는 물음은 현재의 사회를 판단하는 데 결정적인 물음이라는 것에 대해서 우리가 최소한 의견의 일치를 보이고 있을 것으로 나는 생각합니다. 계급 개념은 마르크스에 의해 최초로 객관적으로 매우 예리하게 정리되었다는 점을 생각해 보면, 우리는 계급 개념을 생산과정에 맞추어서 보아야 할 것이며, 개별적 인간의 의식에 단순히 맞추어서는 안 될 것입니다. 계급의식은 2차적인 것입니다. 그러나 역사적 과정에 의해 즉각적으로는 전혀 유발되어지지 않는 그 어떤 것입니다. 아카데미적으로 지배적인 사회학이 통합의 현상들로서 관리하는 현상들에 의해서, 그리고 현상들이 신성한 종교에 모순된다는 이유 하나만으로 사람들이 세계로부터 출발하여 토론할 수 없게 된 현상들에 의해서, 계급의식은 —마르크스의 진단과는 반대로, 18세기 중반의 상황과는 반대로— 점차로 줄어드는 경향을 보이고 있습니다. 시민사회의 대립주의적 전개의 본질 법칙을 문제 삼는 이론의 의미에서 볼 때, 우리는 일단은 다음과 같이 말할 수 있습니다. 앞에서 말한 모든 것은 단순한 일시적인 현상들에 지나지 않는다. 예나 지금이나 결정적인 것은 개별 인간이 생산과정에서 차지하고 있는 위치이다. 개별 인간이 생산수단들을 구사할 능력을 갖고 있는지의 여부, 개별 인간이 스스로 자신이 프롤레타리아라고 느끼고 있는지 또는 그렇지 않은지의 여부는 개별 인간이 생산과정에서 차지하고 있는 위치에 비교해 볼 때 경중輕重을 따질 필요가 없는 문제입니다. 이런 문제는 이를테면 단순한 이데올로기의 측면에 속할 뿐이며, 사회적으로 본질적인 것의 측면에 속하지 않습니다. 그렇습니다, 이렇게 멀리 떨어져 있는 것입니다. 대략 성서에 있는 것처럼 멀리 떨어져 있는 것입니다. 그러나 이렇게 함으로써 여러분에게 주의를 환기시켜 주고 싶은 문제는 해결이 된 것으로 나타나고 있습니다. 객관적으로 프롤레타리아라고 정의된 사람들이, 역치閾值, Schwellenwert에 따라, 더 이상 그런 의식을 갖지 않고 심지어는 그런 의식을 강력하게 거부함으로써 마침내 어떤 프롤레타리아도 자신이 프롤레타리아라는 사실을 더 이상 알지 못하게 되는 것이 —여기에서 내가 의도하는 것은 이러한 경향이 점차적으로 진행된다는 점입니다— 정말로 현실적인 것이 된다면, 전통적인 계급 개념의 사용은 이러한 객관성에도 불구하고 매우 용이하게 독단적이거나 또는 물신적인 요소를 갖게 됩니다. 바로 여기에 계급 개념과 같은 그러한 개념이 개별 인간이 갖고 있는 의식의 현실과 단순하게 대립될 수 있는 지점이 속하게 됩니다. 나는 바로 이 점이 사회학에서의 경험적인 모멘트가 매우 강력하게 통용될 수 있는 지점이라고 생각합니다. 계급들이 계급의식에 의해서 정의되지 않은 것은 매우 확실하게 되었습니다. 그러나 모든 것을 얻었다고 잘못 생각하며 자신들에게 채워진 쇠사슬 이외에는 잃을 것이 없는 프롤레타리아들이[53] 자신이 프롤레타리아라는 사실을 더 이상 알지 못하게 되면, 프롤레타리아들에게 향하는 실제적인 호소가 그것 스스로 이데올로기적인 모멘트를 갖게 됩니다. 이렇게 되고 나서, 사회학적 인식은 이러한 이데올로기적인 모멘트를 매우 강조하면서 인식 내부에서 포함하지 않을 수 없으며, 사회학적 인식은 그러한 이데올로기적인 모멘트에 관하여 매우 강조하면서 수지를 명백히 하지 않을 수 없게 되는 것입니다. 나는 여기에서 상황이 여러 갈래로 전개된다고 생각합니다. 많은 사회학자들, 본질 법칙들과 사회의 객관성에 대한 통찰을 중요한 과제로 여기는 소수의 사회학자들, 또는 이들 소수의 사회학자들 중에서도 다수의 사회학자들은 상황에 따라서는 본질 법칙의 객관적 개념과 이것과 관련이 있는 모든 것을 앞에서 말한 이유 때문에 추방해 버리고 사실들의 단순한 확인에 몰두하게 됩니다.

　신사 숙녀 여러분, 이러한 일이 발생하지 말아야 한다는 점은 사회학의 정신적인 행동방식을 위해서 실제적으로 매우 결정적인 지점이라고 생각합니다. 내가 본질과 현상의 상호작용으로 의도하는 바가 무엇인가를 여러분에게 여기에서 가장 잘 보여줄 수 있다고 봅니다. 내가 제공하고자 하는 본질과 현상의 상호작용에 관한 표상으로부터 나오는 결과가 대략 '그래, 계급들, 그것들은 더 이상 전혀 존재하지 않지, 그것은 형이상학이지, 현실에서는 오로지 주관적인 삶의 기준에서 측정되어야만 하는 사회적인 층層만이 존재할 뿐이야'라고 말하는 결과가 아니라는 점을 여러분이 주목하게 된다면, 나는 여기에서 여러분에게 본질과 현상의 상호작용에 관한 생각을 제공하고 싶습니다. 앞에서 본, 계급이 존재하지 않는다는 입장은 사실상으로 사회학이 본질적인 것에 맞추려는 태도를 훼손시키게 될 것입니다. 본질과 현상의 상호작용에 관한 문제를 여기에서 일단 내세우기 위해서는, 나는 이 문제의 해결을 위해서 여러 가지가 이미 놓여 있다고 봅니다만, 우리는 계급의식이 성립되고 있지 않은 것을, 또는 내가 20년 전에 『미니마 모랄리아』에서 "프롤레타리아는 어디에 있는가"라고 물으면서 알아맞히기 위한 물음이라고 나타냈던 것인[54] 프롤레타리아의 소멸과 같은 것을 사회의 객관적인 법칙들과 본질 법칙들로부터 도출해내는 시도를 행하여야 할 것입니다. 여러분에게 이와 관련이 있는 것을 명명한다면, 그것은 스펜서Spencer가 최초로 진단한[55] 사회의 통합 경향일 것입니다. 사회적 조직화의 망網이 항상 더욱 좁혀지면서 실로 그물을 짜는 모습이 되며 이렇게 해서 1830년대와 1840년대에 있었던 산업 프롤레타리아처럼 시민사회의 밖에 놓여 있거나 또는 반쯤은 밖에 놓여 있었던 사람들이 점점 증대되는 척도로 사회에 편입되는 사실을 스펜서가 진단하였던 것입니다. 우리가 계속해서 생각해 볼 수 있는 것이 또 있습니다. 즉, 기술의 진보에 의해서 생산된 재화들의 양이 특별할 정도로 늘어남으로써 이른바 아무것도 잃어버릴 것이 없다고 하는 사람들과 재화의 양의 증대에 의해 몇몇 가지를 잃어버리지 않을 수 없는 사람들에게 재화가 도움이 되는 결과로 이어졌다는 사실에 주목할 필요가 있습니다. 또는 매우 특별한 사회학적인 문제, 매우 특징적인 사회학적인 문제를 상기시키기 위해서 ㅡ여기에서 여러분은 본질에 대한 통찰과 '특별한 사회학'이라고 명명되는 것이 어떻게 서로 교차되어 있는가를 실제로 보게 될 것입니다ㅡ 다음과 같은 사실에 주목하고자 합니다. 다시 말해, 오래되고 마르크스적이며 전통적인 의미에서 물질에 관련된 노동이나 생산적 노동을 하는 사람들, 즉 생산영역에서 직접적으로 활동하는 사람들이 전체 노동에서 차지하는 비율이 서비스를 행하는 사람들에 비해서, 특히 정비의 영역에 종사하는 사람들에 비해서 특별할 정도로 감소하였습니다. — 나는 여러분에게 이러한 모멘트들을 다소간 비체계적으로 명명하였습니다. 통합은 실제에서는 더욱 포괄적인 상위 개념입니다. 내가 여러분에게 명명하였던 다른 모멘트들은 그에 반하여 상위 개념에 적응하는 부분 모멘트들입니다. 여러분은 부분 모멘트들을 동일한 차원에 놓여 있고 서로 작용을 하는 요인들과 같은 것으로 간주해서는 안 됩니다. 나는 여기에서 이러한 방향에서 잘못된 것을 간청하듯이 말하고 싶지는 않습니다. 여러분에게 모델들을 제시하는 곳에서, 나는 여러분에게 개별적인, 이러한 형식에서 유지될 수 없는 사회학적 테제들을 말하고 싶습니다. 내가 의도하는 바는, 계급들에 대한 본질 규정들처럼 확실한 본질 규정들을 붙드는 것이 사회학에 주어진 과제라는 사실입니다. 결정적인 의미에서, 다시 말해 대부분의 사람들이 익명적이고 투시되지 않는 경제적인 진행 과정들에 의존되어 있다는 의미에서 존속되고 있는 계급들에 대한 본질 규정들이 사회학에 부여된 임무입니다. 또한 이러한 전개 경향 자체로부터 변경시켜야 될 것을 도출하거나 또는 최소한 계급들과 같은 근본 사실이 오늘날에는 더 이상 전통적 의미에서 출현하지 않는 결과에 이르도록 그러한 변경들을 이해하는 것이 사회학의 임무입니다. 현상과 본질의 변증법에 관한 이러한 작은 모델을 통해서 나는 우리가 경험세계와의 관계라고 의도하는 것에 관하여 여러분에게 조금은 표상을 제공해 주었다고 생각합니다. 다시 말해, 경험세계와의 관계는, 내가 반대하고 있는 실증주의자들이 우리에게 전가시키고 있듯이, 이론화理論化를 유리하게 하기 위해서, 존재하지 않는 것으로서 고찰되는 관계는 아닙니다. 이와는 반대로 내가 여러분에게 기쁘게 말했던 착상이 확실한 의미에서 원래부터 경험세계와 관련이 있으며 내가 밝힌 구상이 일반화되고 있는 사회학보다도 훨씬 무겁게 경험세계를 받아들이고 있다는 점을 여러분에게 보여주기를 희망합니다. 우리는 이 문제를 나중에 다시 다루게 될 것입니다. 우리에게 중요한 것은 거칠게 되어 버린, 풀려 나간 이론이 아니고 상호작용이라는 점을 우리가 대변한다면, 이것이 단순히 말하는 방식만은 아니라는 사실을 여러분은 어떤 경우에도 이미 알아차렸을 것입니다. 나는 여러분에게 상호작용에 대해 이미 말하였고, 상호작용이 어떻게 해서 변증법 개념 자체를 이루게 된다는 것에 대해서도 말하였습니다.

여러분이 이제 일단은 다음과 같은 점을 확고하게 붙들기를 요청합니다. 한편으로는, 본질적인 것은 사회의 운동법칙들에 대한 관심입니다. 무엇보다도 특히 사회가 어떻게 해서 여기까지 왔으며 앞으로 어디로 가려고 하는지를 표현해 주는 법칙들에 여러분이 관심을 가져야 합니다. 그러나 이러한 운동법칙들이 변경되며 운동법칙들이 실제로 출현하는 한에서만 운동법칙들로서 통용된다는 점에 대해서도 여러분이 관심을 가져 줄 것을 요청합니다. 이어서 제3단계로 여러분은 사회학의 과제에 대해 관심을 가져야 할 것입니다. 본질과 현상의 빗나감을 사회학 나름대로 본질로부터 출발하여 파악하는 것, 즉 이론적으로 파악하는 것이거나, 또는 현상들과 곧바로 양립되지 않고 변증법적으로 매개되어 있지 않은 본질 개념들이나 일반 법칙성들을 포기하는 용기를 사실상으로 갖는 것이 바로 사회학에 부여된 임무입니다. 우리는 이러한 용기를 가져야 합니다. 나는 이러한 용기가 오늘날 요구되어지는 시민적 용기의 모멘트 중에서도 가장 경멸스러운 것만은 아니라고 생각합니다. 다만 여기에서 관건이 되는 것은, 사람들이 전통적인 카테고리들을 희생시키는 것에서 그러한 카테고리들에 동시에 신의를 지키고 있다는 점입니다. 더욱더 강한 싸움으로 그러한 희생을 지켜야 한다고 생각하는 것 대신에, 그리고 귀찮고 부담이 있는 것으로 증명된 개념들의 무가치한 부담을 버리는 것 대신에 전통적인 카테고리에 충실하고 있다는 점입니다.

그 밖에도, 나는 여기에서 본질의 개념이나 개념의 개념과 같은 개념들을 여러분이 확실한 공평성을 갖고 이해해 줄 것을 요청합니다. 사회학 강의인 이 강의에서 내가 그러한 개념들을, 그것들이 갖고 있는 철학적 문제성에 따라, 파고들 자리는 없습니다. 나는 사회학이 본질적인 물음에 관심을 갖는 것에 대해 여러분에게 말함으로써 의도적으로 본질의 개념에 이르게 되었습니다. 다시 말해, 이러한 본질적인 물음들은 궁극적으로 인간이라는 종種의 생존과 자유에 본질적이며, 본질적인 의미를 갖는 물음들인 것입니다. 나는 여러분이 본질의 개념을 사람들이 더욱 좁은 의미의 인식론적인 의미에서 이해하는 것과 같은 방식으로 파악하지 말기를 요청합니다. 본질의 개념을 사실성보다 어느 정도 확실하게 앞에 있는, 그리고 그 순수성에서 인식되어져야 하는 것이라고 하는 즉자 존재적인 것으로서, 순수한 개념적인 것으로서 파악해서는 안 되는 것입니다. 여기에서 여러분에게 본질적인 것이라고 나타냈던 것의 ―여러분 중에서 내 강의를 주의 깊게 들어본 사람들은 이미이 점을 알아차렸을 것입니다― 대부분은 논리적으로 말한다면 개별적인 개념들의 의미에서의 본질이 아니고, 오히려 개별적인 법칙성들의 의미에서의 본질이라고 해야 할 것입니다. 개별적인 법칙성들은 자기스스로 통용되며, 전체 사회와 개인들의 운명에 대해서 법칙성 내부에서 중요한 의미를 갖는 법칙성들입니다. 이와 유사한 것이 개념의 개념에도 해당됩니다. 내가 '자본주의'나 '계급'과 같은 개념들을 의도한다면, 이것이 자본주의나 계급이 개념적 정의로서 이해될 수 있다는 것을 의도하지 않습니다. 개념적인 정의들을 통해 '계급은 이것이고 저것이다'라고 말하고, 또는 베버의 경우에서처럼[56] '자본주의는 이것 또는 저것으로 정의된다'라고 말하는 것과 같은 것을 나는 의도하지 않습니다. 오히려 내가 처음부터 정말로 의도하는 바는 문장들이나 판단들의 연관관계이며, 근본적으로 이미 대상을 위에서 덮는 연관관계가 설정되어 있고 의도되어 있습니다. 이러한 연관관계는 개별 개념이나 개별본질성을 고립시킨 채 멀리 떨어지게 놓아둘 수는 없습니다. 이 점을말하는 이유는 이 점이 내가 여러분에게 강의하고 있는 이론에 대해 제기되는 반론들에도 속하기 때문입니다. 내가 강의하고 있는 이론 내부에서는 문장, 판단, 법칙의 개념과는 반대로 본질의 개념이 항상 실행되고 있다는 반론이 제기되고 있습니다. 반면에, 본질 개념은 위에서 포괄하는 연관관계들에 대한 강조를 ─이것들이 판단들에서 언어로 정리될 수 있듯이─ 표현하는 것이 자명합니다. 다시 말해, 위에서 포괄하는 연관관계들이 더욱 좁은 논리적 의미에서 단순한 개념들로서 파악되어서는 안 되는 상태에서 이러한 연관관계들이 본질적이라는 것을 본질 개념이 강조하고 있는 것이 자명한 것입니다.

사회학의 영역에 관한 물음은 여러분을 사회학으로 안내하는 강의에서 아직도 우리가 조금 더 깊게 논의해야 할 필요성이 있는 물음입니다. 나는 이 물음에 대해 다시 한 번 논의하고 싶으며, 여러분에게 이미 주의를 환기시켰던 문제를, 즉 실용주의 문제에 고유하게 들어 있는 난점을 이 자리에서 말하고자 합니다. 나의 입장에 반대하는 입장은 본질적인 것에 대한 관심을 부정하기 때문에 겉으로 보기에는 훨씬 실제적인 입장인 것처럼 보입니다. 나의 입장에 대립되는 입장이 본질 문제에 얽매이지 않은 채 그 입장에 들어온 어떤 과제들에 집중시킬 수 있음으로써 실제적인 입장이라고 스스로 느끼고 있는 것은 기이한 전도顚倒에 속합니다. 체계내재적인 실제에 곧바로 관련되어 있지 않으면서 본질 법칙들에만 관심을 갖는 종류의 인식에 대해서는 ─여러분이 내가 여기에서 이 말을 하는 것을 통과시켜 주신다면─ 17세기 카톨릭 교회의 신비주의 운동이었던 정적주의나 이와 유사한 것이라는 비난이 퍼부어질 것입니다. 반면에, 실증주의에 의해 관리되는 실제주의와 같은 종류는, 항상 필연적으로, 항상 본질적으로 필연적으로, 매번 기존하는 사회적 체계들이 기존의 상태에서 유지되는 것에 이르도록 해 주는 종류에 지나지 않습니다. 이러한 실제는 일단 존재하는 사회적 체계들 내부에서 이루어지는 개선의 실제로서 전적으로 이해될 수 있습니다. 이러한 실제는, 사회적 체계, 전체, 본질 법칙의 개념을 불신하기 때문에,

전체에 관련되는 모든 숙고를 여권, 또는 비자 정도로 보아서 거절합니다. 이러한 실제는 전체에 관련되는 모든 숙고를 형이상학에 갇혀 있는 유명한 지옥이라고 비난하고 싶어 합니다. 이 점을 말하는 이유는 하버마스Habermas[57]가 몇 년 전부터 매우 집중적으로 연구하고 있는 문제를 이미 이 자리에서 여러분에게 보여주기 위한 목적을 갖고 있습니다. 하버마스는 사회학의 실제에 관한 물음이 사회학의 영역에서 토대를 이루고 있는, 특별할 정도로 복잡한 변증법을 연구해 오고 있습니다. 다시 말해, 사회학 또는 사회과학적인 인식으로부터 실제가 그 결과로서 뒤따르는지의 여부, 또는 사회학이 얻는 인식이 실제의 특정하게 주어진 형식들에 적용될 수 있는지의 여부에 관해 하버마스가 매우 집중적으로 연구하고 있는 것입니다. 이것은 특별할 정도로 근본적이고 급진적인 구분입니다. 나는 여러분이 지금 이러한 구분을 깊게 생각해 보기를 요청하고 싶습니다.

신사 숙녀 여러분, 이제 여러분에게 사회학의 중심 개념에 대해 말하고자 합니다. 오늘날 매우 많은 사회학자들이 사회학의 중심 개념을 버리고 싶어 합니다. 사회학의 중심 개념은 사회의 개념입니다. 그 까닭은, 사회학이 ―이 단어는 아주 싫을 정도로 누더기가 씌워진 단어입니다― 사회에 관한 논리, 다시 말해 사회에 관한 인식이나 학문이기 때문입니다. 따라서 우리의 다음 과제는 사회의 개념을 더욱 상세하게 파악하는 것이 될 것입니다. 사회의 개념에 대해 관심을 갖는 분들에게 나는 사회의 개념에 대해 내가 갖고 있는 생각들을 다룬 저작들이 있다는 점을 주지시키고 싶습니다. 복음 교회에서 나온 사전인 『국가 사전』에는 내가 집필한 항목인 「사회」[58]가 들어 있습니다. 여러분에게 사회의 개념에 대해 강의할 때나 이 개념이 실증주의적 입장과 비판적 대결을 벌려야 하는 것을 나는 앞에서 말한 「사회」 항목에 관련시켜 논의를 전개할 것입니다. 나는 물론 이 항목에 만족하는 것에 머무르지 않을 것이며, 본질적인 부분에서는 이 항목을 넘어설 것입니다. ― 감사합니다.

42) 1920년대와 1930년대에 철학자들, 자연과학자들, 수학자들이 모여서 이른
바 '빈 학파'를 결성하여 '논리실증주의'의 기초를 발전시켰다. 중요한 대표
자들로는 에른스트 마흐Ernst Mach, 1838-1916 교수의 후임으로 임명된 모리츠
슐리크Moritz Schlick, 1882-1936가 특별한 위치를 갖고 있었으며, 빈 학파의 설
립자로 통용된다. 루돌프 카르납Rudolf Carnap, 1891-1970과 오토 노이라트Otto
Neurath, 1882-1945도 중요한 대표자들이었다. 호르크하이머는 이미 1930년대
에 빈 학파의 이론적 구상에 대해 비판을 전개하였다(vgl. Max Horkheimer,
Der neueste Angriff auf die Metaphysik형이상학에 대한 가장 최근의 공격 und
ders., Traditionelle und kritische Theorie전통적 이론과 비판 이론, in:
Gesammelte Schriften, hrsg. von Alfred Schmidt und Gunzelin Schmid Noerr,
Bd. 4: Schriften 1936-1941, Frankfurt a. M. 1988, S.108-161 u. 162-216).

43) 여기에서 나오는 표현은 슐리크에서 확인될 수 없었다. − 슐리크보다 먼저
활동하였던 마흐의 실증주의는 직접적으로 실증적으로 주어진 것의 서술에
만 제한되었다. 슐리크는 마흐와는 구분되는 입장을 보였으며, 주어져 있지
않은 사물들과 진행들의 존재를 받아들였다. 그러나 슐리크는 현상들과 사물
들의 구분 그 자체가 인식에 대해서는 중요하지 않은 것으로 보았다. 현상이
그것의 직접적으로 주어지지 않은 본질에 상응할 수 없다는 것은 슐리크에게
는 '가상Schein'의 문제이다. 본질 규정들은 원리적으로 '말해질 수 없는 것'이
기 때문이다. 아도르노에게는 바로 이 점이 중요한 관건이 된다. "실증주의적
착상과 변증법적 착상에 들어 있는 차이 중에서도 가장 사소한 차이가 아닌
것은, 실증주의가 슐리크가 제시한 원리에 따라 오로지 현상만을 통용시키고
싶어 하는 반면에 변증법은 본질과 현상의 구분으로부터 발을 뺄 수 없다는
점이다. 교환되는 잘못된 등가물들의 부동성不同性의 구조들과 같은 사회적
과정들의 결정적인 구조들은 이론의 개입 없이는 드러나지 않는다는 것이 그
것 나름대로 사회적인 법칙이다. 변증법적 사고는 니체가 배후 세계적이라고
명명했던 것과 더불어 생기는 의심을 만난다. 변증법적 사고는 이렇게 만나
면서 숨겨진 본질은 비실재라는 입장을 견지한다"(GS 8, S.291).

44) Vgl. Friedrich Nietzsche, Also sprach Zarathustra차라투스트라는 이렇게 말하였
다. Von den Hinterweltlern배후 세계에 사는 사람들에 관하여, in: Werke in drei
Bänden, hrsg. von Karl Schiechta , 9. Aufl., München 1982, Bd. 2, S.297-300.

45) Vgl. Adorno, Wissenschaftliche Erfahrungen in Amerika미국에서의 학문적 경험, GS 10.2, S.702-738.

46) Vgl. Erwin K. Scheuch, Methodische Probleme gesamtgesellschaftlicher Analysen전체 사회적인 분석들의 방법론적인 문제들, in: Spätkapitalismus oder Industriegesellschaft?후기 자본주의 또는 산업사회? Verhandlungen des 16. Deutschen Soziologentages, a. a. O., S.153-182; vgl. auch das Protokoll der sich an das Referat von Scheuch anschließenden Diskussion (ebd.). — 쇼이흐 (1928년생)에게는 사회학을 "학문 활동을 위해 구사되는 순수한 도구들의 전체"로부터 오는 개별 학문으로 제한하는 것뿐만 아니라 사회학의 대상에 대해서도 스스로 제한하는 것이 일어나고 있다. "사회철학자들에게 원리적인 실수로서 나타나는 것이 사회학이 사회학을 스스로 제한하는 것으로 성립되고 있다. 사물이나 문제에 대한 이해가 종국적으로 탐구의 경계를 규정하지 않고, 매번 운용 가능한, 다시 말해 객관성에의 요구들에 상응하는 '학문 활동을 위해 구사되는 도구들의 전체'가 탐구의 경계를 최종적으로 규정한다"(Ebd., S.154).

47) 아도르노는『권위주의적 인성』(편집자주 144번 참조)에서 사용된 파시즘-척도F-Skala를 여기에서 생각하고 있었다. 그는 파시즘 척도를 만드는 과정에서 중요한 역할을 하였으며, 파시즘-척도를 본보기로 해서 다른 척도들이 프랑크푸르트 사회조사연구소에서 개발되었다. 예를 들어 A-척도는 "권위성이 결합된 행동에 전염되어 있는 정도"를 측정하는 척도였고, 사회조사연구소에서 일했던 사람들은 이 척도를 아도르노-척도라고 불렀다(Vgl. Ludwig v. Friedeburg, Jürgen Hörlemann, Peter Hübner u. a., Freie Universität und politisches Potential der Studenten자유로운 대학과 대학생들의 정치적인 잠재력. Über die Entwicklung des Berliner Modells und den Anfang der Studentenbewegung in Deutschland베를린 모델의 전개와 독일에서 학생운동의 시작에 관하여, Neuwied, Berlin 1968, S.572).

48) Vgl. Robert K. Merton, Social Theory and Social Structure사회이론과 사회구조, 2. Aufl., Glencoe, III. 1957, S.5f. — 머튼은 '이론'과 '경험세계'의 딜레마로부터 빠져나오는 시도를 순수하게 실용주의적으로 행하였다. "나는 중간 범위의 이론들이라고 명명할 수 있을 것 같은 것에 철저하게 주목하는 시도를 행하고자 한다. 탐구의 일상적인 숙달이 진행되는 동안에 과도할 정도로 넘치게 전개되는 비교적 작은 가설들과 근본적인 개념 모형을 —이 모형으로부터

사람들이 사회적 행동에 대해 경험적으로 관찰된 균일성들의 매우 거대한 수를 도출시킬 수 있다고— 에워싸면서 모든 것을 포괄하는 사변思辨들 사이의 중간에 존재하는 이론들에 철저하게 주목하고자 한다"(zit. nach Ralf Dahrendorf, Die angewandte Aufklärung응용된 계몽. Gesellschaft und Soziologie in Amerika미국에서 사회와 사회학, München 1963, S.152f.).

49) Vgl. Ralf Dahrendorf, Herrschaft, Klassenverhältnis und Schichtung지배, 계급관계와 계층, in: Spätkapitalismus oder Industriegesellschaft? Verhandlungen des 16. Deutschen Soziologentages, a. a. O., S.88-99. — 다렌도르프는 그의 발표문에서 아도르노의 기조 강연인 「후기 자본주의 또는 산업사회?」에 직접적으로 자신의 입장을 관련시켰으며, 사회학에서 "이론과 실제에 관한 논쟁"을 그의 발표문의 중심에 위치시켰다.

50) Vgl. Hegel, Werke, a. a. O., Bd. 6: Wissenschaft der Logik II논리학 II, Frankfurt a. M. 1972, S.124.

51) Vgl. Theodor W. Adorno, *Zur Metakritik der Erkenntnistheorie*인식론 메타비판. *Studien über Husserl und die phänomenologischen Antinomien*후설과 현상학적 이율배반들에 관한 연구, Frankfurt a. M. 1956; jetzt GS 5, S.7-245.

52) 편집자주 17번을 참조.

53) 아도르노가 여기에서 의미를 해석하고 있는, 마르크스와 엥겔스의 『공산당 선언』(1847/48)의 마지막 문장들은 다음과 같다. "프롤레타리아들은 공산주의 혁명에서 그들에게 채워진 족쇄 이외에는 잃어버릴 것이 없다. 그들은 하나의 세계를 얻어야 한다."

54) GS 4, S.219.

55) Vgl. Herbert Spencer, Principles of Sociology사회학 원리, London 1876 ff.; dt.: Die Prinzipien der Soziologie, übersetzt von B. Vetter, 4 Bde., Stuttgart 1877 ff. 특히 § 227, 228 및 §§ 448-453에 있는 "국가적 통합"과 §§ 454-463에 있는 "국가적 분화"를 참조. 증대되는 경제적 분업에 의해 사회가 통합되는 경향에 대해서는 특히 §§ 763-767에 있는 "상호 의존성과 통합"을 참조. — 통합과 사회적 분업에 의해 점차 증대되는 사회적 조직화에 대한 스펜서의 이론에 대해서는 『사회학적 여론』에 있는 스펜서 부분과(S.28-36)과 아도르노의 1968년 5월 7일의 강의(제5강)를 참조.

56) 베버에서 자본주의에 대한 정의에 대해서는 다음을 참조. Max Weber, Gesammelte Aufsätze zur Religionssoziologie I종교사회학 I, Tübingen 1947, S.4

ff. — 아도르노는 여기에서 베버가 행한 방식을, 즉 동사로 된 정의의 형식으로 된 근본 개념들을 논문의 앞에 위치시키는 처리방식을 넌지시 비꼬았다. 베버가 행한 정의들의 방법에 대한 더욱 상세한 서술은 『부정변증법』에서 발견된다(vgl GS 6, S.166-168).

57) Vgl. Jürgen Habermas, Theorie und Praxis이론과 실제. Sozialphilosophische Studien사회철학적 연구들, Neuwied, Berlin 1963; und ders., Analytische Wissenschaftstheorie und Dialektik분석적 학문 이론과 변증법. Ein Nachtrag zur Kontroverse zwischen Popper und Adorno포퍼-아도르노 논쟁에 대한 추가적 논의, in: Adorno u. a., Der Positivismusstreit in der deutschen Soziologie독일 사회학에서 실증주의 논쟁, a. a. O., S.155-192.

58) Vgl. Adorno, *Gesellschaft*사회, in: Evangelisches Staatslexikon, hrsg. von Hermann Kunst u. a., Stuttgart, Berlin 1966, Sp. 636-643; jetzt GS 8, S.9-19.

신사 숙녀 여러분, 강의실 문을 닫아 주기 바랍니다. 이런 일로 인해 너무 많은 시간을 빼앗겨서는 안 됩니다. ― 여러분의 동료 한 사람이 제기한 질문이 있습니다. 이것이 오해에서 기인한 것이든, 또는 지난 시간 강의의 마지막 부분에서 정리하였던 내용이 너무 황급하게 이루어진 것에서 기인한 것이든, 나는 일단은 발생된 질문에 대해 답을 하고 싶습니다. 여러분 동료 중의 한 분이 나에게 고맙게도 알려준 질문은 다음과 같습니다. 내가 실증주의적 사회학을 실용주의적 영역과 결합시키는 것을 규정함으로써 사회학에 대한 변증법적 착상을 실제Praxis로부터 분리시키려고 하는 의도가 있었던 것처럼 여러분 동료에게 다가왔다는 것입니다. 내가 그러한 의도를 갖고 있지 않다는 점은 자명합니다. 오히려 그 반대의 경우가 맞습니다. 나는 강조된 실제도, 사회의 전체 구조에 관련되어 있고 개별적으로 나타나는 사회적인 징후들에 관련되어 있지 않은 실제로서, 역시 전체 사회에 관한 이론을 필요로 한다고 말하고자 합니다. 더 나아가, 실제가 구조 관계들을 실제 나름대로 분석하고 구조 관계들, 경향들, 이미 존재하고 있는 사회 내부에서의 권력 배열들을 원리적으로 분석하며 단순히 독특한 물음 제기의 틀에서 머물러 있지 않을 때, 전체사회적인, 다시 말해 구조에 관련된 실제가 의미 있는 실제로서 가능할 것이라는 점도 말하고 싶습니다. 이 점을 제대로 해 두는 것이 나에게는 매우 중요합니다. 내가 이번 강의에서도 물론 단편斷片들만을 여러분에게 강의할 수 있는 분야인 사회론

社會論의 종류가 일종의 정적주의Quietismus와 같은 것이 아니냐 하는 인상이 생겨서는 안 되기 때문입니다. 정적주의의 모양새는 다음과 같은 것을 통해서 매우 용이하게 성립됩니다. 다시 말해, 사람들이 전체 구조들에 대한 시각을 가질 때, 구조로부터 유래하여 발생되는 변화에의 어려움들은 이러한 어려움들이 개별적인 배열들 내부에서 ―이렇게 말하는 것은 이미 그것 자체로 다시 이른바 실용주의적인 태도가 아닐까 하고 생각됩니다마는― 나타날 때보다 훨씬 예리하게 그 모습을 드러내는 것을 통해서 정적주의의 모양새가 성립되는 것입니다. 개별적인 배열들에서는 상황에 따라서는 구조 관계들이 사회구조에 관한 이론에서보다도 훨씬 더 적합하고 훨씬 덜 거칠게 그 모습을 드러냅니다. 더 나아가 한 가지 사항을 덧붙여 말하고 싶습니다. 이것은 이 자리에서 언급되어야 할 내용입니다. 나는 이 강의에서 실증주의 사회학에 대한 대안으로서 변증법적 사회학을 여러분에게 알렸습니다. 그렇다고 해서 나는 실용주의적 입장에 맞춰져 있는 실증주의적 사회학자들이 제안하는 특별한 개선들을 하찮은 것이라고 생각하지는 않습니다. 이 점에 대해 여러분이 오해하지 않기를 바랍니다. 전체의 구조를 파악하기 위해서 개선의 가능성을 이미 존재하는 관계들의 틀에서 가볍게 다루거나 또는 심지어는 ―과거에 이러한 결함이 없지는 않았습니다만― 부정적으로 강조한다면, 이것은 잘못된 이상주의적인 추상성이라고 말할 수 있을 것입니다. 다시 말해, 이러한 추상성의 내부에는 총체성의 개념이 들어가 있을 것입니다. 총체성의 개념은 지금 여기에서 개별적으로 살아가고 있는 인간의 이해관계에 관심을 두지 않습니다. 세계사의 진행에 관한 추상적인 신뢰의 방식이 총체성의 개념에 속해 있습니다. 어떠한 경우에도 나는 이러한 형상에서 보이는 추상적인 신뢰를 곧장 일으켜 세울 능력이 없습니다. 나는 여러분에게 다음과 같은 점을 말하고자 합니다. 우리가 지금 이러한 연관관계에서 현재의 사회적 구조를 제대로 분석할 수 없다는 이유들 때문에 현재의 사회적 구조가 잘못 지어진 건축물의 특징과 소름끼칠 정도로 덩어리로 뭉쳐져 있는 '제2의 자연'의 특징을 더욱 많이 가지면 가질수록, 다시 말해 이것이 경우가 되는 한, 이미 존재하는 현실에 대한 가장 하찮은 개입들은 때에 따라서는 이러한 개입들 자체에 마땅히 돌아오는 것보다도 훨씬 더 커다란 상징적인 의미를 갖게 되는 결과로 이어지고 말 것입니다. 나는 여기에서 상징적인 의미라고까지 말하고 싶은 것입니다. 다시 말해, 나는 현재의 사회적 현실에서 우리가 이른바 개혁주의를 비난할 때는 18세기나 19세기 초에 아마도 가능했던 비난보다도 훨씬 더 비난을 아끼는 태도를 취해야 할 것이라고 생각합니다. 우리가 개혁에 대해 어떤 입장에 서 있느냐 하는 것은, 어느 정도까지는, 전체 내부에서 구조 관계들을 평가하는 기능도 포함하고 있습니다. 오늘날에는 전체의 변화가 18세기 중반에 나타났던 것과 동일한 직접성에서 가능한 것으로서 더 이상 출현하지 않기 때문에, 이러한 물음들도 전적으로 다른 관점으로 옮겨지게 되는 것입니다. 나는 바로 이런 점에 대해 여러분에게 말하려고 했던 것입니다. 우리는 현재의 상황에서는 인간이 봉쇄되어 있다는 사실과 권력관계들이 불균형하다는 사실을 가차 없이 규정하고 있습니다. 이렇기 때문에 우리는 정적주의라고 비난하는 말이나 체념이라고 비난하는 말을 퍼부어서는 안 될 것이라고 생각합니다. 주제에 대한 증명이나 성취되어져야 할 목표를 위해서 주어진 구조에 대한 분석으로부터 두려워하면서 발을 빼는 사람은 진리와 이론을 배신하는 사람이기 때문입니다. 이론과 실제의 통합이 이러한 배신을 의도한 적은 결코 한 번도 없었다는 점은 너무나 확실합니다.

신사 숙녀 여러분, 이제 나는 사회학의 중심 개념인 사회의 개념에 대해 다루고 싶습니다. 일련의 사회학자들은 사회의 개념에 대해서 이 개념이 원래부터 더 이상 적용될 수 없는 것이라고[59] 생각하고 있습니다. 여러분이 다른 학문들의 관례나 또는 다른 많은 학문들의 관례에 따라 나에게서 사회 개념에 대한 정의를 기대한다면, 여러분은 화가 날 정도로 실망할 수밖에 없을 것이라는 점을 일단은 말할 수 있습니다. 내가 그러한 정의를 신뢰하지 않았기 때문에 여러분이 실망하게 되는 것은 아닙니다. 나는 사회의 개념에 관한 설명들에서 이 개념에 대해 충분히 알려줄 수 있다고 생각합니다. 이것은 여러분이 사회의 개념에 대해 충분하고도 명백한 표상을 얻는 것을 가능하게 해 줄 것입니다. 그러나 사회의 개념과 같은 종류의 개념은 법률적으로 정의되는 것처럼 확정된 개념이 그 내부에 무한대의 역사적인 풍부함을 내포하고 있는 개념입니다. 이 자리에서 내가 이미 『사회학적 여론餘論』에서 인용한 바 있었던 니체의 문장을 끌어 들이고 싶습니다. 니체의 문장은 다음과 같습니다. "그 안에 전체 과정이 기호론적으로 요약되어 있는 모든 개념은" ─다시 말해, 희랍어를 할 수 없는 분들을 위해 부연 설명한다면, 기호 또는 전체 과정들에 대한 축약입니다─ "정의定義로부터 떨어져 나와 있다. 정의될 수 있는 것은 역사를 갖고 있지 않은 것뿐이다. 오로지 이것만이 정의될 수 있다."[60] 나는 이 강의에서 추후에 역사가 사회학에 대해서 어떠한 중심적인 의미를 갖고 있는가에 대해 여러분에게 보여주게 될 것입니다. 역사는 사회적인 인식의 배경일 뿐만 아니라 모든 사회적인 인식에 원래부터 근본이 됩니다. 이 점이 중심 개념인 사회의 개념에도 해당되는 것은 자명합니다.

　신사 숙녀 여러분, 지난번에 있었던 초급 세미나[61]에서 나의 주의를 환기시켜 주었던 것이 있었으며, 이것은 정당한 것이었습니다. 쉘스키 교수가 사회의 개념에 대해 행한 비판[62]은 우리가 이론적 경험이 없이도 사회학을 충분히 해 나갈 수 있다는 것을 말하는 것이 아니며, 사회의 여러 가지 상이한 유형들이 존재하고 이 유형들은 부분적으로 서로 병렬적으로 존재한다는 점, 따라서 그러한 사회들을 단순히 하나의 개념 아래로 집어넣을 수는 없으며 이렇게 단순하게 종합화시킬 수 없다는 점을 지적하고 있습니다. 자본주의 국가들의 사회에도 차이가 있고, 소련(구소련은 1980년대 후반에 붕괴하였음, 역주)의 지배하에 있는 국가들의 사회에도 차이가 있으며, 중국의 지배하에 있는 국가들의 사회에도 차이가 있는 것은 너무나 자명합니다. 부분적으로는 매우 깊게 파고드는 이러한 차이들을 사회학에 대해 소홀하게 하려거나, 마치 모든 고기 위에 균일하게 위에서 내려 붓는 '호텔의 소스'처럼[웃음소리] 사회에 대한 일종의 통일된 개념을 통해서 대체시키려는 의도는 나와는 멀리 떨어져 있는 것에 지나지 않습니다. 내가 이런 의도를 갖고 있지 않음은 자명합니다. 여러분이 나의 의도를 오해하지 않기를 바랍니다. 그러나 여러분에게 내가 지난 2시간 동안의 강의에서 본질적인 사회적 물음들에 대한 사회학의 관심이라고 나타냈던 것을 여기에서 상기시켜 주고 싶습니다. 나는 여기에서 다음과 같은 점을 말하고자 합니다. 우리가 유형화된 사회학의 특정한 종류에서 사회의 여러 가지 유형들을 서술하려고 하면, 원시 집단사회, 또는 채취사회, 또는 수렵사회와 같은 표현들에 부딪치게 될 것이며, 이것은 사회의 개념이 19세기 이래 받아들이고 있는 강조된 의미에서 우리가 사회에 대해 말하고 있는 것과는 완벽할 정도로 다른 것을 의미합니다. 19세기 이후의 사회 개념은 과거의 개념과는 전혀 다른 것입니다. 이 점은 자명하다고 말하고자 합니다. 부분적으로는 민속학이나 인류학에 근접해 있는, 여러 가지 사회에 대한 개념들에서는 공동생활, 인간의 삶의 생산 및 재생산의 여러 가지 상이한 유형들이 관건이 되고 있습니다. 다시 말해, 이러한 개념들에서는 인간의 삶을 영위하게 하고 인간의 공동 생존의 형식들을 규정하는 근본 유형들이 관건이 되고 있는 것입니다. 이에 반해서 우리가 강조된 의미에서 사회에 대해 말한다면 —나는 여기에서 이른바 시민사회적 사회학, 즉 막스 베버로부터 유래하는 표현을 의도적으로 사용하고자 합니다. 베버의 사회학은 그것이 갖고 있는 근본 의도에 따르면 실증주의적 사회학의 하나로 보아도 될 것입니다—, 우리는 본질적으로 "사회적 조직화"[63]의 모멘트를 의도하게 됩니다. 이러한 조직화의 모멘트가 앞에서 여러분에게 예거하였던 사회 유형들에서 같은 방식으로 다가오지 않는다는 점은 자명합니다. 강조된 의미에서의 사회에서는 인간 사이에 기능의 연관관계가 성립되며, 이러한 연관관계는 물론 역사적 단계에 따라 현저하게 변전됩니다. 기능의 연관관계는 어느 누구도 연관관계에서 놓아 주지 않으며, 사회에 속해 있는 모든 사람이 기능의 연관관계에 엮어 있도록 묶어 둡니다. 기능의 연관관계는 또한 사회에 속해 있는 모든 사람에 대해 확실한 방식으로 독자성을 확보합니다. 반면에, 앞에서 여러분에게 예거했던 사회 유형들은 이와는 대조적으로 훨씬 느슨한 모멘트를 갖고 있습니다. 이처럼 느슨한 모멘트에서는 개별 인간과 전체 사회의 상호적 게임인 기능의 연관관계가 일어나지 않습니다. 느슨한 모멘트에서는 개별적인 집단들, 개별적인 사회적 집단들이 다소간 서로 병렬적으로 생존하게 됩니다. 개별적인 집단들, 개별적인 사회적 집단들 사이에는 본질적인 관계들이 존재하지 않은 상태에 놓여 있으며, 이러한 집단들은 이러한 관계들 자체에 의해서 본질적으로 규정되고 형성되지 않습니다. 여러분이 그러한 매우 원시적인 채취사회, 다시 말해 사냥의 조직화가 이루어지기 전의 사회를 실제로 떠올려 보면, ─우리가 기이할 정도로 항상 반복적으로 확인할 수 있는 사실, 즉 지구의 여러 상이한 나라들에서의 역사적 전개에서 보이는 확실한 균일성으로 인해─, 다음과 같은 점이 드러나게 됩니다. 채취사회에 살았던 모든 인간은 다소간 채취자의 단계에 놓여 있었지만 개별적인 채취 집단들, 또는 전적으로 당연히 그렇게 되어야 할 것인 개별적인 채취사회들은 상대적으로 상호 간에 독립적인 형태로 생존하였고 상호 간에 서로 주의를 기울이는 정도가 상대적으로 적은 상태에서 생존하였던 것입니다. 이러한 생존 형태는, 내용적으로 사회학적인 것과 매우 중요한 점을 지적한다면, 무엇보다도 특히 다음과 같은 결과로 이어졌습니다. 사회의 원시적인 형식들인 채취사회들은 상호 간에 독립적이었고 병렬적으로 생존하였으며, 채취사회들이 추구하는 이해관계들도 상대적으로 적게 겹쳐 있었습니다. 이런 이유 때문에 채취사회들은 평화를 사랑하는 확실한 특징을 갖고 있었습니다. 채취사회들에서는 발달된 사회에서 일반적인 경우가 되는 것이 다반사인, 서로 포개져서 사회에 속한 사람들을 엄습하는 것과 같은 방식이 존재하지 않았던 것입니다. 베블런Thorstein Veblen이 "평화적인 원시인들"64)라고 명명하였던 것을 채취사회들이 갖고 있었던 것입니다. 반면에, 우리가 중요한 의미에서 사회라고 부르는 것은 사회에 속한 사람들을 엮어서 묶는 특정한 방식을 보여주고 있습니다. 누구도 이 방식으로부터 벗어날 수 없습니다. 이 방식이 변전된다고 할지라도, 반복해서 부정된다고 할지라고, 그러한 사회들의 개별적인 요소들은 비교적 균일한 것으로, 동일한 이성이 주어진 것으로, 원자原子들로 생각되어질 뿐이며, 질質을 상실한 것으로, 그리고 개별적인 요소들이 갖고 있는 자기보존적인 이성에 의해 매번 정의되는 것으로 표상될 뿐이라는 점이 앞에서 말한 특별한 방식에 본질적으로 속합니다. 이러한 특정한 방식은 그러나 신분적인, 자연적인 의미에서 구조화되어 있는 것은 아닙니다. 스위스의 사회학자 블룬칠리Bluntschli는 이미 19세기에 사회에 속한 사람들을 엮어서 묶는 특정한 방식을 알아차렸으며 ―헬게 프로스Helge Pross도 이 문제를 블룬칠리에 뒤이어 연구하였습니다65)―, 이에 근거하여 사회의 개념들을 본질적으로 시민사회적 사회, 또는 "제3의 신분 개념"66)으로 나타냈습니다. 블룬칠리가 말했던 사회에 뒤이어 전개된 국가자본주의적 형식들과 사회주의적 형식들에서 전체가 하나의 기능의 연관관계로 되어 있는 모멘트와 전체가 구성되게 하는 것들의 잠재적인 균일성의 모멘트가, 확고하게 굳어진 모든 지배형식과 모든 독재적인 특징에도 불구하고, 어떤 경우이든 이론적으로 제대로 되어 있는 모멘트로서 유지되고 있습니다. 그렇습니다. 앞에서 말한 기능의 연관관계가 일단은 사회라고 보아야 할 것 같다는 생각을 나는 갖고 있습니다. 이러한 방식으로 나는 이전에도 기능의 연관관계를 여러 가지로 규정한 바 있었습니다.

이제 이 자리에서 알버트Albert 교수에 대해 이야기하고자 합니다. 그는 지난 몇 년 동안에 진행된 사회에 관한 변증법적 이론의 논쟁에서 실증주의적 진영에 서서 열정적으로 참여하였으며, 포퍼Popper의 관점을 지속적으로 대변하였습니다. 알버트의 의도에 따르면, 포퍼와 알버트가 갖고 있는 입장 사이에는 지속적인 일치가 어떤 경우이든 지배적으로 나타나고 있음이 명백합니다. 알버트는 하버마스를 논박하는 그의 첫 번째 논문에서 내가 여기에서 대변하고 있는 사회 개념이 '모든 것이 모든 것과 연관되어 있다'고 말하는 평범함에 이르고 있으며 잘못된 의미에서 추상적 개념일 뿐이라고[67] 나를 비난하였습니다. 이제 이 문제를 다루고 싶습니다. 이것은 정말로 심각한 반론 제기이기 때문입니다. 이것은 사실상으로도 진지한 반론 제기가 아닌가 싶습니다.

내가 알버트 교수의 비난에 대항하여 제공해야만 하는 대답은 다음과 같습니다. 다시 말해, 사회, 조직화된 사회는 사회적으로 조직된 인간 사이의 기능적 연관관계일 뿐만 아니라 본질적으로, 하나의 존재로서, 교환에 의해 규정되는 연관관계입니다. 사회를 원래부터 사회적으로 만드는 것은 교환관계입니다. 교환관계를 통해서 사회는 사회에 특별한 의미에서 개념적으로 기초가 이루어질 뿐만 아니라 실재적으로도 기초가 만들어집니다. 교환관계는 사회의 개념에 참여하는 모든 사람을 잠재적으로 결합시킵니다. 지금 이 자리에서 조금은 조심스럽게 표현한다면, 교환관계는 확실한 의미에서 자본주의적 사회들에 뒤이어 나타날 사회들의 전제조건들까지도 표현합니다. 더 이상 교환되지 않을 수도 있지 않느냐 하는 논의는 자본주의적 사회들에 뒤이어 나타날 사회들에서도 이루어질 수 없을 것임이 확실합니다. 나의 사회 개념이 추상적 일반성에 머물러 있다는 알버트의 비난에 대해 반박하겠습니다. 내가 보기에, 알버트의 비난에는 인식의 주체인 인식자, 인식자의 이론과 이론이 그것 나름대로 관련되어 있는 것의 형태 사이에서 발생하는 전통적인 혼동 중의 하나에 놓여 있습니다. 여기에서 일반적이라고 하는 것은 모든 것이 모든 것과 연관관계를 맺고 있다는, 무언가 결핍되어 있는 표현에 만족하고 있는 것이 아니냐 하는 생각이 아닙니다. 오히려 이러한 일반화는 교환의 진행 자체, 즉 근본적인 사회적 사실의 특별한 형식입니다. 교환의 진행 자체에 의해서 사회적 조직화와 같은 것이 산출되는 것입니다. 나는 이 점이 사회에 관한 이론의 중심점이라고 생각합니다. 나는 또한 여러분이 이러한 중심점을 매우 진지하게 받아들여 줄 것과 내가 여러분에게 지금 말하고 있는 내용을 붙잡고 있기를 요청하고 싶습니다. 신사 숙녀 여러분, 여기에서 관건이 되고 있는 일반화는 사회를 모든 것이 모든 것과 연관되어 있는 것이라고 얇게 정의해 버리는 사회적 이론가의 머릿속에서 비로소 성립될 것 같은 그러한 종류의 일반화가 아닙니다. 여러분이 두 개의 대상들을 서로 교환하려고 하면, 교환의 개념에 들어 있는 등가 가치에 따라 두 개의 대상들을 서로 교환하려고 하면, 이러한 교환에서 두 사람 중의 어느 한 사람이 다른 한 사람보다 더 많이 얻어서는 안 된다면 ―교환 자체에 등가의 초과가 숨어 있지 않느냐 하는 문제에 대해서는 지금 이 순간에 고찰의 대상이 될 필요가 없습니다. 지금 이 순간에 관건이 되는 것은 오로지 사회를 이해하는 데 기초가 되는 개념의 구축일 뿐입니다―, 그리고 2명의 계약당사자들이 등가 가치에 따라 재화를 서로 교환하려고 하면, 계약당사자들은 이러한 재화에서 무언가를 빠트린 채 교환 행위를 성립시켜야만 하는 것입니다. 여러분 모두가 알고 있듯이, 이러한 교환은 발달된 사회에서는 일반적으로 화폐의 등가 형식에 따라 실행됩니다. 이미 고전 경제학뿐만 아니라 마르크스도 고전 경제학에 접목하여 화폐의 이러한 등가 형식의 배후에 놓여 있는 실제적인 단위는 평균적으로 소모되는 사회적 노동시간이라는 사실과 이러한 사회적 노동시간은 노동이 교환되는 특별한 사회적인 관계들에 따라 매번 변화한다는 사실을 증명한 바 있었습니다. 노동시간에서는, 즉 평균적 사회적 노동시간에 따라 이루어지는 교환에서는 서로 교환되는 대상들에 들어 있는 특별한 형태가 필연적으로 제외됩니다. 교환되는 대상들은 그 대신에 일반적인 단위로 환원되고 맙니다. 여기에서 일반화는 사회학자의 일반화되는 사고에 놓여 있는 것이 아니라 사회 자체에 그러한 일반화가 이미 들어 있는 것입니다. 또는 여러분이 지금 나에게 이 단어에 되돌아가는 것을 다시 한 번 양해해 준다면, 일반화는 하나의 객체성으로서의 사회에 이미 마치 '개념'처럼 들어 있는 것입니다. 사회에 관한 실증주의적 이론이 변증법적 이론과 결정적으로 차이가 나는 점은 변증법적 이론이 사물 자체에 놓여 있는 개념의 객관성으로 돌아가는 점일 것이라고 생각합니다. 반면에, 실증주의적 사회학은 이러한 진행 과정을 거부하거나 또는 최소한 뒤로 밀쳐 버리고, 개념 형성을 단순히 형성하고 관찰하며 정리하는 주체와 이러한 진행 과정을 끌어내는 주체 안으로 옮겨 버립니다. 사회 자체에 일반화가 들어 있다는 점에 여러분이 주목해 주기를 바라면서 나는 이러한 일반화 진행 과정이 개별적으로 교환에 참여하는 주체들 내부에서 매번 일어난다는 의미에서 일반화를 이해해 줄 것을 요청합니다. 화폐의 형식과 같은 그러한 형식들을 생각해 보십시오. 사람들은 화폐를 순진한 의식에서 자명한 등가 형식으로, 즉 자명한 교환 수단이라고 받아들입니다. 그렇습니다. 화폐의 형식은 인간이 화폐의 형식에 의한 교환에 대해 성찰하는 것으로부터 인간을 떼어 놓았습니다. 이러한 성찰이 얼마만큼 매번 의식적으로 일어났는지, 그리고 이러한 일반화 과정이 얼마만큼 객관적으로, 같은 것을 같은 것과 교환한다는 필요성에 의해서, 인간의 머리를 넘어서서 실행되었는지에 대해서는 지금 이 순간까지도 설명되고 있지 않은 채 머물러 있습니다. 나의 관심은 두 번째 견해에 더욱 많이 기울어져 있습니다. 그러나 여러분이 사회적 조직화의 본질을 사실상으로 교환에 의한 기능의 연관관계로 파악하는 그 순간에, 다시 말해 여러분이 교환의 전개에서 교환 원리가 스스로 사회적인 문제점에 개입되는 모든 것을 파악하는 그 순간에, 사회에 대한 이러한 개념은 모든 것이 모든 것과 연관되어 있다는, 겉으로 보이는 무언가 공허한 것처럼 보이는 일반화를 중지시키게 될 것입니다. 앞에서 말하였듯이, 알버트 교수는 내가 이러한 공허한 일반화를 대변하고 있다고 나를 비판하였던 것입니다. 사회에 관한 그러한 개념은 그러므로 마땅히 비판적이 되어야 할 것으로 봅니다. 다시 말해, 그러한 개념이 사회 자체에 객관적으로 들어 있는 교환 개념의 전개가 사회의 파괴라는 결과로 이어질 것이라는 점과 —이것은 마르크스의『자본』이 실제로 의도한 점이기도 하였습니다—, 사회가 그 구성원들의 삶을 다르게 재생산하여야 한다면 —우리는 오늘날 최소한 이렇게 표현하는 수밖에 없는 것 같습니다— 교환 개념을 넘어서야 한다는 점을 보여주는 한, 그러한 개념은 비판적이 되어야 하는 것입니다. 비판으로의 전이轉移는 그러므로 규정성에의 통찰에, 즉 객관적인 구조 자체의 개념적 특징에의 통찰에 놓여 있습니다. 반면에, 이러한 통찰이 객관적 구조 내부에 그렇게 들어 있는 규정적인 것이 아니고 사실들이 단순히 정리되어 이루어진 집적에 지나지 않는다면, 사회에 대한 비판의 개념은 처음부터 아무런 의미도 갖지 못하게 될 것입니다. 여러분이 지금 여기에서 보고 있는 것은 건축물의 돌쩌귀와 같은 것이라고 말할 수 있습니다. 돌쩌귀에서 사회에 대한 비판 이론의 구상이 총체성으로서의 사회에 관한 개념과 연관관계를 맺게 되는 것입니다. 지금까지 여러분에게 말했던 것들을『복음 교회의 국가 사전』에 내가 집필했던 항목인 사회 개념[68]에 관한 논문으로부터 몇 문장을 인용함으로써 정리하고자 합니다. 여러분 중의 많은 사람들에게 아마도 이 사전이 알려져 있지 않을 것으로 보입니다만, 여기에서 몇 문장을 인용하겠습니다. 사회에 관한 그러한 개념은 "모든 것이 모든 것과 연관되어 있다는 상투성을 넘어서야 할 것이다. 모든 것이 모든 것과 연관되어 있다는 문장의 잘못된 추상성은 얇은 사고의 산물도 아닐 뿐만 아니라 사회 자체의 잘못되어 있는 기본적 구성 요소의 산물도 아니다. 이처럼 잘못되어 있는 기본적 구성 요소가 바로 현대 사회에서의 교환이다. 교환의 보편적 실행에서, 학문적 성찰에서 최초로 실행되는 것만은 아닌 채, 객관적으로 추상화된다. 생산자와 소비자의 질적인 속성, 생산의 방식이 도외시된 채, 심지어는 사회적 메커니즘과 나란히 가는 욕구조차 도외시된 채, 이차적인 것으로 만족될 뿐이다." ― 그리고, 이와 마찬가지로, 교환되는 대상들 자체의 구체적인 형태까지도 도외시됩니다. 나는 이 점을 내 주장의 완벽성을 위해 덧붙이고 싶습니다. 내 논문인 「사회」에서 직접 인용하겠습니다. "일차적인 것은 이윤에 대한 관심이다. 〈오늘날〉[69] 고객이 되는 것으로 등급이 올려진, 욕구를 찾는 주체로서의 인간은 모든 순진무구한 표상을 넘어서서 사회적으로 이미 먼저 형성되어 있다. 인간은 생산력이 기술적으로 도달한 상태에 의해서 뿐만 아니라 경제적 관계들에 의해서도, 이러한 상태가 경험적으로 제어되기 힘든 것이라고 할지라도, 사회적으로 미리 형성되어 있는 것이다. 교환 가치의 추상성은, 모든 사회적인 계층에 앞서서, 특수한 것에 대한 일반적인 것의 지배, 강제적 구성원으로서의 개인에 대한 사회의 지배와 함께 간다. 교환 가치의 추상성은, 사회적으로 평균적인 노동시간과 같은 단위들에게 〈학문적으로〉 환원시키는 과정의 논리성이 〈그렇게〉 겉으로 그럴듯하게 보이면서 우리를 속이는 것처럼, 사회적으로 중립적이지 않다. 인간을 상품 교환의 대리인이나 교환을 떠맡는 자로 환원시키는 것에는 인간에 대한 인간의 지배가 은폐되어 있다. 이것은, 정치 경제학 비판의 많은 카테고리들이 그동안 대결하였던 모든 어려움에도 불구하고, 아직도 사실로 머물러 있다. 총체적인 연관관계는 모든 사람이 교환 법칙에 자기 자신을 종속시키지 않을 수 없게 하는 형태를 갖고 있다. 모든 사람이 주체적으로 〈이른바〉 '이윤 추구'의 동기에 의해 〈지배되었든〉 또는 〈그렇지 않은 경우이든〉, 이것은 〈전혀〉 상관이 없는 일에 지나지 않으며, 사회적으로 도태되지 않으려면 모든 사람이 교환 법칙에 종속되어야만 하는 것이다."[70] 이제 여러분은 사회가 어떤 강조된 의미에서 기능 개념으로 이해될 수 있는가를 완전히 인식하였을 것입니다. 내가 여러분에게 강의한 내용에 따르면, 우리는 사회를 같은 시각 또는 같은 시대에 함께 살아가는 모든 인간의 총체라고 파악할 수는 없을 것입니다. 이처럼 파악하는 것이 일단은 단순한 인간 오성에 가까이 놓여 있는 것처럼 보일지 몰라도, 사회를 그렇게 파악할 수는 없는 것입니다. 단순히 양적으로 집적되어진 그러한 사회 개념은 사회로서의 사회에 전혀 합당하지 않는 개념이라고 사료됩니다. 그러한 개념은 실제로 다른 개념이 아닌, 바로 기술적記述的 개념에 지나지 않을 것입니다.[71] 그러한 개념은 마르크스가 사회의 연관관계에서 "내적인 속박"이라고 나타냈던 것을 규정하지 못할 것입니다. 사회의 연관관계는 더 나아가 다음과 같은 의미에서 기능 개념[72]입니다. 다시 말해, 인간은 다른 인간에 대한 관계에서 현존하며 본질적으로 노동하는 존재로서 규정됩니다. 인간은 단순히 즉자 존재로서, 현존재로서, 단순한 사실로서 존재하는 것이 아니고, 그들이 하는 행위와 그들 사이를 지배하는 관계인 교환관계에 의해 규정되는 것입니다. 실증주의자들은 나의 주장을 반박하면서 다음과 같이 주장할 것입니다. 내가 주장하는 중심 개념인 사회의 개념은 주어져 있는 것이 아니며, 사회의 개념에 손가락을 올려놓을 수 없다고 반박할 것입니다. 실증주의자들은 또한 '지금 여기에 있는 것이 사회이다', '의사가 질병 유발 인자를 운 좋게 발견했을 때마다 사람들에게 질병 유발 인자를 보여줄 수 있는 것처럼 내가 너희에게 사회를 보여줄 수 있다'라고 말할 수는 없다고 주장할 것입니다. 실증주의자들의 주장이 이렇다면 나는 이에 대해 아래와 같이 반박할 수 있습니다. 내가 앞에서 시도한 사회에 대한 규정에 근거하여 볼 때, 사회의 개념은 보편적으로 확대되어진 관계 개념이며, 개별적으로 노동하는 인간인 요소들 사이의 집적이 아닙니다. 사회의 개념이 개별적 요소들로 되돌아가는 것은 충분하지 않은 것입니다. 다른 말로 설명하겠습니다. 주어진 것에 근거하는 실증주의적인 의미 기준이 사회의 개념에 적용될 수는 없습니다. 즉, 이러한 의미 기준이 실증주의적 사회학이 찾는 근저根底라는 점을 말하기 위해서는 종국적으로는 지각할 수 있는 것을 보여줄 수 있어야 한다는 의미 기준이 사회의 개념에 적용될 수는 없는 것입니다. 브레히트Brecht는 이 점에 대해 대단한 세련화의 재능을 갖고 말한 바 있었으며, 이는 그의 전성시대에 고유한 재능이었습니다. 사회적으로 본질적인 것은, 브레히트가 그렇게 명명하였듯이, '기능적인 것'으로 미끄러지고 말았다는 것입니다. 브레히트는, 사람들이 크루프Krupp 재벌에 대해 경청하려는 의지를 갖고 크루프 재벌이 생산한 개별적인 제품들을 들여다보았을 때, 사람들은 이러한 기능적인 것의 본질에 대해, 다시 말해 생산 과정, 처리 과정이 인간에 대해 가져오는 결과들에 대해서 전혀 경험할 수 없게 된다고 말한 것입니다.[73] 브레히트는 칼 코르쉬Karl Korsch[74]와 친분이 있었기 때문에 실증주의에 확실하게 기우는 성향을 갖고 있었습니다. 내가 보기에 브레히트는 ─나는 그를 정말로 비난하려고 하는 것은 아닙니다─ 그가 기능적인 것에 관한 통찰에서 다룰 수 있었던 대안이 가져오는 결과에 대해 제대로 숙고하지 않았던 것 같습니다. 만약 제대로 숙고했었더라면, 브레히트는 자기 스스로 정리했던 사회의 기능 개념에서 실증주의자들이 말하는 주어진 것의 기준이 근본적으로 부정되어 있다는 점과 브레히트 스스로 그렇게 말함으로써 실증주의와의 차이를 최고로 의미가 있으며 결정적인 공식으로 가져갔다는 점을 인식했었을 것입니다.

지금까지 여러분에게 말했던 내용에는 또 다른 사항이 들어 있습니다. 기능 개념으로서의 사회의 개념은 감각적으로 지각될 수 있도록 주어진 것이 아니며, 단순한 사실로서 직접적으로 지각될 수도 없고 기록될 수도 없습니다. 그럼에도 그러한 사회 개념은 인식을 통해서 ─이것은 비합리적인 것이 아닙니다─, 다시 말해 우리가 사회적 조직화의 원리의 전개가 어떤 복잡한 문제와 어떤 모순들에 필연적으로 이르게 되는가를 보여주는 것을 통해서 규정될 수 있습니다. 사회적 조직화의 원리의 전개는, 다른 한편으로는, 그러나 사회적인 사실들의 건너편에서 이루어질 수는 없으며 오로지 특정한 존재자에 대한 상호작용에서만 이루어질 수 있습니다. 나는 여러분이 이 점에 대해서 지금까지 진행된 4시간 동안의 강의를 들은 후에는 이미 명백하게 인식하였을 것으로 생각합니다. — 감사합니다.

59) 아도르노는 누구보다도 특히 르네 쾨니히Rene König와 헬무트 쉘스키Helmut Schelsky를 생각하였다(vgl. GS 8, S.314). 사회학자 대회와 관련해서는 에르빈 쇼이흐Erwin Scheuch의 발표문을 생각하였다. 쇼이흐는 다음과 같이 말하였다. "사회학이 인간과 인간이 만든 산물들에 대한 개별 학문분과 중에서 하나의 개별 학문분과로 이해되는 한, 사회학은 금세기에서도 지금까지는 몇몇 예외 를 제외하고는 전체 사회적인 체계들의 분석을 포기하였다. 사회체계나 또는 문화체계로서의 '사회'는 구체적인 현상들의 분석에서 대부분의 경우에 확인 된 사실관계들의 단순한 배경으로서 사용되었다. — 사회는 동시에 어근(語 根)으로서 일반적으로 설명 과정에 도입되었다. '사회'는 설명 대상으로서는 문제에 대한 이해와 처리 방식에서 사회철학적으로 특징지어지는 관점 설정 들에 통상적으로 맡겨졌다"(Scheuch, Methodische Probleme gesamtgesell-schaftlicher Analysen전체사회적인 분석에서 나타나는 방법론적인 문제들, a. a. O., S.153; 편집자주 46번도 참조).

60) Fr. Nietzsche, Werke in drei Bänden3권으로 된 니체 선집, a. a. O., Bd. 2, S.820; vgl. Soziologische Exkurse사회학적 여론, a. a. O., S.22.

61) 편집자주 22번 참조.

62) Vgl. etwa Helmut Schelsky, Ortsbestimmung der deutschen Soziologie독일 사 회학의 위치 규정, Düsseldorf, Köln 1959.

63) 아도르노는 막스 베버에서 사용되는 개념인 "사회적 조직화Vergesellschaftung" 에 논의를 관련시켰다. Vgl. Max Weber, Grundriß der Sozialökonomik사회경 제학 개요. III. Abteilung제 III부. Wirtschaft und Gesellschaft경제와 사회, Zweiter Teil, Kapitel 11: Typen der Vergemeinschaftung und Vergesell-schaftung사회적 공동체화와 사회적 조직화의 유형들, 3. Aufl., Tübingen 1947, S.194-215.

64) Vgl. Thorstein Veblen, The Theory of the Leisure Class유한계급론. An Economic Study of the Evolution of Institutions제도의 진화에 대한 경제적 연구, New York 1899; dt.: Theorie der feinen Leute. Eine ökonomische Untersuchung der Institutionen, übersetzt von Susanne Heintz und Peter von Haselberg, Köln, Berlin 1958. 특히 제9장 "현재에 들어 있는 원시적인 특징 들"을 참조(S.159-181). 이곳에서 베블런은 "평화적인 원시인들"의 "약탈 단

계 이전의 문화상태"를 서술하고 있다.

65) 헬게 프로스(1927-1984)는 1954년 이래 프랑크푸르트 사회조사연구소의 연구원이었다. 그녀는 1963년에 프랑크푸르트 대학에서 교수 자격을 취득하였으며, 1965년부터는 기센Gießen에서, 1976년부터는 지겐Siegen에서 사회학을 가르쳤다.

66) 취리히의 국가법률학자 요한 카스파르 블룬칠리Johann Caspar Bluntschli, 1808 bis 1881는 그의 사회 개념을 시민사회적 시대 이전의 시대에 상응하는 개념인 공동체의 "국민 개념"과 경계를 지우면서 전개시켰다. "사회적인 의미와 정치적인 의미에서의 사회의 전체적 개념은 그 자연적인 기초를 제3의 신분의 관습들과 직관들에서 발견한다. 사회의 전체적 개념은, 우리가 연구문헌에서 국가 자체를 시민사회적인 사회와 동일한 것으로 보는 것에 익숙해져 있음에도 불구하고, 원래 국민 개념이 아니고 항상 제3의 신분 개념일 따름이다"(J. C. Bluntschli, Artikel >Gesellschaft<, in: ders., Deutsches Staats—Wörterbuch, Stuttgart 1859, Bd. 4, S.247f.; zit. nach: Soziologische Exkurse, a. a. O., S.37).

67) 여기에서 말하는 지난 몇 년 동안의 논쟁은 튀빙겐에서 개최된 독일 사회학회 논문 발표대회에서 "사회과학의 논리"에 대한 칼 포퍼의 논문 및 아도르노의 논문과 함께 1961년 10월에 시작되었다. 하버마스는 1963년에 「분석적 학문이론과 변증법. 포퍼-아도르노 논쟁에 대한 추가적 논의」라는 제목 하에 논쟁을 이어갔다. 이에 대해 한스 알버트Hans Albert는 반박 논문인 「총체적 이성의 신화. 비변증법적인 비판에 비추어 본 변증법적 요구 제기들」로 아도르노에게 답변하였으며 아도르노는 이 논문에 대해 거론하였다(이 논쟁에 관련된 모든 논문들은 »Der Positivismusstreit in der deutschen Soziologie독일 사회학에서 실증주의 논쟁«에 들어 있음). 알버트가 아도르노에 반박하면서 관련시킨 아도르노의 글은 다음과 같다. "어떤 실험도 … 각기 개별적인 사회적 현상이 총체성에 의존되어 있다는 [있을 수 있다는] 것을 적확하게 밝히고 있지 못하다. 파악 가능한 현상들을 미리 그 형식을 정해 놓는 전체는 개별적으로 독특하게 시도되는 질서에 결코 들어가지 않기 때문이다"(ebd, S.13ff). 아도르노의 이러한 주장에 대해 알버트는 다음과 같이 반박하고 있다. "내가 보기에는, 앞에서 언급된 아도르노의 사고의 반증 불가능성은 총체성이라는 명칭으로 사용된 개념들뿐만 아니라 주장된 의존성의 방식이 단지 겸손한 설명에도 이르지 있지 않다는 점과 일단은 관련되어 있는 것 같다. 아도르노가 갖고 있는 사고의 배후에는 모든 것이 모든 것과 그 어떤 방식으로 의존되어 있다

는 이념 이상의 것이 들어 있지는 않다. 그 어떤 파악이 그러한 이념으로부터 현저한 방법론적인 장점을 얼마만큼 획득할 수 있는가가 입증되어야 할 것이다. 말로 되어 있는 맹세들이 총체성을 충족시켜서는 안 될 것이다"(ebd, S.207). — 1968년 사회학자 대회에서 쇼이흐가 발표한 논문에 대한 토론의 기록도 참조. 이 토론에서 아도르노는 쇼이흐가 재개한 비난에 대해 답변을 하였음(16차 독일 사회학자 대회 발표 논문들, ebd, S.188).

68) 편집자주 58번에 들어 있는 입증을 참조.

69) 〈 〉에 들어 있는 부분은 아도르노가 인용하면서 덧붙인 부분임.

70) GS 8, S.13f.

71) 마르크스는 『자본』 제2판의 후기에서 다음과 같이 썼다. "탐구는 재료를 세부적으로 제 것으로 만들어야 하며, 재료의 다양한 전개 형식들을 분석해야 하고, 이러한 형식들의 내적인 속박을 감지해야 한다. 이러한 작업이 실행된 이후에 비로소 실제적인 운동이 이에 상응되어 기술記述될 수 있다"(Karl Marx, Friedrich Engels, Werke, hrsg. v. Institut für Marxismus-Leninismus beim ZK der SED, Bd.23: Das Kapital자본. Kritik der politischen Ökonomie정치 경제학 비판. Bd. 1, Buch I: Der Produktionsprozeß des Kapitals자본의 생산과정, 9. Aufl., Berlin 1973, S.27).

72) 강의에서는 기능의 과정으로 지칭되어 있었음. 이 개념은 아도르노가 공공연하게 기대를 걸고 있는 개념임.

73) 브레히트의 「서푼짜리 소송Dreigroschenprozeß」에서 유래하는 인용의 내용은 다음과 같다. "현실에 대해 무언가를 재생하는 것은 매번 재생하는 것보다는 더욱 적게 현실에 대해 진술한다. 이렇게 됨으로써 상황은 더욱 복잡해진다. 크루프의 제품들이나 아에게(AEG)의 제품들의 사진은 이러한 회사들에 대해서 거의 아무것도 밝혀주지 않는다. 원래의 현실은 기능적인 것으로 미끄러졌다. 인간관계들의 사물화, 즉 인간관계들이 대략 공장이 된 것은 인간관계들을 더 이상 내어주지 않는다"(Bertolt Brecht Werke. Große kommentierte Berliner und Frankfurter Ausgabe. Hrsg. von Werner Hecht, Jan Knopf u. a., Bd.21 : Schriften I, 1914-1933, Frankfurt a. M. 1992, S.469).

74) 칼 코르쉬(1886-1961)는 1933년에 영국으로 망명하였으며, 영국으로부터 추방된 이후에는 덴마크에서 있었던 브레히트의 집에서 때때로 함께 살았었다.

신사 숙녀 여러분, 강의를 시작하기에 앞서 먼저 공지 사항이 있습니다. 오늘 저녁 8시 15분에 매우 유명한 심리분석가인 비아트Wyatt 교수75)가 사회조사연구소에서 강연을 합니다. 그는 사회심리학적인 원인들을 연구하는 학자입니다. … [마이크 쉬쉬하는 소리] 이 소리는 사회심리학에 관한 강연에 해당됩니까? 또는 장치에 해당됩니까? '쉬쉬하는 소리'가 나면 이 소리에 대해 한마디 하지 않을 수 없습니다. 이 소리가 무엇에 관련되어 있는가를 강의하는 사람이 알 수 있도록 구분하는 것이 아마도 좋을 것 같습니다. 강의하는 사람이 더욱 크게 말해야 하는 경우에 마이크에서 쉬쉬 소리가 난다면, 이에 대항하여 우리가 항의한다면, 이것에 해당되는 오래된 관습이 있습니다. 문질러 버려라! [웃음소리] 나는 나와 여러분 사이에 더욱 좋은 상호 이해가 이루어질 수 있도록 하기 위해 오래된 관습을 여기에서 다시 꺼내 들고자 합니다. 이 문제가 어떻든 간에, 비아트 교수는 오늘 저녁에 「미국에서 나타난 학생 소요의 사회심리적 원인들」에 대해 강연을 하게 됩니다. 여러분 중에서 많은 분들이 이 주제에 관심을 갖고 있을 것이라고 생각하며, 많은 분들이 참석해 주기를 요청합니다. 이 강연은 지난 주 목요일 강의 당시에 이미 모든 것이 확정되어 있었음에도 여러분에게 강의 시간에 공지 사항을 전달하는 것을 잊고 말았습니다. 이러한 확실한 실수로 인해 여러분이 비아트 교수의 강연에 대해 너무 늦게 알게 되었고, 이에 대해 나에게 책임이 있음을 인정하는 바입니다. 다른 한편으로는, 이 행사에 참석하는 사람이 별로 많지 않으면 내게는 정말로 고통스러운 일이 될 것입니다. 여러분이 많이 참석해 준다면, 우리가 제5강의실로 이동해야 된다는 점을 고려하게 될 것입니다.

신사 숙녀 여러분, 우리는 지난 시간에 … [쉬쉬하는 소리] 이 멍청한 물건이 [웃음소리] 다시 한 번 제대로 작동되고 있지 않은지 모르겠습니다. ―이제 좋아졌습니까?― 우리는 지난 시간에 사회 개념의 문제점을 다루었습니다. 나는 여러분에게 우리가 사회의 개념을 ―이 개념이 주어진 것이 아니고 관계 카테고리로서만 파악될 수 있음에도 불구하고, 그리고 '저기에 너희들이 사회를 갖고 있다'라고 지시할 수 있고 말할 수 있는, 개별적인 의미 있는 사실들이 존재하고 있지 않음에도 불구하고― 없는 개념으로 볼 수는 없다는 점을 보여주려고 시도하였습니다. ― 나는 사람들이 개별적인 사실들을 가리킬 수 없으며 거기에서 '이것이 사회이다'라고 예증할 수는 없다고 말하고자 합니다. 이렇게 함으로써 내가 말한 내용을 조금 수정하고 싶습니다. 다시 말해, '민족이 갖고 있는 정신'이 발발하고 있는 것과 같은 것이 아마도 존재한다는 점을 말하고 싶습니다. 내가 알고 있는 바로는, 어떤 처녀가 결혼하지 않은 상태에서 아이를 얻게 되었을 경우에는, 그 어떤 프로테스탄트적인 민족적 관례들이 제시되었습니다. 또는 지금 이 시대에서도 역시, 사람들이 공동체의 의미와 결합될 수 없다고 하는 그 어떤 것에 대해 화를 내기 위한 목적으로 규합하는 경우에, 다시 말해 대략 70년 전에 미국의 매우 유명한 사회학 저작에서 "민족의 행동방식들"[76]이라고 표현되었던 것이 보이는 모든 곳에서, 우리는 사회라고 명명되는 것에 직접적으로 부딪치게 됩니다. 즉, 우리는 다음과 같은 행동방식들에 직면하게 됩니다. 이런 행동방식들은 합리적인 원인들을 갖고 있지 않으며, 이처럼 직접적으로 부딪치게 되는 것에 관련된 사람들의 개별적인 심리학으로부터 뒤따라 나오는 결과에서 나오는 행동방식들도 아닙니다. 이 점은 아마도 그 정도가 매우 강할 것입니다. 그러한 행동방식들은 오히려 새겨진 의식儀式들과 같은 것들입니다. 잘 알려진 '바이에른 지방의 사형私刑'과 이와 유사한 현상들이 [웃음소리] 앞에서 말한 연관관계와 동일한 연관관계에 속한다고 할 것입니다. 그러한 행동방식들은 뒤르켐Durkheim 이 사회적인 것의 본질로서 나타낸 바 있었던 '꿰뚫기 어려움'77)을 보여주는 현상들입니다. 말을 거는 것이 불가능한 상태의 모멘트를 갖고 있는 어떤 집단적인 행동방식들에 사람들이 부딪치게 되는 경우에, 사람들은 사회를 감지하게 —나는 피부로 감지한다고 말하고 싶습니다— 되는 것입니다. 또한 개별적인 개인들이 집단적 행동방식들을 보임으로써 —조금 과도하게 말할 수 있다면— 집단적 행동방식들이 뒤르켐이 말하는 의미에서의 사회를 고통을 받는 곳에서 직접적으로 느끼게 되는 것보다도 비교할 수 없을 정도로 더욱 강력하게 나타나는 곳에서, 사람들은 사회를 감지하게 됩니다. 일자리를 찾아야만 하지만 '아무리 찾아도 소용이 없는' 어떤 사람이 처한 상황처럼, 그 사람이 특정한 사회적인 처지에 놓여 있는 상황에 빠져 있음으로 인해서 모든 문이 그에게는 닫혀 있는 느낌을 갖게 될 때, 사회라는 현상에 대한 직접적인 징후들을 느끼게 됩니다. 또는 어떤 사람이 돈을 빌려야만 하는 처지에 놓여 있거나 빌린 돈을 언제 돌려줄 수 있는가에 대해 어떠한 보장도 할 수 없는 상황에 처해 있을 때, 그리고 그가 열 번이고 스무 번이고 특정하게 자동화된 방식으로 '안 됩니다'를 접하게 될 때, 그리고 '당신이 경험하는 경우는 일반적으로 확산되어 있는 법칙성의 견본에 지나지 않는다'라는 말을 그가 듣게 되었을 때 등등, 이러한 모든 경우가 사회라는 현상이 무엇인가를 직접적으로 알려 주는 징후들이라는 점을 말하고 싶습니다.

그 밖에도 나는 지금 여기에서 여러분이 섬너Sumner의 『민족의 행동방식들』을 한 번 읽어보는 용기를 갖도록 여러분을 북돋아 주고 싶습니다. 이 책에는 앞에서 말했던 종류의 자료들이 함께 모아져 있습니다. 오늘날 실증주의 논쟁에서 중심적 역할을 하는 사회 개념에 대한 전체적인 토론에서 사회가 무엇인가를 몸으로 경험할 수 있는 충層에 대해서 여러분에게 충분히 주의를 환기시켜 주지 못한 것은 나의 실수였습니다. 그 밖에도, 나는 여기에서 야에리쉬Jaerisch 양과 내가 함께 쓴 논문인 「오늘날의 사회적 갈등에 대하여」[78]에 관해 언급하고자 합니다. 이 논문은 지금까지는 특별 인쇄본으로 존재하고 있으며, 이 논문이 함께 들어가 있는 아벤트로트Abendroth의 기념 논문집은 내가 알기로 아직도 간행되고 있지 않습니다. 이 논문은 우리가 사회가 무엇인지를 직접적으로 관찰할 수 있는 사회적 상황들에 대한 분석에 전적으로 해당되는 논문입니다. 나는 또한 여러분이 여러분의 생동감 넘치는 직접적인 경험에서 우리가 피부에 와 닿는 의미에서 사회가 무엇인지를 명명할 수 있는 것을 감지하고 피부로 느낄 수 있는 능력을 갖추는 것이 사회학 공부에서 중요하지 않은 것만은 아닌 임무라고 생각합니다.

다른 한편으로는 바로 뒤르켐이 행했던 것처럼, ―나는 뒤르켐의 시도에 대해 한마디 하는 것이 사회 개념의 분화를 위해서라도 중요하다고 생각합니다― 사람들이 사회를 일종의 '제2차적인 등급의 사실'로서, 다시 말해 더 높은 등급의 사실로서 실체화한다면, 이것은 내가 보기에 물론 잘못된 것이라고 할 수 있습니다. 사회가 그것 자체로 감각적으로 주어진 것이 아니며 직접적으로 파악될 수 없는 것이라는 이유를 들어서 사회를 어떤 정신적인 것으로 만드는 것[79]은 잘못된 일입니다. 정신적인 것은, 사회가 매개의 카테고리이고 개념적인 한, 어느 정도까지는 맞는 말입니다. 그러나 이런 이유를 들어 사회를 '제2차적인 등급의 사실'로, 이러한 사실이 의미가 없는 사실이어야 함에도 불구하고 이것에 모든 부가적인 것이 할당되는 사실로 끌어 올리는 것은 잘못된 것이라고 볼 수 있는 것입니다. 전통적으로 내려오는 실증주의는 감각적인 사실들에 모든 부가적인 것을 할당시키고 있으며, 대략 루돌프 카르납Rudolf Carnap의 실증주의 버전[80]에서 드러나고 있듯이 사회를

'제2차적인 사실'로 끌어 올리는 것은 뒤르켐 사회학 전체가 원래부터 갖고 있는 특징입니다. 뒤르켐 사회학은 원래의 사회적인 사실들이 감각적으로 개별적으로 주어진 것들과 동일한 의미를 갖지 않는다는 점을 알고는 있지만 다른 한편으로는, 내가 앞에서 여러분에게 설명하려고 시도하였듯이, 감각적으로 개별적으로 주어진 것들에 확고하게 주어진 것의 특징을 부여합니다. 이러한 종류의 견해를 통해서 사회적인 것이 일종의 '제2차적인 등급의 주어진 것'으로서 주술화에 이르게 되는 것이 뒤르켐 사회학 내부에 들어 있는 것입니다. 사회가 그 내재적인 법칙으로부터 종속되어 있는 사물화 과정과 사회 스스로 독립적으로 되는 과정을, 이 과정을 비판적으로 성찰하고 해체시키는 것을 지향하는 것 대신에, 다시 한 번 반복하는 경향과 사회적인 가상의 한 부분이 항상 들어 있는 사물화를 사실상 어떤 절대적인 것으로 받아들이는 경향이 뒤르켐 사회학에 내재되어 있습니다. 그리고 바로 여기에 사회의 사물적인 질質을 가능한 한 긍정적인 것으로 설정하고 이러한 질에 굴복하는 시도와 경향이 들어 있으며, 에밀 뒤르켐은 이러한 시도와 경향으로부터 결코 자유롭지 못하였던 것입니다. 다른 말로 하겠습니다. 여러분이 내가 지난 시간에 전개시켜 보았던 사회 개념에 대한 규정을 상기해 본다면, 사회의 개념은 원래 인간 사이의 관계를 나타내는 개념이라는 사실이 뒤르켐 사회학에서 자취를 감추고 마는 것입니다. 이 점은 사회의 개념을 규정하는 데 정말로 중요하다고 생각합니다. 인간 사이의 관계가 '제2차적인 등급의 현실'로서 실체화됨으로써 사회가 항상 개인들로 구성된다는 점과 사회의 개념이 개인들이 —사회는 개인들로 성립되며, 이러한 관계는 개인들의 사이를 지배하는 관계입니다— 없는 상태에서는 의미가 없으며 불합리한 것에 —어떻든 사회는 불합리합니다만— 지나지 않는 점이 도외시되고 있습니다. 또한 사회의 개념이 다른 한편으로는 개별적 개인들에게 환원되어질 수 있는 것, 바로 이것으로 고찰되며, 이처럼 환원될 수 있는 것은 개별적인 개인들로부터 제외된 채 이제 소리나 연기와 같은 것이 되고 마는 결과에 이르게 되는 것입니다. 이것은 잘못된 것입니다.

여러분은 이것이 변증법과 어떠한 형편에 놓여 있는가를 여기에서 아마도 매우 간단하게 명백한 인식을 얻게 되었을 것입니다. 그 이유는 이렇습니다. 여러분 중에서 많은 사람들은 이른바 프랑크푸르트 학파가 가르치는 것이 사회에 관한 변증법적 견해라는 것을 들었을 것이기 때문입니다. 철학을 통해서 들어와 있지 않은 분들은 이러한 이유 때문에, ─매우 광범위하게 확산되어 있으며 또한 대단한 전략을 갖고 지적으로 유리한 입장에 서려는 경향을 뒤좇아가면서─ '그래, 프랑크푸르트 학파가 사회학이라고 부르는 것은 실제로는 잘못된 길에 들어선 철학일 뿐이야, 이것을 프랑크푸르트 학파는 우리에게 여기에서 사회학이라고 지껄이면서 우리가 곧이듣게 하려고 하지'라고 말하는 경향에 빠져들 것입니다. [박수와 웃음소리] 이러한 이유 때문에, 여러분에게 보여주었던 비교적 간단한 모델에서 사회의 개념이 어떤 의미에서 이미 그것 자체로 변증법적 개념이 되어야 하며 변증법적 개념인가를 여러분에게 보여주는 기회를 매우 기꺼이 붙잡고자 합니다.

지난번에 사회의 개념이 개별적 개인들 사이의 매개된, 매개되는 관계로 생각될 수 있지 개인들의 단순한 집적체로서 생각될 수는 없다는 점을 상세하게 보여준 바 있었습니다. 나는 뒤르켐에서의 사회 개념에 대해 여러분에게 주었던 연이은 언급들에서 사회라는 것이 다른 한편으로는 개인들의 저 건너편에 있는 절대적 개념이 아니라는 점을 주지시켰습니다. 사회 개념은 개인들 사이에서 이루어지는 종합이라든가 집적도 아니며, 개인들의 맞은편에서 존재하는 절대적으로 스스로 독립적인 것도 아닙니다. 오히려 사회 개념은 그 내부에서 이러한 두 가지 모멘트들을 동시에 내포하고 있습니다. 사회 개념은 오로지 개인들을 통해서만 실현됩니다. 그러나 개인들의 관계로서의 사회 개념은 개인들에게 환원될 수 없으며, 다른 한편으로는 즉자적으로 존재하는 순수한 상위 개념으로 파악될 수도 없습니다. 사회는 개인들의 종합이라든가 또는 유기적 조직체의 상像에 따라 존재하는 즉자 존재로서 환원되어질 수 없고, 개인들과 개인들의 맞은편에서 스스로 독립적으로 된 객체성 사이의 상호작용과 같은 것을 표현하고 있습니다. 바로 이러한 사실이 사회에 대한 거시적 모델, 또는 오늘날 사람들이 흔히 말하는 거시사회학적 모델입니다. 이것은 엄격한 의미에서의 변증법적 파악에 대한 모델인 것입니다. 그리고 여러분은 여기에서 사회학이 왜 변증법적으로 사고해야만 하는가 하는 당위성을 이해할 수 있을 것입니다. 다시 말해, 한편으로는 개인들이 있고 다른 한편으로는 사회가 있는, 서로 대립되는 카테고리들의 매개는 두 개의 카테고리 내부에 들어 있기 때문입니다. 그 고유한 개념이 개인들을 통해서 매개되지 않은 상태에서 존재하는 사회가 거의 존재하지 않는 것과 마찬가지로, 사회적인 의미에서 볼 때 개인들은 거의 존재하지 않습니다. 다시 말해, 자기 자신에게 고유한 요구 제기를 갖고 있는 개인으로서, 그리고 무엇보다도 특히 노동을 실행하는 인간으로서 존재할 수 있고 존재하는 인간은 거의 존재하지 않습니다. 사회 안에서 개인들이 살고 있고 사회가 개인들의 가장 내적인 곳까지 파고들어 개인의 형식을 규정한다는 점을 고려해 보아도 사회적 의미에서 볼 때 개인들은 거의 존재하지 않는 것입니다. 그 이유는 다음과 같습니다. 사회가 유지되게 하는 과정은 종국적으로는 개별적인 개인들, 사회에서 사회적으로 조직화된 개인들에 의해서 유지되는 삶의 과정, 노동과정, 생산과정, 재생산 과정이기 때문입니다. 바로 이것이, 매우 단순하고도 기본적인 의미에서, 우리가 사회에 대한 변증법적 고찰의 절대적 필요성이라고 나타낼 수 있는 것에 대한 실례가 되는 것입니다.

이제 여러분은 내게 물론 다음과 같이 말할 수 있을 것입니다. 앞에서 말한 그러한 개념은 내가 일단은 정말로 간단하게 근본적인 것의 영역에서, 즉 사회적 경험의 영역에서 말했던 것을 넘어서서 인식론적인 정당화가 필요한 것이라고 여러분이 말할 수 있는 것입니다. 그러나 나는 일단은 여기에서는 예외적으로 일을 나누는 입장을 취하고 싶으며 여러분에게 다음과 같이 말하고 싶습니다. 내가 여기에서 도출하지 않았고 여러분에게 시위하듯이 보여준 변증법 개념에 대한 완전한 설명은 실제로 오로지 철학 내부에 깊숙하게 들어갈 때만이 충분하게 성취될 수 있다는 점을 말하고자 합니다. 다시 말해, 개별적인 것, 개별적인 모멘트들뿐만 아니라 이러한 모멘트들의 개념까지도 실제적인 존재자로 생각되지 않고 양극단을 서로 뒤섞인 것으로 고찰하는 방식을 취하는 직관에 대한 정당화는, 즉 통상적인 순진한 논리학으로부터 벗어나 있는 그러한 고찰의 가능성은 오로지 철학적 자각들을 통해서만이 성취될 수 있습니다. 이러한 정당화는 학문 내부에서 이루어지는 훈련에도 결정적으로 중요합니다. 내가 여기에서 철학적 자각들에 대해 말을 꺼내기 시작한다면, 우리가 이번 학기의 남은 기간 내내 이 문제를 논의하는 결과로 이어질 것입니다. 이렇게 되면, 여러분은, 어떤 경우이든 여러분 중의 많은 사람들은 사회학 강의를 약속해 놓고는 실제로는 논리학-강의를 하고 말았다고 불평하게 될 것입니다. 나는 논리학 강의를 하는 방향으로 가고 싶지는 않습니다.

여러분은 이 시간 강의의 모두에서 제시하였던 모델을 기억하고 있을 것입니다. 사회의 개념이, 단지 간접적으로라도, 확실한 방식으로 지각될 수 있거나 감지될 수 있다는 점이 내가 제시한 모델에서 여러분에게 이제 명백하게 인식되었을 것입니다. 그러한 경험이 결핍될 수 있다는 점도 자명합니다. 이 점을 나는 여러분 중에서 과학주의적으로 사고하는 사람들에게 말하고 싶습니다. 그러한 경험은 오류에 근거할 수 있고 단순한 선입견에 근거할 수도 있습니다. 사회의 직접적인 현상들에 대한 해석들은, 이러한 해석들이 매개되는 통제를 포기하는 경우에는, 천편일률적인 것, 틀에 박힌 단언으로 변질되는 경향을 갖고 있습니다. 그러나 다른 한편으로는, 지난 시간에 교환의 개념에서 여러분에게 보여주었던 의미에서 볼 때 사회의 개념은 규정되지 않는 개념이 아니고, 사회의 개념이 갖고 있는 고유한 동역학에서 사회의 개념이 갖고 있는 개념으로부터 도출되어질 수 있습니다. 사회가 본질적으로, 오늘날의 사회가 본질적으로 동역학적인 개념이라는 점을 지난 시간에 사회의 기능성을 지적함으로써 여러분에게 보여주려고 시도한 바 있었습니다. 다시 말해, 사회는 인간 사이의 관계이지, 인간 밖에 있는 것도 아니고 인간 위에 있는 것도 아니며 단순히 개별 인간 안으로 들어와 옮겨진 것도 아니라는 점을 여러분에게 지적한 바 있었습니다. 동역학에 대한 규정을 넘어서서 또 하나의 동역학이 제시될 수 있습니다. 동역학은 자본주의에 들어 있는 것이지만 실증주의는 이 점을 등한시하였습니다. 실증주의는 원리적으로 볼 때 동역학적인 법칙성으로부터 출발하지 않고 개별적인, 확실히 정적靜的인, 눈앞에 보이는 사실들로부터 출발합니다. 실증주의는 이렇게 출발한 후 사실들을 보충적으로 비로소 사실들 사이의 관계들에 집어넣습니다. 지금 여러분에게 말하고 있는 동역학의 종류는 자본주의에서 나타나는 팽창의 원리입니다. 이러한 동역학은 사회가 담지하고 있는 동역학으로 간주되어 사회학에 의해 일반적으로 등한시되었습니다. 사회학은 대략 '사회적 갈등'이나 '사회적 통제'와 같은 절을 그 내부에 포함하고 있는 것과 마찬가지로 '동역학' 또는 '사회적 동역학'을 그 내부에 포함하고 있을 뿐입니다. 사회학은 우리가 살고 있는 사회의 특별한 속성에서 ㅡ이것은 오늘날 지구 전체에 있는 사회에 대해, 지구에 존재하는 사회에 대한 단계로든 지배형식으로든, 확실히 전형적입니다ㅡ 동역학적인 원리인 팽창의 원리가 지배적으로 나타나고 있다는 점을 보지 않은 채 팽창의 원리를 등한시하고 있는 것입니다. 다시 말해, 여러분이 자본주의적 사회를 일단 앞에서 말한 전형으로서 생각해 보면, 자본주의 사회는 팽창함으로써만 사회를 유지시킬 수 있다는 점을 이해할 수 있을 것입니다. 나는 이점을 이미 간략하게 언급했던 것으로 기억합니다. 여러분은 오늘날 실제적이거나 또는 잘못된 경제적 상승, 또는 경제적 재상승의 척도가 일반적으로 경제가 팽창의 경향을 갖는지의 여부, 경제가 확산되는지의 여부를 뜻한다는 것을 관찰하였을 것입니다. 이것은 자본주의가 처해 있는 형세의 일시적 현상들Epiphänomene에까지 들어가서도 실제로 관찰됩니다. 자본주의 경제와 팽창의 이러한 관계는 전체적으로 볼 때 ―나는 여기에서 여러분에게 단지 이것만을 말할 수 있습니다. 그러한 관계로부터 나오는 도출은 '정치 경제학'81)에 놓여 있습니다― 자본주의적 경제, 그리고 이와 결합되어 있는 자본주의 사회가 상승을 멈추는 그 순간에, 확산되지 않는 그 순간에 위기의 위험에 직접적으로 빠져들고 자본주의 사회에 고유하게 내재하는 종말의 위기에 간접적으로 빠져든다는 점이 통용되고 있음을 말해 주고 있습니다. 자본주의에서는 확대되고 확산되는 것을 통해서 유지되는 것만이 그 무엇일 뿐입니다. 이것이 바로 자본주의에서 나타나는 본질 법칙입니다.

팽창의 원리를 이처럼 우리의 논의에 갖다 붙여 보고, 우리가 사회의 추상적인 개념에서 출발하지 않고 사회가 오늘날의 시대에서 의미하는 것이 무엇인가로부터 출발해보면, 여러분은 이제 사회가 얼마만큼 본질적으로 동역학적인 개념인가를 볼 수 있을 것입니다. 이것은 정치-경제적으로 방향을 잡지 않은 사회학에 의해서도, 즉 오귀스트 콩트의 전통에 속해 있는 사회학에 의해서도 관찰되고 있습니다. 콩트를 잇는 전통은, 우리가 제대로 확인하였듯이, 내가 이 강의에서 여러분에게 최초의 표상을 제공하려고 노력하였던 종류의 사고와는 첨예한 대립관계에 놓여 있습니다만, 콩트의 전통도 사회가 동역학적인 개념임을 관찰하고 있는 것입니다. 누구보다도 특히 허버트 스펜서Herbert Spencer가 이 점을 관찰하였습니다. 그의 『사회학 체계』는 지루한 저작이기는 하지만 콩트의 저작과는 반대로 구체적인 사회적 개별적인 견해들에서는, 그리고 실제적인 사회적 인식에서는 대단히 풍부한 내용을 담고 있는 저작입니다. 여러분이 공부하는 과정에서 이처럼 지루한 읽을거리에 시간을 쓸 수 있는 여유가 있다면, 나는 여러분 모두에게 스펜서의 저작을 특별히 추천해 주고 싶습니다. 나는, 예를 들어 뒤르켐의 사회학적 체계처럼, 스펜서 이후에 나온 위대한 사회학적 체계 중에서 매우 많은 체계들이 스펜서에 대한 지식이 없이는 전혀 이해될 수 없다고 생각하고 있습니다. 우리는 이렇게 말해도 된다고 봅니다. 스펜서는 사회의 동역학을 ―우리가 아마도 가장 잘 표현할 수 있는 의미인― 통합의 증대[82]라는 의미에서 규정하였습니다. 뒤르켐은 통합의 테제를 스펜서로부터 거의 직접적으로 받아들였습니다.[83] 이것은 통합의 테제가 뒤르켐에서 언어로 정리되어 있는 것에서 확인됩니다. 통합의 테제가 의도하는 바는 이렇습니다. 즉, 지속적으로 커지는 영역들이 이 영역들을 서로 의존시키게 하는 연관관계 안으로 들어가게 된다는 점을 의도하고 있는 것입니다. 나는 지난 시간에 원시 부족사회나 채취사회에 대해 말하고 다른 한편으로는 현대적 의미에서의 '사회'에 대해 언급하면서 사회 개념의 차이에 대해 논의하였습니다. 지난 시간에 이러한 차이를 언급하였을 때, 나는 사회적 조직화가, 다시 말해 인간 사이의 관계망을 이루고 있는 사회적 관계들의 망이 점점 좁아지고 있다는 점을 이미 주목하고 있었습니다. 이 점을 여러분에게 매우 확실하게 설명하기 위해 예를 들겠습니다. 50년 전의 독일을 예로 들겠으며, 나는 의도적으로 50년이라는 비교적 짧은 시간 차이를 선택하겠습니다. 50년 전에는 시골 지역에서의 삶의 영위가 도시적이고 상업적이며 산업적인 영역에서의 삶의 영위 형식들과 확실히 서로 독립적이었습니다. 당시의 독일에서는 시골과 도시의 차이가 이처럼 매우 컸기 때문에 사람들이 도시에서 시골로 가면 시골과 도시 사이에 상대적으로 매우 작은 관계만이 있을 뿐이라는 느낌을 가졌을 것입니다. 50년 전의 독일에서는 도시에 한 번도 가보지 않았던 수많은 농부들이 농촌과 시골에 있었습니다. 농부들은 그들이 살고 있었던 농촌 지역에 세워진 대도시들을 확실한 존경의 눈빛을 갖고 쳐다보았으며 중간 크기의 도시들만 바라보아도 존경하는 태도를 보였습니다. 아샤펜부르크에 근접해 있는 시골 마을에서 자랐고 도시를 나가본 적이 없었던 어떤 남자의 이야기를 들려 주겠습니다. 이 남자는 아샤펜부르크를 보고 그의 아버지에게 이렇게 말하였습니다. '아샤펜부르크! 경의를 표한다!' ― 이 이야기는 80년 이상이 지난 이야기입니다. 이 이야기와 어느 정도 비슷한 이야기를 오늘날에는 더 이상 전혀 상상할 수조차 없을 것이라고 생각합니다. 도시와 시골의 관계망이 의사소통수단들에 의해서 뿐만 아니라 이러한 수단들의 유행을 통해서도, 그리고 수많은 산업들이 시골로 이전되는 과정인 경제 과정들을 통해서 과거와는 비교할 수 없을 정도로 더욱더 촘촘하게 구축되고 있기 때문입니다.

특별할 정도로 확산되는 이러한 통합 개념은, 앞에서 본 내용과는 별도로, 또 다른 개념 내용을 갖고 있습니다. 나는 개념 내용 중에서 지금 여기에서는 다만 하나의 개념 내용에 대해서만 언급하고 싶습니다. 이것은 여러분이 접하고 있는 토론들에서도 매우 빈번하게 여러분에게 다가오기 때문입니다. 다시 말해, 통합 개념은 또한 19세기 전반부에, 더 정확하게 말하면 19세기의 제2분기에 하나의 전체적인 등급을 갖고 있었다는 것을 의미합니다. 이러한 등급은 한편으로는 사회적 노동을 염려하면서도 다른 한편으로는 사회에 대해서 반쯤은 치외법권적으로 놓여 있었으며 심지어는 사회 내부에 전혀 들어 있지 않았습니다. 그러나 이러한 등급은 무엇보다도 특히 지배적인 이데올로기, 즉 우리가 문화산업이라고 부르는 이데올로기에 의해 포착되고 통합되었고, 완벽하게 포획되었으며 관계망으로 짜 넣어져 있었던 것입니다. 우리가 한편으로 통합의 개념을 '조망할 수 있게 되는 것'으로서, 항상 더욱더 커지는 단위들의 합리적인 형태들로서 고찰해 본다면, 통합 개념 자체에 처음부터 다음과 같은 경향도 들어 있습니다. 다시 말해, 인간이 통합되어지는 정도가 더욱 많아질수록, 인간을 더욱 완벽하고 더욱 완전하게 체계에 적응시키는 경향, 적응의 논리에 따라 인간을 형성해 나가는 경향, 인간 스스로 자신을 전체의 미시적인 모사상들로 만들어 버리는 경향이 함께 들어 있는 것입니다.

통합은 또한 항상 그러한 모습을 보이는 것만은 아니었습니다. 앞에서 여러분에게 사회의 개념이 개인들로 거의 환원될 수 없는 것과 마찬가지로 다른 한편으로는 사회에 거의 환원될 수 없다는 점을 지적하면서 사회의 개념이 엄격한 의미에서 변증법적 개념이라고 말한 바 있었습니다. 바로 이 점이 스펜서의 사회학에서 명백하게 각인되어 있습니다. 스펜서는 이 점을 19세기 중반 무렵에 그의 책에서 언급하였던 것이 확실합니다. 스펜서는 지속적으로 진행되는 통합의 개념에는 동시에, 분업에 힘입어, 즉 통합에 의해 얻어지는 분업에 힘입어, 상호 간에 구분되는 기능들에 따른 사회의 분화와 여기에 추가해서 말해도 된다면 개인들 자체에서 진행되는 분화가 상응하게 된다[84]고 믿었습니다. 여러분 모두가 읽고 있거나 읽었을 것으로 보이는 『사회학적 여론』에서 내가 상세하게 다루지 않았던[85] 통합과 분화의 카테고리들을 이 강의에서 벌써 다루어도 된다면, 나는 여러분에게 통합과 분화의 관계도 역시 동역학에 종속되어 있다는 점을 주지시키고 싶습니다. 다시 말해, 모든 노동과정에 대해 지속적으로 진행되는 합리적인 지배에 의해서 지속적으로 진행되는 통합은 역시 지속적으로 진행되는 분화에 이르는 것처럼 보이지는 않는다는 점을, 이렇게 되지는 않는다는 점을 지적하고자 합니다. 오히려, 사회도 역시 다시금 —이것은 내게는 오늘날의 사회가 어떻게 보이고 있느냐 하는 것에 비추어 볼 때 매우 중요한 변곡점처럼 보입니다— 어떤 특정 지점으로부터는 통합을 극도로 밀어붙이는 경향을 보이지만 —신사 숙녀 여러분, 나는 지금 여기에서 이미 존재하는 사회의 형식들에서 사회에 대해 말하고 있습니다— 이와 동시에 분화를 중지하는 경향을 보이는 것입니다. 이것은 아마도 노동과정들에서 그 마지막 이유를 갖고 있을 것입니다. 다시 말해, 항상 지속적으로 몰아 붙여지는 노동분업에 의해서 개별적인 노동과정들이 다시 서로 비슷해지면서 분업에 따른 이른바 질적인 분화가 분업에 뒤따르는 고유한 결과에 의해서 ―이것은 변증법적 모티프이기도 합니다― 마침내 없어지고 마는 것입니다. 이렇게 해서 종국적으로는 모든 사람이 모든 것을 돌볼 수 있게 되는 것입니다. 바로 여기에 사회에 대해서는 끝이 없을 정도로 생산적인 모멘트가 들어 있습니다. 사회는 이처럼 생산적인 모멘트를 통해서 사회가 현재 처해 있는 분업적인 형태를 넘어서서 작동할 수 있게 되는 것입니다. 그러나 여기에는 또한 현재적인 조건들에서 볼 때는 동시에 사회의 탈분화가 들어 있습니다. 사회의 탈분화는, 현재 존재하고 있는 것이 관건이 되고 있는 한, 인간의 의식에 특별할 정도로 문제성이 있는 결과를 가져 옵니다. 나는 여러분에게 사회의 개념이 이렇게 본질적으로 부속되어 있는 두 개의 개념들인 통합과 분화에서 ―이 개념들은 사회학적 개념들이며 직접적으로 경제적인 개념들은 아닙니다― 어떻게 역사적인 변증법을 갖고 있는가를 여기에서 다만 간략하게 언급하고자 합니다.

　　여러분에게 강의한 내용들이 오해되는 것을 피하기 위해서 말해 두고 싶은 것이 있습니다. 나는 이것이 필요하지 않다고 생각하기도 했지만 그래도 필요하다고 봅니다. 내가 사회의 개념을 사용하고 사회의 개념을 붙들면서 했던 역설力說은 조직주의적인 의미에서나, 또는 독일에서, 독일의 문화-반동에서 말해지고 있는, 모든 것을 전체에 포괄시키는 의미에서 볼 때 쉽게 오해될 수 있는 여지를 갖고 있습니다. 다시 말해, 내가 사회는 요소들의 종합이거나 또는 요소들의 집적이며, 이러한 집적은 사회가 갖고 있는 요소들보다 더욱 많은 것이라고 말이라도 하고 있는 것처럼 쉽게 오해될 수도 있는 것입니다. 형식적으로 보면 내가 여러분에게 제시하였던 것으로 개인들에게서 쇠진되지는 않는 카테고리인 관계 카테고리로서의 사회를 규정하는 것에는 오늘날 특히 선호되는 술책과 확실하게 연결되는 유사성이 ―이러한 유사성은 변증법적 사회이론에 대한 비판에서 오늘날 특히 선호되는 방법으로 확실하게 도전장을 내밀고 있습니다─ 들어 있습니다. 오늘날 변증법적 사회이론을 비판하는 데 특히 선호되는 술책은 비판적 사회학과 같은 종류가 유토피아적인 것도 아니고, 아방가르드적인 것도 아니라는 등등으로 비방하는 방식을 쓰지 않고 ─이렇게 비방하는 것은 오늘날 전혀 일어나지도 않습니다. 사람들은 비방하는 것에 대해 오래전부터 영리하게 대응하였습니다─ 오히려 그 반대로 비판적 사회학을 유행이 지나고 낡아빠진 일종의 형이상학과 같은 것으로 표현하는 방식을 사용합니다. 앞에서 말한 술책에 따르면, 정말로 앞서 있고 계몽된 인간은 그렇게 낡아빠진 형이상학과 같은 것을 포기한다는 것입니다. 여러분이 이러한 술책을, 다시 말해 우리가 사회에 관한 변증법적 견해에 대한 입장에서 도처에서 만날 수 있는 술책을 꿰뚫어 보는 것을 배우거나, 또는 그러한 술책을 최소한 알아차리거나, 또는 그러한 술책을 불신하게 됨으로써 이러한 사물들 자체에 대해 여러분 스스로 독립적인 판단을 형성해야 할 것입니다. 이 점이 나에게는 중요합니다.

지난 시간에 나는 사회의 본질이 개념적인 본질이나 또는 교환에 의해서 주어지는 것인, 사회적 객관성의 추상화의 관계에서 그 객관적 토대를 갖는다는 것을 여러분에게 보여주려고 시도한 바 있었습니다. 다른 말로 하겠습니다. 그 속에서 우리가 살고 있고 우리의 모든 발걸음과 모든 사회적 행위에서 느낄 수 있는 총체성은 우리 모두를 에워싸면서 우리가 함께 있도록 해 주는 것, 이처럼 직접적으로 함께 있도록 해 주는 것에 의해서 조건이 지어져 있지 않습니다. 그러한 총체성은 오히려 우리가, 추상적인 교환관계를 통해서 일어나고 있듯이, 본질적으로 서로 분리되어 있다는 것에 의해서 조건이 지어져 있습니다. 우리가 함께 있도록 해 주는 것은 분리되어 있는 것의 통합체일 뿐만 아니라 본래 메커니즘과 추상화 메커니즘을 관통함으로써 비로소 실행되고 그 기초가 다져지는 통합체입니다. 이런 점에서, 분리되어 있는 것의 통합체는 모든 조직주의적인 생각이나 또는 모든 것을 전체로 묶어서 보는 생각들에 대해 정확하게 대립되는 개념입니다. 모든 것을 전체로 묶어서 보는 생각들은 농업을 하는 지역들에 되돌아가는 투사를 통해서 —농업을 하는 지역들에서도 이러한 생각들은 결코 통용된 적이 없었습니다— 아마도 그러한 지역들에 적용될 수도 있을 것입니다. 그러나 이러한 생각들이 오늘날 일단은 전형적인, 고도로 산업화된 나라들에 적용될 수 없다는 점은 확실합니다. 우리가 사회의 개념을 스스로 특징지으려고 한다면, 체계의 개념, 확실한 방식으로 부과된 질서의 개념, 확실한 방식으로 부과된 추상적인 질서의 개념이 전체의 개념이나 유기적인 것의 개념보다 훨씬 더 좋게 우리를 만족시키게 될 것입니다. 다만 여기에 하나의 제한이 필요합니다. 우리가 사회의 개념을 논의할 때는, 고찰하는 사람들이 행하는 체계화가 관건이 되어서는 안 되며 이러한 체계의 특징이 사물 자체에 들어 있다는 점을 인식해야 합니다.

지금까지 논의한 내용과 관련하여 나는 이제 오늘날 싫증이 날 정도로 사용되고 있으며 내가 잘 할 수 있는 방식으로 해결해 보려고 시도하고 있는 '소외'라는 단어에 대해 언급하고 싶습니다. 소외라는 말은 내가 앞에서 말한 내용을 끊임없이 넌지시 암시하고 있으며, 여기에서 내가 의도하고자 하는 것에 대해 최소한 핵심 개념어로서 명명되어도 괜찮을 것입니다. 인간이 서로 소외될 수 있는 상태를 통해서만이 오로지 서로 결합될 수 있는 총체성에서 우리는 오늘날 살아가고 있습니다. 오늘날의 사회는 철저한 개별화를 통해서 매개되어 있다고 여러분에게 말했다면, 이것은 내가 원래 말했던 것에서는 전혀 강조하지 않았던 비판적 의미를 갖고 있습니다. 개별화의 원리를 통해서, 다시 말해 각기 개별적인 인간이 지배적인 사회 형식들에서 그들에게 각기 개별적인 이득이나 이윤을 찾아나서는 것을 통해서, 개별화에 이처럼 고집스럽게 붙어 있는 것을 통해서 전체는 끙끙거리는 신음 소리와 함께 말로 표현할 수 없는 희생자들을 내면서 그 생명이 유지되고 재생산되는 것입니다. 나는 여기에 덧붙이고 싶은 것이 있습니다. 사회의 전체 또는 총체성이 연대적連帶的으로, 그리고 사회적 전체 주체로부터 출발하여 생명이 유지되지 않고 오로지 인간의 대립주의적인 이해관계들에 의해서만 유지됨으로써 합리적인 교환사회에 근본적으로 —그 뿌리에서부터 출발하여— 비합리성의 모멘트가 침투하게 되는 것입니다. 이러한 비합리성의 모멘트는 모든 순간에서 사회를 산산조각 내는 위협을 가하고 있습니다. — 감사합니다.

75) 1911년 빈에서 출생한 심리분석가인 비아트는 미시간 대학의 심리 클리닉에서 가르쳤다. 그의 강연 제목은 「미국 대학생들이 저항하고 있다. 사회적인 상황들과 심리적인 원인들」이었다.

76) Vgl. William Graham Sumner, Folkways민족의 행동방식들. A Study on the Sociological Importance of Usages, Manners, Customs, Mores and Morals, Boston 1906; s. auch Soziologische Exkurse사회학적 여론, a. a. O., S.157.

77) 여기에서 아도르노는 집단적 행동방식들로서의 뒤르켐의 '사회적 사실'이, 그 구성에 따라 속이 들여다 보이지 않은 상태에서, 그리고 개인이 이해할 수 없는 상태에서, 개별 인간을 향하고 있는 강제적 속박과 "저항"의 모멘트를 생각하였다. "미리 주어져 있는, 분류화로부터 비로소 유래하지 않은 구조인 뒤르켐의 꿰뚫기 어려운 것은 본질적으로 부정적인 것이며, 그것에 고유한 목적, 인류를 유지시키고 만족시키는 것과는 결합될 수 없는 것이다"(GS 8, S.308f.; vgl. Durkheim, Die Regeln der soziologischen Methode사회학적 방법론의 제규칙, a. a. O., S.106ff.).

78) Vgl. Theodor W. Adorno und Ursula Jaerisch, Anmerkungen zum sozialetn Konflikt heute, in: Gesellschaft, Recht und Politik사회, 법, 정치. Wolfgang Abendroth zum 60. Geburtstag, hrsg. von Heinz Maus u. a., Neuwied, Berlin 1968, S.1-19; jetzt GS 8, S.177-195.

79) '사회적 사실', '사물'로서 출현하는 그러한 정신적인 것은 뒤르켐에 따르면 규범들, "집단의식"의 사회적 관습인 것 같다. 이러한 것들은 경험적으로 파악 가능한 개별적인 것들은 아니지만, 개별 인간에게 미리 주어져 있는 제2 등급의 현실들이다(Vgl. Durkheim, Die Regeln der soziologischen Methode, a. a. O., S.89f. und 115ff.).

80) 카르납의 기록 문장들에 대한 감각주의적인 해석과 '경험주의적 의미 기준'에 대한 간략한 언급에 대해서는 1968년 5월 2일의 강의를 참조할 것(76쪽 이하). 이 강의에서 아도르노는 주어져 있음에 대한 실증주의적 의미 기준에 대하여 말하고 있음.

81) 여기에서 의도되었던 것은 마르크스의 『정치 경제학 비판』이었음.

82) Vgl. H. Spencer, Die Prinzipien der Soziologie사회학 체계, a. a. O., § 13.

83) Vgl. E. Durkheim, Die Regeln der soziologischen Methode, a. a. O., S.169ff.

84) 스펜서의 동역학적인 사회론에서 '통합'과 '분화'의 보완적인 관계에 대해서
는『사회학적 여론』(S.33)을 참조.
85)『사회학적 여론』에서는 '통합'과 '분화'에 할애된 장이 없다. 그러나「사회」
로 명명된 장에 스펜서의 전개론에 대한 간단힌 서술이 들어 있다(편집자주
55번 참조).

신사 숙녀 여러분 지난 시간에 사회의 총체성이 연대적으로 유지되지 않고 인간의 대립주의적 이해관계들에 의해서,[86] 인간의 철저한 대립에 의해서 유지된다고 말하였습니다. 사회의 총체성은 또한 전체를 통합하는 사회적인 전체 주체gesellschaftliches Gesamtsubjekt가 존재하는 것에 의해서 유지되지 않습니다. 이렇게 됨으로써 사회는 지속적으로 진행되는 합리화와 함께 동시에 지속적으로 진행되는 비합리성의 특징들도 갖게 된다는 점을 지난 시간에 말했습니다. '계몽의 변증법'이 실재적 차원에서 사회적으로 이해될 수 있는 것이 무엇이냐를 여러분이 공식公式에 맞춰 경험하고 싶다면, 앞에서 말한 모멘트가 바로 여러분이 바라는 경험에 해당됩니다. 그러나 나는 여기에서 한 걸음 더 나아가 최소한 다음과 같은 물음의 지평을 열어 보고 싶습니다. 가시적인 현상으로서의 사회의 상승되는 통합과 함께 가는 경향들이 확실한 심층深層들에서는 탈통합으로, 다시 말해 함께 쇠처럼 단단하게 결합되어 있는 상이한 사회적인 과정들이 다양하거나 또는 서로 모순되는 이해관계들로부터 지속적으로 발생한다는 의미에서 탈통합으로 서로 더욱더 많이 통합에 거역하는 결과에 이르지는 않는가 하는 여부를 따져 보는 것이 필요합니다. 사회의 통합과 함께 가는 경향들이 사회적 전개의 이전 단계들에서 한때 갖고 있었던 중립성의 모멘트를, 즉 비교적 상관이 없는 모멘트를 유지시키는 것 대신에 탈통합으로, 다시 말해 통합에 거역하는 결과에 이르게 되는지의 여부를 따져 보는 지평을 열어 보고 싶은 것입니다. 나는 파시즘과 같은 후기 부르주아 사회의 극단적인 상황들에서 앞에서 말한 탈통합이 특히 명백하게 출현한다고 생각하고 있습니다. 나는 이미 세상을 떠난 노이만Franz Neumann이 쓴 저작인 『괴수Behemoth』[87)가 지금까지 존재하는 책으로서는 파시즘에 대한 가장 적절한 사회적-경제적 서술이라고 생각합니다. 노이만은 이 책에서 증대되는 통합이 파시즘 체제體制에서는 하나의 표면적인 것일 뿐이라는 점과 전체주의 국가의 매우 얇은 복면 아래서는 여러 사회적인 집단들이 벌이는 거의 원시적인, 원시적인 투쟁이 수면 아래에서 미쳐 날뛰고 있다는 점을 보여주었습니다. 이것이 파시즘보다 더 평화적인 후기 부르주아 사회에 적용될 수 있는지의 여부, 우리가 복수주의Pluralismus라고 나타내는 것에 이와 유사한 것이 두드러지게 나타나고 있는지의 여부, 복수주의의 내부에도 그러한 탈통합 경향이 들어 있는지의 여부에 대해 나는 감히 결정할 수는 없습니다. 다만 이러한 문제가 있다는 점만을 지적하고 싶습니다. 내 자신은 여기에서 그러한 경향들에 대해 논의하는 방향으로 즉각적으로 기울어 있지 않습니다. 그 이유는 간단합니다. 나는 우리에게 항상 이야기되어지는 복수주의 자체를 넓은 의미에까지 미치는 이데올로기적인 것으로 생각하고 있기 때문입니다. 다시 말해, 힘들이 서로 병렬되어 있다는 것은 실제적으로 모든 것을 지배하는 ―우리가 그 아래에서 살고 있는― 사회적 체계에 의해 포획되어 있고 규정되어 있다고 생각하기 때문입니다.

사회의 개념에 대항하여 오늘날 지속적으로 반론이 제기되고 있습니다. 사회의 개념은 형이상학적 개념이라는 반론이 제기되고 있는 것입니다. 이것은 또한 현대적인 이데올로기론의 한 부분입니다. 나는 이 점에 대해 여러분에게 주의를 환기시키고 싶습니다. 비판적인 사고들이 오늘날에는 과거에 그랬던 것처럼 붕괴시키는 사고로, 공격적인 사고로, 또는 이러한 모든 말이 어떻게 들리든 이처럼 부정적인 말로 공격당하고 있지 않은 것은 매우 흥미로운 일입니다. 사람들은 오히려 비판적인 사고에 대해서 다음과 같이 말함으로써 비판적 사고들을 없애 버리려고 시도합니다. 다시 말해, 비판적 사고들은 원래부터 발전의 뒤에 머물러 있는 사고들이며, 이미 존재하고 있는 것이 받아들이지 않는 모든 것은 옛날의 형이상학의 잔재와 같은 것, 본질론의 잔재와 같은 것이거나, 또는 쇼이흐Scheuch가 나를 비난하면서 사용한 용어인 복면을 한 신학[88]의 일종이거나, 또는 모든 것이 아닌 것이라고 말하고 있는 것입니다. 신사 숙녀 여러분, 비판적 사고들에 대한 이러한 종류의 변명들이 오늘날 지배적으로 나타나고 있으며, 이것은 사회적인 전체 상태가 어떤 상태에 처해 있는가를 비춰주고 있습니다. 우리는, 사회적인 진행 과정들을 성찰하지 않은 채 단순하게 받아들이는 것 대신에, 뒤로 후퇴하면서 정체되어 있고 그 어떤 방식으로든 복고적인 주장들을 통해서는 어떤 경우이든 더 이상 목적이 달성될 수 없다는 점과 뒤로 물러나 있는 것은 조금 더 앞서 있는 것이 되려고 노력하는 것을 통해서만 오로지 스스로 정당화될 수 있다는 점을 깨달으면서 성장하는 방식으로 사회적인 진행 과정들을 의식해야 할 것입니다. 이것이 바로 계몽과 성숙의 잠재성이며 가능성입니다. 비판적 사고들을 형이상학의 잔재와 같은 것으로 보는 시각은, 일단 한 번 주어진 것에 매달려 있는 넓은 의미에서의 실증주의적인 흐름들이 다음과 같은 이유에서 더욱더 앞서 있는 흐름들로 행세할 수 있는 방식으로, 즉 무엇보다도 특히 이러한 방식으로 발생하는 것이 자명합니다. 다시 말해, 앞서 있는 흐름들로 행세하는 실증주의적인 흐름들을 몰아내는 가능성들이 ─사회가 처해 있는 상태들이 인간에 대해 압도적인 권력을 갖고 있는 것의 면전에서─ 사실상으로 유령과 같은 것을 갖고 있을 뿐이기 때문입니다. 이것이 바로 실증주의적 흐름들의 동기를 밑받침하고 있으며, 현실의 한 부분입니다. 실증주의적 흐름이 갖고 있는 주장의 도식도 이러한 현실의 한 조각에 기댈 수 있는 것입니다. 이전에는 유토피아적인 것 또는 이와 유사한 그 밖의 다른 것으로서 이미 존재하는 것에 대해 극단적으로 대립된 사고로 표현되었을 법한 사고가 이제 유행이 지난 것, 뒤로 쳐져 있는 것, 미신으로까지 비춰지고 있는 것을 볼 때 실증주의적 흐름들이 갖고 있는 주장의 방식이 얼마나 경직되어 있는가를 여러분은 관찰할 수 있을 것입니다. 여러분이 이렇게 관찰한다면, 아마도 실증주의적 흐름들에 대하여 확실한 불신을 품게 될 것입니다.

그 밖에도, 지나가는 김에 말해도 된다면, 오늘날 사회적인 성찰과 이론의 영역에서 직접적으로 나타나고 있는 이러한 방식의 사고가 이미 상당히 오래전에 미적 영역에서도 등장한 바 있었음은 흥미로운 일입니다. 이러한 방식의 사고는 1920년대의 흐름들[89]에서 나타났습니다. 이러한 흐름들은 아주 오래전에 지나가 버린, 시민사회 이전에 등장하였던 형식들을 원래부터 현대적인 것이라고 표현하였으며, 진보의 개념을 성찰하지도 않은 채 현대적인 것이 아닌 것이라고 비난하였고, '근대의 종말'과 같은 개념을 갖고 작업하였습니다. 파시즘은 이처럼 원래부터 이데올로기적인 뉘앙스들을 현대적인 것이 아닌 것, 또는 반反현대적인 것이라고 스스로 선전할 수 있었던 것입니다. 이것은 그 사이에 사회 비판이론에 대항하는 변명에 적용되었습니다. 변명의 내용은 다음과 같습니다. 형이상학적인, 칸트의 형이상학 비판 이전에 머물러 있는 사고는 본질의 개념을 중심에 놓고 작업을 하였으나 계몽에 의해 제거되었다. 비판 이론은 계몽을 마주 보면서 형이상학적 사고와 똑같이 본질의 개념을 갖고 작업하며 ―마르크스는 본질의 개념을 헤겔로부터 넘겨받았다―, 그 결과 비판적 사고는 계몽의 뒤에 물러나 있다.

이 강의의 첫째, 둘째 시간에서 내가 의도하는 본질 및 비본질이 무엇인가에 대해 여러분에게 이야기하였습니다. 이것이 잘 전달되었기를 희망합니다. 본질과 비본질에 관한 논의에서는 단순한 유령과 같은 것이 결코 관건이 되지 않으며, 매개의 카테고리가 관건이 되고 있습니다. 매개의 카테고리가 없이는, 이른바 사실들 자체도 사실들이 전혀 아닌 것이 되고 말 것입니다. 강의한 내용의 의도를 이해하기 위해서는 여러분이 나의 주장을 이해하고 가능한 한 함께 실행하는 것에 모든 것이 달려 있다고 생각합니다. 나는 사실과 개념, '사회적 사실'과 사회의 매개에 관한 문제에 그토록 집요하게 매달렸습니다. 그토록 집요하게 집착한 이후에도 나는 계속해서 다음과 같은 점을 지적하고 싶습니다. 다시 말해, 사회학자들이 사실상으로 ―경험적 탐구가 사회에서 행하고 있고 행해야만 하는 경우에서처럼― 개별적인 사실성에서 출발하는 경우에도, 사회학자들은 ―내가 여러분에게 보여주려고 시도했던 규정들이 그랬던 것처럼― 그러한 규정들을 행하도록 몰리게 되고 밀어 젖혀지게 되는 것입니다. 학생들이 두츠케Dutsche에 대한 암살 기도에 이어서 시위를 한 이후에 베를린에서 발생하였던 진행 과정들을, 박해라고 표현할 수밖에 없는[90] 이러한 진행 과정들을 여러분이 한 번 생각해 보기 바랍니다. 우리가 이러한 진행 과정들을 지역이 처해 있는 관계들에, 즉 베를린에 특별한 상황에 그 원인을 돌려보면, 아마도 우리는 ―나는 여기에서 아마도라고 말하고 있습니다― 이러한 진행 과정들이 바로 베를린에서, 다른 곳이 아닌 베를린에서 먼저 암살 기도와 같은 극단적인 형식으로 나타났다는 점을 통해 이러한 진행 과정들을 설명할 수도 있을 것입니다. 물론 그 어떤 곳이 아닌 다른 곳에서 발생한 이유를 매번 설명하는 것은 인식론적으로나 또는 학문적으로 볼 때 밑이 없는 문제일 것입니다. 사회과학에서 부정적인 크기들에 대해 증거 제시를 하는 것은, 즉 사람들이 기대할 수밖에 없는 현상들이 존재하지 않는 것에 대해 증거 제시를 하는 것은 대단한 정도로 강제되는 압박을 받는 일입니다. 이것은 말하자면 사회과학에서의 모든 이론적인 사고에 있는 가시와 같은 것입니다. 이것이 가시와 같은 것이라는 점을 나는 여러분에게 감추고 싶지 않습니다. 가시와 같은 것은 모든 것을 이제 설명할 수 있다는 우리의 자기 확실성에서 어느 정도 조금은 실제로 우리를 잘못에 빠져들게 하기 때문입니다. 사람들이 존재하는 모든 것을 존재하는 것에 뒤따라 설명할 수 있다고 [웃음소리] ―무슨 일이 일어났는지 여러분에게 물어 보아도 되겠습니까?— 하거나 생각해 낼 수 있는 모든 것을 사람들이 뒤따라 다소간 명증하게 이해될 수 있도록 설명할 수 있다고 하는 것은 사회과학에서 모든 이론적 사고에 들어 있는 가시와 같은 것입니다. 그러나 어떤 사회적 사실이 —설사 이것이 가장 간단한 종류의 사실일지라도— 바로 여기에서 또는 다른 곳에서 처음으로 나타난 것에 대해 사람들이 미리 예견할 수 있다고 할지라도, 어떤 사회적 사실을 뒤이어 모두 설명할 수 있다는 것은 일반적으로 실패하고 맙니다. 사람들은 이처럼 심각한 소요 사태와 박해를 저지르는 진행 과정들이 매우 강력한 노동자 주민들로 구성되어 있고 원칙적으로 잘 계몽되어 있으며 냉정하고 앞서 가는 도시인 베를린에서 보다는 근본적으로 반동적인 분위기를 갖고 있는 다른 도시에서 더 일찍이 일어날 수도 있었을 것이라고 선험적으로 생각할 수도 있었을 것입니다. [웃음소리] 이렇게 생각하는 것에서 여러분은 그러한 소요 사태가 왜 바로 베를린에서 일어났는가 하는 점이 나중에 매우 쉽게 설명될 수 있는 것을 이해할 수 있게 될 것입니다. 그러나 그러한 소요 사태가 왜 베를린에서 일어났는가 하는 점이 미리 즉각적으로 이해되는 것은 전혀 불가능하였을 것입니다. 내가 이 점을 지적하는 이유는 다음과 같은 점을 보여주고 싶기 때문입니다. 다시 말해, 사회학에 관한 실증주의적 이해에서 중요한 역할을 하는 개념인 진단의 개념은 —사회학적인 인식은 사람들로 하여금 무엇을 정확하게 미리 예견할 수 있는 능력을 갖도록 해주어야 한다는 것입니다—, 어떠한 경우에도 예견을 정당화시키는 것으로부터 벗어나서는 안 된다는 것입니다. 가능한 한, 나는 내 스스로 여러분에게 서술하고 싶은 착상과는 원리적으로 대립되어 있는 착상에 들어 있는 진리의 모멘트들을 여러분에게 보여주고 해체하며, 그리고 함께 가져가고 싶습니다. 나는 진단을 설정하는 것이 사회학의 목적이 아니라는 점을 확실하게 믿고 있습니다. 왜냐하면, 그러한 진단들은 첫째 항상 순수한 체계내재적인 진단에 지나지 않고 또한 더 깊은 이유에서 보면 단순히 진단의 목적으로서의 의미만을 갖기 때문입니다. 둘째로, 그러한 진단들은 스스로 어떤 실제주의적인 것을 이미 갖고 있기 때문입니다. 마지막으로, 그러한 진단들은 사회학을 이른바 사회학에 귀속되는 임무들에 맹세시키고 싶어 하기 때문입니다. 그러나 어떤 이론이 또한 ─나는 여기에서 '또한'이리고 말하고 싶습니다─ 무엇을 실제로 납득할 수 있도록 미리 말할 수 있는 것에 더 이상 전혀 소용이 없다면, 이것은 사실상으로 어떤 이론에 대항하는 반론이 될 것입니다. 다른 말로 하면, 내가 의도하는 것은 다음과 같은 것입니다. 진단적인 요소들을 받아들이되 진단적인 요소들에 들어 있는 제한된 실제주의로부터 진단적인 요소들을 정화시키는 방식으로 받아들이는 것이 사회에 대해 완전하게 전개된 비판 이론의 의무라고 보아야 할 것입니다.

여기에서 나는 앞에서 말했던 베를린 소요 사태의 예로 다시 돌아가고 싶습니다. 그 밖에도 다음과 같은 점을 끼워 넣어도 되리라 봅니다. 내가 예例들을 선택하면, 여러분 중에서 변증법을 엄격하게 고수하고 있는 사람들은 내가 베를린 예와 같은 카테고리를 사용해서는 안 될 것이라고 내게 일단은 항의할 것입니다. 이것은 정당한 일입니다. 그러나 나는 여기에서 원래부터 변증법적 관점을 전제할 수는 없습니다. 나는 또한 사회학 입문과 같은 강의에서는, 상황에 따라서는 넓게 미치는 추상적인 것들을 예들을 통해서 모든 사람이 추상적인 것들에 대해서 무엇을 생각할 수 있어야 하는가를 모든 사람이 알 수 있게끔 넓게 설명하는 것이 전적으로 허용되어 있다고 생각합니다. 나는 이렇게 함으로써, 내가 할 수 있는 한, 항상 계속해서 수정하려고 애쓰고 있습니다. 다시 말해, 나는 중요하지 않은 예들을, ─그 어떤 학문 논리적 사실들을 시위할 수 있게 해 주는 예들을 끌어 들이지 않고─, 예들이 원래의 주제인 사회이론 및 사회의 개념과 의미가 있는 관계에 놓여 있도록 선택하려고 노력하고 있습니다. 이것이 바로, 여러분이 이미 여기에서 들었으며 더욱 강화된 척도에서 계속해서 듣게 될 이른바 예例들을 선택하는 원칙입니다.

여러분은 왜 베를린에서 그러한 박해에 이르게 되었는가에 대해 모든 가능한, 지역적인 특별한 이유들을 제시할 수 있을 것입니다. 이미 말했듯이, 반대 주장과 반대적인 근거 세움의 가능성이 전적으로 세밀하게 명증하거나 또는 납득할 수 있음에도 불구하고 여러분은 그러한 이유들을 제시할 수 있는 것입니다. 그러나 여러분이 가장 명확하게 드러나고 있는 것, 즉 스프링거Springer-신문이 학생들에 대해 상당히 오랜 기간 동안 저질렀던 사냥몰이를 한 번 생각해 보기 바랍니다. 만약 받아들이는 사람들의 특별한 잠재력이 이러한 사냥몰이에 상응하지 않았더라면, 사냥몰이 자체가 작용력이 없게 되었을 것입니다. 왜냐하면, 사냥몰이는 ―이것은 이른바 센세이션을 일으키는 저속한 신문에 해당됩니다― 정보들을 소비재로 변환시켜 놓았다는 점이, 다시 말해 정보들 자체가 정보들이 향하는 것들에서 즐김, 더 정확히 말하면 대체적 즐김, 대체적 만족을 확실한 방식으로 보장한다는 점이 무엇보다도 특히 오늘날의 사회에 속해 있기 때문입니다. 그러므로 반反지성주의의 잠재력이 없이는, 그리고 무엇보다도 특히, 학생들에서 보이는 경우처럼 노동과정의 이질성 안으로 아직도 완전히 갇혀 들어가 있지 않은 사람들에 대한 적개심의 잠재력이 없이는 그러한 사냥몰이는 ―이것은 상업적인 모티프들과 전적으로 분리될 수 있는 여지가 전혀 없습니다― 그러한 형태에서는 전혀 가능하지 않았을 것입니다. 우리는 여기에서 실제로 이론적-사변적 종류의 영역에서 움직이고 있습니다. 경험적 탐구를 하되 전혀 다른 방법론을 갖고 그러한 매우 중요한 문제들을 한 번 진지하게 뒤따라 가볼 수도 있을 것입니다. 언론 사냥몰이의 이러한 현상들을 정당하게 다루기 위해서는, 우리는 사냥몰이를 한참 넘어서는 현상이나 징후에 다가서야 하며 종국적으로는 반反지성주의의 모든 복합성에 다다라야 할 것으로 봅니다. 반지성주의는 종국적으로는, 최후의 관할처에서, 육체노동과 정신노동의 분리와 관련이 있으며 정신노동과 여유로부터 제외된 사람들이 갖고 있는 적개심과 관련이 있습니다. 이러한 적개심은 그러나, 사회적인 현혹의 메커니즘에 근거하여, 적개심을 불러일으키는 원인들에 대항하는 방향으로 가지 않고 적개심으로부터 실제적으로 또는 잘못되게 이익을 취하는 원인들에 대항하는 방향으로 가고 맙니다. 나는 또한 다음과 같은 점을 여러분에게 지적하는 것을 거부할 수는 없습니다. 다시 말해, 대다수 주민들에서 지배적으로 나타나고 있는 생각은 학생들이 이른바 물질적으로 특권적 지위를 갖고 있다는 것입니다(이 부분을 이해하기 위해서는 이 강의가 1968년에 이루어진 사실을 고려해야 할 것임, 역주). 나는 이 생각이 넓은 척도에서 보았을 때는 신화적인 생각에 지나지 않다고 봅니다. [박수] 학생들이 지나치게 잘 지내고 있기 때문에 학생들이 불만족에 차 있다는 생각은 철저하게 허위적인 주장입니다. 이 주장에 대항하여 확실히 쉽게 가져올 수 있는, 손에 잡히는 증거들을 제시하여 매우 힘이 넘치는 반론을 보여주는 것도 나쁘지 않을 것입니다. 너무나도 좋은 섭생을 받으면서 사치스럽고 자가용을 타고 돌진하는 학생을 생각하는 것과 같은 그러한 천편일률적인 것들은 [웃음소리] 내가 여러분에게 이야기하였던 적개심에는 조금이라도 전혀 기여하지 않는다고 생각합니다.

내가 여기에서 행하고 싶은 바는 베를린 소요 사태의 특별한 원인들을 조그만큼이라도 축소시키려고 하는 데 있지 않습니다. 나는 시 당국이 취한 조치들도, 경찰을 통해 취한 조치들도, 그러한 조치들을 부추겼던 언론도 방어해 주고 싶지 않습니다. 다만 여러분에게 베를린에서 나타났던 그러한 진행 과정들, 수를 셀 수 없이 많은 다른 진행 과정들, 구체적으로 관찰될 수 있는 사회적인 진행 과정들이 겉으로 보기에만 구체적인 것들이라는 점을 지적하고 싶은 것입니다. 여러분 중에는 이러한 진행 과정들을 완전히 의식하지 않은 상태에서 '구체적'이라는 단어가 일단은 갖고 있는 주술에 조금은 굴복하는 사람들이 확실히 많이 있을 것입니다. 사람들이 언젠가 내게 들려 준 슬픈 이야기를 여러분에게 전해 드리겠습니다. 나치가 사람들의 정치적 성향을 의심하여 사람들을 체포하고 그들이 갖고 있는 정치적 성향이 무엇인가를 알아 내려고 할 때, 조사를 받았던 사람들이 '구체적'이라는 단어를 지나치게 빈번하게 사용하면 나치는 이것을 공산주의적 성향을 가진 목적으로 간주하였다고 합니다. 여러분이 구체적인 것의 개념이, 역으로, 실증주의적으로 가치로부터 자유로운 사회학에서 어떤 역할을 담당하고 있는가를 생각해보면, 여러분은 구체적인 것의 개념이 경험하였던, 기이할 정도로 흥분에 의해 특징지어지는 점령에 관해서 조그만 像을 스스로 만들 수 있게 될 것입니다. 신사 숙녀 여러분, 그 이유는 아마도 다음과 같은 사실에서 드러날 것으로 보이며, 이 강의가 시작된 이래 지금까지 진행되어온 내용에 따라 여러분에게도 이미 매우 명백하게 다가오고 있을 것으로 보입니다. 첫째로는 우리가 살고 있는 세계가 추상적인 법칙성들에 의해 지배되고 있고, 둘째로는 인간 사이의 관계들 자체가 추상적으로 됨으로써 구체적인 것이 일종의 유토피아와 같은 것이 되었기 때문입니다. 구체적인 것이 역시 실제적으로 유토피아를 표현하는 것은 맞습니다. 그러나 인간 사이의 관계 자체가 추상적으로 됨으로써 구체적인 것이 일종의 유토피아와 같은 것이 될 수는 없습니다. 사람들이 매우 구체적일 때, 즉 지금 여기를 가리키고 있다고 믿을 때, 사람들은 이것을 정말로 주머니에 갖고 있게 됩니다. 이른바 구체적인 것, 즉 사람들이 넓은 척도에서는 관계들의 추상적인 질서의 ― 내가 사회의 개념에서 이러한 추상적인 질서를 여러분에게 증명해 보이려고 시도하였듯이― 표현에 지나지 않는다는 점을 완전히 배제시킨 채 구체적이라고 믿는 것을 주머니에 갖고 있는 것입니다. 이것은 다음과 같은 것을 의미하게 됩니다. 즉, 사람들이 지속적으로 성찰을 하게 되면 항상 다시, 상대적으로 빨리, 경험적 연구에서도 역시 사회적인 연관관계의 개념에 다가가도록 몰리게 되는 것입니다. 사회적 연관관계의 개념은 과학주의적인 경험주의의 게임 규칙들에 의해서 금지될 뿐만 아니라 그 밖에도 구체화, 구체적인 것의 개념이 행하는 리비도적인 점령의 면전에서 얼굴을 못 들고 거부됩니다. 이와 매우 유사한 것이 기업경영 풍토에 관한 연구에서도 나타납니다. 이러한 연구들은 산업노동의 목적 내부에서 정당한 임무인 것이 확실합니다. 이러한 연구들이 오늘날 밝히고 있는 것을 보면, 기업경영 풍토를 해당되는 공장, 해당되는 작업장의 상태들에 소급시키려는 시도들이 불충분한 것에 머무르고 있다는 점이 항상, 그리고 상대적으로 빠르게 입증되고 있습니다. 물론 작업장에 따라 각기 다른 뉘앙스들과 편차들이 존재할 것입니다. 그러나 결정적인 전제조건들은 임금율 계약들에 소급되며, 임금율 계약들은 기업가 단체들과 노동자 단체들 사이의 타협 상황, 종국적으로는 권력관계들, 이와 관련되어 있는 사회 자체의 구조 문제들에 소급됩니다. 내가 이론적 개념으로서의 사회의 개념을 사실들로부터 떼어내는 것을 ―확실한 강조와 더불어― 시도한 이후에 여러분에게 말하고 싶은 것은 다음과 같습니다. 여러분은 이러한 실체들 사이에서 급진적인 단절을 수용하지 말고, 지난번에 내가 여러분에게 비판적 대결을 통해 보여주었듯이 개별적인 현상들에서 어느 정도 인상학적으로 사회를 지각할 수 있을 뿐만 아니라 더 나아가 개별 현상들에 대한 모든 설명이 사람들이 받아들이는 것보다는 훨씬 빨리 사회적 구조와 같은 것으로 나아가도록 하는 것에 대해 명확하게 인식해야 합니다. 여러분이 이 점을 어디에서 가장 단호하게 명백하게 해 둘 수 있는가에 대해 나는 다음과 같은 점에 대해 주의를 환기시켜 주고 싶습니다. 다시 말해, 우리가 이미 존재하고 있는 사회적 체계 내에서 비판을 행하고 이러한 비판에 근거하여 독특한 방식의 개선에 대해 제안을 하게 되면, 그러한 개선 제안들은 거역할 수 없이 매우 빨리 한계에 부딪치게 됩니다. 이러한 한계는 우리가 비판할 수 있는 개별적 모멘트들로부터 순수하게 출발한 경우에서 전혀 파악될 수 없으며, 오히려 사회의 이미 질서가 잡혀 있는 것에 의해서만 파악될 수 있습니다. 사회는 단지 독특한 변화와 같은 모든 종류의 변화에 대해 극도로 민감합니다. 사회는 그것이 갖고 있는 기존의 상태에서 그러한 종류의 독특한 변화에 의해서 그 어떤 것이 ―그것이 단지 매우 가벼운 사태에서라도― 문제될 수 있지 않느냐 하는 것에 대해서도 민감한 반응을 보이는 것입니다.

이에 대해 하나의 예例를 제시하겠습니다. 이것은 오늘날 매우 많이 토론되었고 실제로 매우 중요한 영역인 정치적 교육의 영역에서 오는 실례입니다. 정치적 교육의 문제는 테쉬너Teschner[91]가 이끄는 연구에서 매우 상세하게 다루어졌습니다. 우리가 정치적 교육에 대해 그 작용성이 없다고 비판하면, 우리는 동시에 다음과 같은 문제에 여러 모로 부딪치게 됩니다. 다시 말해, 정치적 과제들, 기본법, 정당, 이른바 복수주의, 기업 및 조합의 입장을 다루는 것과 이와 유사한 물음들이 일반적으로 매우 형식적인 방식으로만 나타날 뿐이며, 이러한 문제들의 사회적인 배경들, 즉 그러한 현상들의 배후에 놓여 있는 사실상의 물음들인 권력에 관한 물음들, 생산수단들의 운용에 관한 물음들, 사회적 부에 관한 물음들은 전혀 고려되지 않게 되는 문제에 직면하게 되는 것입니다. 이를 더욱 가까이 추적해 보면, 우리가 형식적으로 정의된 민주주의 내부에서 이러한 형식적인 민주주의에 우리가 따르도록 교육되어져야 한다는 것을 요구받게 된다는 것에 이르게 됩니다. 정당정책적으로 제한된 관점과 같은 그 어떤 것을 끌어오는 것은 교육될 수 없는 것이라고 이해될 수 있으며 이것은 뜨거운 쇠에 해당되고 뜨거운 쇠를 건드려서는 안 된다는 식으로 교육되는 것을 요구받게 되는 것입니다. 이러한 종류의 제한은 그러나 정치적 교육에 의해 접촉되어야만 할 것으로 보이는 물음들인 구조에 관한 물음들에 파고들 수 있는 가능성을 처음부터 방해하게 됩니다. 다른 말로 설명하겠습니다. 어떤 교사가 어린 학생들에게 사회적 파트너와 같은 것을 설명하는 것 대신에 사회적 파트너들의 배후에 놓여 있는 대립관계들과 같은 것을 실제로 한 번 어린 학생들에게 이야기하게 된다면, 그는 격렬하게 화를 내는 일련의 학부모들이 교육청에 항의 서한을 보내서 교사가 정치선전을 행하고 있으며 정치 수업을 정당의 목표들에 학생들이 따르게 하는 등의 목적에 오용하고 있다고 비난하는 사태가 발생하는 것을 고려해야 할 것입니다. 이런 이유 때문에 교사는 그러한 수업을 감히 할 수 있는 용기를 갖지 못하게 될 것입니다. 또한 학생과 교사 사이에 놓여 있는 모든 가능한 관할처들이 그러한 수업이 일어나지 않도록 배려하게 될 것입니다.

나는 체계내재적인, 그렇게 사소한 개선들에서 매우 급속하게 나타나는 한계와 같은 현상들이 다른 모든 것보다도 더욱 명백하게 다음과 같은 점을 보여주고 있다고 생각합니다. 즉, 그러한 현상들은 사회의 개념과 같은 것이 사실은 아니지만 그럼에도 불구하고 최고의 척도에서 하나의 현실적인 것이라는 점을 명백하게 보여주고 있는 것입니다. 나는, 이러한 역설로부터 볼 때, 사실적이지 않은 것, 감각적인 지각으로 직접적으로 옮겨질 수 없는 것이 더욱 적은 현실을 갖는 것이 아니고 오히려 더욱 높은 현실을 갖게 된다고 생각합니다. 사실적이지 않은 것이 우리와 직접적으로 마주하고 있는 상태에서 우리가 발견하는 이른바 구체적인 것들보다도 인간의 삶을 더욱 많이 규정하는 것입니다. — 내가 보기에는, 바로 이 점이 중요합니다. 우리가 이것을 저항의 모멘트에서 —여기에서 이미 여러 차례 인용하였던 뒤르켐의 문장으로 다시 한 번 되돌아가고 싶습니다[92]— 실제로 배우게 됩니다. 사람들이 질긴 대중 안에 박혀 버리거나 또는 장벽에 머리를 부딪쳐 상처를 입게 되는 곳에서는 계속되지 않는 저항의 모멘트에서 배우는 것입니다. 이것은 나와 반대되는 입장에 있는 사람들이 아래로부터, 이른바 구체화로부터 올라오면서 너무나도 쉽게 단순히 형이상학적인 개념이라고 나에게 비난을 퍼붓는 것을 확실하게 할 수 있게 하는 방식이기도 합니다. 내가 여러분에게 명명한 현상들과 이와 동일한 카테고리에 속하는 일련의 다른 현상들을 우리는 경험의 현상들이라고 나타낼 수 있을 것입니다. 다시 말해, 경험의 현상들은 대략 다음과 같은 것입니다. 사람들이 정치적 교육에서 민주주의의 개념이 실체적이 되도록 정치적 교육을 실제로 그렇게 행하는 것을 시도한다면, 왜 사람들은 저항에 직면하고 저항에 직면해야만 할까요? 이것은 지속적으로 진행되는 경험들입니다. 여러분에게 제시하였던 다른 예들도 역시 같은 경험들입니다. 내가 보기에 사회에 관한 실증주의적 견해는 '경험주의', '논리적 경험주의'라는 이름에서 경험의 개념을 그토록 매우 강력하게 전면에 제시하고 있음에도 원래부터 경험을 묶어 두고 있다는 점이 사회에 대한 실증주의적 견해에 대해 제기할 수 있는 가장 강력한 반론인 것 같습니다. 헤겔은 그의 최초의 대작을 '의식의 경험에 관한 학문'이라고 명명하였으며, 잘 알려져 있듯이 그 첫 번째 부분으로서는 단지 "정신현상학"만이 상세하게 논의되었습니다. 반면에, 헤겔은 "정신현상학" 논의를 마친 후에 그의 저작을 다시 배열하였습니다.[93] 나는 헤겔이 그의 최초의 대작을 이러한 방식으로 저술한 것이 우연이 아니었다는 점을 여러분에게 말하고자 합니다. 여러분에게 간략하게 언급하였던 그러한 종류의 경험은 실증주의에 의하여 —다음과 같이 표현하고 싶습니다— 마치 운하와 같은 것이 되고 말았으며 조종되었습니다. 이러한 조종에 의해서 경험과 같은 것은 방해되고 만 것입니다. 앞에서 여러분에게 말했던 개념인 구체적인 것의 개념과 밀접하게 연관되어 있는 경험의 개념 자체와 더불어 경험의 개념이 오늘날 아마도 얻게 되는 것은 형용하기 어려운 규범적인 의미밖에 없습니다. 경험의 개념이 이렇게 된 이유는 두 가지가 있다고 봅니다. 한편으로는, 우리가 살고 있는 세계에서 진정한 경험에, 즉 이미 존재하지 않았던 새로운 경험에 이르는 것이 더 이상 거의 없기 때문입니다. 다른 한편으로는, 학문이 그 규정을 통해서, 그리고 학문이 인식에 부과한 규칙 체계를 통해서 내가 위에서 말한 그러한 경험을 근본적으로 더 이상 전혀 허용하지 않기 때문입니다. 여러분에게 다음과 같이 말하는 것을 망설이지 않겠습니다. 사회에 관한 변증법적 논의의 이념은 경험을 재생산하는 노력, 또는 더욱 겸손하게 말하면 사회적 체계 자체뿐만 아니라 학문의 규칙들에 의해 우리에게 거부된 경험을 재생산하는 노력이라고 정의하고자 합니다. 내가 여러분에게 여기에서 전개해 보이려고 시도했던 것을 우리는, 이를 매우 극단적으로 첨예화시켜 말한다면, 경험이 경험주의에 대항하여 일으키는 반란의 근본 원칙들과 같은 것이라고 말할 수도 있을 것입니다. 이와 동시에 여러분에게 다시 한 번 말하고 싶은 것이 있습니다. 내가 제시한 모든 예例들을 통해서 설명하려고 시도하였던, 이러한 종류의 경험은 거친 저돌적 사고가 아닙니다. 오히려, 이러한 종류의 경험은 문제들에 의해서 —대략 실제로 충분한, 정치적 교육의 불가능성에 관한 문제들이 여기에 해당됩니다— 방향이 조정되고 우리에게 떠맡겨진 것입니다. 또한 우리는, 우리가 이러한 종류의 경험을 금지시키지 않는다면, 이러한 경험으로부터 원래 벗어날 수는 없다는 점을 여러분에게 다시 한 번 말하고자 합니다.

다시 말해, 경험으로서의 사회, 바로 이것에 —여러분에게 말한 내용에 따라— 사람들이 부딪치게 되며, 사람들은 이와 동시에 바로 이것을 비판되어지고 불충분한 모멘트들의 조건으로, 즉 매우 솔직하고도 내재적인 의미에서도 불충분한 모멘트들의 조건으로 인식하게 됩니다. 그러나 경험으로서의 사회는 이러한 모멘트들이 실제로, 그리고 작용력 있게 변화되는 것을 방해하는 측면도 갖고 있습니다. 이러한 경험을 요술로 감추게 하는 것이 바로 공식적인 학문의 이상理想이 갖고 있는 위험입니다. 쉘스키Schelsky는 이전에 나와 극단적 대립을 보이는 입장을 표명하였으며, 그것은 전적으로 나를 실증주의적인 입장에서 공격하는 것이었습니다. 그는 나에 대한 공격에서 그가 제시한 '선험적 사회론'의 개념에도 불구하고 무엇보다도 특히 '규제되지 않은 경험'의 개념에서 상처를 받았으며, 이 개념에서 —나는 여기에서 매우 정확하게 말하고자 합니다— 실증주의에 대립되는[94] 도약점을 보았습니다. 모든 것은, 이러한 경험 자체가 사실들과 옷깃이 스칠 정도로 가장 가까운 거리에서 가장 밀접하게 머물러 있다는 점과 이에 대해 자의적으로, 그리고 외부적으로 이의를 제기해서는 안 된다는 점에 달려 있습니다. 바로 이것이 매개이며, 경험주의에 이르는 매개가 아니고 경험적인 방법론에 이르는 매개입니다. 그 밖에도, 여러분에게 지적하고 싶은 것이 있습니다. 예컨대 미국의 사회학자 쉬츠Schütz[95]가 —저희 연구소 동료인 루크만Luckmann[96]도 그가 취하는 이론적 입장에서는 쉬츠에 매우 근접해 있습니다— 대표하는 전적으로 현상학적인 학파처럼 프랑크푸르트 학파와는 전혀 다른 사회학적 학파에서도, 전혀 다른 이른바 현상학적 경험의 시각에서, 생동감 있는 경험이 스스로 이미 사물화되고 경직된 경험에 맞서서 통용되어야만 할 것이라는 모멘트가 강력하게 강조되었습니다. 여기에서 펼쳐 보였던 비판은 그러므로 프랑크푸르트 학파가 하는 비판이 결코 아닌 것입니다. 사회학적 사고의 전혀 다른 모서리에서도 사람들은 프랑크푸르트 학파가 품고 있는 물음들에 부딪치고 있는 것입니다.

86) 강의의 시작 부분은 보존되지 않았다. 아도르노는 그러나 1968년 5월 7일 강의의 마지막 문장들에 직접적으로 연결시켜 강의를 시작하였으며, 이렇게 해서 결여되어 있었던 시작 부분이 재구성될 수 있었다.

87) 프란츠 노이만Franz Neumann은 1933년에 런던으로 망명하였으며, 나중에 미국으로 이주하였다. 그는 미국에서 1936-42년까지 뉴욕 사회조사연구소에서 일하였다. 그의 저작인 『거대한 괴물. 국가사회주의의 구조와 실제』는 1942년에 뉴욕에서 출간되었으며, 독어판은 1977년 프랑크푸르트에서 출판되었다.

88) VgI. E. Scheuch, Methodische Probleme gesamtgesellschaftlicher Analysen전체 사회적인 분석에서의 방법론적인 문제들, a. a. O., S.156 u. 159.

89) 1920년대 음악에서 나타난 신의고전주의와 민속주의에 대한 간단한 언급에 대해서는 아도르노의 Die stabilisierte Musik안정화된 음악을 참조할 것(GS 18, S.721-728).

90) 루디 두츠케는 1968년 4월 11일 노동자인 요셉 바흐만이 쏜 3발의 총탄에 의해 생명이 위험해지는 중상을 입었다. 학생들은 이 사건을 스프링거-신문사가 선동한 소수 민족 박해의 분위기에 대한 직접적인 결과로 간주하였으며, 이 사건은 오스터 휴가 기간에 시작된 스프링거 출판사에 대한 봉쇄를 유발시키는 계기가 되었다. 아도르노, 루드비히 프리데부르크Ludwig v. Friedeburg, 알렉산더 미처리히Alexander Mitscherlich, 그 밖의 여러 다른 학자들과 작가들은 주간 신문인 『디 차이트die Zeit』에 실린 공론적公論的인 설명에서 두츠케에 대한 저격 사건에 대해 입장을 표명하였고, 스프링거 출판사의 "보도 매체가 자행하는 조작의 실행방식들"에 대한 공개적 조사를 요구하였다(vgl. »Die Erklärung der Vierzehn«, in: Die Zeit, Nr. 16, 19. 4.1968).

91) Vgl. Manfred Teschner, Politik und Gesellschaft im Unterricht학교 수업에서의 정치와 사회. Eine soziologische Analyse der politischen Bildung an hessischen Gymnasien헤센 주의 김나지움에서 정치적 교육에 대한 사회학적 분석, Frankfurt a. M. 1968(Frankfurter Beiträge zur Soziologie. 21.).

92) 편집자주 77번 참조.

93) 헤겔의 '학문의 체계'에 관한 원래의 구상과 『정신현상학』 및 『논리학』이 독자적인 저작들로 발전한 과정에 대해서는 헤겔 전집 "제3권에 있는, 편집

에 대한 주석"을 참조할 것. in: Hegel, Werke, Bd. 3, a. a. O., S.595ff.

94) Vgl. Helmut Schelsky, Ortsbestimmung der deutschen Soziologie독일 사회학의 위치 규정, a. a. O. 아도르노에 대한 쉘스키의 논박은 책 전체에 걸쳐 있으나 특히 III. 3인 »Die Wirklichkeitserfassung der empirischen Sozialforschung경험적 사회연구의 현실 파악«을 참조(S.67—85). »Transzendentalen Theorie der Gesellschaft«사회의 선험적 이론에 대해서는 IV. 2를 참조(S.93-109). »Unreglementierte Erfahrung«규제되지 않은 경험의 개념에 대해서는 GS 8, S.342f.을 참조.

95) 하버마스는 자신의 논문인 「분석적 학문 이론과 변증법」의 주석에서 바로 이러한 연관관계에서 알프레트 쉬츠Alfred Schütz, 1899-1959를 참조할 것을 지적하였다. "쉬츠는 딜타이와 후설의 개념인 '생활세계'에 접속하여 실증주의적으로 아직은 잘려나가지 않은 경험을 Collected Papers(논문집, Den Haag 1962. Teil 1. S.4ff.)에서 사회과학의 방법론학을 위해 구출하고 있다"(Adorno u. a., Der Positivismusstreit in der deutschen Soziologie독일 사회학에서 실증주의 논쟁, a. a. O., S.160).

96) 1927년에 유고슬라비아에서 출생한 토마스 루크만Thomas Luckmann은 사회조사연구를 위해 뉴욕에 새로 세워진 학교에서 여러 해 동안 가르친 후에 1965년에 프랑크푸르트 대학교의 경제학 및 사회과학 대학에서 사회학 교수로 임명되었다.

신사 숙녀 여러분, 여러분이 사회학 공부의 초보자라는 가정에 어울리게 내가 일단은 해야 할 일에는 여러분에게 무엇을 … 해 주는 것도 속합니다. … [쉬 소리] 마이크 상태가 더 좋아졌습니까? ― 이제 더 좋아졌습니까? ― 왜 이런 일이 생기는지 모르겠습니다. 누군가, 혹시 쿨렌캄프[97] 씨께서 이 마이크를 받아줄 수 있는지요? ― 고맙습니다. 이제 더 좋아졌습니까? ― 쿨렌캄프 씨가 친절하게도 마이크 기술에 대해 정보를 주었습니다. 그럼에도 나는 이제 큰 소리를 지르면서 강의를 시작하려고 합니다. [웃음소리]

오늘은 사회학을 분과로 나누는 문제들에 대해 몇 가지를 말하고 싶습니다. 여러분 중에서 디플롬Diplom 시험을 준비하고 있거나 또는 이러한 시험과 유사한 것을 의중에 두고 있는 사람들은 '일반 사회학'과 '특수 사회학'이 구분된다는 사실을 이미 읽었을 것입니다. 사회학의 분과와 결합되어 있는 학문이론적 및 학문적 문제에 들어가기 전에, 나는 학문적인 것에 앞서서 생각해 보아야 할 것을 여러분에게 말하고 싶습니다. 이것은 거친 내용이지만 이성적인 것입니다. 다시 말해, 사회학 학문 분과를 나누는 것은 일단은 확실하게 실제적인 의미를 갖고 있는 것입니다. 이러한 실제적 의미는 두 가지 측면을 갖고 있습니다. 한편으로는, 이론적인 물음들, 사회학의 근본 물음들이 존재하며, 다른 한편으로는 여러분이 사회학에서, 사회학 수업에서 실제적인 처리 가능성의 의미에서 여러분 것으로 만들어야만 하는 솜씨 및 숙련성과 부분적으로 결합되어 있는 내용적인 개별 모멘트들이 존재한다는 측면을 담고 있는 것입니다. 사회학 분과를 나누는 것은 항상 의문의 여지가 있습니다. 이처럼 의문스러운 구분에는 내가 여러분에게 주의를 환기시킨 사회학의 이중적 성격이 잘 표현되어 있습니다. 다시 말해, 사회적으로 유용한 노동의 의미에서 실제적으로 요구되어진 것들에 맞춰진 사회학의 성격과 다른 한편으로는 다수의 활발한 움직임을 결합시키고 있는 것 안으로 파고드는 통찰을 행하는 사회학의 성격이 있는 것입니다. 여러분은 이 점을 여러분 마음속에 새겨두고 있어야 할 것입니다. 나는 또한 여러분이 사회학 공부를 시작하면서 다음과 같은 생각을 실천하면 좋을 것이라고 봅니다. 사회학은 ―전통적인 파악에 따라 법률학이 그랬던 경우이거나 또는 의학이 그렇지 않았던 경우처럼― 닫혀진, 교설로 이루어진 건물과 같은 것을 서술하지 않습니다. 사회학은 오히려 원래부터 서로 전혀 다른 학문 분과들이 전적으로 상이한 역사적인 원천들을 갖고 발달한 이후에 점차적으로 함께 성장함으로써 만들어진 집적체입니다. 사회학 공부를 시작하는 여러분은 이 점을 염두에 두기 바랍니다. 오늘날 우리가 경험적 사회연구라고 부르는 것의 ― 이에 대해서는 좋은 요약, 또는 더 겸손하게 말해서 여러분에게 정보를 주는 요약이 국가학 사전[98]에 게재된 논문에 들어 있습니다. 이 논문의 내용에 대해서는 프랑크푸르트 사회조사연구소가 전적으로 책임을 지고 있습니다― 모든 영역은, 즉 이러한 모든 복합체는 특히 18세기의 중상주의로부터 유래하는 이른바 재정학으로부터 발달되어 온 영역입니다. 재정학은 당시에 계획된 경제와 행정의 관점과 같은 것으로서 처음으로 등장하였으며, 그 후에는 국가의 인구 내부에서 필요한 모든 가능한 생필품, 욕구, 구조 관계에 대해 개관을 제공하기 위해 필요한 학문이었습니다. 다른 한편으로는, 우리가 이론적 사회학이라고 부르는 것은 철학으로부터 발생하였습니다. 이미 강의하였듯이 사회학이라는 이름은 100년을 한참 넘긴 이름이 아니고 콩트에서 유래하는[99] 이름입니다. 사회학이라는 이름은 자의성의 모멘트를 확실히 갖고 있습니다. 그 어떤 위대한 철학도 어떤 방식으로든 사회적인 물음들을 다루지 않은 채 존재하지는 않았다고 말할 수 있기 때문입니다. 논리적 분과들과 인식론 분과들이 윤리학과 예로부터 윤리적인 물음들과 짝을 이루고 있었던 사회에 관한 교설을 위한 단순한 보조 장치로 이해되었던 것은 철학의 역사 전체에 걸쳐서 여러 가지 모습으로 나타났었습니다. 왜냐하면, 인간의 행동에 관한 교설, 인간의 올바른 행동에 관한 교설로서의 윤리학은 항상, 그리고 필연적으로 사회적 행동을, 즉 인간 상호 간의 행동을 논의에 포함시켰기 때문입니다. 이른바 사적인 윤리학, 즉 개별 인간이 개별 인간에 대해 취하는 행동방식들과 행동방식들의 규범들이 윤리학이 제기하는 결정적인 물음인 정의의 물음에서는, 전체적으로 파악되는 정의에 관한 물음이 사적인 윤리학에 의해서는 접촉되지 않기 때문에, 상대적으로 적게 변화되었다는 것은 상대적으로 늦게, 놀라울 정도로 뒤늦게 발견되었습니다. 이러한 사실에도 불구하고 윤리학이 사회적 행동을 철학의 전체 역사에 걸쳐 항상 논의에 포함시켰다는 점은 중요합니다. 이렇게 보는 한, 사회학은 매우 오래된 학문입니다. 생시몽과 콩트 이래 사회학에서 발생한 새로운 것은 원래는 단지 확실한 해방 과정일 뿐입니다. 사회학이 그것 나름대로, 그 이론적 부분에서도 역시, 여러분이 콩트에서도 명백하게 관찰할 수 있는 것처럼, 다른 특별한 학문들 아래서도 하나의 특별한 학문과 같은 것으로 활동하려는 해방 과정일 뿐인 것입니다. 이것이 사회학의 행복으로 이어지는 것이었느냐, 또는 불행으로 이어지는 것이었느냐, 또는 아마도 행복과 불행 모두로 이어지는 것이었느냐 하는 물음을 나는 여기에서 제기하고 싶지는 않습니다.

그 밖에도, 이론적인 사회학이 어느 정도까지 철학이냐 하는 물음은 물론 이미 처음부터 결말이 나지 않은 채 불확실성에 머물러 있었습니다. 그 까닭은 다음과 같습니다. 우리가 사회학자라고 나타낼 수 있는 최초의 근대적인 사회사상가들인 생시몽과 콩트는 철학을 18세기의 낡은 전통의 의미에서 형이상학이라고 불렀고, 철학에 대해 가장 심각한 의구심을 갖고 있었기 때문입니다. 그들이 갖고 있었던 열정은 처음부터 반反철학적이었습니다. 그들은 사회적인 이유로 인해 반철학적 입장을 갖고 있었습니다. 우리가 그 이유를 여기에 인용하는 것은 호기심을 일으키기기에 충분하다고 할 것입니다. 부르주아지적인 사회의 장려자에 머물러 있었던, 또는 부르주아적 사회의 옹호자가 이미 되어 있었던 간에 관계없이 전적으로, 그리고 본질적으로 부르주아지적인 사회를 지지하였던 생시몽과 콩트는 모든 종류의 정신적 활동에 사회적으로 유용한 것의 기준을, 또는 사람들이 나중에 명명하였던 용어인 생산적인 노동의 기준을 적용하였습니다. 여기에서 주목할 것은 생시몽과 콩트가 이러한 기준을 최초로 적용하였다는 사실입니다. 생시몽과 콩트는 또한 이데올로기를 비판한 사상가로서 이른바 유용하지 않은 것들을 행하는 모든 사람을 경멸하였습니다. 그들의 비판에서 특별하게 목마가 되었던 사람들은 변호사였습니다. 생시몽과 콩트는 변호사들을 단순한 기생충들이라고 지속적으로 고발하였습니다. 그들이 선택한 다음의 속죄양들이 바로 철학자들이었습니다. 철학자들은 그 어떤 덧없는 것들을 생산할 뿐이며, 인류가 이것들로부터 얻는 것은 아무것도 없다면서 철학자들을 비난하였습니다. 사회적으로 유용하지 않은 것, 즉 사회에서 이루어지는 삶의 과정에서 직접적으로 입증되지 않은 것을 이처럼 거부하는 것에서, 실제주의의 이러한 성향에서 근대 이래의 모든 실증주의는 일단은 역사적으로 그 원천을 갖고 있는 것입니다. 실증주의의 이러한 특별한 사회적인 원천들을, 다시 말해 일관되게 진행되어 온 교환사회의 의미에서 유용하지 않은 노동에 대한 경시를 뒤로 되돌아가서 한 번 탐구해 보는 것도 매우 추천할 만한 과제라는 생각이 듭니다. 실증주의는 오늘날에는 물론, 실증주의를 만든 원조들인 생시몽과 콩트가 사회적으로 유용하지 않은 노동을 무책임하게 비난했던 것처럼, 더 이상 그러한 말들을 지껄이고 있지는 않습니다. 그러나 나는 실증주의가 갖고 있는 동기 부여에서는 깊은 정도로까지 들어가서 많이 변화한 것은 전혀 없다는 의구심을 품고 있습니다.

여러분이 사회학을 일단은 항상 기계적으로 나누는 것을 여러분의 학업 과정에서 한 번 고려해 본다면, 이것이 첫 번째 고려인 경우에도 여러분에게 좋을 것입니다. 이 점을 앞에서 이미 여러분에게 말한 바 있었습니다. 나는 이 점을 무엇보다도 특히 다음과 같은 의미에서 강조하고자 합니다. 여러분이 학업 상의 실제주의 때문에 사회학의 개별 분과들을 얕보고 전적으로 이론적인 물음들에만 집중하는 것에 대해 경고하고 싶은 것입니다. 이론을 사회적인 개별 모멘트들의 맞은편에서 하나의 추상적인 것으로 파악하는 이론의 개념은 그것 자체로 문제성이 있기 때문입니다. 여기에서 이미 여러분에게 말해 두지 않을 수 없는 사항이 있습니다. 이렇게 말해 둠으로써 내가 갖고 있는 고유한 강의계획을 정당화시켜야만 하기 때문입니다. 내가 여러분의 디플롬 Diplom 학위 과정의 전 단계를 지도하면서 얻었던 확실한 경험들은 나로 하여금 이 자리에서 이미 여러분에게 확실하게 조심할 것을 상기시키게 하고 주의를 환기시키게 하고 있습니다. 더 구체적으로 말하겠습니다. 여러분이 갖고 있는 관심들의 중점이 이른바 개별 사회학들, 자료 중심의 부분적 사회학들, 다시 말해 사람들이 오늘날 학문의 상투어에서 이음표(-) 사회학들이라고 나타내는 것에 놓여 있다면, 여러분은 여러분이 얻어야 할 개별학문적인 양성에서 해를 입게 된다는 점을 말하고자 합니다. 여러분이 처음부터 커다란 문제들에 대한 시각을 열어 놓지 않으면 이러한 해를 입을 수 있는 것입니다. 이 점은 내가 지난 강의들에서 모든 사회적인 것이 사회에 의하여 보편적으로 매개되어 있다는 것에 대해 논의한 내용으로부터 여러분에게 아마도 명백하게 인식되었을 것입니다. 여기에서 내가 한 경험을 들려주겠습니다. 이것은 어떤 젊은 여학생이 나에게서 시험을 볼 때 일어난 일입니다. 그 여학생은 '소집단'[100] 문제에 대해 매우 집중적으로 공부를 한 학생이었습니다. 그녀는 자신이 이미 갖고 있었던 자리에서, 즉 실습의 형태에서 '소집단들'을 다루었고 소집단들에 대해 많은 것을 알고 있었습니다. 나는 그러나 소집단들에 관한 문제를 넘어서서 산업사회학에서 '소집단'의 의미에 대해 질문하였습니다. 여러분 중에서 많은 사람들이 이미 알고 있겠지만, 내가 질문한 문제는 산업사회학에서 테일러리즘에 접속되어, 다시 말해 이른바 메이오Mayo-연구[101]를 통해서 긴박한 문제가 되었기 때문입니다. 메이오-연구는 노동생산성이 '비공식적인', 다시 말해 조직화되지 않은 소집단들의 응집력에 의해 상승한다는 사실을 보여 주었습니다. 이 연구로부터 다음과 같은 사실이 최초로 드러났습니다. 비합리적인 영역들이, 즉 집단들 사이의 그러한 비공식적인 관계들이 합리적인 이유들 때문에 사회적으로 합리적인 조직화에 장착되었다는 점이 드러난 것입니다. 또한 겉으로 보기에 합리적이지만 전체적으로 보면 결코 합리적이지 않은 사회가 사회의 자기 보존을 위해서는 그러한 비합리적인 영역들을 확실히 필요로 한다는 점도 메이오 연구에서 입증되었습니다. 이것은 물론 이론적 사회학에서는 특별할 정도로 중요하고 관심을 끄는 사실입니다. 젊은 여학생이 '소집단'의 사회학에 관한 자신의 지식을 매우 깔끔하게 나에게 증명해 보인 후에, 나는 '소집단'의 사회학과는 다른 어떤 것이 사회학에 아직도 존재하는가를 그녀에게 물어 보았습니다. [웃음소리] 이에 대해 그녀는 문자 그대로 다음과 같이 말하였습니다. "예, 사회적인 관계들이 어떻게 하면 더 유리하게 형성될 수 있을까 하는 종류와 같은 고찰들도 사회학에 있습니다. 예를 들어 교리사敎理史가 여기에 해당됩니다." [웃음소리] 그녀가 이처럼 언어로 정리하는 것이 갖고 있는 순진성은 동시에 특별할 정도로 무의식중에 나타나는 순진성입니다. 다시 말해, 그녀는 이용 가능성을 넘어서는 모든 종류의 사회학적 문제 제기들을 처음부터 공공연하게 역사의 쓰레기장, 교리사의 쓰레기장으로 옮겨 버리려고 하였던 것입니다. 이것은 그녀가 말했던 것에서는 명백하게 드러나지는 않았지만, 그 이면에는 다음과 같은 것이 어떻게든 놓여 있었습니다. 소집단 사회학 이외에도 사회학의 역사에 기입되는 어떤 공룡과 같은 것들이 존재합니다. [웃음소리] 공룡과 같은 것들은 그녀가 '사회의 더 유리한 설치'로 이해한 것에, 다시 말해 전적으로 카톨릭 신부가 말하는, 위에서부터 내려오는 선량한 설치에 들어 있는 의미에서 이해한 것에 몰두합니다. 사회학이 사회적인 투쟁들과 관련될 수도 있으며 본질적인 것과 관련될 수 있다는 생각이 그녀에게는 떠오르지 않은 상태에서 그녀는 교리사를 떠올렸던 것입니다. 여러분에게 주의를 환기시켰던 연관관계들과 같은 그러한 연관관계들을, 즉 오늘날 합리화된 노동세계에 대한 비합리적인 보충이나 또는 대조로서의 '소집단'의 기능을 그녀가 인식할 수 있게끔 나는 대화의 형식으로 이루어지는 시험에서 몇 가지 노력을 기울였습니다. 그러나 나의 이런 노력을 통해 그녀가 이른바 개별적 문제들의 연관관계들을 정말로 꿰뚫어 보지는 않았나 하는 정도에까지 이르는 것은 성공하지 못하였습니다. 여러분의 마음을 편안하게 해주기 위해 나는 그녀가 그럼에도 시험에 합격했다는 사실을 말할 수 있습니다. [웃음소리] 그러나 앞에서 예로 든 현상에서 여러분이 명백하게 인식할 수 있는 점이 들어 있다고 생각합니다. 다시 말해, 사회학이 사회적으로 유용한 문제들만을 포착하는 것은 사회학을 일종의 협소화에 이르게 하는 것입니다. 이러한 종류의 협소화는, 이론적 지평이 사회학에 닫혀 있는 경우에는, 사회학이 오늘날 신의 이름을 걸고 충족시켜야 하는 기능이며 내가 여러분에게 사회학의 교육 기능이라고 나타냈던 기능을 실제로 충족시키지 못하게 됩니다. 이 점을 이토록 일반적으로 말하면, 이것은 여러분에게 아마도 자명성自明性과 같은 것으로 들릴 것입니다. 여러분 중에서 많은 사람들은 또한 내가 왜 이 점을 유달리 강조하는가 하는 것에 대해 자문할 것입니다. 그러나 내가 학생들의 시험에서 얻은 경험들과 지난 기간 동안에 얻었던 경험들을 정신을 가다듬고 기억해 보면, 겉으로 보기에 그토록 자명한 것이 현실에서는 그토록 전혀 자명하지 않다는 것이 드러나게 됩니다. 사회복지나 또는 이와 유사한 분과들과 연관관계를 맺고 있을 것 같은 '소집단'과 같은 그러한 개별 분과에 대한 성찰되지 않은 선호에서 우리는 특정한 경향을 인식할 수 있습니다. 이러한 경향은 그것 나름대로 다시금 확실한 사회적인, 인류학적인 변화들과 관련이 있습니다. 이러한 변화들을 '프랑크푸르트 학파'의 학자들만 지적한 것이 아니고 예컨대 쉘스키Schelsky를 포함한 다른 학자들도 지적한 바 있었습니다. 학자들이 지적한 경향은 구체주의[102]로 가는 경향입니다. 이것은 스스로 이의를 제기할 수 있는 능력, '직접적으로 주어진 것을 개념에서 넘어서는' 능력이 불구가 되는 경향입니다. 인간은 자신의 자기 보존을 위해서 더욱 넓은 척도에서 매번 주어지는 상황에 고정되어 있습니다. 바로 이것에 상응하는 요소가 정신분석가인 눈베르크Nunberg가 발견한 매우 좋은 용어인 "자아 약화"[103]입니다. 다시 말해, 인간이 적응과 개별 상황들에 민첩하게 반응하는 것에 지나칠 정도로 열중하는 것에서 자신의 내부에서 확고하게, 굽히지 않으며, 상황에 따라 변화되지 않는 자아의 양성을 성취할 수 없게 되는 것입니다. 그 밖에도, 이러한 "자아 약화"는 그것 나름대로 유년 시절의 —심층심리학적인 뿌리를 갖고 있는— 자기 확인의 문제들과 관련이 있습니다. 이러한 문제들은 그러나 지금 이 순간에는 우리에게 고찰 대상이 되지는 않습니다. 어떤 경우이든 현재의 사회에서 자아가 많은 사람들에게 부담이 되고 말았다고 말할 수 있습니다. 지나치게 일관되고 오래 지속되는 사고를 하면, 이렇게 함으로써 많은 불편함을 준비하게 되는 것입니다. 시민들이 말하고 있듯이, '어리석은 생각들을 해서는 안 된다'는 것입니다. 자아를 지나치게 많이 기르지 않으면, 바로 이것이 확실한 의미에서 현실에 합당한 것이 되고 마는 것입니다. 이것은 오래된 베를린 속담에도 들어 있습니다. "너는 행복하다— 너는 어리석은 거야." [웃음소리] 이 속담에는 확실한 의미에서 어떤 진리가 들어 있습니다. 이러한 것들에 대해 여러분에게 주의를 환기시켜 주기 위해 나는 사회학의 여러 갈래로 나뉘는 영역들 사이의 관계에 대해 여러분과 함께 논의하였던 것입니다.

여기에서 곁들여 언급하고 싶은 것이 있습니다. 바로 대학 개혁에 관한 물음들입니다. 내가 이것을 바로 오늘 말해도 여러분에게는 아마 싫은 이야기가 되지는 않을 것입니다. 대학 개혁의 물음들은 여러분 모두에게 당연히 관련됩니다. 그러나 대학 개혁의 물음들은 여러분 모두에게 현재 해당되는 것보다는 내가 이 시간에 강의했던 내용들과 더욱 많은 관련을 갖고 있습니다. 나는 최근에 사회학 전공에 관한 협의가 아닌 다른 전공 협의에서 다음과 같은 점에 대해 주목할 것을 말한 바 있었습니다. 이에 대해 협의에 참석한 사람들은 내가 지적한 내용이 새로운 관점이라는 점을 내게 말하였고, 바로 이런 이유 때문에 나는 이 강의에서도 새로운 관점을 감추고 싶지 않습니다. 이제 구체적으로 말하겠습니다. 현재 진행되고 있는 전체적인 대학 개혁에는 두 가지 모티프들이 구별되지 않은 채 ―무엇보다도 특히 수많은 학생들의 의식에서도 구분되지 않은 채― 서로 뒤죽박죽이 되어 있습니다. 두 개의 모티프들은 실제로는 서로 모순되어 있습니다. 그리고 이러한 두 개의 관점들은 오늘 여러분에게 강의하였던 양분성과 상당히 세밀하게 일치하고 있습니다. 한편으로는 실제로 해방적인 운동이 대학 개혁의 물음들에서 관건이 되고 있습니다. 이러한 운동은 다음과 같은 결과로 이어지기를 바라고 있습니다. 사고가 조종당하지 않게 되는 결과와, 사회가 실행하고 문화산업에 의해서도 또한 관리되는 적응에의 보편적 속박들에 대해서 자율적인 판단 능력과 판단력의 함양이 맞서게 되는 결과를 그러한 해방적인 운동이 얻고 싶어 하는 것입니다. 이러한 숙고들은 대학의 단순히 제도적인 것을 넘어서게 되며, 인간을 끊임없이 증대되는 척도에서 통합시킴으로써 동시에 인간에게 인간이 갖고 있는 가능성을 착복해 버리는 사회에 대한 비판이 됩니다. 학생들의 운동에서는 나처럼 나이가 많은 사람을 행복하게 해 주는 점이 들어 있다고 말하고 싶습니다. 학생들의 운동에는 예를 들어 헉슬리[104]나 오웰[105]의 부정적否定的 유토피아에서 제시되었던 가정假定이 들어 있는 것입니다. 다시 말해, 인간에게서 가능성을 빼앗아 버리는 통합이 그렇게 원활하고 간단하게 진행되고 있다는 가정, 사회의 설치가 사람들이 지옥에서 살고 있으면서도 지옥을 동시에 천당으로 생각하는 것을 끝내 버린다는 가정, 즉 이렇게 생각하는 것은 맞지 않다는 가정이 학생들의 운동에 들어 있는 것은 나처럼 나이가 먹은 사람을 행복하게 합니다. 지옥에 살고 있으면서 지옥을 천당처럼 생각하는 것은 작동되지 않습니다. 바로 여기에 형용할 수 없을 정도로 희망이 넘치는 것이 들어 있는 것입니다. 이와 관련하여 여기에서 아마도 여러분에게 내가 쓴 글을 소개해도 되리라 봅니다. 나는 앞에서 언급한 통합이 실제에서는 단지 대립관계들만을 영구화시키는 가상일뿐이고 파열하거나 또는 통합을 유지시킬 수 없다는 점을 이미 20년 전에 헉슬리의 『멋진 신세계』에 관한 논문[106]에서 매우 상세하게 분석한 바 있었습니다. 이 논문은 지금 『프리즘 Prismen』에 들어 있습니다. 여러분이 이 논문을 한 번 들여다보기를 권합니다. 앞에서 말했던 두 개의 모티프들 중에서 이제 두 번째 모티프에 대해 논의하겠습니다. 첫 번째 모티프는 매우 넓은 의미에서 대학 개혁의 해방적인 경향들을 담고 있으며, 이것은 단순히 학문 내부적인 의미에서만 얻을 수 있는 경향이 결코 아닙니다. 이러한 경향 이외에도 대학 개혁에는 두 번째 경향이 발견되고 있으며, 이것은 첫 번째 경향과 명백하게 구분되는 점을 전혀 갖고 있지 않습니다. 두 번째 경향은, 대학 개혁에서도 일단은 이성이 중요하게 거론되어야 하고 사회의 이성적인 설치가 중요하기 때문에, 호르크하이머가 "도구적 이성"[107]이라고 명명한 후에 도구적 이성으로서 비판하였던 것을 전적으로 중심에 위치시키고 있는 이 경향은 대학이 고등학교처럼 되고 인간의 공장이

되게 하는 결과에 이르게 하고 있습니다. 대학은 상품인 노동력을 가능한 한 합리적인 방식으로 산출시키는 공장이 되고, 인간이 자신의 상품인 노동력을 잘 팔아먹는 능력을 갖추도록 해 주는 공장이 되는 결과에 이르게 되고 만 것입니다. 이러한 경향은 그것 나름대로 여러분에게 대학 개혁의 이상理想으로 부상되고 있는 자율성-운동의 희생으로 필연적으로 귀결됩니다. 자유에 대한 여러분의 권리와 이러한 결정들을 스스로 행하는 여러분의 권리를 침해함이 없이 대학 개혁의 문제를 내가 파악하는 것이 허용되어도 된다면, 나는 대학 비판 및 대학 개혁과 결합되어 있는 문제들의 이중적 성격을 여러분이 다시 한 번 세밀하게 숙고해 보기를 조언하고자 합니다. 여기에서 한참 더 나아가 다음과 같이 말하고자 합니다. 학문평의회의 유명한 제안들108)은, 이 제안들이 대학의 인력 운용 가능성들과 학생 수의 불균형과 같은 문제처럼 실제적인 문제들에 의해 동기 부여가 많이 되었다고 할지라도, 근본적으로는, 유용한 노동의 생산성이라는 기준을 통해 대학을 정돈하는 작업이 완전하게 평준화에 이르는 측면을 보여주고 있는 것입니다. 학문평의회의 제안들은 적응의 메커니즘을 가능한 한 촉진시키려는 경향들에 속해 있습니다. 적응의 메커니즘에 저항하는 것이 긴요함에도 불구하고, 학문평의회의 제안들은 이와는 반대되는 경향을 보이고 있습니다. 이러한 문제는, 한편으로는 이론적인 사회학적 관심이 있고 다른 한편으로는 자료적인 개별 분과들에 대한 관심이 있기 때문에, 양자 사이의 모순이나 배치背馳가 있다는 문제에서 내가 앞에서 여러분에게 간단히 언급하였던 것과 동일한 이중적 성격을 갖고 있습니다. 내가 여러분에게 주는 조언에 대해 여러분이 나쁘게 생각하지 않는다면, 다음과 같은 조언을 주고 싶습니다. 여러분이 학생운동 자체에 들어 있는 이율배반을 —나는 이렇게까지 말하고 싶습니다— 일단은 매우 세밀하게 숙고해 보기 바랍니다. 왜냐하면, 일반적인 불만족에 빠져드는 그러한 운동에서 자주 나타나듯이, 사람들은 한편으로는 대학이 충분히 능률화되어 있지 않다는 것에 대해, 다시 말해 대학이 이른바 공장으로서 충분히 기능을 발휘하지 못하는 것에 대해 불만족스러워 하면서도 다른 한편으로는 대학이 너무나 많이 공장처럼 되어 버린 것에 대해 반란을 일으키기 때문입니다. 우리는 이러한 두 모멘트들을 대학 비판에 기여할 수 있는 것에서 서로 구분해야 할 것입니다. 물론 두 모멘트들이 서로 갖고 있는 관계에서 모멘트들을 규정하는 것도 당연한 일입니다. 내 스스로 어떤 모멘트를 선택하는가에 대해서는 여기에서 여러분에게 말할 필요가 없다고 봅니다.

앞에서 말한 내용을 미리 말해 두면서, 나는 이제 실제적인 물음들에, 즉 '이론 사회학'과 '특수 사회학'으로 사회학을 나누는 것과 결합되어 있는 심각한 물음들에 다가서고 싶습니다. 유명한, 작위적인 사회학적 인간homo soziologicus이 대학에 나타나고 사회학적 인간으로 보이게 되면, 그는 사회학적 학문과 사회학적 분과들의 일반적인 범위가 한편으로는 존재한다고 쉽게 생각하게 될 것입니다. 사회학을 하는 사람들은 이러한 일반적인 범위를 갖고 대상을 파악해야 하며 이렇게 하고 나서 개별적인 부분 영역들이 이러한 일반적인 범위 안으로 ―개별적인 부분 영역들이 논리적 의미에서 일반적 범위에 전혀 종속되어서는 안 되는 한― 배열된다는 생각을 사회학적 인간이 쉽게 떠올릴 수 있는 것입니다. 다시 말해, '일반 사회학'이, 그 이름에 가까이 놓여 있는 것처럼, 가장 높은 상위의 개념이 되어야 한다는 것과 같은 방식으로 생각하는 것입니다. 이러한 가장 높은 상위 개념은 일반적인 것이 되는 것이며, 모든 사회학적인 개별 분과로부터 끄집어 낼 수 있는 것이고, 사회학적인 개별 분과들의 공부로부터 끌어 낼 수 있는 결론을 서술한다는 것입니다. 이러한 생각은, 사회학을 이론 사회학과 특수 사회학으로 나누는 것을 통해서 여러분에게 명백하게 되었듯이, 우리가 그것을 심각하게 숙고해 보면, 특별할 정도로 문제성을 갖고 있습니다. 이와 관련하여 내가 다음과 같은 점에 대해 여러분에게 경솔한 행동을 하고 있다고 생각하지는 않습니다. 나는 사회학이 조직화되는 것에 대항하여 강력하게 방어하는 입장을 취했습니다.[109] 그러나 나는 실제적인, 단순히 실제적인 이유 때문에 사회학의 조직화에 대항하는 입장을 끝까지 지키지 못했다고 말하겠습니다. 다른 한편으로는, 관심들이 그렇게 충돌할 때 흔히 나타나듯이, 나는 내게 마주하고 있었던 실제적인 소망들에 매우 심각하게 나를 종속시키지 않을 수 없었습니다. 그러나 이처럼 복잡한 것에 대한 나의 고유한 입장을 가장 약한 정도에서라도 변화시키지 않은 상태에서 그러한 실제적인 소망에 나를 종속시켰습니다. '이론 사회학'과 '특수 사회학' 또는 '일반 사회학'과 '특수 사회학' 사이의 관계에서 이러한 파악이 문제성이 있다는 사실은 내가 사회의 개념에 대한 규정을 위해 전개해 보였던 것에서 여러분에게 명백하게 드러나게 될 것으로 보입니다. 사회의 개념은 모든 사회적인 개별적인 것을 총괄하는 추상적인 상위 개념이 아니고, 사회는 —헤겔이 그렇게 명명하였고, 마르크스가 이를 받아들였듯이— 구체적으로 일반적인 개념[110]입니다. 다시 말해, 사회는 모든 개별적인 것이 의존되어 있는 개념이지만 모든 개별적인 것으로부터 논리적으로 추상되어 있는 개념이 아닙니다. 오히려 사회는 사회의 개념에 고유한 가능성의 조건으로서 모든 구체적인 개별적 모멘트를 —모든 구체적인 모멘트가 학문의 통상적인 구분에 따라 '특수 사회학들'에 의해 논의되고 있는 것처럼— 그 내부에 포함하고 있습니다. 이에 상응하여, '이론 사회학'은 —사회학적 방법론과 학문으로서의 사회학은 방법론적인 관점들을 향해서는 안 되며 사물 자체, 다시 말해 사회를 일차적으로 향하고 있어야 한다는 요구를 여러분이 기억하고 있을 것입니다— 그것이 포괄하고 있는 개별 분과들에 대해 추상적으로 일반적인 것이 아니라고 할 것입니다. 이론 사회학은 구체적인 법칙성들로 파고듭니다. 사회는 이러한 법칙성들에 그 토대를 두고 있습니다.

　나는 동시에 특정한 비교론적인 통찰들의 가치, 즉 비교론적인 개념화의 가치를 사회학에서 곧장 논쟁의 대상으로 삼고 싶은 생각을 전혀 갖고 있지 않습니다. 나는 단지 이처럼 비교론적인, 개념화되는 처리가 완전히 배제되는 것이 가능하지 않다는 점만을 말하고 싶습니다. 그 이유는 간단합니다. 우리가 일차적으로 관계를 맺고 있는, 종국적으로 운명이거나 또는 운명이 아닌 것인 자본주의적 세계의 운동법칙들은 이러한 운동법칙들 아래에서 포괄되는 모든 개별적 사회들의 맞은편에서 어떤 일반적인 것으로 나타나지 않기 때문입니다. 오히려 이러한 운동법칙들은 법칙성들입니다. 스스로 일회적인 것이면서도 동시에 모든 개별적인 것을 결정짓는 것으로서 일단은 지배적으로 출현하는 법칙성들이 바로 자본주의적 세계의 운동법칙들입니다. 비교론적인 개념화의 문제와 이러한 개념화가 성취할 수 있는 것이 무엇이냐에 대해 나는 비교론적 방식으로 얻어질 수 있는 것을 일단은 추적해 볼 수 있지 않느냐 하는 점을 여러분에게 말하고 싶습니다. 어떤 미국인은 얼마 전에 발표된 그의 연구[111]에서 지구상에 존재하는 수많은 나라들 사이에는 북쪽과 남쪽 사이에 어떤 특정한 배치背馳가 지배적으로 나타나고 있는 것에 대해 우리의 주의를 환기시켜 주었습니다. 북쪽은 시민사회적 노동 도덕에 의해 지배되고 산업화되어 있으며 일반적으로 부유하고 일반적으로 경건주의적인 데 비해서 남쪽은 북쪽처럼 그렇게 바둥거리지 않으며, 사람들이 그렇게 말하고 있듯이, 더욱 정취적이고 다른 한편으로는 남쪽이 처해 있는 상태들이 여러 관점에서 보았을 때 뒤쳐져 있으며 생활수준은 북쪽에 비해 일반적으로 더욱 낮은 상태에 있다는 방식으로 북쪽과 남쪽의 배치背馳를 설명하였습니다. 여러분 모두는 막스 베버의 종교사회학[112]에 대해 이미 들었을 것이기 때문에 여러분이 미국인의 이러한 연구 결과를 듣게 되면, 여러분은 일단은 프로테스탄트 지역과 카톨릭 지역의 차이를 ─이것이 독일에서는 광범위하게 들어맞는 차이인 것처럼─ 생각하게 될 것입니다. 그러나 이탈리아의 예에서 보듯이 개신교와 카톨릭의 차이가 전혀 지배적이지 않은 나라들 내부에서도 앞에서 본 것과 동일한 차이인 남쪽과 북쪽의 차이가 지배적으로 나타나고 있는 것은 기이한 일이라 할 것입니다. 다시 말해, 이탈리아에는 고도로 산업화된 북쪽 지역과 시칠리아를 포함한 로마 이남의 남쪽 지역이 존재합니다. 남쪽 지역은 시민사회적 공화국인 이탈리아에게는 사회 불안을 유발할 수 있는 상시적인 원천입니다. 시칠리아를 포함한 로마 이남에 존재하는 모든 것을 나누어서 질서를 잡는 것이 제대로 성공하지 못하고 있기 때문입니다. 미국에서도 남부 지역의 주들에 대한 북부 지역 주들의 관계가 이탈리아의 경우와 매우 유사합니다. 남부 지역의 주들은 엄격한 프로테스탄트적인 종파들, 이른바 근본주의자들, 즉 프로테스탄트적인 근본 카테고리들을 근본적으로 강조하는 근본주의자들, 감리교도들과 침례교도들에 의해 종교사회학적으로 규정됩니다. 그럼에도 미국에서도 이탈리아와 같은 구분이 존재하고 있는 것입니다. 이 문제와 관련하여 우리는 물론 기후를 생각해 볼 수도 있을 것이며, 이것은 많은 사람들에게 떠오르는 생각일 것입니다. 그러나 다른 한편으로는, 고도로 산업화된 이탈리아 북부 지역이 독일 남부 지역과 오스트리아에 비해서 기후적으로는 훨씬 더 남부 지방의 기후를 갖고 있음에도 북쪽 지역의 특징을 보이고 있습니다. 이 점은 기이한 정황인 것 같습니다. 나는 이러한 현상에 대한 정말로 만족스러운 설명이 아직도 제시되지 않은 것으로 생각합니다. 그럼에도 나는 그러한 것들이 설명될 수 있을 것이라고 생각하고 있습니다. 나는 이 점을 호기심 때문에 여러분에게 말하려고 하였으며, 다른 한편으로는 다음과 같은 점을 여러분에게 보여주려는 이유가 있었기 때문에 그렇게 말한 것입니다. 다시 말해, 상이한 사회들을 서로 비교함으로써 ―무엇보다도 특히 이른바 문화인류학이 오늘날 가장 넓은 정도로 이러한 비교를 실행하고 있습니다. 문화인류학은 이른바 고도로 발달된 문명들을 많든 적든 발달이 뒤처져 있는 민족들의 풍습 및 관례들과 비교하면서 기이한 유사성이 부딪치고 있습니다― 일련의 많은 결과들이 나타날 수 있는 것입니다. 어떻든 사회학이 풍속학과 인류학과의 관계에서 외화外化되어서는 안 될 것입니다. 다만, 사회학은 이러한 관계를 사회학의 핵심 열쇠로서 파악해서도 안 될 것입니다. 뒤이어 나타난 문명들에서 산출되었던 확실한 의식儀式들과 원시인들이 행했던 의식들 사이에서 보이는 일치들로부터 우리는 사회의 결정적인 구조를 도출할 수는 없습니다. 이것은 매우 확실합니다. 오히려 우리는 다른 한편으로는, 이러한 일치들을 퇴행 현상들로서, 다시 말해 이른바 고도로 발달된 문명들이 사회적 압력을 받아 이전의 단계들로 퇴행하는 현상들로서 인식할 수 있는 학문적 수단들을 구사하고 있습니다. 다른 한편으로, 우리는 또한 현재의 사회를 모든 가능한 부분 사회학으로 이루어지는 집적체와 같은 것, 또는 그 어떤 사회적인 부분 단위들로 이루어지는 집적체와 같은 것으로 파악할 수는 없습니다. 현재의 사회가 추상적인 일반성으로서 설명될 수 없기 때문입니다. 여러분 중에서 많은 분들은 사회도해집圖解集[113]의 제도에 대해서 이미 한 번은 들어보았을 것입니다. 헤센Hessen 주에도 사회도해집이 있습니다. 사회도해집은 매우 작은 그림들과 함께 어떤 지역에서는 돼지 축산이 주로 성공하고 있고 어떤 다른 지역에서는 감자 농사가 더욱 잘 되고 있다는 정보를 많은 신뢰를 주는 작은 그림들과 함께 사람들에게 보여주고 있습니다. 사회도해집에는 오래전부터 교역도시들이었으나 오늘날에는 강력한 산업적 영역들을 갖고 있는 프랑크푸르트와 같은 도시들도 들어 있습니다. 그 밖에도, 이와 유사한 것들이 사회도해집에 들어 있습니다. 여러분이 헤센 주 또는 독일 전체를 그러한 사회도해집의 모델에 따라 사회학적으로 생각해 보려고 한다면, 이것은 아마도 매우 유용한 것이 될 수도 있을 것입니다. 산업 영역과 농업 영역의 분할에 대해 구체적인 표상들과 같은 것을 얻을 수도 있기 때문입니다. 여러분이 이렇게 해서 얻은 것들은 전혀 얕잡아 볼 수 없는 사회적 통찰들입니다. 그러나 나는 개별 영역들을 그렇게 더하는 것, 또는 지리적인 지역들과 그 지역들의 사회구조를 그렇게 더하는 것은 본질적으로 사회학적인 것에 대해서는 아무 것도 말해주지 않는다고 생각합니다. 이에 대해 여러분에게 세세하게 논구해 주는 것을 나는 절약할 수 있으며, 아무것도 말해주지 않는 이 유를 제시하였습니다. 첫째, 현실에서는 앞에서 말한 영역들 사이에 기 능의 연관관계가 지배적으로 작동되고 있기 때문입니다. 둘째, 사회 자 체가 구체적인 모멘트들로부터 더해져서 구성되는, 구체적인 모멘트들 의 단순한 병렬이 아니고, '구체적인 총체성'[114]으로서의 사회는, 즉 구 체적인 개념 또는 구체적으로 일반적인 것으로서의 사회는 개별적인 부분들의 상호의존관계에서 그 모습이 표현되기 때문입니다. 마지막으 로, 내게는 더욱 본질적인 것으로 보이는 이유가 있습니다. 사회적 조 직화Vergesellschaftung를 지배하는 유형들 내부에서는, 즉 오늘날의 사회 에 대해 실제로 결정적 척도가 되는 사실들 내부에서는 그렇게 평화롭 게 나란히 표현되어 있는 영역들이 전적으로 다른 비중을 갖기 때문입 니다. 다시 말해, 그러한 영역들은 전체 사회에 대한 그것들의 중요성에 따라 서로 동일하게 설정되지 않을 수도 있는 것입니다. — 감사합니다.

97) 아렌트 쿨렌캄프(1936년생)는 당시에 철학과에서 강의를 보조하는 역할을 담당하였으며 1972년부터 프랑크푸르트 대학 철학 교수로 일하였다.

98) Vgl. Theodor W. Adorno, J. Decamps, L. Herberger u. a., Empirische Sozialforschung경험적 사회연구, in: Handwörterbuch der Sozialwissenschaften사회과학 사전(zugleich Neuauflage des Handwörterbuchs der Staatswissenschaften국가학 사전), 6. Lieferung, Stuttgart u. a. 1954, S.419-432; jetzt GS 9.2, S.327-359.

99) 편집자주 21번 참조.

100) 소집단 또는 비공식적 집단의 개념에 대해서는『사회학적 여론』의 집단에 관한 장을 참조할 것(S.55-69). 1968년 7월 4일 강의도 참조(288쪽 이하).

101) 여기에서 의도된 것은 특히 엘튼 메이오Elton Mayo, 1880-1949에 의해 1927-32년 사이에 시카고의 호손-공장들에서 실행된 연구이다. 이 연구는 산업사회학 연구의 모델이 되었다. 테일러F. W. Taylor, 1856-1915가 근거를 세운 생각, 즉 기계적인 합리화를 통해서만이 상승되는 생산성과 더욱 높은 임금을 얻을 수 있고 이렇게 함으로써 노동에의 준비 자세가 더욱 크게 확보될 수 있다는 생각은 노동과정의 사회적, 심리적 모멘트들을 고려하는 것에 의해 극복되었다.

102) 쉘스키는 »Ortsbestimmung der deutschen Soziologie독일 사회학의 위치 규정«에서 다음과 같이 썼다. "사물 안으로 들어가서 자신을 잃어버리는 사회학은 자기 성찰로 말미암아 사물에 이르지 못하는 그러한 사회학과 마찬가지로 길을 잘못 든 사회학이다. 어떤 학문이 일반성에서 대상이라든가 또는 방법론을 스스로 사고하는 경우에, 그 학문은 추상적이 된다. 그뿐만 아니라 어떤 학문이 대상을 구체적으로 파악하려고 의도하면서도 이와 동시에 인식 주체로서 스스로 인식의 활동 안으로 들어가서 의식적으로 함께 사고하지 않는 경우에도, 그 학문은 추상적이 된다. 이러한 종류의 추상화는 오늘날 그토록 시의성이 있는 경험적 사회연구에 공공연하게 원래부터 들어 있는 위험이다"(A. a. O., S.8f.). ─ 아도르노는 이 책의 자가용본自家榕本에서 이 자리에 구체주의라고 메모해 놓았다.

103) Vgl. Hermann Nunberg, Ichstärke und Ichschwäche자아 강화와 자아 약화, in: Internationale Zeitschrift für Psychoanalyse, Bd.24, 1939, S.49-61.

104) 헉슬리의 장편소설인 『멋진 신세계』는 1932년 런던에서 출간되었다. 헤어리츠카H. E. Herlitschaka가 옮긴 최초의 독역본은 이미 1932년에 『세계는 어디로?』라는 제목으로 라이프치히에서 출판되었다.

105) 조지 오웰(1903-1950)의 장편소설인 『1984년』은 1949년에 런던에서 출간되었다. 바겐자일K. Wagenseil이 옮긴 최초의 독역본은 『1984년』이라는 제목으로 나왔다.

106) Vgl. Adorno, *Aldous Huxley und die Utopie*헉슬리와 유토피아, in: *Prismen*프리즘. *Kulturkritik und Gesellschaft*문화비판과 사회, Berlin, Frankfurt a. M. 1955, S.112-143; jetzt GS 10.1, S.97-122.

107) Vgl. Max Horkheimer, Zur Kritik der instrumentellen Vernunft도구적 이성에 대한 비판, in: Gesammelte Schriften, a. a. O., Bd.6: >Zur Kritik der instrumentellen Vernunft< und >Notizen 1949-1969<, Frankfurt a. M. 1991, S.19-186.

108) 학문평의회는 1966년 5월 14일 "대학에서 전공의 새로운 질서를 위한 권고"에서 학업 기간의 의무적인 제한, 구속력이 있는 학업 계획, 전공과 부전공을 구성해서 하는 학업에 대한 제한된 입학허가를 요구하였다(vgl. Jürgen Habermas, Zwangsjacke für die Studienreform학업 개혁에 입혀진 강제적 외투. Die befristete Immatrikulation und der falsche Pragmatismus des Wissenschaftsrates등록기간 제한과 학문평의회의 잘못된 실용주의, in: Habermas, Protestbewegung und Hochschulreform저항 운동과 대학 개혁, Frankfurt a. M. 1969, S.92-107).

109) 프랑크푸르트 대학 학생들과 교수들로 구성된 학업개혁위원회에서는 1966/67년 겨울 학기 이래 '연구와 강의의 새로운 조직화'를 위한 노력이 이루어졌다. 이 위원회에서는 아도르노가 이곳에서 말하고 있는 분할도 논의되었다. 일반적이고 이론적인 사회학에 대한 지식을 매개하는 기초 학업과 '특수 사회학들'에 대해 자리를 마련해 주는 중심 학업으로 나누는 문제가 논의되었던 것이다. 위원회가 행한 작업은 전공 대표자들이 규제적인 학업 규정에 저항함으로써 실패로 끝났다.

110) 이어지는 강의에서 설명되고 있듯이, 아도르노는 여기에서 헤겔과 마르크스에서의 "구체적 총체성"의 개념을 의도하였다(vgl. Hegel, Werke, Bd. 6, a. a. O., S.516; Karl Marx/Friedrich Engels, Werke, a. a. O., Bd.13, 7. Aufl., Berlin 1975, S.632).

111) 아도르노가 여기에서 어떤 연구를 가리키고 있었던 것인가에 대해서는 확인이 되지 않았다.

112) 아도르노가 여기에서 생각하였던 논문은 베버의 「프로테스탄티즘의 윤리와 자본주의 정신」이었다. In: Max Weber, Gesammelte Aufsätze zur Religionssoziologie I종교사회학 I, a. a. O., S.17—206.

113) 연방 정부의 내무성이 편찬한 『사회도해집에 대한 기고문과 연구』는 1956년부터 출간되었으며, "연방 정부 내무성의 활동영역에 관한 미래의 더욱더 포괄적인 서술을 위한 ⋯ 초석들"로서 생각되었다. 이러한 취지는 첫 권으로 나왔던 『공공적 배려』(Köln 1956)의 서문에 지칭되어 있다.

114) 편집자주 110번 참조.

강의에 앞서 오늘 여러분에게 나의 입장을 미리 말하고 싶습니다. 여러분, 또는 여러분 중의 많은 사람들에게 내 강의를 듣는 일이 중요한 것처럼, 나에게는 오늘 강의를 행하는 것이 매우 중요합니다. 여러분이 인내심을 갖도록 여러분에게 요청하는 것이 나의 임무입니다. 다른 한편으로는, 내가 강의를 행하는 것이 나의 임무라고 생각하고 있지만, 강의의 실행이 일관되게 이루어지지 않더라도 여러분이 관대하게 이해해 주기를 부탁합니다. 우리 모두가 지금 귀로 듣고 있듯이, 우리가 지금 처해 있는 상황에서는 강의의 원활한 진행이 조금은 어렵다고 생각하고 있습니다.

신사 숙녀 여러분, 학생들의 시위 사태로 인해 결강되었던 강의[115]의 매듭을 다시 이어가도록 하겠습니다. 여러분은 지난 시간에 여러분에게 보여주려고 시도하였던 내용을, 즉 사회학은 사람들이 대략 지리학적으로 제한된 채 확인하는 사회학적인 개별 사실들의 총합으로서 형성될 수는 없다는 점을 기억하고 있을 것입니다. 그 밖에도, 지리학과 유사한 방식으로 사회적인 사실들을 서술하는 처리방식을 사회지리학이라고 명명합니다.[116] 사회지리학은 사회학의 특별한 분기分岐와 같은 학문이며, 이것은 나름대로 사회학에서 그 위치 가치를 전적으로 갖고 있습니다. 내가 어떤 주州의 이른바 사회도해집의 모델에서 여러분에게 설명한 내용을 기억하고 있을 것입니다. 사회도해집에서 우리는 개별 지역들 내부에서 거주민들이 어떻게 그들의 삶을 영위하는가를 자세히 알 수는 있지만 어떤 주의 사회구조, 어떤 주에 형성되어 있는 구조, 다시 말해 어떤 주가 이러한 구조 안으로 어떻게 들어와 있는가에 대해서 무엇인가를 알 수는 없습니다. 이제 나는 여러분에게 이에 대해 제시하였던 거친 예를 조금은 확대하고 싶으며, 이렇게 함으로써 여러분이 다음의 문제에 대해 곰곰이 생각해 볼 수 있는 사고의 실험에 이를 수 있도록 용기를 북돋아 주고 싶습니다. 다시 말해, 사람들이 대략 정치 사회학, 경제 사회학, 오늘날 국가 사회학이라고 부르는 조직 사회학, 이와 유사한 분과들과 같은 이른바 '특수 사회학들'을 사회학에 더해 보고 여기에 사회심리학도 더해 본다면, 무슨 일이 발생할 것인가에 대해 여러분 나름대로 곰곰이 생각해 보십시오. 나는 그러한 더하기로부터는 사회적으로 본질적인 것이 무엇이냐 하는 것이 명백하게 되지 않는다는 점이 선택적으로 통찰될 수 있다고 생각합니다. 내가 대표하고 있으며 이 강의에서 여러분에게 사회학의 개념으로서 전개해 보이려고 하는 것은, 근본적으로, 전혀 소름끼치는 것도 아니고 뻔뻔스러운 것도 아니며 아마도 사변적인 것도 아닙니다. 우리 프랑크푸르트 학파에 반대하는 사람들이 그렇게 표현하고 있지만 나는 이에 동의할 수 없습니다. 『파우스트』에서 파우스트 박사는 학문의 특정한 종류로부터 결여되어 있는 것이 있다면 그것은 오로지 "정신적인 유대"[117]라고 말하였습니다. 우리 프랑크푸르트 학파가 사회학의 개념과 더불어 의도하는 것이 바로 정신적인 유대입니다. 학문이 사실들의 단순한 조사에 맞서서 "정신적인 유대"를 산출해내는 것이라는 경험은 1800년의 전환기에 학문에 들어왔던 새로운 것이었습니다. 그러나 이것은 그 후 완벽하게 배제되고 말았습니다. 180도로 방향 전환이 일어났다고 말할 수밖에 없는 것입니다. 오늘날 사회과학에서도 역시 학문적이라면서 독점을 요구하는 모든 것은 피히테의 『학문론』과 헤겔의 『논리학』이 집필되었던 시대에서는 학문에 도달하기 이전의 것으로, 즉 사실들의 단순한 집적체로 상대화되었을 것입니다. 물론 그러한 모든 것이 평가절하되지는 않은 채[118] 상대화되었을 것입니다. 반면에, 오늘날에는 "정신적 유대감"이 파고드는 종류의 학문, 즉 열정적인 학문에 상응하는 종류의 학문을 학문 외적인 것으로 치부할 뿐만 아니라 학문으로부터 떼어내 버리려는 노력이 지배적으로 나타나고 있습니다. 여러분은 여기에서 학문의 개념과 같은 그러한 개념 자체가, 학문의 개념이 여러분의 눈앞에 나타나는 것처럼 여러분 중의 많은 분들에게도 그렇게 나타나듯이, 어떻게 해서 커다란 매혹의 힘을 갖고 있으며 역사적인 역동성에 그 기초를 두고 있다는 점을, 또한 학문이 곧바로 학문이 되지 않을 뿐만 아니라 여러 상이한 시기에 따라 학문이 매우 상이한 것으로 이해되었다는 점을 볼 수 있을 것입니다. 현재 유행하고 있는 학문 개념은 그것 나름대로 200년 전부터 이미 매우 상세하게 비판을 받아 온 개념입니다. 이러한 학문 개념이 오늘날 학문의 실제에서 차지하고 있는 확실한 독점적 지위를 유지하기 위해서 이러한 개념을 단순히 실체화시키는 것은 순진무구함을 갖고 있다는 점을 여러분도 아마 보게 될 것입니다. 내가 여러분에게 명명하였던 여러 상이한 분과들을 한 데 모으고 서로 관계를 설정하면, 동시에 제대로 된 본질적인 인식들이 나올 수 있을 것으로 생각합니다. 여기에서 예를 들어 경험적 연구에게는 논란의 여지가 없이 확실한 사실 하나를 지적하고 싶습니다. 이 사실은 항상 계속해서 귀찮게 달라붙어 있으며 다른 한편으로는 이 사실에 대해 실제로 충분한 이론적인 설명이 결여되어 있습니다. 사람들이 "사회계층"[119]에 관한, 다시 말해 사회 내부에서의 집단들과 층들에 관한 사회학의 영역에서 움직이는 경우에는, 확실히 극단적으로 반동적이며 극단적으로 민족적인 성향들을 특정한 층에서, 즉 소小부르주아 층에서 발견하게 될 것이며 특정한 농민층에서도 발견하게 될 것이라는 점을 여러분에게 상기시켜 주고 싶습니다. 그러나 그러한 성향들은 소부르주아층에서 전형적으로 나타납니다. 반면에 다른 한편으로는, 사회심리학은 제한점들을 지니고 있다고 할지라도 몇몇 확실한 증거를 갖고 그러한 성향들에 매우 특정한 성격학적인 구조가 상응되어 있다는 점을 논구할 수 있었습니다. 그러한 계층과 사회심리학적인 유형으로 부터 초래되는 결과(?)[120]가 어떤 방식으로 서로 관련을 맺고 있는가에 대해서는 절대적인 확실성을 갖고 말할 수는 없는 상태에서 사회심리학이 그렇게 논구할 수 있었던 것입니다. 여기에서 여러분에게 매우 강조하여 말하고 싶은 사항이 있습니다. 다시 말해, … 내가 여러분에게 예거例擧하였던 사회학적인 개별 분과들의 통합에 의하여 위로 던져진 수많은 문제들이 존재하고 있다는 점을 말하고 싶습니다. 이러한 문제들은 그러한 통합으로부터 유래하며 가시적인 문제들이 되는 것입니다. 이와 동시에 또한 여기에서 여러분에게 명백해지는 사항도 있습니다. 더 높은 의미에서의 학문적인 문제, 즉 원래부터 이론적인 문제는 이처럼 서로 마주 보면서 떼어져 있는 현상들을 하나의 본질적인 연관 관계로 가져가는 것이라는 점이 여러분에게 명백하게 인식되었을 것입니다.

사회학에 존재하는 매우 강력한 경향이 하나 있습니다. 이 경향은 학문이 일반적으로 수학화되는 경향에서 오늘날 그 버팀목을 갖고 있습니다. 이 경향은 형식화가 사회학적인 개별 분과들이 괴리된 채 서로 갈라져 있는 것에 대항하는 만병통치약과 같은 것이라고 생각하고 있으며, 여러 상이한 영역들에 대해서 통합적인, 가능한 한 수학화될 수 있는 기호 언어만을 ─이러한 방식으로 여러 상이한 영역들의 통합에 이르기 위해서는─ 발달시켜야 할 것으로 믿고 있습니다. 나는 어떤 경우이든 형식화를 그러한 만병통치약과 같은 수단으로 생각하지 않으며, 결여되어 있는 "정신적 유대"라고도 생각하지 않습니다. 이 점을 여러분에게 상세하게 말했던 내용에 따라 개별적인 것까지 파고들어 말할 필요는 더 이상 거의 없다고 생각합니다. 형식화는 현상들을 내부로부터 서로 결합시키는 것을 맞추지 못하고 현상들로부터 공통적인 것만을 끌어내기 때문입니다. 이처럼 공통적인 것은 일반적으로 실제로 엷은 것에 지나지 않으며, 무엇보다도 특히 구체적인 사회적 현상들을 설명할 때 공통적인 것으로부터 손에 남은 것은 화가 날 정도로 적은 것에 지나지 않습니다. 형식화를 통해서 사람들은 확실히 관심을 끄는 본질적인 사실관계들에 부딪칠 수도 있습니다. 그러나 형식화는 동시에 지배적으로 나타나는 구체적인 사회에 대한 특별한 관심으로부터 광범위하게 떨어져 나오는 경향을 일반적으로 숨겨 버렸습니다. 이것은 오늘날 지배적인 형식화에 의해 도처에서 발생하고 있습니다. 우리는 심지어 다음과 같이 말할 수도 있습니다. 형식화에 대한 모든 물음은 그것 나름대로 다시금 사회 자체가 형식적으로 되는 추세의 증대, 즉 사회 자체가 추상적으로 기능하는 특징을 갖게 되는 것과 관련이 있는 것입니다. 이렇게 됨으로써 형식화는 사회학의 목표나 이상이라기보다는 사회학의 문제로서 나타나게 되는 것입니다. 형식주의는 도구주의와 밀접하게 연관되어 있습니다. 연구수단들을 가능한 한 잘 다듬어 완성시키는 것을 통해서만 객관성을 담보할 수 있다고 생각하는 것과 관련이 되어 있는 것입니다. 이러한 객관성은 일반적으로 사물에의 충실성Sachhaltigkeit을 통해 그 대가가 지불되지만, 여기에서 본질적으로 중요한 것인 현상들로부터는 상대적으로 엷은 찌꺼기만이 억류되어 있을 뿐입니다. 신사 숙녀 여러분, 나는 사회학 내부에서 보이는 수학적 형식화의 경향들에 대해 어떤 결정을 내릴 권한도 갖고 있지 않습니다. 이 점을 여기에서 명명백백하게 말하고 싶습니다. 그러므로 나는 여기에서 이러한 문제들을 세세하게 토론할 필요가 없다고 생각합니다.

나는 형식화에서 본 문제를 사회학을 아마도 특징짓는 어떤 것에 대해 여러분에게 주의를 환기시켜 주는 계기로 삼고자 합니다. 하늘과 땅 사이에, 또는 지구상에 존재하는 모든 것 중에서 사회에 의해서 매개되지 않은 것[121]은 아무것도 존재하지 않습니다. 심지어는 사회와 겉으로 보기에 극단적으로 대립관계에 있는 것인 자연과 자연 개념도 자연지배의 필요성과 이와 결합된 사회적 필요성과 본질적으로 매개되어 있습니다. 사회에 의한 이러한 매개는, 사회학이 존재하는 모든 것을 사회학적 관점들에서 다루게 하는 것을 포괄하게 합니다. 나는 사회학자가 일단은 많이 배운 사회학자라는 이유를 들어 도처에서 권한이 있다고 요구하지 않는 태도가 사회학자의 지적인 공정성에서 더욱 엄격하게 요구되는 태도라고 생각합니다. 전문화에서 어떤 권리가 존재한다면 ―나는 전문화에 있는 진리의 모멘트들도 역시 잘못 보고 있음직한 마지막 사회학자일 것입니다―, 나는 전문화 내부에 있는 그러한 권리를 다음과 같은 점에서 보고 싶습니다. 다시 말해, 전문화는 사회학 분야에서 사람들이 전문가라고 갖다 대는 사람들 중에서 어떤 사람도 모든 영역에서 전문가가 될 수는 없다는 점에서, 바로 이 점에서 나는 전문가 내부에 들어 있는 권리를 보고 있는 것입니다. 오늘날 이른바 개발도상국들에 관하여 매우 특별하게 사회학에서 전문적 공부를 하지 않은 사람은 개발도상국들에서 지배적으로 나타나는 사회적인 문제들에 대해서 실제로 이성적인 판단을 제시하는 것은 불가능합니다. 그리고 판단할 수 없는 문제들에 대해서 확실히 현명한 시각을 갖고 판단해야만 하는 시도에 끊임없이 빠져들게 될 것입니다. 사회학자들은 이것을 이른바 만병통치약과 같은 것이라고 하는 방법론이라는 이름에서 일반적으로 행하게 됩니다. 나는 이 시간 강의의 진행에서 방법론의 만병통치약에 대해 몇 가지를 더 말하고자 합니다.

나는 사회학의 현대적인 물음에, 즉 수학화되는 형식화의 물음에 자세히 들어가서 논의하지는 않으려고 합니다. 이것은 논의를 해도 되는 주권이 없어서가 아니고 논의를 해도 되는 권한이 없기 때문입니다. 그럼에도 나는, 내가 갖고 있는 기본 원칙에 충실하게, 하나의 예에서 형식화 모델 또는 형식화에의 노력이 어떻게 해서 사회학이 갖고 있는 특별한 관심들로부터 사회학을 딴 곳으로 끌고 가는지를 최소한도로 보여주고 싶습니다. 형식화는 이미 60-70년 전에 그 당시의 이른바 형식적인 사회학의 형태에서 존재하였습니다. 그 당시의 형식적 사회학은 수학적인 장치들로 작업을 하지는 않았지만 확실하게 일반적인, 최고로 일반적인 사회학적인 개념들을 갖고 작업하였습니다. 이 자리에서도 오랫동안 사회학을 가르쳤던 레오폴트 폰 비제Leopold von Wiese가 발달시킨 '관계론'[122]의 개념이 바로 그러한 개념들에 해당되었으며, 관계론의 개념은 인간 내부의 관계를 연구하는 것을 특별히 사회학적인 것으로 간주하였습니다. 형식적인 사회학으로의 경향에서 가장 중요하고, 가장 확실한 방식으로 가장 생산적이며, 실제적인 통찰들에서 가장 많이 능력을 보여주는 대표자는 게오르크 짐멜Georg Simmel이었습니다. 여기에서 여러분이 짐멜의『사회학』[123]에 주목해 달라는 말을 하고 싶습니다. 이에 대해서는 한 가지 이유만 들어도 이미 충분할 것입니다. 여러분은 짐멜의『사회학』에서 오늘날 우리에게 현실적으로 중요하게 나타나고 있는 문제 중의 많은 문제들이 어떻게 이미 60년 전에, 또는 최대치로 계산해 보아도 70년 전에 절박한 문제들이었는가 하는 것에 대해 일단은 하나의 상像을 만들어 볼 수 있는 것입니다. 예를 들어, 우리가 오늘날 관료주의의 문제들, 또는 조직화가 스스로 독립적으로 되는 문제들로 나타나고 있는 문제들이 짐멜의『사회학』에서 이미 논의되고 있습니다. 이러한 문제들은 현재의 사회가 직면하고 있는, 내용적으로 가장 중요한 문제들에 속합니다. 사회를 관료주의적으로 단단하게 고정시키는 것은 지구상의 모든 나라에서 사회체계와 관계없이 오늘날 존재하고 있는 가장 심각한 사회적인 문제들에 속하기 때문입니다. 이러한 문제점이 짐멜에서, 특별할 정도로 사회적인 형식들과 규칙들의 카테고리로 특별할 정도로 얇게 나타나고 있지만, 이미 나타나고 있으며, 심지어 중심에 위치하고 있습니다. 물론 이러한 문제점은, 이러한 관료화의 경향들이 역사적으로 전개되는 상황들 및 역사적인 경향들과 맺는 연관관계를, 형식화를 위한 나머지, 미처 주목하지 않는 방식으로 나타납니다. 여러분은 여기에서 이러한 형식화와 더불어 어떤 정황이 일어나는지에 대해 이미 조금은 볼 수 있을 것입니다. 이런 관점에서 볼 때, 역사적인 자료에 훨씬 넓게 지속적으로 맞춰진 막스 베버Max Weber의 사회학은 —베버 사회학이 원래부터 갖고 있는 관심은 관료화에 해당됩니다— 짐멜의 형식적인 사회학을 넘어서서 매우 중요한 진전을 성취한 사회학입니다. 나는 이 점을 베버의 저작을 왜곡시키는 책임을 스스로 지지 않은 채 되돌아보면서 말할 수 있다고 생각합니다.

그러나 나는 여기에서 형식적 사회학의 이러한 부분에 상세하게 들어가고 싶지 않습니다. 여기에서 여러분에게 최소한 간략하게 언급해 주고 그 안에서 형식적 사회학의 약점을 보고자 하는 모델은 전혀 다른 모델입니다. 오늘날 다시 최근의 사회학적 토론에서 특별할 정도로 중요하게 된 모델은 '분쟁의 사회학'입니다. 분쟁의 사회학은 짐멜의 『사회학』의 유명한 장章[124]에서 서술되어 있으며, 독일에서는 다렌도르프Dahrendorf[125])에 의해서, 미국에서는 코저Coser[126])에 의해 수용되었습니다. 코저는 물론 그의 관점을 조금 수정하였지만[127] 본질적으로 짐멜의 토대에 놓여 있습니다. 이러한 이론의 핵심은 —내가 여러분에게 위에서 명명하였던 학자들 사이에 있는 차별화와 특히 차이점들을 엄격하게 구분하는 것을 1초 동안만이라도 소홀하게 다룬다면— 분쟁이 없이는, 즉 이해관계들의 대립주의가 없이는 진보와 같은 것이 나타나지 않고 사회적인 침체가 이어진다는 내용을 담고 있습니다. 따라서 분쟁 그 자체, 이해관계 갈등 그 자체는 이를테면 생동감 있는 사회적인 삶의 본질적인 구성 요소로서 긍정될 수 있다는 것입니다. 곁들어서 언급한다면, 여기에서 관건이 되는 것은, 그러한 정리定理들에서 자주 나타나고 있는 것처럼, 이론적인 직관들의 일종의 세속화와 같은 것입니다. 이러한 직관들은 그것 나름대로 위대한 철학에 소급됩니다. 예컨대 대립주의, 이해관계들의 대립을 진보의 견인차로 고찰하였던 칸트의 역사철학[128])도 확실한 방식으로 이론적 직관들의 세속화에 매우 유사하게 형성된 것이었습니다. 대립주의적인, 쪼개진 계급사회에서는 집단들의 이해관계들이 본질적으로, 객관적으로, 사회의 삶의 과정 전체에 의해서 서로 갈등에 놓여 있습니다. 이러한 사회에서는 갈등이 감내됨으로써 대립주의를 넘어서는 것이 오로지 가능할 뿐이라고 말할 수 있습니다. 바로 이러한 통찰에, 헤겔과 마르크스와 같은 이론가들에서도 이러한 통찰이 나타나고 있듯이, 본쟁론과 같은 그러한 교설이 갖고 있는 특별할 정도로 우리를 납득시키는 힘이 일단은 들어 있는 것입니다. 그러나 결정적으로 중요한 것은 이러한 교설에서 사회적 갈등과 같은 그러한 카테고리가 실체화되고 있다는 점입니다. 다시 말해, 사회적 갈등이 매우 특정한, 설명 가능한, 점차적으로 극복 가능한 대립들과 갈등들의 연관관계로부터 끌어내져서, 사회가 즉자, 대자적으로 갖고 있는 고유한 속성이 사회적 갈등에서 관건이 되고 있는 것처럼 다루어지고 있는 것입니다. 이러한 교설에 특징적인 것은 —짐멜이 다른 연관관계에서 스스로 일단은 언급하였던 것[129]을 이러한 교설에 적용시켜 본다면— 고통이, 즉 커다란 스타일로 나타나는 사회적 갈등에 놓여 있는 형용할 수 없는 고통이 전혀 보이지 않고 있다는 점입니다. 내가 지금 말하고 있는 문제를 짐멜의 『사회학』에서 더욱 자세히 분석해 보면, 그곳에는 경쟁 투쟁의 자유로운 모델이 근본으로 놓여 있다는 점을 발견하게 될 것입니다. 짐멜은 사회적 갈등을 다른 것이 아닌, 바로 경쟁하는 집단들 사이의 경쟁으로 생각하였습니다. 자유주의에 따르면 이것은 자본주의 체제에서는 개별적인 인간들이 서로 경쟁함으로써 잘 알려진 대로 '보이지 않는 손'[130]과 같은 자유주의적인 신조에 따라 전체가 생명을 유지하며 심지어는 진보하게 된다는 생각과 동일합니다. 그러나 이러한 생각에는 완벽하게 오인되고 있는 것이 들어 있습니다. 이러한 이해관계 갈등은, 이것이 경쟁에서 표현되고 있는 것처럼, 이미 그것 자체로서 훨씬 더 깊게 포착되는 갈등들이, 즉 계급 갈등들이 엷게 된 상태로 나타난 찌꺼기라는 점이 오인되고 있는 것입니다. 이해관계 갈등에서 관건이 되고 있는 갈등들은 중심적인 갈등들, 즉 생산수단들에 대한 운용에 의해 주어진 갈등들에 대한 결정이 이루어진 이후에 발생되는 갈등들인 것입니다. 다시 말해, 경쟁은 —이를 마르크스의 표현을 사용하여 말한다면— 이미 '전유專有된 잉여가치' 자체의 영역에서 발생하고 있는 것이며, 경쟁이 잉여가치를 설명하지 못하고 있는 것입니다.[131] 이렇게 됨으로써, 짐멜의 경쟁 개념에서는 갈등에서 실제로 중요한 물음들이 접맥되고 있지 않습니다. 그 결과 짐멜에서의 사회적 갈등의 전체 이론이 경악스러울 정도로 천진난만한 특징을 갖게 됩니다. 이러한 특징은 다렌도르프의 이론에서도 나타나고 다렌도르프와 같은 정도는 아니지만 어느 정도까지는 사회적 갈등이라는 동일한 대상에 해당되는 코저의 이론이나 논문들에서도 이어집니다. 내가 보기에는, 다음과 같은 점이 결정적으로 중요한 것 같습니다. 오늘날 지구에서의 삶의 총체적인 절멸의 위협에서 외교정책적으로 드러나고 있는 것처럼, 분쟁 자체는 파괴적인 잠재력을 갖고 있습니다. 분쟁 자체가 사회의 형식적인 카테고리로서의 분쟁의 고립화 또는 실체화를 통해서, 형식적 카테고리가 갖고 있는 사회적 토대 및 특별한 사회적 내용이 간과된 채, 고립화와 형식화로 인해 그것 자체로 생산적인 열매를 맺게 하는 것으로서 출현하고 있는 것입니다. 이 점을 인식하는 것이 결정적으로 중요한 것 같습니다. 열매를 맺게 할 수 있는 가능성과 같은 것을 분쟁에서 증명해 보일 수도 있는 유일한 관점이 종국적으로는 오로지 유일하게 다음의 관점이라면, 즉 분쟁이나 사회적 갈등이 분쟁이 폐기되는 것에 이르게 하고 더욱더 많이 파괴의 직접적인 잠재력으로까지 증대되는 대립주의들이 제거되는 것에 이르게 하는 관점이라면, 그러한 분쟁의 이성적인 목표에 대항하여, 즉 인간사人間事의 해방에 대항하여 완전하게 빛을 가리는 것이 분쟁에 대한 찬양과 상응하게 됩니다. 칸트도 인간의 해방을 항상 계속해서 그의 역사철학에서 명확하게 눈앞에 놓아두었습니다. 분쟁에 대한 이러한 형식적인 개념으로부터 실제로는 잘못된 상태에 대한 변명과 같은 것이, 즉 분쟁 개념에 고유하게 들어 있는 파괴를 목표로 삼아 노력하는 상태에 대한 변명과 같은 것이 나오게 되는 것입니다. 신사 숙녀 여러분, 내가 하나의 실례 이상이라고 할 수 있는 이러한 실례를 여기에서 든 이유는 여러분에게 학문적 중립성의 개념에 대항하는 확실한 불신을 일깨우기 위함입니다. 학문적 중립성의 개념은 형식화와 형식적 사회학과 같은 그러한 경향들에 의해 영양이 공급되고 항상 계속해서 강조되어 왔습니다. 그러한 이론은 겉으로 보기에는 중립적으로 행동하며, 즉 사회적인 분쟁의 특별한 내용을 도외시하고 구체적인 사회적 분쟁들에 어떠한 경우에도 개입하지 않으며 분쟁 그 자체가, 분쟁이 갖고 있는 특별한 내용들과 무관하게, 좋은 것이라고 말합니다. 형식적 사회학과 같은 이론이 이러한 태도를 취함으로써 분쟁이 유발하는 대립주의적인 상태에 대해 하나의 사회적인 결정이 실행됩니다. 그러한 이론이 겉으로 보기에는 사회적인 중립성을 띠고 있음에도 불구하고 철저하게 사회적인 결정이 실행되는 것입니다. 분쟁의 카테고리처럼 겉으로 보기에는 형식적으로 사회의 본질에 그 토대를 두고 있으며 이런 이유로 인해 영구적인 카테고리를 사회적인 전체 주체의 산출을 통해서 ―이러한 산출에 대한 문제는 짐멜 사회학에서 전혀 나타나지 않습니다― 없애 가질 수 있지 않겠느냐 하는 물음과 이러한 영구적인 카테고리를 내용적인, 사회적 및 경제적으로 내용적인, 단순히 합법적인 것에만 머물러 있지만은 않은 법률상의 평화를 통해서 대치시킬 수 있는 물음을 던지지도 않은 채 앞에서 말한 결정이 실행되고 있는 것입니다.

이와 유사한 사변들에서도 ―나는 여기에서 매우 특정한 사변[132]을 생각하고 있습니다― 전적으로 근접된 사변들이 존재합니다. 인간이 모든 면에 걸쳐 영속적으로 활동성을 갖는 것은 불가능하다는 숙고들로부터 계급이 없는 사회는 선험적으로 배제되어 있다는 것과 같은 사변들이 유래하여 존재하고 있는 것입니다. 이렇게 되면 이와 동시에 근본적으로 많든 적든 인류학적인 불변론, 다시 말해, … 변화될 수 없는, 인간의 이른바 변화될 수 없는 본성에 관한 파악이 그러한 사변들의 자리에 들어서게 됩니다. 인간이 살고 있는 구체적인 조건들에 대한 자각이 있어야 할 자리에, 이러한 조건들이 근본적으로 변화될 수 있는 것은 아닌가 하는 물음이 있어야 할 자리에 그러한 인류학적인 불변론이 들어서게 되는 것입니다. 형식화 경향의 이른바 가치중립성이라는 것은 가치중립적인 것과는 전적으로 다른 것이며 오히려 형식화 경향이 현실에서의 간섭을 그 내부에 포함하는 것을 통해서 현실을 간섭하고 있다는 점을 여러분이 주목해 주기를 여기에서 강조하고 싶습니다. 물론 내가 보기에는, 과학주의적 사회학과 같은 특정한 종류의 사회학에서 결정적인 점은, 그러한 사회학에서 개념화 메커니즘이, 이것이 데카르트주의적인 의미에서 빈틈없이 기능하는 한, 사회학의 관심을 이루어 내는 구체적인 규정들의 자리를 밀쳐내고 이 자리에 들어서고 있는 점입니다.

이렇게 해서 사회학 방법론에서 발생되는 물음을 최소한 사회학에 매우 본질적인 물음으로서 여러분에게 대략적으로 말하였습니다. 다시 말해, 사회학적인 자료들의 복합성과 다양성으로 인해 사회학 입문이 사회학 방법론 입문과 같은 것이 될 수 있지는 않느냐 하는 여부에 대한 물음에 대해 여러분에게 윤곽을 그려 준 것입니다. 사회학에 일반적으로 의무를 지우는 방법론이 제시되는 것이 성공에 이르게 된다면 ─대략 이러한 주장도 있으며, 이런 주장은 이처럼 일반적인 것을 말하고 있습니다─, 사회학과 사회학적 부분 문제들의 '악무한성'의 치명적인 문제도 그러한 성공과 더불어 해결될 것이며, 사회학은 이를테면 확고한 토대 위에 놓이게 될 것입니다. 이제 나는 이에 대해 일단 단도직입적으로 말할 수 있습니다. 사회학에서의 통일적 방법론에 대한 그러한 신뢰는 대상의 구조에 의해서 먼저 반박되는 것이 전혀 아니고 ─이에 대해 나는 일단은 여기에서 전혀 논의하고 싶지 않습니다. 우리는 추후에 이에 대해 충분히 다루게 될 것입니다―, 매우 간단한 이유에서, 즉 사회학이 오늘날 처해 있는 상태에서도 통일적인 방법론과 같은 것을 사실상 갖고 있지 않다는 이유에서 반박된다고 말할 수 있는 것입니다. 사회학이 그러한 통일적인 방법론을 갖고 있다고 여러분을 속이는 것은 허구가 될 것입니다. 사회학이 제도들에 대한 분석, 이른바 조직 사회학이 다루는 제도 분석들과 같은 물음 설정의 종류, 제도들의 견고화, 조직들 및 이와 유사한 것의 기능성에 대한 물음을 예로 들어 정치의 현상들과 같은 어떤 현상들에 대한 주관적인 행동을 많든 적든 적절하게 서술하고 설명할 수 있는 방법론과 같은 조사방법론들을 통해 즉각적으로 고찰할 수도 있지 않느냐 하는 견해도 있습니다. 이러한 견해는 완전한 허구라고 할 것입니다. 어떤 사물에 대해 정확한 것을 전혀 이해하지 못하는 순간에 사물에서 빠져나와 말하는 것, 즉 방법론에 대해 말하는 것은 학자들 사이에 남아 있는 일종의 유형입니다. 나는 이러한 습관을 불신하며, 여러분이 허락한다면 이러한 습관에 대항하여 여러분 내부에서 불신의 씨앗이 자라나도록 해주고 싶습니다. 나는 방법론을 말하는 것을 통해서 은연중 믿게 만드는 일종의 보증, 일종의 안전성이 기만적인 것이라고 생각하고 있습니다. 우리가 내가 앞에서 말했던 학문 개념, 즉 "정신적인 유대"를 말하는 학문 개념에 바싹 붙어 있다면, 그러한 종류의 보증이나 안전성으로부터 근본적으로 벗어나야만 할 것입니다. 사물에 대해 아무것도 이해하지 못한다면, 그러한 방법론으로부터도, 근본적으로, 실제적인 것에 대해 아무것도 이해할 수 없는 것입니다.

여러분은 실증주의적 학파와 프랑크푸르트 학파 사이에 벌어지고 있는 논쟁에 대해 아주 많이 듣고 있을 것입니다. 이러한 연관관계에서, 나는 논쟁에 대해 여기에서 일단은 말하고 싶은 것이 있습니다. 여러분이 우리 프랑크푸르트 학파도 매우 확대된 정도로 다루고 있는 경험적 사회연구의 문제들을 한번 생각해 보면, 일반적으로 일어나고 있는 것과는 차이가 나는 특별한 것이 프랑크푸르트 학파에 있다는 것을 알게 될 것입니다. 사회학의 방법론이 추상적으로, 다시 말해 대상으로부터 도구적으로 분리된 채 구상되는 것이 시도되지 않고 우리 프랑크푸르트 학파가 관계를 맺고 있는 대상들에 방법론을 처음부터 일치시키는 것이 시도되고 있는 것입니다. 우리 프랑크푸르트 학파가 시도하여 얻어내는 성공은 물론 가변적입니다. 그럼에도 나는 이러한 시도가 우리 학파가 설정한 이념에 따라, 올바른 시도라고 말하고자 합니다. 여러분은 매스 미디어의 작용에 관한 연구인 의사소통 연구에 대해 듣고 있을 것입니다. 다시 말해, 의식意識 산업과 오늘날 인공적으로 창조된 미성숙성, 종합적인 문맹주의 때문에 특히 그 중요성이 강조되고 있는 물음에 대해 듣고 있을 것입니다. 이러한 물음들을 다룰 경우에, 우리는 일단 정립된 설문조사 기법들을 매스 미디어의 작용에 단순하게 적용시키는 것에 만족해서는 안 될 것입니다. 오히려 우리는 매스 미디어에 의해 전달되는 자료들과 무엇보다도 특히 자료들을 인간에게 도달시키는 형식을 분석하는 것을 시도해야만 할 것입니다. 우리 프랑크푸르트 학파는 분석으로부터 나오는 중요한 물음들, 이어서 종국적으로는 매우 확고한 아이템들,[133] 설문지를 위한 매우 확고한 물음들을 발췌하여 요약하는 것을 시도할 것이며, 방법론을 처음부터 의미가 넘치는, 즉 문제 자체에 대한 구체적인 연관관계 안으로 설정하는 것을 시도할 것입니다. 우리 프랑크푸르트 학파가 문화산업에 관하여 산출한, 매우 여러 갈래로 나뉘어 있고 상이한 논문들은 우리가 시도한 이러한 방향으로 가는 데 기여하고 있는 것을 의미하고 있습니다. 어떤 경우이든 여러분은 방법론을 사물로부터 분리시키는 파악이 사물로부터 방법론을 찾는 파악과 어느 곳에서 구분되는지를 볼 수 있을 것입니다. 물론 다음과 같은 점도 충분히 잘 이해되어져야 할 것입니다. 다시 말해, 사실들의 통계적인 통용성에 대한 게임 규칙들에서 존재하는 것은, 이러한 게임 규칙들이 인간 영역들의 무한히 다양한 세계에 관련되어 있는 한, 폐기되거나 가장 가볍게라도 무시되는 일이 없어야 한다는 점이 잘 이해되어야 하는 것입니다. 왜냐하면, 경험적 사회연구의 영역에서도 개별적인 방법론적 영역들이 존재하는 것이 자명하기 때문입니다. 예를 들어, 사회연구자들이 오늘날 심지어 완성된 것으로 고찰할 수 있으며 넓은 정도에서 신뢰할 수 있는 ―어떻든 이것은 많은 사회연구자들의 견해입니다― 표본 조사의 전체 영역, 즉 대표적인 임의 추출 표본들의 구성과 같은 것이 존재하고 있습니다. 이러한 완결성이 어떠한 상태에 놓여 있는지에 대해, 그리고 인간이 성숙하게 되었고 실제로 의식적으로 결정하는 순간에는 더 이상 통용되지 않을 것 같은 인간의 맹목적인, 이른바 있는 그대로의 행동과 같은 종류가 표본 조사의 전체적인 이면에 이미 전제되어 있지는 않은지의 여부에 대해 나는 여기에서는 여러분에게 하나의 물음으로 명명하는 선에서 머무르고 싶습니다. 이에 대해 감히 판단하고 싶지 않습니다. 나는, 거칠게 경험적으로, 다만 이렇게 말할 수밖에 없습니다. 우리가 그것을 감내하는 것 외에는 어쩔 도리가 없다고 말할 수밖에 없습니다. … 사물에 침잠함으로써 사물로부터 방법론을 창조하는 것은 방법론과 사물을 분리시키는 것을 이미 해체시킵니다. 사회학에서의 방법론은 실제로 넓은 정도에서 대상에 의해 매개되어 있습니다. 사회학이 이러한 매개를 스스로 알아차리는 것이 결정적으로 중요합니다. 이에 대해 나는 여러분에게 예를 제시하거나 또는 최소한 다음 시간에 예를 알려 주고자 합니다. 여기에서 강의하는 근본적인 숙고들을 항상 구체적인 자료들에서 여러분에게 설명해 주려고 계획하였기 때문입니다. 나는 이 물음에 대한 좋은 증거가 '내용 분석', 즉 이른바 의사소통들의 내용 분석의 방법론에 관한 논쟁이라고 생각합니다. 내용 분석에서 여러분은 방법론의 선택, 즉 어떤 수단들을 갖고 그러한 내용 분석이 성립될 수 있느냐 하는 선택이 ―내용 분석이 단순히 양적으로, 또는 질적으로, 또는 양자의 결합에서 실행될 수 있느냐 하는 선택입니다― 사실상으로 내용 분석과 관련되는 자료들 자체의 속성에 얼마나 많이 의존되어 있는가를 확인할 수 있을 것입니다. 나는 이처럼 매우 확실하게 손에 잡히는 예에서 방법론이 사물에 따라 변화되어야 한다는 점과 여러분이 이 점을 내가 말하였던 문제인 방법론과 사물의 관계에 관한 문제에 적용시킬 수 있다는 점을 여러분에게 실제로 보여주는 것이 나에게서 성공에 이르러야 마땅할 것이라고 생각합니다.

115) 5월 16일(목)의 강의는 연방의회에서 의결을 앞두고 있었던 긴급법률안에
대항하여 5월 14일부터 16일까지 일어났던 스트라이크로 인해 첫 번째로 결
강되었던 강의였다. 5월 11일에는 본Bonn을 향하여 별모양으로 된 행진이 긴
급법률안에 대항하여 개최되었다. 긴급법률안 제정을 위한 연방의회의 제2
차 독회가 5월 15일에 열리도록 되어 있었다. 이에 맞춰서 수많은 대학에서
정치적인 행사들이 개최되었고, 강의가 결강되었으며 세미나도 열리지 않았
다. 프랑크푸르트에서는 5월 15일과 16일에 대학의 출입문들이 학생들에 의
해 봉쇄되었다. 5월 17일자『프랑크푸르터 룬트샤우』에는 '연방의회 의원들
이 제자리에 서 있지 않다'라는 제목으로 성명서가 발표되었으며, 이 성명에
아도르노도 서명하였다. 이 성명은 많은 수의 연방의회 의원들이 무책임한
행동을 하고 있다고 지적하면서 긴급법률안에 대한 제2차 독회 기간에 발생
한 스트라이크가 정당하다는 입장을 표명하였다. ─ 프랑스에서는 5월 13일
에 총파업이 고지되었다.

116) 네덜란드 사람인 루돌프 스타인메츠Rudolf Steinmetz, 1862-1940가 사회학에 도
입한 개념임. Vgl. ders., Die Soziographie in der Reihe der Geisteswissen-
schaften정신과학 계열에서의 사회지리학, in: Archiv für Rechts─ und Wirt-
schaftsphilosophie, Bd. VI, 1913. Vgl. auch Soziologische Exkurse사회학적 여론,
a. a. O., S.135.

117) J. W. Goethe, Faust I, Vers 1939(1939 행).

118) 피히테의『전체 학문의 기초』는 1794년에 처음으로 출간되었으며, 헤겔의『논
리학』은 1812년부터 1816년 사이에 출간되었다. 학문 개념의 역사적 변증법
에 대해 아도르노는 다음과 같이 썼다. "18세기에서 19세기로 넘어가는 변환
기에 피히테의 학문론과 헤겔의 논리학이 집필되어졌을 때만 해도 사람들은
오늘날 배타성에의 요구 제기를 갖고 학문 개념을 점령한 것은 학문에 도달
하기 이전의 것이라는 단계에서 비판적으로 정주定住시켰던 것 같다. 반면에
그 후부터는 당시에 학문으로 명명되었던 것, 즉 항상 망상적으로 절대적인
지식으로 명명되었던 것은 포퍼Popper가 명명한 과학주의에 의해 학문 외적
인 것으로 배척되었다"(GS 8, S.298f.).

119) 아도르노는 사회학자 대회의 기조 강연인「후기 자본주의 또는 산업사회?」
에서 '사회계층'의 개념을 마르크스의 계급 개념과 대립시켰다. "경험적 연

구가 사회계층의 기준들, 소득에 따른 계층의 기준들, 생활 표준, 교육이라고
부르기를 좋아하는 계급관계들의 기준들은 개별적인 개인들에 있는 실태들
을 일반화시켜 놓은 것들이다. 이러한 한, 그러한 기준들은 주관적이라고 불
러도 될 것 같다. 이에 반해, 이러한 기준들보다 오래된 계급 개념은 객관적
이었다. 주체들이 비록 사회적인 객관성을 표현한다고 할지라도, 주체들의
삶에서 직접적으로 얻어지는 목록들이 존재한다. 오래된 계급 개념은 이러한
목록들에 의존되지 않은 채 의도된 것이었다"(GS 8, S.355).

120) 이 시간 강의의 녹음의 질은 극도로 좋지 않았다. 보완된 단어들의 뒤에 있
는 ?는 매우 이해하기 어려운 자리나 또는 확실하지 않게 작성된 인쇄 상태의
원고를 가리키고 있다. … 부분은 완전히 이해될 수 없는 자리이다. 이 자리
는 간단히 보완될 수조차 없었다. 적게 나타나는 경우들에서는 2 단어, 또는
3 단어 정도가 텍스트에서 유실되어 있었다.

121) 아도르노는 여기에서 헤겔의『논리학』에 나오는 표현을 수용하였다. "매개
로서의 직접성을 포함하지 않는 것은, 하늘이나 땅이나, 또는 자연이나, 또는
정신이나, 또는 그곳이 어디이든, 어떤 것도 존재하지 않는다. 이렇기 때문에
직접성과 매개라는 두 가지 규정들은 분리되지 않은 채, 그리고 분리될 수 없는
상태에서 보여진다. 직접성과 매개의 대립관계는 아무것도 아닌 것으로 보여
지는 것이다"(Hegel, Werke, Bd.5, a. a. O., S.66). 아도르노의 1968년 6월 25
일자 강의(제12강)도 참조할 것.

122) Vgl. etwa Leopold von Wiese, Artikel »Beziehungssoziologie관계 사회학«, in:
Handwörterbuch der Soziologie, hrsg. von Alfred Vierkandt, Stuttgart 1931,
S.66-81.

123) Vgl. Georg Simmel, Soziologie사회학. Untersuchungen über die Formen der
Vergesellschaftung사회적 조직화 형식들에 관한 연구, München, Leipzig 1908;
jetzt in: Georg Simmel Gesamtausgabe, hrsg. von Otthein Rammstedt, Bd. 11,
Frankfurt a. M. 1992. 이하에서는 1992년 판본에 따라 인용됨.

124) Vgl. G. Simmel, Soziologie사회학, a. a. O., Kapitel IV4절: »Der Streit분쟁«,
S.284-382.

125) Vgl. Ralf Dahrendorf, Elemente einer Theorie des sozialen Konflikts사회적 갈
등 이론의 요소들, in: ders., Gesellschaft und Freiheit사회와 자유. Zur
soziologischen Analyse der Gegenwart현재에 대한 사회학적 분석, München
1963, S.197-235.

126) Vgl. Lewis A. Coser, The Functions of Social Conflict사회적 갈등의 기능들, Glencoe 1956; dt.: Theorie sozialer Konflikte, Neuwied, Berlin 1965.

127) Vgl. ders., Gewalt und gesellschaftlicher Wandel폭력과 사회 변동, in: Atomzeitalter, Information und Meinung, Heft 11, November 1966, S.321f. 야에리쉬Ursula Jaerisch와 함께 쓴 논문인 「오늘날의 사회적 갈등에 대하여」에서도 짐멜로 되돌아가서 시도된 토론이 서술되어 있다(vgl. GS 8, S. 177-195).

128) Vgl. Immanuel Kant, Idee zu einer allgemeinen Geschichte in weltbürgerlicher Absicht세계 시민적 관점에서 본 보편사의 이념, in: Kants Werke, hrsg. von der Königlich Preußischen Akademie der Wissenschaften, Akademie-Textausgabe (Photo mechanischer Nachdruck), Bd. 8: Abhandlungen nach 1781, Berlin 1968, S. 15-31. ─ 아도르노는 1962년에 진보의 개념에 대해 행한 강연에서 칸트의 역사철학에서 유래하는 강조된 역사 개념을 기초로 삼았다(vgl. GS 10.2, S.618).

129) Vgl. G. Simmel, Soziologie, a. a. O., S.348.

130) 애덤 스미스의 『국부론』에 들어 있는 "보이지 않는 손"이라는 표현을 넌지시 가리키고 있다.

131) Vgl. Marx/Engels Werke, a. a. O., Bd.25: Das Kapital자본. Kritik der politischen Ökonomie정치 경제학 비판. Bd. 3, Buch III: Der Gesamtprozeß der kapitalistischen Produktion자본주의적 생산의 전체 과정. Fünfzigstes Kapitel(50장). Der Schein der Konkurrenz경쟁의 가상, Berlin 1964, S.860-883.

132) 추정건대 아도르노는 여기에서 겔렌Arnold Gehlen, 1904-1976과 그가 전개한 철학적 인간학을 생각하였던 것 같다. 겔렌의 철학적 인간학은 인간을 안정적인 제도들을 필요로 하는 생물학적으로 조건이 지어진 '결함이 있는 존재'로 간주한다. 그는 제도들은 단지 도구적으로 현존재의 보존의 목적으로 변경될 수 있다고 본다.

133) 여기 이 자리와 다음에서 사용되는 용어들인 "항목들", "세계Universum", "표본들", "내용 분석"에 대해서는 아도르노, 드캠프스J. Decamps, 헤어베르거L. Herberger 등이 집필한 항목인 경험적 사회연구를 참조(GS 9.2, S.327-359).

신사 숙녀 여러분, 마이크가 여러 곳에 '투입되어서'[135] 과부하가 걸려 있다는 것을 통보받았습니다. 마이크도 스트라이크를 일으키고 있습니다. 결론적으로 말하자면, 마이크도 한 번은 스트라이크를 일으켜도 될 것입니다. 마이크 상태가 항상 그랬던 것처럼 모든 것이 마이크에서 잘 흡수되지 않은 점에 대해 여러분에게 양해를 구합니다. 내 자신에게 책임이 있는 것처럼 마이크에도 최소한의 책임은 있습니다.

신사 숙녀 여러분, 지난번 강의 시간에 매듭을 놓아두었던 자리에서 다시 매듭을 취하고 싶습니다. —내 목소리를 어느 정도 이해하겠습니까? 내가 지금 말하고 있는 상태보다 더 큰 목소리로 한 시간 강의를 해낼 수는 없습니다. 여러분의 양해를 구합니다! — 나는 이 시간에도 방법론의 개념에 관련되는 논쟁들을 다시 한 번 다루고 싶습니다. 한 시간 동안 할애될 수 있었던 지난 시간의 강의에서 사회학이 갖고 있는 의도들이 방법론의 개념에서 갈리고 있다는 점을 여러분에게 말하였습니다. 또한 이러한 연관관계에서 방법론들에 대한 입문이 왜 사회학 입문으로 충분하지 못한가에 대해 설명하려고 시도하였습니다. 이렇게 함으로써 나는 대부분의 사회학자들이 갖고 있는 견해와는 대립되는 입장을 취하고 있습니다. 그 밖에도, 사물, 어떤 특별한 대상에 대하여 아무것도 이해하지 못하면서 이러한 대상이나 대상에 해당되는 논문에 대해 판단을 제시해야 하는 경우에는 최소한 방법론에 대해 이해해야 한다고 말하는 것은 학자들 사이에 있는 하나의 유형이기도 합니다. 내가 하는 부분에 대해서는 이런 태도를 거부합니다. 나는 이런 태도가 주제적으로는 '악무한성'을 형성하고 있는 사회학과 같은 영역에서도 유일하게 맞는 것이라고 생각합니다. 방법론과 사물의 분리가 지금 도처에서 전제되고 있습니다. 이러한 분리는 사회학에서 정당화될 수 없습니다.

지금 이 강의에서 이러한 분리를 비판하는, 원래는 철학적인 모티프들을 다룰 수는 없습니다. 이것은 필연적으로 다루어져야 할 문제임에도 여기에서 다룰 수는 없습니다. 그 대신에 여러분에게 철학 외적인, 사회학 내부적인 사실에 대해 주의를 환기시키는 것에 만족하고자 합니다. 내가 알고 있는 것이 충분하다면, 이러한 사실은 한스 프라이어Hans Freyer[136]가 처음으로 이러한 형식에서 상세히 언급하였습니다. 프라이어에 따르면, 사회학의 대상인 살아 있는 인간으로 구성되는 사회와 사회학의 인식 주체, 즉 사회를 인식해야 하는 인간 사이에는, 자연과학의 영역에서는 주어진 것으로서 일단은 설정되어야만 하는 사물적인 반反테제와 같은 종류가 성립되지 않습니다. 이렇게 해서, 오로지 유사한 것만이 유사한 것을 인식할 수 있다는[137] 고대古代 시대의 요구가 사회학에서도 역시 사물 자체로부터 확실한 정당화를 발견하게 됩니다. 결코 급진적이지 않은 다른 의미에서 볼 때도, 칸트-라이프니츠 논쟁에서 유래하는 칸트의 개념을 수용해서 말한다면, 사회학에서도 대상을 내부로부터 출발하여 인식하는 것[138]이 가능합니다. 이것이 원자물리학, 또는 현대 원소 이론의 주기 체계에 관한 이론에서 가능한 경우이듯이 사회학에서도 가능한 것입니다. 방법론을 대상에 대해 절대적으로 설정하지 않는 것이 중요합니다. 오히려 사회학의 방법론은 대상에 대해 생동감 있는 관계에 놓여 있어야 하며, 가능한 한 대상으로부터 전개되어야 합니다.

신사 숙녀 여러분, 우리가 그러한 요구를 비이성적으로 논구해서는 안 된다는 점을 여기에서 여러분이 고려해 주기를 요청합니다. 내가 좋아하는 속담을 여기에서 다시 한 번 말해도 된다면, 우리는 사회학 방법론의 문제에서도 '교회를 마을에 머물도록 해야 하는' 것입니다. 어떤 학문적인 연구들을 수행하기에 앞서 우리는 어떻게 하면 연구를 더욱더 의미 있는 방식으로 행할 것인가에 대해 자세히 숙고하고, 처리 방식들에 대해 비판적 입장을 취하며, 처리방식들을 깊게 생각하고, 목표 없이 단순히 연구에 뛰어 들거나 단순히 사고해서는 안 되는 것이 매우 필연적이라 할 것입니다. 그럼에도, 사회과학의 영역에서 내게 알려져 있는 연구들이, 즉 실제로 목표가 없이 수행되었으나 거기로부터 무언가 결과가 나온 연구들이 있다는 점을 여러분에게 어떻든 말하고 싶습니다. 나는 여기에서 경험적 입장을 취하고 있는 라자스펠드 Lazarsfeld[139]가 했던 말을 여러분에게 들려 주고자 합니다. 그가 매우 무계획적이지만 그에게 제대로 충분하게 인도된 자료로부터 무언가 행하는 임무에 부딪쳤을 때, 그는 경악스러울 정도로 이렇게 말한 적이 있습니다. 다시 말해, 어떻든 그 어떤 자료가 준비되어 있고 사회학에서 구체적인 재료들이 존재한다면, 필요한 상상이 전제된 채, 이러한 것들로부터 어떤 것을 수행할 수 있다고 라자스펠드가 말했던 것입니다. 내가 했던 경험인 다름슈타트 지역공동체 연구[140]로부터 나는 여러분에게 다음과 같은 점을 확인시킬 수 있습니다. 이 연구는 다름슈타트에 관한 모든 것을 곧바로 경험하려는 가설에서 출발하였고, 이런 이유로 인해 완전히 하찮은 결과에 빠져들 수 있는 위협에 직면해 있었습니다. 그럼에도 나는 지나치게 풍부하고 부분적으로는 어리석은 자료를 들여다 본 후에 사물로부터 출발함으로써 일련의 문제의 복합성들을 발견하였습니다. 이러한 복합성들로부터, 내가 희망한 대로, 추가적으로 이성적인 물음 설정을 할 수 있었습니다. 이것은 경험적 사회학도 역시 처해 있는 특별한 상황에 속합니다. 또한, 연구자가 이른바 무질서적인, 상황에 따라서는 연구자가 원래 의도했던 것과는 전적으로 다른 결과가 나오는 연구계획들과 관련될 때는 내가 위에서 말한 점을 항상 숙고해야 할 것으로 봅니다. 다름슈타트 청소년 연구[141]에서 연구자들은 원래는 1950년 경 중간 규모의 도시에서 청소년에 관련된 많은 적든 대표적인 결과들을 획득하려는 의도를 갖고 있었습니다. 연구를 통해서, 순수한 자료로부터 쉘스키Schelsky의 테제[142]와는 ―그는 이미 오래전에 자신의 테제를 수정한 바 있었지마는― 매우 첨예하게 대립되는 반反테제가 생기게 되었습니다. 이렇게 해서 경험적인 자료가 추가적으로 하나의 의도를 획득하게 되었으며, 경험적인 자료 한 가지만으로도 사회학에서 방법론의 자동적인 지배가 걱정스러운 일이라는 점을 여러분에게 증명해 보일 수 있을 것입니다. 연구자는 이른바 '열매를 맺을 수 있는 가능성'의 방법론적인 ―나는 방법론적이라고까지 말하고 싶습니다― 관심에서 방법론의 지배를 그토록 과도하게 받아들일 필요가 없는 것입니다. 그럼에도 나는 연구자는 자신이 인식하려고 의도하는 것을 모든 사회학적인 연구에서 일반적으로 매우 자세히 명확하게 해 두어야 한다는 점을 말하고 싶습니다. 연구자는 인식 목표들을 스스로 명확하게 해야 하며 목적-수단-합리성과 같은 것을 산출해야 합니다. 연구자는 자신이 설정한 연구 목표들을 어떠한 방식으로 가장 잘 성취시킬 수 있는가에 대해 자세히 숙고해야 합니다. 북극을 발견하려고 하지 않거나 또는 북극의 얼음에서 얼어 죽지 않으려고 한다면, 연구자는 연구의 연관관계에서 이미 존재하는 기법들을 사용해야 하며, 이것은 자명한 일입니다. 경험적 사회학의 영역에는 이른바 표본 조사의 차원, 즉 대표적인 횡단면들의 형성의 차원과 같은 일련의 기법적-방법적 차원들이 존재합니다. 이러한 차원들은 고도로 발달되어 있으며, 우리는 이것들을 상대적으로 완성된 것, 스스로 독자적인 것이라고 고찰할 수 있습니다.

이렇게 말하는 것은 단지 하나의 목적을 갖고 있습니다. 지금까지 방법론에 대해 말한 내용들에서 역할을 하는 이를테면 건강한 인간 이성의 층層을 여러분에게 명백하게 해주기 위함인 것입니다. 내가 여기에 곧장 접속시키고 있는 성찰이 있습니다. 여기에서 내게 중요한 결정적인 것과의 차이는 다음과 같은 것입니다. 다시 말해, 우리는 무엇보다도 특히 높은 요구 제기를 갖고 있는 경험적 연구들의 —그 본보기들이 미국에서 제시되고 있는 것처럼— 압도적인 숫자에 대립각을 세워야 하며, 이렇게 함으로써 방법론과 방법론이 제기되는 내용으로부터 떨어져 나온 채 방법론적으로 이른바 그것 자체로서 주장하는 '깨끗함'을 신神이나 우상으로 선택해서는 안 되는 것입니다. 오히려 나는 다음과 같이 말하고자 합니다. 오늘날 모든 이성적인 사회학적 물음 설정의 근본적 계율은, 우리가, 어떻게 해서라도 오로지 가능한 한, 방법론을 사물과 사물적인 관심으로부터 전개시키거나 또는 최소한 방법론이 사물의 중요성과 의미로부터 그 강조점들을 받아들이게 하고 대상의 맞은 편에서 스스로 독립적이 되지 않도록 방법론을 적용하는 것에서 성립됩니다. 방법론학과 방법론학의 논쟁에서 유명한 예를 들어 말한다면, 우리는 척도화 처리방식들, 즉 태도들을 측정하는 처리방식들을 발달시키는 것만을 오로지 얻어내기 위해 노력해서는 안 되는 것입니다. 이러한 처리방식들은 모든 교차와 다의성을 회피합니다. 다시 말해, 이러한 처리방식들은 —그 내부에서 순수하게— 절대적으로 신뢰성이 있는 결과들을 제공하지만, 이것들은 우리가 원래부터 인식하려고 의도하는 것인 사물들을 희생시키면서 얻어지는 결과일 뿐입니다. 나는 여기에서 고전적인 척도화 처리방식들인 '서스톤 척도Thurstone-scale'와 '리커트 척도Likert-scale'에 대한 비판인 거트먼Guttman의 비판에 연결되어 획득된[143] 전체적인 논쟁들에 대해 여러분에게 단지 최소한으로라도 주의를 환기시켜 주고 싶습니다. 방법론학의 순수한 논리적인 완성의 의미에서 볼 때, 이른바 거트만-척도가 진전이며 더 오래된 형식들보다도 훨씬 더 풍부한 척도인 것은 매우 확실합니다. 그러나 이와 동시에 척도화의 이러한 형식에 의해서 척도들에 대한 다차원적인 구성을 통해 가능하였던 열매를 맺을 수 있는 가능성에서는 무한히 많은 것이 상실되었습니다. 이를 간단명료하게 말하겠습니다. 『권위주의적 인성 Autoritarian Personality』[144)]에서 사용된 오래된 좋은 F-척도에서 우리는 특정 물음들이 다차원성을 통해서 하나의 파리채를 갖고 더욱 많은 파리들을 실제로 잡을 수 있었음을 보여주었습니다. 반면에, 개별적인 설문지-항목들에 들어 있는 모든 다의성의 절대적인 제거는 모든 항목의 신뢰성을 강화시키고 더욱 높은 신뢰성에 이르게[145)] 하였지만, 이와 동시에 가능한 인식의 풍부함, 즉 항목들에서 동시에 튀어 나오는 것의 풍부함을 감소시킵니다.

경험적 사회학의 전체 영역에 극도로 특징적으로 나타나는 것이 있습니다. 이 점에 대해 여러분에게 주의를 환기시키는 기회를 갖고자 합니다. 사회학 공부의 초보자인 한, 여러분은 이 점을 여러분의 경험을 통해서 부딪치게 되는 것 대신에 처음부터 여러분 스스로 명백하게 인식해 두는 것이 좋다고 생각합니다. 확실한 통찰들에 이르는 길을 여러분에게서 떼어 놓는 것이 내가 여기에서 행하고 있는 입문 강의와 같은 강의의 임무는 아니라고 생각합니다. 최소한 통찰에 이르는 이러한 길을 최소한이라도 축소시키는 것은 나쁜 것이라고 볼 수 있기 때문입니다. 우리가 스스로 인식하지 못한 채 수동적으로만 우리 내부로 받아들이는 것은 높은 품위를 갖고 있는 것이 전혀 아닙니다. 거의 모든 경험적-사회학적 물음에서는, 아마도 사회학에서는, 연구자들이 다음과 같은 상황, 즉 연구자들이 거의 항상, 경험적 사회학에서, 여러 개의 해악들, 더욱더 큰 해악과 더 작은 해악 사이에서 선택을 하게 되는 상황과 마주 대하고 있습니다. 여러분 스스로 그 어떤 임무들로부터 풀려나오게 되거나 또는 더욱 좋은 경우에는 여러분 스스로 그러한 임무들의 수행에 착수할 때는, 이 점을 바로 앞에 명확하게 붙들어 두기를 바랍니다. 내가 스스로 한 경험에 따르면 다음과 같은 차원에서 선택이 이루어지는 것이 빈번하게 발생하였습니다. 다시 말해, 연구자들이 한편으로는 열매를 맺을 가능성과 구체성, 통찰의 충족성과 다른 한편으로는 더욱더 수학적인 것에 기대는 절대적인 엄밀성, 즉 연구자들이 인식에 대한 수학적인 반증 가능성과 신뢰성, 일반적으로는 인식의 양적인 품위의 의미에서 획득하는 인식들의 통찰성 사이에서 선택을 해야만 했었습니다. 연구자들이 사회학에서 마주 대하게 되는 근본적인 아포리아Aporie 또는 근본 문제는 양적인 통찰과 질적인 통찰의 문제입니다. 양적인 인식은 절대적으로 신뢰성이 있는 인식이지만, 오로지 단한 가지 면에서만 절대적 신뢰성을 갖습니다. 양적으로 중요한 숫자들을 얻기 위해서, 여러분은 연구 수단들이 차별화되어 있다는 점을 일반적으로 포기해야만 합니다. 이처럼 차별화되어 있는 것이 여러분에게 생산적인 통찰들을 세부적으로 실제로 제공할 수 있음에도 불구하고, 이 점을 포기하지 않을 수 없는 것입니다. 반면에, 양적인 인식과는 반대로, 여러분이 질적인 방법론만을 전직으로 신뢰하고 동시에 상황에 따라서는 가장 생산적인 것들을 관찰하게 되는 경우에도 즉각 다음과 같은 반론에 무방비 상태로 직면하게 될 것입니다. 다시 말해, 특별하고도 구체적인 통찰들의 충족성이, 여러분이 이것을 일반적인 통찰들로서 이해하는 경우에도, 사실상으로 일반화될 수 있는지의 여부, 또는 이러한 충족성이 오로지 개별적인 경우에서만 성립되는 것은 아닌지의 여부에 관한 반론에 부딪치게 되는 것입니다.

사회학자들은, 양적인 방법론과 질적인 방법론을 서로 하나의 관계 안으로 설정시키는 것을 통해서, 앞에서 본 아포리아를 사회학에서 끝내려고 시도하였을 뿐만 아니라 동시에 배웠습니다. 그러나 나는 설문지에 의한 연구들을 이른바 '임상적인 인터뷰들'146)을 통해서 보완시키는 것은 문제성이 있다는 것을 여러분에게 말해야 되는 책임을 지고 있다고 생각합니다. 이러한 문제성은 그 깊은, 그리고 사실과 일치하는 이유를 다음과 같은 점에서 갖고 있었습니다. 다시 말해, 앞에서 말한 보완 방법론, 더하기 방법론이 사회적인 일반성의 모멘트와 사회적인 것이 개인에게서 실행되게 하는 모멘트를 이미 서로 분리된 것들로 전제하고, 이렇게 함으로써 이러한 두 개의 모멘트들이 전적으로 내부적으로 관계하면서 성장되는 곳, 전혀 분리될 수 없는 곳에서 추가적인 가상假像을 산출하는 것에서 그 깊은 이유를 갖고 있는 것입니다. 예컨대 버클리 시절의 내 동료였으며 지금은 세상을 떠난 프렌켈 브런스위크Frenkel-Brunswik 여사가 시도했듯이,[147] 연구자들이 권위성과 결합된 인성에 관한 임상적인 연구들의 매우 정제된 방법론을 개발한 이후에 이러한 연구들을 다시 양화量化 모형에 따라 양화시켜야만 하는 경우에는, 양화에의 압박에 의해서 연구자는 질적인 분석을 통해 얻었던 것을 즉각적으로 다시 희생시키게 됩니다. 왼손을 통해 바로 점령하였던 것을 오른손으로 제거해 버리고 마는 것입니다. 연구자들이 작업을 하는 연구계획들을 제대로 알지 못하는 것보다는, 그리고 구체적인 경험적 연구들에서 무장되지 않은 채 갑자기 이러한 물음들에 마주치게 되면서 그러한 경우에 어떻게 반응해야 할지를 제대로 알지 못하는 것보다는, 연구자들이 처음부터 그러한 아포리아Aporie들을 자각하고 그것들을 실제로 명백하게 인식하는 것이 더 좋다고 나는 생각합니다. 연구자들이 그러한 물음들에서 자세히 헤아리는 것을 배우는 것은 사실상으로 방법론적인 이성에 ―내가 이렇게 말해도 된다면― 속한다고 봅니다. 그러한 성찰이 더 높은 의미에서 학문적 성찰이 되어야 한다면, 그러한 성찰의 모멘트들에서는 또한 다음과 같은 점도 속해야 하는 것이 자명합니다. 다시 말해, 연구자들의 사회학적 물음 설정들의 연관관계에서 부딪치게 되는 이른바 질적인, 겉으로 보기에는 순수하게 개인적인 상태들, 즉 연구자들이 탐구해야 하는 것들인 태도들, 확고하게 굳어진 태도들, 확고하게 굳어진 견해들, 이데올로기들이 사실상으로 개인의 상태들만은 전혀 아니고, ―노엘레 노이만Noelle-Neumann 여사의 표현을 빌린다면― 단순히 "단수 영역"[148]에만 속하는 것도 전혀 아닙니다. 오히려 그러한 상태들은 사회적으로 매개되어 있으며, 이러한 이유 때문에 이른바 질적인 모멘트들에는 양적인 모멘트들도 확실한 방식으로 항상 이미 들어 있는 것입니다. 나는 다음과 같이 말하고자 합니다. 여기에서 여러분에게 수많은 경험적 연구들에 있는 아포리아적인 특징의 모델로서 대략 말했던 극단들 사이의 선택, 즉 연구자들이 행하지 않을 수 없는 선택은 앞에서 말한 모멘트들 사이에서 깊이 헤아려야 하는 선택입니다. 물론 개인과 사회의 관계에 대한 숙고의 이론적인 모멘트들도 역시 깊이 헤아리는 선택 안으로 파고들어가야 합니다. 이와 동시에 내가, 오늘날 지배적인 사회학적인 견해들 또는 견해들이라기보다는 오히려 기법이라고 해야 될 것과 대립각을 세우면서, 경험적 사회학이 단순히 개인들에게 돌려버리는 사실 중에서 수많은 사실들과 통계적인 세계로 돌려버리는 것의 의미에서 일반화되는 수많은 사실들을 처음부터 앞서서 이미 사회적인 것으로 고찰하고 있는 한, 나는 사회학적으로 훨씬 더 급진적으로 사고하고 있습니다. 이러한 고찰을 통해서 겉으로 보기에 특별한 것이, 첫 눈으로 보는, 그리고 순진무구한 시각으로 보는 경우보다도 훨씬 더 일반적인 위치 가치를 받아들이게 되는 것입니다.

나는 이 자리에서 방법론에 의한 열광에 대해 여러분에게 한 번은, 최소한 한 번은 말할 기회를 갖고 싶습니다. 이러한 열광은 오늘날 관찰될 수 있으며, 전 세계에 걸쳐 존재하고 있습니다. 미국에서는 이러한 열광이 실증주의적 전통에 상응하고 있으며, 이를테면 자명한 학문적인 풍토인 것입니다. 방법론에 의한 열광은 독일에서는 전통과 낯선 것이지만, 청바지나 비트 음반의 신유행품과 같은 것이 되고 있습니다. 방법론에 의한 열광은 이러한 신유행품들이 파고드는 것과 매우 유사한 방식으로 방법론학에 말을 걸고 있는 것입니다. 나는 여기에서 여러분이 더욱 좁은 의미에서의 사회학적인 것을 넘어서서 사유해도 된다는 점을 말하고, 이렇게 사유해 보기를 요청합니다. 나는 방법론이 그것 자체로 과대평가되고 있는 것, 즉 방법론이 특별한 사물들에 대한 관심으로부터 떨어져 나온 채 방법론의 신뢰성을 얻기 위해 과대평가

되고 있는 것을 철학적 및 사회적인 종류의 이유들에 근거해서 볼 때는 —루카치가 젊은 시절에 "선험적 장소들"[149]이라고 명명하였던, 또는 학자들이 뒤이어 존재론적인 기본 구조들이라고 말하였던— 고정된 지향점들이 와해된 것으로부터 설명할 수 있다고 생각합니다. 의식의 깊은 불확실성, 즉 모든 개별 인간의 사회적인 의식의 불확실성도 바로 이 점과 일치하는 것이 자명합니다. 사람들은 이러한 불확실성을 실제로 존재화시킬 필요가 없는 것이며, "실존적인 것"[150]으로 사고할 필요도 확실히 없는 것입니다. 현재의 사회에서는, 자신의 삶을 자기 스스로 규정하고 재생산하는 것을 스스로 신뢰해도 되고 미래에도 신뢰하게 될 개인이 더 이상 거의 존재하지 않습니다. 바로 이 점이 앞에서 말한 불확실성에 대한 설득력 있는 설명이 된다고 생각합니다. 이러한 불안 현상들이나 불확실성 현상들에 대한 분석을 이 자리에서 하고 싶지는 않습니다. 그러나 나는 다음과 같은 점을 여러분에게 말하고자 합니다. 다시 말해, 이러한 지적인 불확실성이 —일단 이렇게 명명해야 마땅하다면, 이를 지적인 불안이라고 말하고 싶습니다— 너무 크기 때문에, 인간은, 인간이 그 어떤 절대적으로 확실한 것을 단지 손에 갖고 있는 경우에도, 중요성, 내용, 이처럼 확실한 것에 관련되는 것의 실체에 관해 사고하는 것을 잃어버리게 되었습니다. 이렇게 해서 인간은 확실한 것의 희생을 치르고서 확실성을 그것 자체로서 물신物神으로 만들고 마는 것입니다. 바로 이 점이 동어반복의 우세함에 대한 설명, 종국적으로는 이른바 '논리적인 깨끗함'의 우세함에 대한 설명이 될 것 같습니다. 인식의 영역에서도 인간은 인간이 의식에 앞서서 이미 알고 있는, 모든 순간에 절멸될 수 있는 실존이 인간에게 부담을 지우고 있는 위험 부담들을 감수하는 것보다는 차라리 A=A라는 문장의 절대적인 확실성, 즉 순수한 동어반복에 묶여 있는 것입니다. 방법론학에 이처럼 기우는 것과 호르크하이머가 '도구적 이성'이라고 명명하였던 것의 우세함이 서로 연관이 있다는 점은 자명합니다. 이러한 연관관계에서 나는 호르크하이머의 저서인 『도구적 이성에 대한 비판』[151]을 여러분이 참조하기를 강력하게 권합니다. 앞에서 말한 물음들이 이 책에서 중요하게 다루어지고 있기 때문입니다. 다시 말해, 방법론의 우세함에서 전개되는 이유들로 인해 사고의 도구들, 사고의 수단들이 목적들의 맞은편에서 스스로 독립적이 되고 사물화되는 것입니다. 심리학적으로 말한다면, 수단들, 기법들, 장치들이 무한대로 강력하게 리비도처럼 자리를 차지하게 되는 것입니다. 다음과 같은 비유를 들어 말하고자 합니다. 어떤 자동차들을 둘러싸고 서서 자동차에 대해 전문지식이 없으면서도 건방을 떨며 여러 상이한 자동차 상표들의 장점에 대해 대화를 나누는 5명의 소년들로부터 오늘날 우리가 마주치고 있는 방법론의 점령에 이르게 되는 연속성이 나타나고 있는 것입니다. 방법론학의 이상理想은 동어반복입니다. 다른 말로 하면, 인식 자체가 작동적으로 규정됩니다. 인식은 다른 것이 아닌, 바로 방법론의 요구들을 가능한 한 순수하게 충족시키는 것에 지나지 않기 때문입니다. 신사 숙녀 여러분, 방법론의 이상이 이처럼 동어반복에 지나지 않기 때문에, 나는 이에 맞서 내가 생각하는 추정에 ―겸손하게 말한다면― 다음과 같은 표현을 부여하고자 합니다. 순수한 분석적인 판단을 넘어서는 인식, 앞에서 말한 작동적-동어반복적 특징을 넘어서는 인식만이 오로지 생산적인 인식이라는 말을 하고자 합니다. 나는 사회학의 영역에 그 어떤 중요한 진리가 존재한다고 생각하지 않습니다. 진리가 틀릴 수 있다는 위험 부담과, 그리고 이런 위험 부담과 나란히 하면서 진리가 성공에 이를 수 있는 가능성과 결합되어 있는 것 같지 않은 중요한 진리가 매우 확실하게 존재하지 않는다고 생각하지도 않습니다. 이러한 위험 부담에 자신을 내맡기지 않는 사고, 이러한 위험 부담에 자신을 내맡기지 않는 학문은 처음부터 매우 공허한 것에 지나지 않으며, 사람들이 일단은 갖고 있었던 학문 개념의 배후에서 멀리 떨어진 채 사무직 직원이 갖고 있는 기법의 퇴행적 의미에서 완전히 뒤에 머물러 있는 것에 지나지 않습니다. 그러므로 나는, 오늘날 사물화된 세계에서 학생들의 자율성의 새로운 형태를 위해 노력하고 있고 세계와 의식의 사물화에 저항하는 학생들은 그들의 저항이 의식의 사물화된 형식들을 지적으로 향하도록 해야 할 것이라고 생각합니다. 현재 통용되고 있는 학문은 사회과학적 영역에서도 이러한 사물화된 형식들을 학생들에게 강요하고 있기 때문입니다.

여기에 덧붙이고 싶은 것이 있습니다. 내가 여러분에게 상세하게 말하였던, 홀로 축복을 받고 있는 방법론에 맞서는 회의懷疑는 사회학자들 사이에서도 역시 방법론에 관해 심각한 의견 불일치가 지배적으로 나타나고 있는 것을 통해서 확인되고 있는 것입니다. 나보다 앞선 사회학자들 세대에서 방법론학에 몰두했던 가장 유명한 사회학적 저작들은 르네 쾨니히가 루흐터한트 출판사 판본[152]에서 독일어로 번역한 뒤르켐의『사회학적 방법론의 제규칙』과 막스 베버의 학문이론적 텍스트들[153]입니다. 뒤르켐의 저작과 베버의 저작은 결정적인 지점에서 서로 대립적으로 모순되는 모습을 보이고 있습니다. 이러한 지점들을 여러분에게 최소한 핵심 개념어 정도로 제시하고자 합니다. 베버는 '이해 사회학'의 개념을 도입하였으며, 사회학적 인식은 '목적합리성', 즉 사회적으로 행위하는 주체들의 가치판단에 대한 이해에서 성립된다고[154] 생각하는 원칙을 갖고 있었습니다. 이에 비해 뒤르켐은 원래부터 사회학적인 것, 즉 사회학적인 학문에 특별하게 속해 있는 것은 다음과 같은 점들, 즉 '사회적 사실들faits sociaux'은 이해될 수 없다는 점, 사회적 사실들은 꿰뚫어지지 않는다는 점, 사회적 사실들은 불투명하다는 점, 뒤르켐 자신이 이러한 점들이 포함하고 있는 것을 스스로 완전히 의식하지 못한 상태에서 표현하였듯이 사회적 사실들은 '사물들'처럼 다루어져야 한다는 점에 의해 무엇보다도 특히 심리학과 구분된다는 ―심리학은 막스 베버에 의해서도 사회학과 예리하게 구분되었습니다[155]― 견해를 대변하였습니다. 뒤르켐이 이러한 견해를 대변하고 있었기 때문에 학자들은 뒤르켐 사회학을 '관념의 사물화Chosisme'[156]라고 표현하였던 것입니다. 이와 같은 파악의 흔적들은 오늘날 프랑스 구조주의에 살아남아 있습니다. 나는 추후에 하게 될 나의 사회학 고급 세미나들 중에서 하나의 세미나를 프랑스 구조주의에 할애하고 싶습니다. 사회학을 공부하는 독일 학생들이 이러한 분야에 대해서도 1차 문헌으로부터 오는 지식을 습득할 수 있도록 되어야 하는 것이 마땅하다고 생각하기 때문입니다. ― 이제 베버와 뒤르켐의 두 번째 차이에 대해 말하겠습니다. 여러분 모두가 알고 있듯이, 막스 베버는 '가치 자유Wertfreiheit'[157]라는 관점을 엄격하게 대변하였습니다. 그는 가치 판단들은 사회학으로부터 무조건 배제할 수 있다고 생각하였습니다. 여기에서 나는 다음과 같이 말하고 싶습니다. 바로 이 점에서 오늘날의 통속적 실증주의가 베버를 따르고 있는 것입니다. 반면에, 이상주의적인 인식론에서 훈련된 학자인 베버 자신은 통속적 사회학주의에 대해서 자신을 밀폐시켰으며 통속적 사회학주의를 거부하였음에도 통속적 실증주의가 베버를 따르고 있는 것입니다. 이제 가치 판단에 관한 뒤르켐의 입장을 살펴보겠습니다. 확실한 의미에서 훨씬 더 굽히지 않은 채 실증주의적이었던 뒤르켐은 사회학에서 가치 판단들을 허용하였습니다. 나는 이것이 더욱더 예리한 통찰, 사실관계들에 대한 더욱더 예리한 분석에 근거하고 있다고 말하고자 합니다. 뒤르켐이 가치 판단을 허용한 이유는 다음과 같습니다. 베버가 순진하게도 ―나는 이렇게 말하고 싶습니다― 가치론적인, 가치를 판단하는 활동들과 분리될 수 있다고 믿었던 인식론적인 활동들, 즉 순수한 인식 활동들 안으로 가치 관계가 함께 들어가는 것은, 오로지 참된 것과 잘못된 것의 구분을 통해서만이 가능하다는 점에 뒤르켐이 부딪쳤기 때문입니다. 여러분이 뒤르켐의 초기 대표작들 중의 하나인 『사회분업론』[158]을 읽어 보면, 사실상으로 가치를 평가하는 열정이 오해될 수 없을 것입니다. 가치를 평가하는 열정은 뒤르켐에서 내가 앞에서 말하였던 사회적 사실들의 실체화와 매우 밀접하게 연관되어 있습니다. 뒤르켐은 사회적 사실들이, 그에게서 더욱더 많이 결정結晶

되고 있듯이, 결정화에 이어서 또한 규범적으로 방향이 바뀌어야 하며 가치를 규정하는 사실들로 인정되어야 한다고 보았습니다. 이러한 두 가지 모멘트들, 즉 '사회적 사실들'은 꿰뚫어질 수 없도록 주어져 있다는 모멘트뿐만 아니라 사회적 사실들의 가치성의 모멘트도 나중에 '의식意識'의 이론이나 또는 뒤르켐에서의 '집단 정신'[159]에서 매우 예리하게 결정結晶되었습니다.

나는 지금까지 방법론 논쟁에 대해 말했고 여러분에게 이러한 것들에 대해 주의를 환기시켰습니다. 여러분은 이렇게 함으로써 다음과 같은 점을 볼 수 있을 것입니다. 다시 말해, 나보다 이전 세대에 속하는 가장 위대한 프랑스 사회학자인 뒤르켐에서 드러나고 있듯이, 이처럼 위대한 사상가들에게서도 방법론적 성찰이 중심 역할을 하고 있으며, 사회학의 중심적인 물음들에 대해서 의견의 일치가 지배적으로 나타나고 있지 않은 것입니다. 나는, 한쪽 다리로 서 있는 상태에서, 베버의 가치 자유적인 행동에 대해서 가치 평가적인 행동을 대립시키고 ─사회학자들이 내가 기꺼이 맡아야 할 일이라고 생각하고 있는 것처럼─ 싶지는 않다는 점을 여러분에게 부언해도 되리라 봅니다. 절대적인 가치 자유에 대한 베버의 생각이 불가능한 것처럼, 다른 한편으로는 이와 똑같이 사회학적 인식도 그 어떤 외부로부터 갖다 붙여진, 이렇게 됨으로써 이미 사물화된, 고정된 가치들과 관계를 맺을 수는 없습니다. 사회학적 인식과 이러한 가치들이 관계를 맺는 것에 대해 막스 셸러Max Scheler가 최소한 그의 중기에, 그리고 그의 후기 저작인 『지식사회학』[160]에서도 시도하였지만, 이것은 불가능한 일입니다. 오히려 나는, 여기에서 포이어바흐의 말[161]을 변주變奏하듯이 사용한다면, 우리가 가치 자유에 대항하는 입장이나 가치들에 대항하는 입장을 취해서는 안 되며 두 가지를 넘어서서, 즉 이러한 대안을 그것 나름대로 사물화의 표현으로 보아야 한다고 생각합니다. 예를 들어 사물화는 어떤 대상이나 어떤 행동의 품위와 값어치 사이를 구분하였던 칸트에서도[162] 아직은 사유될 수 없었던 개념입니다. '가치'라는 표현은 경제와 시장을 상기想起시키며, 이 것은 이유가 없는 상기는 아닙니다. '가치'라는 표현은 경제와 시장에서 처음으로 시작해서 뮌스터베르크Münsterberg,[163] 빈델반트Windelband, 리 케르트Rickert를 경유하여 사회과학에 들어오게 되었습니다. '가치'라는 표현에 대립되는, 절대적 가치 자유의 입장이 사물화된 의식의 표현인 것처럼, '가치'라는 표현 자체도 역시 사물화의 표현입니다.

나는 이 점을 오늘 이 순간에는 다만 핵심 개념어 정도로만 여러분 에게 대략적으로 말하고 있습니다. 이렇게 하는 이유는 내가 마치 그 어떤 일반적인 인간학적인 가치들의 독단적인 실체화로 되돌아가고 싶 은 마음을 갖고 있는 것처럼 여러분이 생각하면서 이 강의를 따라오는 것을 방지하기 위함입니다. 이러한 실체화는 나에게는 아주 동떨어져 있으며, 다른 한편으로는 막스 베버의 입장도 나에게는 멀리 놓여 있습 니다. 오히려 "비판적인 길만이 오로지 아직도 열려 있다"[164]라는 칸트 의 문장이 내게는 가장 커다란 현재적 중요성을 갖고 있습니다. 칸트의 이 문장은 이른바 가치 문제에 대해서도 역시 현재적 중요성을 갖고 있 다고 봅니다. 이러한 모든 문제점이 사회과학적인 문헌에서도, 철학적 인 문헌에서도 지금까지도 이렇게 급진적으로 철저하게 다루어지지 않 은 것은 기이한 일입니다. 학자들은 원래 이 문제를 급진적으로 다루었 어야 할 것임에도 그렇게 하지 않았던 것입니다. 물론 우리 모두는 ―나 는 우리가 다음과 같이 말할 수 있다고 생각합니다― 가치 평가하는 인 식과 가치 자유적인 인식의 오래된 이분성이 오늘날 더 이상 가능하지 않다는 점에 대해 의견의 일치를 보이고 있습니다.

나의 앞 세대 사회과학자들이 방법론과 관련하여 의견의 불일치 를 보이고 있는 것에 대해 앞에서 언급하였습니다. 이와 유사한 것이 현재의 세대에서도 역시 형성될 수 있을 것이라고 생각합니다. 여러분 중에서 프랑크푸르트 사회학자 대회에 참석했던 사람들은 나의 동료 사회학자들이자 사회에 대한 변증법적 파악에 반대하는 사회학자들인 다렌도르프Dahrendorf와 쇼이흐Scheuch[165]가 발언한 내용을 들었을 것입니다. 두 사회학자 사이에 놓여 있는 뿌리 깊은 차이점들은 두 사회학자에게서 사라지지 않게 될 것입니다. 그 밖에도, 두 사람 중에서도 쇼이흐가 훨씬 더 극단적인 실증주의적 관점을 대변하였습니다. 덧붙여 말한다면, 어떤 사회학자가 자신의 뒤를 따라오는 사회학자를 항상 형이상학자라고 서술하는 것은 사회학의 교리사敎理史 내부에서 나타나는 특이한 법칙들에 속합니다. 이 점에 대해 여러분에게 주의를 환기시키고 싶으며, 이에 대해 즉흥적으로 하나의 이론을 전개시키고 싶지는 않습니다. 콩트가 형이상학자들에 대해 그토록 강력하게 제기하였던 반론들, 그리고 콩트가 자신보다 더욱 활기가 넘쳤으며 대담했던 스승인 생시몽을 향해 제기하였던 반론들은, 어떤 경우이든, 콩트의 진보 개념에 대한 뒤르켐의 비판[166]에서도 거의 변화되지 않은 채 다시 되돌아오고 있습니다. 반면에, 미국의 런드버그Lundberg[167]와 같은 사회학의 방법론자에게는 뒤르켐도, 절대화되고 동시에 스스로 독립적이게 된 집단의식과 더불어, 원광석原鑛石과 같은 형이상학자로 보일 것 같다는 점이 매우 확실합니다.

사회학에서 개념을 ─내가 여기에서 극단적으로 표현해도 된다면─ 폐기시키려는 노력과 가능성, 즉 개념들을 카드놀이에서 사용되는 대용代用 돈과 같은 것들로 축소시키는 가능성은 내가 보기에는 특별할 정도로 제한되어 있는 것 같습니다. 이러한 대용 돈과 같은 것들은 이것들 아래에서 파악되는 사실관계들에, 사실관계들에게 그 어떤 독자성을 할당하지 않은 채, 소용될 뿐입니다. 개념들이 없는 사고는 정말로 존재하지 않습니다. 근대 사회학에 내재하는, 개념의 독자성을 간단히 제거해 버리려는 노력과 결합되어 있는 이러한 사실은 다음과 같은 결과에 이르게 합니다. 다시 말해, 사회학에는 어떤 개념이 말로 표현할 수 없고 뿌리 뽑힐 수 없는 상태로 존재하고 있기 때문에 이러한 것이 사회학에게 항상 다시 새롭게 형이상학의 혐의를 씌우게 되는 결과에 이르게 되는 것입니다. 여기에서 다음과 같은 결과가 도출될 수밖에 없을 것으로 보입니다. 실증주의가 사회학을 형이상학이라고 나타내는 것이 없이는 사회학에 형이상학의 혐의를 씌우는 것이, 사회적인 인식의 내재적인 의미에 따라 보면, 도저히 일어나지 않는 것입니다. 사회학에서 개념을 폐기시키자는 요구 자체에는 한 몸에 두 개 이상의 조직을 가진 괴물체와 같은 요소가 들어 있습니다. 더 나아가 나는 이러한 요구에 돈키호테와 같은 것이 들어 있다고까지 말하고 싶습니다.

방법론학에 대해 여러분에게 다시 한 번 주의를 환기시키고 싶은 것이 있습니다. 사회학적 인식의 가능성은, 무엇보다도 특히 이미 규제되어 버리지 않은 인식을, 내가 "규제되지 않은 경험"[168]이라고 명명하였던 것을 사회학적 인식에 관련시키는 가능성은 방법론학에 의해서, 방법론학의 절대적인 우위에 의해서 특별할 정도로 제약되고 말았습니다. 방법론학에 의한, 즉 절대적인 것으로 설정되고 물신화된 방법론학에 의한 협소화는 거의 항상 사물 자체의 희생을 치르면서 진행됩니다. 나는 이 점이 원래부터 중심적인 관점이라고 생각합니다. 여러분이 이 관점에서 방법론학을 다루었던 하버마스와 알버트의 논쟁들[169]을 나중에 한번 읽어 보기를 요청합니다. 이 강의에서는 이러한 논쟁들을 세세하게 다룰 필요가 없다고 생각합니다. 이 강의가 끝나고 곧바로 이어지는 세미나에서 다루게 될 주제이기 때문입니다. 하버마스 교수가 이 세미나에 참석해 준 것은 나에게는 기쁨입니다. [박수소리] ─ 내가 오늘 여러분에게 강의한 내용은 사회학의 관점에서 볼 때 방법론 논쟁의 의미가 무엇인가를 지적한 것이었습니다.

134) "그리스도의 승천"을 기념하는 공휴일인 5월 23일에는 강의가 없었다. 5월 28일과 5월 30일의 강의는 결강되었다. 긴급법률안의 의결을 위한 제3차와 최종 독회는 5월 29일과 30일로 예정되어 있었다. 5월 25일에는 "비상 상태에 처한 민주주의"라는 행동위원회가 아도르노, 하버마스, 알렉산더 미처리히, 발터 뤼에크Walter Rüegg, 지그프리트 운셀트Siegfried Unseld가 서명한 호소문에서 5월 28일(화요일)에 헤센 라디오 방송의 방송실에서 개최되었던 집회에 참여해 줄 것을 요구하였다. 뵐Böll, 마틴 발저Martin Walser, 엔첸스베르거Enzensberger와 같은 작가들, 대학교수들, 법률가들, 출판인들 이외에도 아도르노도 긴급법률안에 반대함이라는 인사말을 하였다(vgl. GS 20.1, S.396f). 5월 27일에는 독일 사회주의 학생연대SDS가 금속노련IG Metall이 지원하였던 후견 조직인 '민주주의 비상 상태'와 함께 긴급법률안에 대항하여 기업과 대학에서 총궐기에 나설 것을 호소하였다. 대학 총장이 선제적으로 대학의 문을 닫았던 5월 27일에는 대학 총장실이 학생들에 의하여 점령되었다. 3일 후에 경찰이 학생들을 총장실에서 퇴거시키고 총장실을 점령하였다. 긴급법률안은 1968년 5월 30일에 독일 연방의회에서 의결되었다. 5월 30일에 연이어 놓여 있었던 핑스트Pfingst 기간 동안에는 독일 대학생 연맹이 소집한 고등학생 및 대학생 회의가 개최되었다. 하버마스는 이 회의에서 6월 2일에 '저항 운동의 비판을 위한 테제들'을 발표하였으며, 이 테제들은 6월 5일에 『프랑크푸르트 룬드샤우』신문에 게재되었다(vgl. J. Habermas, Die Scheinrevolution und ihre Kinder가상 혁명과 그 후예들, in: Habermas, Protestbewegung und Hochschulreform저항 운동과 대학 개혁, a. a. O., S.188-201). 핑스트 휴가 기간으로 인해 6월 5일까지는 강의가 이루어지지 않았다. 6월 6일자 강의도 결강되었다. 아도르노는 6월 6일에는 바이에른 방송에서 음악 비평에 대하여 요아임 카이저Joachim Kaiser와 녹화 형식으로 토론하였으며, 녹화를 위해 뮌헨에 있었기 때문이다. 녹화가 끝난 후 아도르노는 뷔르츠부르크로 이동하였다. 뷔르츠부르크 대학의 막시뭄Maximum 강당에서 「현재의 사회구조에 대한 근본적인 물음」이라는 강연을 행하였다(미출간됨). 이것은 아도르노가 4월에 독일 사회학자대회에서 기조 강연으로 행하였으며 6월 4일에 헤센 라디오 방송에서 방송되었던 「후기 자본주의 또는 산업사회?」를 라디오 방송을 위해 수정하였던 원고였다.

135) 여기에서 의도된 것은 이른바 '가르치는 것에 투입', '앉은 것에 투입', '청중석에 가는 것에 투입'이다.

136) Vgl. Hans Freyer, Soziologie als Wirklichkeitswissenschaft현실 학문으로서의 사회학. Logische Grundlegung des Systems der Soziologie사회학 체계의 논리적 기초, Leipzig, Berlin 1930. - "의식에서 발생하는 것에 실존적으로 속해 있는 인간의 의식에서 발생한 것에 대한 자기 인식"으로서의 현실 학문(위의 책, 202쪽)에 대한 프라이어의 규정은 아도르노가 의도한 연관관계를 함의하고 있다. 이에 대해서는 1968년 7월 9일 강의의 앞부분을 참조할 것.

137) 고대 수사학에서 인정된 성구成句인 토포스Topos의 전통과 토포스가 아도르노에서 수용된 것에 대해서는 다음을 참조할 것. 『인식론 메타비판』Zur Metakritik der Erkenntnistheorie. GS 5, S.147f. (각주).

138) 『순수이성비판』의 암피볼리에Amphibolie장에서 칸트는 라이프니츠에 대항하여 사물들의 내부적인 것은 오로지 오성에 의해서만 인식 가능하다고 주장하고 있다. Vgl. Kant, Kritik der reinen Vernunft, B 320ff.

139) 폴 라자스펠드Paul Lazarsfeld, 1901-1976는 1933년에 미국으로 망명하여 프린스턴에서 라디오 방송-조사 프로그램을 이끌었다. 1940년부터는 뉴욕 소재 컬럼비아 대학에서 사회학 교수로서 학생들을 가르쳤다. - 프린스턴 라디오 방송 조사 프로젝트에서 아도르노가 폴 라자스펠드와 공동 작업한 것에 대해서는 다음을 참조. 아도르노, 「미국에서의 학문적 경험Wissenschaftliche Erfahrungen in Amerika」(GS 10.2, S.702-738). 1968년 7월 9일 강의도 참조할 것(301쪽 이하).

140) 1952-1954년에 다름슈타트에서 이루어진 『사회과학 조사연구소의 지역 연구』는 프랑크푸르트 사회조사연구소와의 공동 연구로 성립되었다. 이에 대해서는 『사회학적 여론』에 있는 지역연구 항목을 참조할 것(a. a. O., S.133-150). 이 연구는 9개의 주제로 이루어져 있다. 아도르노는, 부분적으로는 막스 롤페스Max Rolfes와 함께, 각 주제들에 대한 도입부를 집필하였다(vgl. GS 20.2, S.605-639).

141) Vgl. die 4., 6. und 7. Monographie der »Darmstädter Gemeindestudie«, die eine Einheit darstellen(각기 완결성을 갖고 있는 『다름슈타트 지역공동체 연구』의 4, 6, 7번째 단일 논문 참조): Gerhard Baumert, Jugend der Nachkriegszeit전후 시대의 청소년. Lebensverhältnisse und Reaktionsweisen생활 관계들과 반응방식들, Darmstadt 1952; Irma Kuhr, Schule und Jugend in einer

ausgebombten Stadt철저하게 폭격된 도시에서의 학교와 청소년 u. Giselheid Koepnick, Mädchen einer Oberprima고등학교 최상급반의 여학생들. Eine Gruppenstudie집단연구, Darmstadt 1952.

142) Vgl. H. Schelsky u. a., Arbeitslosigkeit und Berufsnot der Jugend실업과 청소년의 직업난, 2 Bde., Köln 1952. — 추정건대 여기에서 아도르노는 쉘스키가 대표하는 '평준화된 중산층 사회'의 개념을 생각하고 있었던 것 같다. 쉘스키의 이 개념은 2차 대전 후에 사회적 평준화가 증대되고 있다는 것에서 출발하였다(vgl. dazu GS 8, S.518ff.). 이와는 대조적으로, 다름슈타트의 전후 세대 청소년에 관한 바우머트Baumert의 연구는 경제적 차이와 위계질서가 계속되는 것 이외에도 이것들에 상응하는 '신분 의식'이 깨지지 않고 지속되고 있음을 보여주었다. 바우머트의 연구에 도입부로 쓴 글에서 아도르노는 다음과 같이 강조하였다. "전쟁, 폭탄 재앙, 화폐 평가, 통화 개혁 등에도 불구하고 사회적인 차별화는 전쟁 전에 있었던 차별화와 일치하거나 또는 최소한 매우 유사하다. 독일 사회가 발생한 사건에 의해 경제학적으로, 사회학적으로, 심리학적으로 평준화되었다는 자주 듣게 되는 테제는, 일단은 다루어진 영역에 대해서는, 바우머트의 주제적 연구에 의해 —그 밖에도 다름슈타트 프로젝트의 다른 부분 연구들로부터 유래하는 수많은 조사 결과들에 의해— 반박된 것으로시 통용될 수 있다. 차별화는 객관적인 측면에 —예를 들어 거주 관계들처럼— 관련되어 있을 뿐만 아니라 주관적인 측면에도 관련되어 있다. 청소년들이 그들의 '신분'에 대해 갖고 있는 의식"(GS 20.2, S.624).

143) 여기에서 명명된 단계화 처리, 즉 연속체에서 단위들의 기입을 가능하게 하는 탐구 결과들의 측정을 위한 처리에 대해서는 다음을 참조. Vgl. den Abschnitt 8. *Konstruktion von Skalen* im Artikel *Empirische Sozialforschung*경험적 사회연구 항목에 있는 척도들의 구성을 다룬 8절(GS 9.2, S.347—349).

144) Vgl. T. W. Adorno, Else Frenkel-Brunswik, Daniel J. Levinson, R. Nevitt Sanford in collaboration with Betty Aron, Maria Hertz Levinson and William Morrow, *The Authoritarian Personality*권위주의적 인성, New York 1950. (Studies in Prejudice. Vol. 1.) — 아도르노가 혼자 집필했거나 또는 다른 저자들과 집필한 장휼들 중에는 F-척도에 대한 장이 들어 있다. 이것들은 다음의 부분에 인쇄되어 있다. GS 9.2, S.143-509.

145) '거트만-척도'에 대해 아도르노는 다음과 같이 쓰고 있다. "거트만-척도(반응도 분석)에서는 '항목들items'이 일차원적이어야 한다. 다시 말해, 어떤 특

정한 '항목'에의 동의는 다른 모든 덜 극단적인 '항목들'을 포함해야 하며, 모든 더욱더 극단적인 '항목들'을 거부하는 것과 보조를 맞추어야 한다. 더욱더 큰 방법론적인 엄격함은 내용적인 폭을 얻는 대가로 매입되고 만다"(GS 9.2, S.348).

146) 특정한 자극들에 대해 피설문자가 직접적으로 보이는 반응을 탐구하는 "중앙에 집중되는" 인터뷰에 비해서, "심층심리학에 맞춰진 임상적인 인터뷰 clinical interview는 주어진 경험의 직접적인 작용들보다는 더욱더 깊은 의식의 층에 집중된다"(GS 9.2, S.337).

147) Vgl. das von Else Frenkel-Brunswik(1908-1958) verfaßte Kapitel »Personality as Revealed through Clinical Interviews임상적 인터뷰를 통해서 밝혀진 것으로서의 인성«, in: The Authoritarian Personality권위주의적 인성, a. a. O., S.289-486.

148) "단수 영역"과 "복수 영역"의 개념에 대해서는 다음을 참조. Elisabeth Noelle, Umfragen in der Massengesellschaft대량사회에서의 앙케트. Einführung in die Methoden der Demoskopie여론조사 방법론 입문, Hamburg 1963, S.11f. und S.12, Anm. 3(각주 3번). 그곳에 다음과 같은 내용이 나온다. "개인적인 것의 영역, 인성의 영역, 전체성의 영역과 다른 한편으로는 징후 영역(즉 통제적 영역, 변수들과 지수들) 사이의 구분에 대해 나는 단수 영역과 복수 영역의 개념들을 제안하였다." Vgl. dazu: Kölner Zeitschrift für Soziologie, VI. Jg., Winter 1953/54, S.631.

149) Vgl. Georg Lukács, Die Theorie des Romans소설의 이론. Ein geschichts-philosophischer Versuch über die Formen der großen Epik, Berlin 1920, S.9f.

150) 하이데거의 실존적 존재론이 암시되고 있다. 하이데거는 카테고리들인, 존재하는 것에 대한 존재 규정성들과는 구분해서 인간적인 현존재의 존재 특징들을 실존적인 것이라고 명명하고 있다(vgl. etwa Martin Heidegger, Sein und Zeit존재와 시간, 12. Aufl., Tübingen 1972, S.54ff).

151) 편집자주 107번에 있는 입증 내용을 참조.

152) 편집자주 17번에 있는 입증 내용을 참조.

153) Vgl. Max Weber, Gesammelte Aufsätze zur Wissenschaftslehre학문론 논문집, Tübingen 1922. ─ 아도르노는 이어지는 강의에서 베버의 「이해 사회학의 몇몇 카테고리에 대하여」(1913)라는 논문에 자신의 논의를 관련시키고 있다; 앞의 논문집, S.403-450.

154) 앞의 논문집, S.403-407: »I. Sinn einer >verstehenden< Soziologie'이해 사회학'의

의미«.

155) 앞의 논문집, S.403-407: »II. Verhältnis zur Psychologie심리학과의 관계«. — 베버에서 심리학과 사회학을 분리시키는 근거는 '목적합리적' 행위의 개념이다. "'이해 사회학'은 말해진 모든 것에 따르면 '심리학'의 부분이 아니다. 어떤 행위의 의미 있는 구조에 대한 직접적이고 '가장 이해가 잘 되는 방식'은, (주관적으로) 명백하고 명료하게 파악된 목적들에 도달하기 위해 (주관적으로) 명백하게 적절한 수단들에 따라 이루어지는 주관적으로 엄격하게 합리적으로 맞춰진 행위이다. 이것은 앞에서 말한 수단들이 이러한 목적들에 적합한 것으로 연구자에게 보일 때 가장 많이 해당된다. 우리가 그러한 행위를 '설명할 때', 이것은 우리가 행위를 '심리적인' 사실관계들로부터 설명하는 것을 지칭하지 않으며 오히려 그 반대의 경우를 지칭한다. 우리는 대상들의 행동에 대해서 주관적으로 마음속에 품어진(주관적인 목적합리성) 기대들과 유효한 경험들에 따라 마음속에 품어진(객관적인 정확성의 합리성) 기대들로부터, 전적으로 이러한 기대들로부터 그러한 행위를 도출하려고 한다. 어떤 행위가 정확성의 합리성의 유형에 상응하여 맞춰진 것이 더욱 명백하면 할수록, 그러한 행위의 결과가 그 어떤 심리학적인 숙고들에 의해 의미 있게 이해될 수 있는 정도가 더욱 줄어든다"(ebd. S.408). 막스 베버에 대해서는 1968년 7월 2일 강의(제14강)도 참조. 목적합리성의 개념에 대해서는 편집자주 250번도 참조.

156) Vgl. E. Durkheim, Die Regeln der soziologischen Methode사회학적 방법론의 제규칙, a. a. O., S.46 u. 65. — '사회적 사실'에 대한 고찰에서 가장 상위에 있는 원칙은 다음과 같다. "가장 앞에 있으며 가장 근본적인 규칙은 사회학적 사실들을 사물들처럼 고찰하는 것에서 성립된다"(Ebd. S.115).

157) '가치 자유'의 개념에 대해서는 베버의 다음 논문들을 참조. »Die Objektivität sozialwissenschaftlicher und sozialpolitischer Erkenntnis사회과학적 및 사회정책적 인식의 객관성« von 1904 und »Der Sinn der >Wertfreiheit< der soziologischen und ökonomischen Wissenschaften사회학 및 경제학에서 '가치 자유'의 의미«(1917/18), in: Max Weber, Gesammelte Aufsätze zur Wissenschaftslehre학문론 논문집, a. a. O., S.146 bis 214 und S.451-502.

158) Vgl. Emile Durkheim, De la division du travail social사회분업론, Paris 1893; dt. mit einer Einleitung von Niklas Luhmann: E. Durkheim, Über soziale Arbeitsteilung. Studie über die Organisation höherer Gesellschaften, 2. Aufl.,

Frankfurt a. M. 1988.

159) 집단의식에 대해서는 뒤르켐의 독일어판『사회분업론』2권 3장을 참조. »Die Nebenfaktoren. Die fortschreitende Unbestimmtheit des gemeinsamen Bewußtseins und ihre Gründe부수적 인자들. 공동 의식의 지속적으로 진보하는 불확실성과 그 이유들«(S.344-366). 이 책에 대한 루만Luhmann의 서문도 참조(S.24, Anm. 11[각주11번]). — 튀빙겐에서 개최되었던 독일 사회학회 학술대회에서 발표한 논문인「사회과학의 논리에 대하여」에서 이미 아도르노는 베버와 뒤르켐을 지적하면서 가치 개념에 대한 논의를 이어갔다. "사회학과 다른 학문 분과들이 불필요한 짐처럼 질질 끌고 가고 있는 가치 문제는 그러므로 잘못 제기된 문제이다. 가치로부터 자유로운 듯이 거드름을 피면서 제기되는, 사회에 관한 의식은 사물 자체뿐만 아니라 많든 적든 지시되고 자의적으로 확정된 가치들을 증거로 끌어 대는 것까지도 놓치고 있다. 우리가 대안에 굴복하게 되면, 이율배반들에 빠져들고 만다. 실증주의도 또한 이러한 이율배반들로부터 빠져나올 수 없었다. 관념의 사물화를 주장함으로써 실증주의적인 성향에서는 막스 베버를 능가하였던 —막스 베버는 종교사회학에서 스스로 그의 텍스트를 증명하는 힘을 갖고 있었다— 뒤르켐은 가치로부터의 자유를 인정하지 않았다"(GS 8, S.561).

160) Vgl. Max Scheler, Probleme einer Soziologie des Wissens지식사회학의 문제들, in : Gesammelte Werke, Bd.8: Die Wissensformen und die Gesellschaft지식의 형식들과 사회, mit Zusätzen hrsg. von Maria Scheler, 2. durchgesehene Aufl., Bern, München 1960, S.15-190.

161) 여기에서 의도된 것은 포이어바흐의 다음과 같은 표현이다. "종교에 반대하는 것이 아니라, 종교의 위에 있어야 한다. 인식은 믿음 이상의 것이다. 우리가 알고 있는 것이 적은 것일지라도, 이처럼 규정된 적은 것은 믿음이 지식에 앞서서 갖고 있는 안개와 같은 더욱 많은 것보다는 더욱 많다(Ludwig Feuerbach, Sämtliche Werke, hrsg. von Wilhelm Bolin und Friedrich Jodl, Bd. 10, Stuttgart 1911, S.326).

162) 칸트의『도덕 형이상학의 기초』에 다음과 같이 쓰여 있다. "목적들의 영역에서는 모든 것이 값어치를 갖거나 또는 품위를 갖는다. 무엇이 어떤 값어치를 갖고 있으면, 이 자리에 다른 어떤 것이 등가치로서 들어설 수 있다. 이에 반해서 어떤 것이 모든 값어치를 초월하게 되면, 이에 따라 어떤 등가물도 승낙되지 않는다. 바로 이것이 품위를 갖고 있는 것이다"(Kants Werke, a. a.

O., Bd.4, Berlin 1968, S.434).

163) 심리학자인 후고 뮌스터베르크(1863-1916)는 1908년에 출간된 『가치 철학』
과 함께 신칸트주의의 남서 독일학파에 근접해 있었다. 이 학파의 대표자인
리케르트(1863-1936)와 빈델반트(184-1915)는 시간에 관계없이 통용되는
'가치들의 영역'을 완성하는 것을 '문화과학'의 임무로 간주하였다. 편집자
주 286번도 참조.

164) Kant, Kritik der reinen Vernunft순수이성비판, B 884.

165) 쇼이흐와 다렌도르프의 논문에 대해서는 편집자주 46, 49번에 들어 있는 입
증 내용을 참조.

166) Vgl. E. Durkheim, Die Regeln der soziologischen Methode, a. a. O., S.118f.

167) 런드버그George A. Lundberg, 1895-1966는 사회학이 순수하게 물리학적으로 맞
춰진 사회조사연구를 수행해야 한다는 요구로까지 나아갔다. Vgl. G.
Lundberg, Social Research. A Study in Methods of Gathering Data, New York
1942; vgl. auch ders., Foundations of Sociology, New York 1939.

168) 편집자주 94번에 있는 입증 내용을 참조.

169) 이 논쟁에 대해서는 편집자주 67번을 참조.

신사 숙녀 여러분, 늦어서 죄송합니다. 여러분 중의 많은 사람들도 아마 그랬을 것입니다만 나도 강의실 밖에서 벨 소리를 기다렸지만 허사였습니다. 모든 가능한 것이 다시 제 기능을 못하고 있는 것 같습니다. 나는 마이크 장치가 제대로 작동되지 않고 있다는 인상을 갖고 있으며, 더 나아가 에어컨도 제대로 작동되지 않고 있다는 느낌을 받고 있습니다. 그러나 그 밖의 다른 모든 것은 최상의 상태를 보이고 있습니다.

　신사 숙녀 여러분, 우리는 방법론과 사물의 관계에 대한 물음을 파악하는 일에 이미 착수하였습니다. 나는 또한 최근에 매우 특별하게 확인되고 있는, 오로지 홀로 축복받는 방법론에 대한 믿음은 사회학자들이 여러 시기에 걸쳐서 방법론에 대해 서로 의견의 일치를 보인 적인 결코 없었다는 사실 한 가지만으로도 거짓됨이 증명되었다는 점에 대해 여러분에게 주의를 환기시켰습니다. ― 여러분이 왜 쉬쉬하는지 물어 보아도 될까요? ―그 이유를 모르겠습니다― 쿨렌캄프 씨는 마이크 '기술'이 점검되었고 정상이라고 확인해 주었습니다. 나는 이 점을 반복할 수밖에 없습니다. 내가 지금 말하는 것보다 크게 말할 수는 없습니다. 이에 대해 여러분의 양해를 구합니다. 여러분에게 정말로 죄송하며, 여러분이 내 목소리의 크기를 어느 정도 감내해 주기를 희망합니다.

　나는 사회학에 특별할 정도로 특징적인 방법론들의 배치背馳를 들어서 방법론 논쟁들의 중요성을 축소시키고 싶지 않습니다. 오히려 이러한 방법론 논쟁들의 뒤에는 사물적인 문제들이 일반적으로 숨겨져 있다는 점을 인식하는 것이 중요합니다. 이것은 내가 왜 입문 강의들의 ─입문 강의들은 자료에 깊게 침잠할 수 없기 때문에 방법론 논쟁에 집중합니다─ 기법에 따르고 있는가 하는 이유이기도 합니다. 나는 사회학이 설정하는 방법론적인 문제들에는 사물적인 것들도 항상 섞여 있다는 점을 여러분이 마음속에 그려 두기를 요청하고 싶습니다. 이 점을 여러분에게 말하는 이유는 간단합니다. 내가 말하였던 비판적인 내용들이 여러분에 의해서 일방적으로, 훈련이 되지 않은 채 저돌적으로 사회학화하는 것의 의미에서 이해되지 않도록 하기 위함입니다. 다시 말해, 설득력뿐만 아니라 사회학적으로 인식하는 것의 내용도 또한 어느 정도까지는 방법론과 방법론의 선택에 의존되어 있다는 것은 방법론 문제들에 항상 들어와 있습니다. 사물의 문제들은 항상 방법론 문제들에 의해 매개되어 통용되는 것입니다. 내가 방법론의 수정을 위해서 여러분에게 비판적으로 말하였던 내용을 기억하리라 믿습니다. 이것이 방법론에 대한 숙고, 방법론학적인 성찰을 저지해서는 안 될 것입니다. 이 점을 나는 역설하지 않을 수 없습니다. 이를테면, 여러분은 사물적으로 결정되는 모든 물음은 방법론학적인 물음으로 환원시킬 수 있다는 믿음에서 성립되는 발걸음으로부터, 즉 겉으로 보기에는 최소한의 발걸음이지만 무한히 많은 결과를 유발하는 발걸음으로부터 여러분을 지켜야 할 것입니다. 오히려, 방법론학적인 논쟁들에는 사물적인 배치背馳들이 숨겨져 있을 뿐만 아니라 ─방법론 논쟁이나 형식적인 논쟁이 내용적인 논쟁을 은폐시키는 단순한 형상들이라는 점이 학문에서 보통은 익숙해져 있는 것처럼─, 때로는 겉으로 보기에 규정적인 방법론학적인 배치背馳들에는 사실상 사물 자체의 관점들, 사물 자체의 이율배반적인 관점들도 숨겨져 있습니다.

나는 이 점이 중요하다고 생각하기 때문에, 사회학적으로 중요한 모델들에서 일반적인 숙고들을 여러분에게 가능한 한 보여주려는 나의 원칙에 충실하게, 여기에서 다시 한 번 아직은 결말이 나지 않는 논쟁인 뒤르켐과 막스 베버의 논쟁으로 되돌아가고자 합니다. 나는 지지난 시간에 이 논쟁을 이미 건드려 본 바 있었습니다.[170] 여러분은 이 논쟁에서 방법론과 사물의 관계를 명백하게 인식할 수 있었습니다. 이해될 수 없는 것을 '관념의 사물화 현상'에서 통용시키고 있는 뒤르켐은 이해 가능성이 중지되는 곳, 바로 그곳에서 사회학이 그 진정한 대상을 발견하게 된다고 말하고 있습니다. 이렇게 함으로써 뒤르켐은 사회적 조직화의 모멘트, 사회적 조직화의 매우 중심적인 모멘트를 적중시켰습니다. 즉, 인간에 의해 만들어진 것이 인간을 향해 제도적으로 스스로 독자성을 갖게 되는 모멘트를 적중시킨 것입니다. 그러나 그는 이러한 모멘트를 실체화하고 있을 뿐입니다. 다시 말해, 뒤르켐은 그러한 꿰뚫어지지 않음, 인간에 의해 만들어졌으나 인간을 향해 스스로 독립적이 된 제도들의 그러한 '제2의 자연'이 사회적 조직화의 본질에 놓여 있는 것처럼 사회적 조직화의 모멘트를 다루고 있습니다. 이러한 경향에는 지배적인 사회에 대해 옹호적인 시각이 붙어 있습니다. 이것은 뒤르켐을 규정하는 특징들 중의 하나로서 뒤르켐이 갖고 있는 요소입니다. 뒤르켐에서 지배적인 사회에 대한 옹호적 태도는 그의 이론의 전개 과정에서 오히려 더욱 강화되었습니다. 그러나 바로 이것 자체에 —여기에서 여러분이 조금은 더욱 깊은 시각으로 사회학 텍스트를 읽는 것을 배웠으면 좋겠습니다. 이렇게 배우는 것이 입문 강의의 목적이기도 합니다— 진리의 모멘트도 역시 들어 있습니다. 그 이유는 다음과 같습니다. 우리가 사물화라고 명명하는 것과 소외라고 명명하는 것이, 직접적으로는 서로 동질적이지 않은 두 개념과 함께, 우리가 헤겔과 마르크스 이후 알고 있는 특별한 형태에서 자본주의적 사회로부터 매우 확실하게 드러나게 되었기 때문입니다. 다른 한편으로는, 우리가 지금까지 존재해왔던 사회들, 그리고 이전의 사회들이 인간 사이의 순수한 직접성과 같은 것이었다고 실제로 받아들이게 된다면, 이것은 사회의 원천적인 형식들을 완전히 부적절하게 낭만화시키는 것에 지나지 않게 될 것이기 때문입니다. 매우 특정한, 이른바 '평화로운 원시부족사회',[171] 즉 해악이 없고 조직화되지 않은 소규모 사회들이 언제 존재하였는지의 여부에 대해서 우리는 기나긴 논쟁들을 시도해 볼 수 있을 것입니다. 내가 아는 바로는, 이러한 시도는 민족학에서 다루어집니다. 그러한 현상들의 원천들에 관한 물음들과 함께 민족학을 향하는 대부분의 물음들에 대해 우리가 민족학으로부터 정보를 기대하듯이, 평화로운 원시부족사회의 존재 여부에 대해서도 우리는 민족학으로부터 답을 얻게 되기를 기대하는 것입니다. 민족학은 그러나 명백한 답변을 제공하는 것을 거부합니다. 이것은 아마도 일단은 민족학의 책임만은 아닙니다. 오히려 그러한 현상들은 사실상으로 태고 시대에서 규정되지 않은 것 내부로 그것들을 잃어버렸는지도 모릅니다. 그러나 우리가 확실하게 말해도 되는 것이 있습니다. 미국의 사회학자 베블런Thorstein Veblen이 '야만적 문화'[172]라고 나타냈던, 고대 멕시코 사회나 고대 이집트 사회와 같은 사회의 초기 단계들도 그것들에 고유한 방식으로 강제적 특징을 갖고 있었습니다. 또한 사회의 초기 단계들도 사람들에게 노예 노동을 시키거나 제전에서 사람을 희생시키는 것을 통해서 그 사회가 이해되는 것으로부터 빠져나올 수 있었던 것입니다. 이것은 마치 산업사회의 장치가 직접적인 이해로부터 벗어나 있는 것과 마찬가지입니다.

이에 비해서 막스 베버는, ─나는 이제 베버의 입장을 다루어도 된다고 봅니다─, 앞에서 말한 사회가 이해로부터 빠져나오는 관계들에 되돌아가지 않은 상태에서 사회학의 관심을 알려주고 있습니다. 베버가 알려주는 사회학의 관심은 사회학적 주관주의에서도 역시 진리의 모멘트로서 내재되어 있습니다. 베버는 고대로부터 지금까지 흘러 내려왔고 인간에 마주하여 스스로 독립적이 되었으며 객체화된 관계들이 그것들 나름대로, 마르크스가 표현하였듯이, 또한 '인간 사이의 관계들'이며, 자체로서 인간에게 대립적으로 나타나는 사물들의 속성이 아니다'[173]라는 입장을 보였습니다. 이를테면 베버는, 모든 사회적인 것을 이해할 수 있어야 한다는 요구를 설정함으로써, 의도하지 않았던 채 제도들을 인간적인 것에 환원시켰던 것입니다. 이와 동시에 베버는 사실상으로 주체들과 주체들에 관련되는 객체화된, 대상화된 제도들에 공통으로 들어 있는 수단에 시중을 드는 일관성을 보이고 있습니다. 다시 말해, 나는 베버가 합리성에 시중을 들고 있다고 말하고자 합니다.

여러분은 여기에서 비교적 오래된 실증주의적인 사회학 내부에서의 방법론 논쟁이 어떠했던가에 대해 볼 수 있을 것입니다. 여기에서 반복하여 말하겠습니다. 두 개의 학파, 즉 독일의 학파와 프랑스의 학파가 같은 정도로 실증주의적입니다. 두 학파는 이상주의적인 사변에 반대하였으며, '내부로부터' 사물 자체를 이해하는 것에도 같은 정도로 반대하였습니다. 내가 방법론 논쟁에 대해 매우 짧고 집중적으로 말했던 것에서 여러분은 우리가 사회에 대한 변증법적 구상으로의 전이轉移의 필요성으로 이해할 수 있는 것에 관하여 무엇인가를 인식할 수 있을 것입니다. 이것은 나에게는 정말로 중요한 일입니다. 여러분은 또한 동시에 그러한 전이가 개념의 의심스럽고도 특별한 자기 운동인 비밀스런 학문과 같은 것이 거의 아니라는 점도 볼 수 있을 것입니다. 이처럼 의심스러운 자기 운동이 헤겔에 대한 음흉한 오해에서 어떻게 항상 다시 변증법에 할당되었는지에 대해 내 머리나 또는 여러분의 머리에 이미 전제되어 있습니다. 다시 말해, 헤겔의 변증법을 넘어서 변증법적 이론의 임무에 대해 말하겠습니다. 한편으로는 사회의 특징에 들어 있는 공공연하게 서로 대립되는 두 개의 모멘트들, 즉 사회가 이해되지 않는다는 점, 사회의 불투명성과 다른 한편으로는 사회는 종국적으로 인간적인 것에 환원될 수 있으며 이러는 한 이해될 수 있는 특징을 갖고 있다는 점을 —이 두 개의 모멘트가 하나의 공통적인 것, 즉 사회의 생존 과정으로부터 도출되는 것을 통해서— 하나로 결합시키는 것이 변증법적 이론에게 주어진 과제가 아닌가 생각합니다. 사회의 생존 과정이 전체 사회의 사회적 노동에서 발원하는 것과 똑같은 정도로 사회의 생존 과정은 그 초기 단계들에서 스스로 독립적으로 되는 것, 경직화, 심지어는 지배를 ―이것은 어떤 경우이든 위대한 사회주의적 이론가들의 견해였습니다― 요구하였습니다. 사회의 생존 과정이 이렇게 전개되고 있는 한, 사회는 이해될 수 있는 것입니다. 다시 말해, 제도화의 반대되는 것을 이해하면 사회가 이해될 수 있는 것입니다. ― 내가 여러분에게 이렇게 대략적으로 말한 숙고는 변증법적 견해가 요술이 없이, 그리고 중첩된 기반이 없이 진행된다는 점에 대해 일단은 충분한 근거가 되리라 생각합니다. 변증법적 견해는 사고의 더욱더 큰 귀결입니다. 여기에서 실증주의가 저지른 죄에 대해 다음과 같이 말하고자 합니다. 실증주의는 사고의 이러한 귀결, 이론 형성에서의 이러한 진보를 이론 형성에 고유하게 내재하는 필연성 때문에, 그리고 직접적인 것에 집착하는 완고한 순진성과 같은 것을 위해서 절단시켜 버렸습니다. 직접적인 것에 집착하는 완고한 순진성은 훨씬 더 진보된 자연과학들에게는 매우 낯선 것에 지나지 않습니다. 이처럼 진보된 자연과학들은 실증주의자들이 변증법적인 입장을 취하는 사회과학자들에게서 금지시키고 싶어하는 이론 형성들과 같은 종류의 이론 형성을 부단히 필요로 합니다. 나는 바로 이 점을 방법론 논쟁의 연관관계에서 여러분에게 주의를 환기시키려 했던 것입니다.

　나는 방법론의 선택이 우연적이거나 자의적이지 않다는 점을 덧붙이고 싶습니다. 이것은 방법론의 선택이 하나의 동질적인 핵심으로 필연적으로 이끌게 되지는 않는다는 것을 말하고 있습니다. 우리가 단순히 주관적인 질서 모형으로부터 출발하는 것 대신에 사회의 객관적인 구조로부터 출발한다면, 내가 이 입장을 이 강의에서 매우 강력하게 대변하고 있는 것처럼, 여러분은 모든 길이 로마로 통한다고 말하게 될 것입니다. 이것은 설득력이 있는 주장입니다. 다시 말해, 모든 방법론이 동일한 사회적인 사실관계에서 수렴하게 될 수밖에 없게 되는 것입니다. 이것과 연결되어 있는 무엇이 있다는 점은 확실합니다. 가장 상이한 방법론들에서도 사회의 확실한 근본 구조들이 표현됩니다. 여러분이 예를 들어 베버가 전적으로 주관적 사회학의 의미에서 '이상형'174)으로서의 자본주의에 부여한 규정들을 살펴보고 마르크스의 이론과 —베버의 사회학은 본질적으로 마르크스의 이론에 대항하여 구상되었습니다— 비교해 보면, 여러분은 자본주의에 부수적으로 따르는 속성들 —베버에서는 거의 이렇게 말하지 않을 수 없습니다— 아래에서 마르크스에서도 역시 나타나는 등가 형식, 시장, 합리성, 계산, 이와 유사한 개념들과 같은 모멘트들의 다수를 재발견하게 될 것입니다. 이러한 모멘트들은 물론 마르크스에서는 자본주의에 부수적으로 따르는 속성들로서 나타나는 것이 아니고 근본 카테고리, 즉 상품 형식으로부터 전개된 것들입니다.

신사 숙녀 여러분, 나는 그러나 이 자리에서 우리가 망각해서는 안 될 것이 있다고 생각합니다. 사회에 관한 학문은 끝없이 차이를 보이는 대상과 관련되어 있다는 점을 잊어서는 안 될 것입니다. 이러한 대상이 다른 관점에서는 우리에게 전혀 차이를 드러내지 않고 잔인함으로 우리와 맞서는 경우에, 우리는 사회에 관한 학문이 대상과 어떤 관계를 맺고 있는가를 망각해서는 안 되는 것입니다. 우리는 최근에 프랑스에서 일어난 사건들에서 드골주의적인 경찰이175) 단호한 조치를 취하는 과정에서 전율을 일으키는 실험들을 시도하는 것으로부터 앞에서 말한 잔인함을 다시 경험하였습니다. 내가 여기에서 말하고자 하는 중요한 점은 다음과 같습니다. 상이하게 만들어진 종류의 방법론적인 관점 설정들에서 관철된 겉으로 보기에 동질적인 핵심이 결정하지 않고, 오히려 상이한 종류의 방법론적인 관점 설정들의 모멘트들이 나타나는 성좌적星座的 배열들이 결정한다는 점이 중요한 것입니다. 이러한 모멘트들은 지속적으로 이론적인 모멘트들입니다. 베버의 자본주의에 관한 이상형적인 이론의 확실한 요소들과 마르크스의 이상형적이 아니고 사물 자체에 마주하여 의도된 이론 사이에 일치를 보이고 있음에도 불구하고, 사회이론의 이러한 두 가지 형태들의 관계에는 전체에 걸쳐 차이가 만들어지고 있습니다. 비교적 오래된 실증주의적인 스타일을 갖고 있는 이해되는, 분해되는, 기술적記述的인 ―이러한 요소들은 빌헬름 딜타이Wilhelm Dilthey의 '학문론'176)의 의미에도 놓여 있었습니다― 사회학이 방법론적 관점 설정의 모멘트들을 제시하고 어떤 정의定義와 같은 것으로 요약해 내는지, 그리고 내가 여러분에게 이미 대략 말했듯이 이러한 모멘트들이 그것들 나름대로 특정한 근본 카테고리들로부터 다시 통일적으로 전개되는지, 그리고 이로부터 마르크스 자신이 청년 시절의 유명한 편지에서 헤겔의 "괴기스러운 산맥의 멜로디"177)라고 불렀던 것, 즉 이른바 부수적 속성들의 ―이러한 부수적인 속성들은 단순하게 개념적인 핵심에 귀속되지 않으며, 부수적인 속성들로부터 하나가 다른 것으로부터 산출되는 특징을 갖고 있습니다― 연관관계의 소름끼치고 깜짝 놀라게 하는 현상이 생기는지에 대해서 베버와 마르크스는 전체에 걸쳐 차이를 드러내고 있습니다. 우리 모두에게 고통을 주고 있는 전체의 지옥 같은 강제적인 특징은, 베버에 놓여 있는 것처럼, 사회학의 기술記述적인, 이해되는 종류에서보다는 전혀 다른 방식으로 통용성에 이르게 됩니다. 앞에서 든 베버와 마르크스의 예에서 여러분은 상이한 방법론적인 관점 설정들이 동일한 것을 생기게 하는 곳에서도 이처럼 동일한 것이 그러한 관점 설정들에서는 동일한 것이 아니고 전적으로 상이한 비중을 갖고 있다는 점을 이미 인식하였으리라 봅니다.

신사 숙녀 여러분, 여기에서 지금까지 이야기하지 않았던 내용에 들어가고 싶습니다. 나는 방법론이 사물에 따라 방향이 맞춰져야 한다는 점과 방법론이 단순히 질서의 모형이 아니라는 점을 여러분에게 항상 강조하였습니다. 여러분 중의 많은 사람들이 ―대략적으로 자연과학을 공부하는 사람들이나 또는 객관적으로 통용되는 인식의 자연과학적 모델을 자신의 내부에서 담지하고 있는 사람들이 해당될 것입니다― 나에게 다음과 같은 것을 요구할 것이라는 생각을 해 볼 수 있습니다. 이러한 요구는 여러분이 품을 수 있는 정당한 회의懷疑입니다. 다시 말해, 여러분 중의 많은 사람들은 사물에 맞춰져 있다는 인식의 문제에 대해서, 사물에 맞추지 않는 인식의 문제에 대해서 내가 여러분에게 확실한 모델을 제공하고 이러한 모델에서 우리가 무엇을 구체적으로 생각할 수 있는가에 대해 구체화하고 명백하게 보여주어야 한다고 요구할 것입니다. 이제 이러한 모델을 여러분에게 제공하고 싶습니다. 나는 이러한 모델을 이데올로기론 또는 이데올로기 비판의 영역으로부터 끌어내려고 합니다. 이데올로기론論의 영역은 우리가 일단은 사회학의 분업적인 개념에 따르는 경우에는 ―나는 1초 동안만이라도 이에 따르도록 하겠습니다―, 다시 말해 우리가 사회학을 경제적 생산과 삶의 재생산처럼 사회적으로 바탕이 되는 진행 과정들로부터 분리시킬 수 있다고 믿는 경우에는, 거의 자동적으로 사회학의 중심점, 사회학의 중심 문제가 됩니다. 이데올로기 연구 또는 이데올로기 비판이 ―이것들이 하나인지 또는 다른 것인지에 대해서 나는 이 순간에도 그 해결을 유보하고자 합니다― 사용하는 수단들 중의 하나는 이데올로기 연구가 정신이 산출해 낸 그 어떤 것들을 다루며 이것들을 분석하고 이것들로부터 사회적인 추론들을 도출해 낸다는 점을 여러분이 알고 있을 것입니다. 우리는 물론 이데올로기 비판이 인간을 다루어야 할 것이라고 말할 수도 있습니다. 인간은, 사회학적 전문 언어에서 말하고 있듯이, 이념의 담지자 또는 이데올로기의 담지자이기 때문입니다. 그러나 매우 간단한 숙고만 해 보아도 다음과 같은 점이 드러납니다. 직접적으로 인간 자체의 이데올로기들인 이데올로기들은 그 사회적 원천을 인간에서, 그리고 인간이 합의한 것에서 즉각적으로 갖고 있지 않습니다. 이데올로기들은 집단적으로, 전통을 통해서, 또는 다른 방식으로 인간의 손에 떨어지거나, 또는 의견 형성의 고도로 집중되고 조직화된 형태를 통해서, 가장 넓은 의미에서의 문화산업을 통해서 비로소 그 모습을 확연하게 드러내 보이는 것입니다. 이 점은 특히 현재의 사회에서 특징적으로 나타나는 현상입니다. 우리는 한편으로는 인간의 이데올로기들을 이데올로기들의 역동성에 따라서는, 인간에 대한 설문조사의 단순한 기법을 통해서는 전혀 알아낼 수 없습니다. 다른 한편으로 우리는 이데올로기들 자체가 지속적으로 작용들의 기능들이며 작용들은 이른바 실제적인 정신적 형상들을 통해서 기능들에 영향을 미친다는 점을 고려해야 합니다. 이런 두 가지 이유 때문에 사회학자들은 이러한 정신적인 형상물들에 대한 연구로 눈을 돌리게 되며, 이러한 경향은 점차 증대되고 있습니다.

방법론과 사물의 관계에 대해 설명하고 싶은 문제에 들어가기에 앞서서 이 자리에서 덧붙이고 싶은 것이 있습니다. 단순히 방법론적으로 정돈된 사회학에 비해서 객관적인 구조에 맞춰진 사회학이 갖고 있는 특징적인 차이점을 여러분에게 말하고 싶습니다. 객관적인 구조에 맞춰진 사회학은, 여러분에게 이미 대략 말하였듯이, 실증주의의 통상적인 게임 규칙들에 놓여 있는 것처럼 실험 대상자들, 피실험자들의 반응들을 단순하게 다루지 않습니다. 객관적인 구조에 맞춰진 사회학은 오히려, 이러한 행동들이 ―이것들이 이데올로기인 한― 스스로 의미나 또는 무의미를 갖고 있으며 의미나 무의미는 그것 나름대로 다시 사회의 의미나 무의미와 연관되어 있기 때문에, 행동주의적 이론이 자극이라고 명명하는 것과 반응 사이에서 하나의 관계를 산출해 냅니다. 다시 말해, 설문조사에 대한 이른바 주관적인 반응들이 사회가 인간에게 행사한 자극들의 분석과 관계를 맺게 되는 것입니다. 실증주의적 사회학에는 개별 인간에게 작용하는 것의 의미성, 또는 탐구 가능성, 또는 해석 가능성을 수용하는 것을 넘어서서 일종의 금기, 즉 손에 들고 있는 가장 유일하게 확실한 것은 반응들이라는 일종의 금기가 놓여 있습니다. 이 점은 지배적인 실증주의적 사회학이 갖고 있는 가장 근시안적인 관점 중의 하나라고 할 것입니다. 이 점은 또한 나의 미국 체류 시절에 나를 항상 반복적으로 갈등으로 몰아넣었던 것이기도 합니다. 이와 같은 근시안적 관점으로 인해, 실증주의적 사회학은 앞에서 말한 반응들이 매개된 것, 도출된 것, 이차적인 것으로서 이러한 반응들에 돌려진 확실성과는 다른 모든 것을 자체에서 담지하고 있다는 것을 완벽하게 망각하고 맙니다. 신사 숙녀 여러분, 여기에서 여러분은 사회적인 자극들의 내용과 사회적인 반응들 사이의 관계에 대한 고찰 방식의 계기는 ―우리 프랑크푸르트 학파는 이러한 계기를 특히 사회조사연구소에서 커다란 체계성을 갖고 맡아서 연구하고 있습니다― 망상이 아니고 또한 일종의 철학적-사변적인 실행이 아니며 어떤 것에 얽매이지 않고 성찰하는 모든 인간에게 즉각적으로 열려 있는 숙고들을 통해서 산출된다는 것을 볼 수 있는 것입니다. 나는 책상 위에 카드를 올려놓고 여러분에게 말하는 것에 익숙해져 있으며, 여러분 앞에서 이른바 모든 교육자적인 행동방식을 취하는 것을 거부하면서 여러분에게 말하고 싶은 것이 있습니다. 이것은 나에게는 이 강의에서 매우 중요한 내용입니다. 다시 말해, 여러분은 단순히 사회적인 경험들과 단순한 사회적인 자료들로부터 일단은 '프랑크푸르트 학파'만큼이나 잘 정리된 입장에 이르는 발걸음을 합리성에서 실행할 수 있어야 하며, 이러한 발걸음을 그 어떤 항상 숨겨져 있는 추측에서 실행해서는 안 될 것입니다.

이렇게 함으로써 나는 텍스트들에 대한 분석이 사회학에게도 중요하다는 점에 대해 여러분에게 어느 정도 확신을 심어 주었습니다. 물론 분석의 대상이 텍스트일 필요는 없습니다. 그림들도 분석의 대상이 될 수 있습니다. 이러한 방법론이 음악에도 의미 있게 적용될 수 있음을 내가 보여주었기를 희망하고 있습니다. 그러나 의사소통수단으로서의 언어는 일반적으로 앞에서 말한 종류의 생성물들과 이것들에 향하는 인간에게 공통적이라는 사실이 텍스트들을 우위에 두는 상황으로 연구자를 끌고 갑니다. 연구자들은 텍스트에 대한 분석을 이미 일찍이 실행한 바 있었습니다. 이러한 분석들은 1920년대로 되돌아갑니다. 벤야민은 당시에 이미 일련의 그러한 분석을 행하였으며, 크라카우어 Kracauer도 이미 당시에 매우 체계적으로 분석을 행하였으며, 블로흐 Bloch도 그러한 분석을 다루었습니다. 내 자신도 이미 1920년대에 이러한 의도를 갖고 일련의 분석을 시도하였으며 이로부터 일련의 결과들이 존재한다고 말해도 되리라 봅니다.

미국에서도 헤럴드 라스웰Harold Laswell[178]이 이러한 문제를 포착하였으나, 그는 본질적으로 대학의 제도권 사회학의 관점을 갖고 있었습니다. 그는 독일에서는 전적으로 대학 외부에서 실행되었던 앞에서 본 노력들에 대항하여 매우 강하게 자신의 연구를 차단시키고 있었습니다. 라스웰은 그러한 문제를 미국에서 최초로, 그리고 사람들이 말하는 것처럼 체계적으로 다루었다는 공적을 남겼습니다. 그는 본질적으로 빌프레도 파레토Vilfredo Pareto[179]의 전통을 이어 받은 이데올로기 연구자였으며, 이 점이 그가 다루었던 사물들의 형성과 발달에 특징적으로 나타납니다. 라스웰은 파레토를 특별할 정도로 높은 곳에 올려놓았으며, 이런 이유 때문에 '총체적인 이데올로기 개념'에 빚을 지고 있습니다. 다시 말해, 정신적인 형상물들이 라스웰에게는 미리 이데올로기적인 본성을 갖고 있고 이러한 파악에서는 이데올로기적이 아닌 것은 원래부터 전혀 존재하지 않기 때문에 라스웰에서는 이데올로기들에 대한 비판의 모멘트가 뒤에 물러나 있습니다. 라스웰이 스스로 '내용 분석'이라고 불렸던 종류의 분석을 ―내용 분석이라는 용어는 단어 자체가 알려 주는 것보다는 훨씬 더 넓은 것을 의도하는 용어입니다. 다시 말해, 그 어떤 텍스트들, 다른 정신적인 형상들에 대한 분석이며, 오늘날 그림 설명이 들어 있는 잡지들, 특정한 영화들, 이러한 종류의 모든 것들에 대한 분석입니다― 본질적으로 양적量的인 방법론으로서 전개시키지 않았더라면, 라스웰은 1930년대의 미국 이론가가 안 되었을 것입니다. 다른 말로 하겠습니다. 라스웰은 그가 다루었던 텍스트들을 일단은 텍스트들 내부에서 사용된 인자因子들이나 모티프들의 확실한 숫자로 가져갔으며, 이렇게 하고 난 후에 텍스트와 부합되는 개별적인 모티프들의 숫자를 세는 것을 시도하였습니다. 라스웰은 어떤 상대적인 비중이 이러한 개별적인 모티프들에 귀속되는지, 또는 선전선동이 관건이 되는 경우에는[180] 어떤 상대적인 비중이 이러한 형상물들이 나타나는 티켓이나 플랫폼의 연관관계에서 선전선동 술책들과 행사들에 귀속되는지를 확인하는 척도를 갖고 수를 세었습니다. 라스웰은 이처럼 양적인 처리방식을 유명해진 논문인 「왜 양적이어야 하는가?」[181]에서 매우 상세하게 다루었습니다. 이에 대해 이미 세상을 떠난 독일의 사회학자 지그프리트 크라카우어Siegfried Kracauer가 사망하기 몇 해 전에 라스웰의 논문이 실렸던 학술지인 『공론Public Opinion Quarterly』에 발표한 매우 관심을 끄는 용기 있는 논문을 통해 내용 분석에서의 질적인 처리방식의 의미에 대해 라스웰에게 답변하였습니다.[182] 나는 여러분이 앞의 두 논문을 한 번 자세히 들여다 볼 것을 매우 강력하게 추천하고자 합니다. 이 두 논문에는 이른바 방법론 논쟁들이 사물과의 관련에서 어떤 의미를 갖고 있느냐 하는 문제가 논의되고 있기 때문입니다.

　내가 여기에서 의도하는 바는, 이러한 방법론 논쟁이 —이러한 논쟁은 이와는 전혀 다른 연관관계에서 막스 베버와 뒤르켐의 방법론 논쟁에 관해 여러분에게 말했던 것을 상기시켜 주고 있습니다. 베버와 뒤르켐의 논쟁은 훨씬 더 광범위하고 근본적인 논쟁이며 훨씬 덜 기법적인 논쟁입니다— 양적인 관점과 질적인 관점들이 매번 이루어지는 소통의 내용에 대해 특정한 관계에 놓여있다는 것은 의문의 여지가 없다는 점입니다. 두 가지의 처리방식들, 즉 라스웰의 양적인 처리방식이나 또는 내가 『간섭들Eingriffe』[183]에 들어 있는 텔레비전 분석들이나 『사회학Sociologica』[184]에 들어 있는 「점성술 작업」에서 실행하였던 질적인 처리방식이 정당한가, 아니면 정당화될 수 없느냐 하는 것은 추상적으로, 방법론적으로 결정될 수 없습니다. 하나의 처리방식이 항상 맞고 다른 하나의 처리방식은 항상 틀리다고 말할 수는 없는 것이며, 두 개의 처리방식들은 그것들 나름대로 분석되는 대상과의 관계에 놓여 있는 것입니다. 순수한 양적인 방법론 또는 본질적으로 양적인 방법론인 라스웰의 방법론이, 그가 사용하는 그러한 텍스트에서 수가 세어지는 여러 상이한 카테고리들이 일단은 질적인 종류의 카테고리들인 한, 질적인 모멘트들을 전제하고 있다는 점도 확실합니다. 우리가 확실한 의미에서 일단은 질적인 것이라고 규정하지 않는 그 어떤 것도 우리는 양적인 것으로 만들 수는 없습니다. 나는 이것이 전체적인 사회학적 방법론학 문제의 근본 원칙이라고 생각합니다. 이에 대해 여러분이 명백하게 인식해 두어야 하리라 봅니다.

라스웰의 방법론에 대해 거칠고 무디게 말하는 것에 대해 양해해 주기 바랍니다. 그의 방법론은 전적으로 광고 시스템에 적합합니다. 나는 광고가, 확대된 의미에서 볼 때, 그림이 들어 있는 장편소설, 또는 이른바 상업 영화의 유형, 또는 누구를 즐겁게 하는지는 모르지만 이른바 대부분의 오락 음악의 유형을 포함하고 있는 것으로 광고를 이해하고 있습니다. 이와 더불어 나는 다음과 같이 말하고자 합니다. 이미 스스로 고객에게 잡히는 것을 향해 조직화된 ─사람들은 이것을 오늘날 일반적으로 '의사소통'이라고 나타내는 데 익숙합니다─ 그러한 재료에는 사실상으로 모든 작동, 개별적인 기법들이나 술책들에 대한 고려가 서로 최적의 작용이라는 의미에서 확실하게 계획적으로 관리되면서 내포되어 있습니다. 사물과 인식의 상응dequatio rei atque cognitationis과 같은 것이 들어 있는 것입니다. 다시 말해, 이러한 경우들에는 ─이것은 문화산업이 산출한 모든 것에 해당됩니다─ 양적인 분석이 사실상으로 이미 양적인 카테고리들에 따라 조직화된 재료에 맞춰서 기재되어 있는 것입니다. 이러한 것에는 사람들이 그러한 의사소통이 갖고 있는 전체적인 의도를 확인하고 있다는 점도 물론 속해 있습니다. 이러한 형상물들에서도 ─이것들이 가장 황량하고 가장 시시한 것이라고 한다면─ 앞에서 말한 모든 술책은, 사람들이 술책들에서 추적되는 전체 목적에 대해 술책들이 갖는 관계에서 술책들을 보는 것을 통해서만이 그 위치 가치를 획득하게 됩니다. 이러는 한, 질적인 모멘트가 분석 안으로 들어오게 되는 것은 필연적입니다. 다른 한편으로는 그러한 양적인 분석은, 정신적인 형상물들이 더욱 차별화되고 무엇보다도 특히 더욱 자율적이 되면 될수록, 분석에 사용된 개산槪算의 빈도에 따라 의미 없는 것이 되고 맙니다. 그러한 차별화된 형상물들은 처음부터 이데올로기 연구와 전혀 관계가 없는 것은 아니냐 하고 여러분이 말하지 않기를 바랍니다. 그 이유는 다음과 같습니다. 매우 고도로 조직화된 정신적인 형상물들도 역시 전적으로 이데올로기적인 연관관계에서 성립될 수 있으며, 전적으로 자주 그 내부 자체에서 ─우리가 이렇게 말해도 된다면─ 이데올로기적인 정점頂點을 갖고 있을 수도 있기 때문입니다. 이러한 형상물들에 마주하여 앞에서 말한 수를 세는 것은 전적으로 의미가 없지 않느냐 하는 점이 자명하다고 할 것입니다. 여기에서 사실상으로 중요한 것은, 우리가 특별한 개별적 재료 안으로 침잠해 들어가는 분석을 통해서 개별적 재료의 사회적인 내용을 포착하고 사회적인 내용을 가능한 한 구체화시키며 사회적인 내용이 다른 재료들에 대해 행사하는 가능한 작용을 사회적인 내용과 대조시켜 보는 일입니다. 여기에서 곁들여 언급한다면, 바로 이것이 음악사회학에 관해 실버만Silbermann과 내가 벌였던 논쟁의 핵심입니다. 실버만과 나는 아주 오래전부터 여러 상이한 공론적인 매체들에서 음악사회학에 관한 논쟁에 붙잡혀 있었습니다.[185] 실버만과 나의 논쟁에서 문제되는 것이 바로 이 점인 것입니다. 이처럼 원래부터 매우 간단한 문제가 그토록 적게 말해진 것은 경악스러운 일이라 하겠습니다. 우리는 그 내부에서 조직화되고 차별화된 형상물들의 사회적인 내용을 오로지 의미 분석을 통해서만 파악할 수 있는 것입니다. 우리는 이러한 형상물들을 처음부터 그것들의 작용에 고정시키는 방식으로 분석해서는 안 됩니다. 이러한 작은 형상물들 자체와 전혀 관계가 없는 것일 가능성도 있습니다. ─ 다시 말해, 얻어져야 할 것과 사회적으로 중요한 것이 무엇인가가 여기에서 드러납니다. 이것은 바로 내용입니다. 내재적인 분석만이 내용을 갖게 됩니다. 그러고 나서 작용 분석, 즉 그러한 형상물들의 작용에 대한 조사가 내재적 분석에 접속될 수 있을 것입니다. 물론 이와 동시에 형상물 자체에서 얻어진 특별한 구체적인 통찰들을 경험적-사회학적 물음 설정으로 변환시키는 것은 난점들의 복잡한 관계를 이러한 변환과 더불어 곧바로 가져오게 됩니다. 팔을 스스로 위로 올려서 경험적-사회학적으로 일을 해보지 않은 사람은 이러한 복잡한 관계가 어떤 것인가를 생각하는 것이 어려운 일에 해당할 것입니다. 목요일에 지금 논의된 사항을 이어서 논의하도록 하겠습니다.

170) 지지난 시간의 강의가 아니고 6월 11일에 열렸던 지난 시간의 강의이다. 아도르노는 이것을 잘못 말하고 있다. 성체聖體 기일이었던 6월 13일에는 강의가 없었다. 1968년 6월 11일의 강의를 참조(169쪽 이하).

171) 아도르노가 여기에서 관련시키고 있는 것은 베블런의 『유한계급론』이다. 편집자주 64번 참조.

172) Th. Veblen, Theorie der feinen Leute유한계급론, a. a. O., S.163ff.

173) 마르크스의 이론에 대한 이러한 암시는 다음 자리를 참조. »Der Fetischcharakter der Ware und sein Geheimnis상품의 물신적 특징과 그 비밀« in: Karl Marx, Das Kapital자본. Kritik der politischen Ökonomie정치 경제학 비판, Bd. I, a. a. O., S.85-98.

174) 베버의 '이상형' 개념에 대해서는 『경제와 사회』(a. a. O., S.2-11)를 참조. 그곳에 다음과 같이 지칭되어 있다. "유형을 형성하는 학문적 고찰에 대해서는 행위에 영향을 미치는 연관관계들인, 즉 행동하는 것의 모든 비합리적인 감정적인 의미 연관관계들이, 행동하는 것의 구축된 순수한 합목적적인 결과로부터 '방향을 바꾸는 것으로서, 가장 잘 그 전모를 파악할 수 있는 상태에서, 탐구되고 기술記述된다. … 오로지 이렇게 함으로써만 방향을 벗어나 있는 것들을 이것들을 조건지우는 비합리성들에 인과율적으로 산입시키는 것이 가능하다. 엄격하게 합목적적인 행위의 구성은 그러므로 사회학의 이러한 경우들에서, 행위의 명증한 이해 가능성과 행위의 ―합리성에 밀착되어 있는― 명백성 때문에, 유형('이상형')으로서 쓸모가 있게 된다. 이는 실제적인, 모든 종류의 비합리성들(감정들, 오류들)에 의해 영향을 받은 행위를 순수한 합리적인 행동에서 기대되는 결과들로부터 '벗어난 행위'로서 이해하기 위함이다"(Ebd., S.2 f). 편집자주 247번에 있는 언급도 참조. ― 베버에서 자본주의에 대한 규정에 대해서는 편집자주 56번에 있는 입증 내용을 참조.

175) 드골 정부는 1968년 5월에 시위하는 대학생들과 노동자들을 향해 국민군을 투입하였으며 군 부대들을 이동시켰다.

176) 학문론이라는 개념과 더불어 여기에서 의도된 것은 딜타이의 『정신과학 입문. 사회와 역사 연구를 위한 정초』이다. In: Wilhelm Dilthey, Gesammelte Schriften, Bd. I, hrsg. von Bernhard Groethuysen, 4. Aufl., Stuttgart, Göttingen 1959.

177) 마르크스는 1837년 11월 10일에 그의 아버지에게 다음과 같은 편지를 썼다. "저는 헤겔 철학의 단편斷片들을 읽었습니다. 괴기적이고 산맥에서 울리는 것과 같은 것이 저를 편하지 않게 하였습니다"(Karl Marx/Friedrich Engels, Werke. Ergänzungsband. Schriften, Manuskripte, Briefe bis 1844. Erster Teil, Berlin 1973, S.8).

178) 라스웰(1902년생)에 의해 도입된, 경험적 사회연구의 방법론들을 정신적인 형상물들에 적용하는 것에 대해서는 경험적 사회연구의 항목에 들어 있는, 정신적 산물들에 대한 경험적-사회학적인 분석(내용 분석)을 다룬 절을 참조 (GS 9·2, S.355f.).

179) 파레토에 대해서는 1968년 4월 25일의 강의와 편집자주 27번 및 32번을 참조.

180) 내용 분석은 제1차 대전 중 적의 선전선동을 분석하는 것으로부터 발전되었다. Vgl. Harold D. Lasswell, Propaganda Technique in the World War세계대전에서의 선전선동 기법, New York 1927.

181) Vgl. Language of Politics정치의 언어. Studies in Quantitative Semantics양적 의미론에서의 연구, hrsg. von Harold D. Lasswell und Nathan Leites, New York 1949, 3. Kapitel, S.40-52.

182) Vgl. Siegfried Kracauer, The Challenge of Qualitative Content Analysis질적인 내용 분석의 도전, in: Public Opinion Quarterly, Jg.16, Nr.4, 1952-53, S.631-642; dt. von Karsten Witte u. d. T.»Für eine qualitative Inhaltsanalyse 질적인 내용 분석을 위해«, in: Ästhetik und Kommunikation미학과 커뮤니케이션, Jg.3, Nr.7, März 1972, S.49-58. ㅡ 아도르노는 라스웰의 논문이 마찬가지로 『공론』에 게재된 것으로 받아들이고 있으나, 이것은 오류이다. 라스웰과 레이티스Leites에 의해 편찬된 『정치의 언어』는 1948년에 이 전문 학술지의 제13권에서 폴 켁스키미티Paul Kecskemeti에 의해 논평되었을 뿐이다.

183) Vgl. Adorno, Prolog zum Fernsehen und Fernsehen als Ideologie텔레비전에 대한 머리말과 이데올로기로서의 텔레비전, in: Eingriffe간섭들. Neun kritische Modelle9개의 비판적 모델들, Frankfurt a. M. 1963, S.69-80 und S.81-98; jetzt GS 10.2, S.507-532.

184) Vgl. Adorno, Aberglaube aus zweiter Hand제2차적인 미신, in: Max Horkheimer/ Theodor W. Adorno, Sociologica II사회학 II. Reden und Vorträge논의들과 강연들, Frankfurt a. M. 1962, S.147-162 (Frankfurter Beiträge zur Soziologie. Bd. 10.);

jetzt GS 8, S.147-176.

185) 논쟁의 출발점이 된 것은 알폰스 실버만(1909년생)이 피셔판-사전인『사회학』
(편집자주 276번의 입증 내용을 참조)에 집필한 "예술" 항목과 1958년에 스
위스의 모나츠헤프텐Monatsheften에 실렸던(지금은 GS 16, S.9-23) 아도르노
의 논문인「음악사회학 이념」이다. 이 토론은 아도르노가 음악사회학에서
경험적 연구의 대표자로 간주하였던 실버만에 직접적으로 관계된 상태에서
1961/1962년 겨울 학기의『음악사회학 입문』강의(vgl. GS 14, S.169-433)와
아도르노가 1965년 11월에 행하였던 강연인「예술사회학 테제들」(vgl. GS
10. 1, S.367-374)에서 이어졌다. 실버만의 반박이 있은 후,「음악사회학 논쟁
에 대한 맺음말」은 아도르노의 사후에 출간되었다(vgl. GS 10.2, S.810-815).
「예술사회학 테제들」에 대한 실버만의 반박에 대해서는 아도르노 전집 10.2
에 있는 편집자 서문을 참조(ebd., S.810).

신사 숙녀 여러분, 에어컨 장치가 다시 작동되지 않는다고 나에게 통보되었습니다. 마이크가 작동되는지의 여부도 문제가 있습니다. 엘리베이터 두 개 중 하나는 이미 몇 주 동안이나 작동되지 않습니다. 나는 이러한 상황이 스캔들과 같은 것이라고 생각합니다. [박수] 많은 수강생들이 올 것을 예상하고 설계된 강의실들과 많은 수강생들이 방문하는 강의실을 건축할 때는 기술적인 장비도 이에 맞춰 이성적인 비례 관계에서 설치되도록 배려하는 것이 최소한 이루어져야 할 것입니다. 이러한 문제들에 대해 대학의 시설 관리 부서에 강력하게 이의를 제기하도록 철학과 조교에게 요청하였습니다. 학생들 입장에서도 이 문제에 대해 강력한 이의와 같은 것이 발생한다면 기술적인 문제들이 잘 보수될 수 있을 것이라고 생각합니다.

신사 숙녀 여러분, 지난 시간에 방법론의 문제들이 어떤 방식으로 내용의 문제에 의존되어 있는가를 구체적인 모델에서 여러분에게 보여주려고 시도하였습니다. 나는 이것을 양적인 방법론들과 질적인 방법론들의 관계에 관한 유명한 문제, 즉 사회학에도 매우 중요한 문제에서 시도하였습니다. 나는 이 문제를 내 자신에게도 매우 가까이 놓여 있는 이른바 내용 분석에서 예를 들어 설명하였습니다. 신사 숙녀 여러분, 나는 여기에서 이에 더하여 다음과 같은 점을 인식하는 것이 중요하다는 것을 보완하고 싶습니다. 다시 말해, 양적인 방법론들과 질적인 방법론들의 관계에 관한 문제는 기계적인 양화나 또는 양적인 방법론들로 제한하는 것을 통해 행해지지 않습니다. 오히려, 우리가 이른바 인자因子들 안으로 들어가서 이성적으로 분석을 하기 위해서는 이념, 또는 의도, 또는 ―내가 더욱 기술적記述的으로 말해야 한다면― 기계적으로 생산되는 문화산업의 경우에는 티켓을 확인하는 것이 첫 번째의 필연성입니다. 이러한 필연성은 이념, 의도, 티켓에 사용된 이른바 개별적-고안考案들, 개별적-개산槪算들, 또는 기법들을 그것들의 기능에서 인식하기 위해서 필요합니다. 여러분은 여기에서 전체의 경험적 사회학에 대해서 무엇이 표준적인 것으로 나에게 나타나는가를 이미 알아차렸을 수도 있습니다. 다시 말해, 연구자들이 경험적 연구의 이른바 선입견이 없는 것과 순수함을 위해서 처음부터 비개념적으로 문제들에 다가가야 한다고 믿는다면, 연구자들이 다루어야 할 것의 선별적 기준을 운용하지 못하게 되는 결과가 일반적으로 드러나게 됩니다. 이렇게 되면 그러한 순수하게 경험적인, 과도하게 평가된 의미에서 순수하게 경험적으로 기도企圖된 연구들은 둔감한 재료에서 일반적으로 간단히 몰락하고 맙니다. 나는 여기에서 경험적 사회학의 이러한 문제들에 대해 여러분에게 몇몇 간단한 규칙을 명명하고자 합니다. 내가 이렇게 말해도 되는 것을 전제할 때, 다음과 같이 말할 수 있습니다. 경험적 연구에서는 여러분이, 거칠게 말해서, 이념들에서 집어넣었던 것보다 그 결과들에서 더 많은 것이 나오지 않는 것이 일반적입니다. 이것이 수정될 수 있음은 자명합니다. 이러한 이념들은 연구를 통해서 오류가 반증될 수 있습니다. 연구가 더욱 잘 착수될수록, 즉 연구가 반증 가능한 대안들로부터 더욱 많이 첨예화되면 될수록, 가설에 대한 반증 가능성의 찬스Chance가 ―나는 여기에서 찬스라고 말하고 싶습니다― 더욱 많이 커집니다. 또는 연구가 무엇에 따라 구성되었는가 ―여러분이 항상 이렇게 명명해도 되는 것처럼― 하는 것에 대한 반증 가능성의 찬스가 커지는 것입니다. 그러나 여러분이 이러한 방식으로 오류가 반증될 수 있거나 또는 차별화될 수 있는 것을 일단은 집어넣는지의 여부와 여러분이 이것을 전혀 행하지 않은지의 여부는 서로 차이가 있습니다. 나는 거의 다음과 같은 정도로까지 말하고 싶습니다. 포퍼Popper[186]와 같은 실증주의적 학문이론가이자 사회학자가 특별할 정도로 커다란 가치를 부여하고 있는 오류에 대한 반증 가능성은 그것 나름대로 다시금 여러분이 이념들에서 연구에 집어넣었던 것의 기능입니다. 오류에 대한 반증 가능성은 그것 스스로 권표權標가 수여된 이론의 기능입니다. 연구자가 이론의 오류에 머무른 상태에서 이러한 반증 가능성을 처리하는 곳에서는, 그리고 그것들 스스로 오류가 반증될 수 있는 생각들이 연구에 들어 있지 않은 경우에는, 오늘날의 실증주의에 의해 하늘로 올려진 가능성, 즉 오류의 반증 가능성이 갖고 있는 진리 기준의 가능성은 전혀 주어지지 않게 됩니다. 그 밖에도, 나는 여기에서 내용 분석의 수를 남김없이 셀 수 있는 가능성, 그리고 인자들로의 분해와 관계가 있는 문제에 대해 여러분에게 주의를 환기시키고 싶습니다. 여러분에게 여기에서 성립되는 두 가지 문제들, 즉 두 개의 학문 논리적인 문제들에 대해 주의를 환기시켜 주고 싶은 것입니다. 이러한 두 개의 문제들은 현재 통용되는 학문 논리에 의해 감추어지고 있습니다. 두 개의 문제들이 갖고 있는 의미는 현재 이 순간 나에게 놓여 있으며, 매우 범위가 넓고 그밖에도 많은 방향들에서 매우 생산적인 경험적 연구[187]에서 내게 떠오르고 있습니다. 다시 말해, 여러분이 텍스트들을 직접적으로 분석하지 않고 이데올로기들, 증후군들을 ―『권위주의적 인성』[188]에서 연구되었듯이, 여러분은 선입견으로 가득 찬 인성의 증후군을 취해도 됩니다― 분석하는 경우에, 사람들이 멋지게 명명하였던 이른바 인자들, 또는 하부 증후군들, 하위 증후군들, 또는 사람들이 현대적인 척도화 기법의 의미에서 명명하는 데 익숙한 하위 척도들은 그것들 나름대로 바로 추상화의 산물들이라는 점에 대해 일단은 명확하게 인식해야 할 것입니다. 이러한 이른바 하위 척도들이나 하위 증후군들은 사실상으로는 이러한 모든 것이 총체적 구조, 즉 전체에 관련되어 있는 것을 통해서 매달려 있습니다. 경험적 연구는 이렇게 매달려 있는 것을 양화量化 안으로 들어가서까지 항상 반복적으로 우리에게 보여주고 있습니다. 우리는 총체적 구조를 직접적으로 손에 넣을 수 없고 분해를 통해서, 즉 의미에 맞게 서로 합쳐서 비로소 포착할 수 있습니다. 나는 여러분 중에서 경험적인 작업을 하는 모든 사람에게 경험적 연구가 지닌 위험에 대해 주의를 환기시켜 주고 싶습니다. 또한 여러분이 사회학을 공부하는 한 여러분 모두가 하나의 방식이나 또는 다른 방식으로 한번 경험적 연구에 참여해 보기를 바랍니다. 이것이야말로 경험적 연구가 무엇인지를 알려주는 최상의 가르침입니다. 잘 알려져 있듯이, 쇠를 다루는 것으로부터 시작해서 대장장이가 되는 것입니다. 앞에서 말한 위험으로 되돌아가겠습니다. 연구자들은 앞에서 말한 하위 구조들의 처리와 유용화에서 사물화되는 위험에 거의 피할 수 없이 종속되는 위험에 놓여 있습니다. 그것들 나름대로 추상화의 산물들인 하위 구조들이 사실상으로 그것들 자체로서 이미 모멘트들인 것처럼 되고 마는 것입니다. 하위 구조들이 인자들처럼 ―연구자들은 이런 이유 때문에 사회연구의 연관관계에서 '인자 분석'이라고 말하고 있습니다― 되는 것입니다. 매번 연구되어져야 하는 전체 구조들이 인자들로부터 합성됨에도 불구하고 하위 구조들이 인자들처럼 되고 마는 사물화의 위험이 경험적 연구에서 발생하고 있습니다. 이른바 인자들의 ―인자들로부터 하나의 사물이 함께 더해져서 합계에 이르게 됩니다― 사물화에 의해, 이러한 인자들 자체가 방법론에 의해 일단은 그 내부에서 이미 구조화된 재료 안으로 들어가 옮겨져 있는 동안에, 때에 따라서는 일종의 기계주의적 파악이 생기게 됩니다. 이렇게 되면, 어떤 하나의 인자가 우위를 점하거나 또는 다른 인자가 우위를 점하는 것에 따라 가상假像의 문제들이 나타나듯이 일종의 기계주의적 파악에서 가상의 문제들이 때에 따라서 발생하게 됩니다. 연구자들이 어떤 하나의 인자가 차지하는 자리 또는 다른 인자가 차지하는 자리에 따라 생기는 문제들을 이러한 인자들 안으로 추가적으로 비로소 분해되어진 연관관계로부터 해명하거나 잘 알려진 것으로부터 해명해야만 하는 동안에 위와 같은 가상의 문제들이 발생하게 되는 것입니다. 이제, 앞에서 말한 두 가지 문제들 중에서 두 번째 문제에 대해 다루겠습니다. 첫 번째 문제와 특별할 정도로 밀접하게 관련되어 있는 두 번째 문제는 다음과 같은 문제입니다. 경험적 종류의 연구로서 열매를 맺는 연구들에서는 ―이것은 내가 여러분에게 전개해 보였던 이유에서 성립됩니다. 다시 말해, 이러한 연구들에서도 역시 도처에 실제로 전체 구조들이 그 근원에 놓여 있습니다. 연구자들이 이러한 전체 구조들을 손에 잡기 위해서 전체 구조들이 오로지 처리를 통해서만 부분 구조들로 분해됩니다―, 연구자들이 명명하는 개별적인 항목들, 즉 개별적인 문장들이 ―개별적인 문장들로부터 연구수단들이 합성되는 것은 습관처럼 되어 있기도 합니다― 실제적으로 열매를 맺는 전체의 구축이 근원으로 놓여 있는 경우에는, 항상 다차원적 multidimensional이라는 문제가 있는 것입니다. 더욱 간단하고 더욱 명료하게 말한다면, 그러한 개별적인 항목들은 하나의 파리채로 여러 마리의 파리를 잡는 것입니다.

여러분이 『권위주의적 인성』을 이러한 연관관계에서 한번 가까이 들여다보는 노력을 기울인다면, 여러분은 종국적으로 남아 있는 상대적으로 짧아진 설문의 항목들 중에 일련의 하위 증후군들로부터 나오는 매우 많은 하위 증후군들이 속해 있다는 것을 발견하게 될 것입니다. 이렇게 해서 이처럼 매우 많은 하위 증후군들은 여러 상이한 인자들을 대변하게 됩니다. 이러한 하위 증후군들을 매번 하나의 인자로 가져가려는 시도나 또는 인자들의 평균치를 형성하여 가중치를 주는 시도는 처음부터 매우 제한되어 있습니다. 이러한 이유 때문에 청교도적-금욕주의적으로 실증주의적인 측에 서 있는 연구자들은 다의적이거나 다차원적인 항목들을 가치 있게 이용하려는 경향을 지난 이른바 '리커드-척도'[189]의 형식에 ―나는 여기에서 이 척도를 다루고 싶지 않습니다. 이것은 경험적 기법들에 관한 개별 강의들이나 세미나에서 다룰 주제입니다― 맞서서 다의성을 비판하고 일차원적인 도구들을 만들어 내려고 시도하였습니다. 이처럼 일차원적인 도구들에서는 모든 항목은 단지 하나의 증후군에 속하게 되며, 이렇게 됨으로써 연구자들은 모든 항목을 서로 의미에 맞게 오로지 하나의 차원에 관련시킬 수 있게 되며, 모든 다의성이 회피됩니다. 그러나 바로 여기에 수단의 성과 가능성에서 특별할 정도로 성과의 빈약화가 드러납니다.[190] 내가 여러분에게 명백하게 해주고 싶은 것에서 여러분은 다음과 같은 것을 인식할 수 있을 것입니다. 다시 말해, 어떤 연구의 생산성과 연구에 사용된 연구수단들의 정교함은 단순한 비율과 긍정적인 비율에서 서로 마주 보며 놓여 있는 것이 아니고 특별할 정도로 복잡한 비율에 놓여 있습니다. 심지어는 어떤 하나의 연구수단은 다른 연구수단의 희생을 치르면서 진행됩니다.

여러분이 나를 오해하지 않기를 다시 한 번 부탁합니다. 내가 의도하는 것은, 연구자들이 연구수단들을 구축할 때 단순히 거칠게 저돌적으로 구축해야 한다는 것이 아닙니다. 연구자들이 논리적 차원들, 위치가치들, 개별적 부분들의 때에 따라서는 매우 복잡한 차원들, 또는 해당되는 연구수단들의 항목들에 관해 수지를 명백히 하지 않은 상태에서 연구수단들을 저돌적으로 구축해서는 안 됩니다. 그러나 나는 연구자들이 여기에서 해 보는 숙고들은 매우 깊게 헤아려지는 숙고들이어야 한다고 말하고자 합니다. 이러한 숙고들 안으로 하나의 항목이나 항목들의 연관관계로부터 잠재적으로 생길 수 있는 것이 들어가야 한다는 점을 말하고자 합니다. 전체 연구수단들의 일차원성, 명백성, 측정가능성에 단순하게 해당되는 숙고들에게 사물적으로 중요한 것에서 잠재적으로 생기는 것이 그러한 숙고들 안으로 들어가야 하는 것입니다. 나는 여러분을 단순히 즉흥적으로 만들어진 연구수단으로 유도하고 싶지 않습니다. 여러분은 처리하는 방식을 통해, 즉 연구수단들을 통해 나타나는 결과들의 조야한 불일치를 통해서 이러한 연구수단들을 충분히 빠르게 거짓이라고 비난하게 될 것입니다. 여러분에게 단지 한 가지만 경고하고 싶습니다. 연구수단들의 논리적 순수성만을 전적으로 지향하는 숙고들을 사용된 수단들의 생산성에 맞서서 선호해서는 안 될 것입니다. 예를 들어 그 내부에서 일련의 여러 차원들이 함께 나타나는 항목들은 특별히 생산적인 것들로서 증명되는 경우가 많습니다. 그 이유는 다음과 같습니다. 이러한 항목들은 도구적인 추상화 과정에 의해 상대적으로 접촉되어 있지 않으며, 이런 이유로 인해 사물에 놓여 있는 구조에 특별히 가깝게 다가설 가능성이 높기 때문입니다. 연구자들은 이렇게 가까이 다가서는 것을 위해 연구 전체를 수행합니다.

여기에서 내용 분석으로 되돌아가겠습니다. 내가 내용 분석을 사용하는 이유는 사회학적 연구의 훨씬 더 근본적인 사실관계를 여기에서 다루기 위함입니다. 내용 분석과 관련하여 다음과 같이 말하고자 합니다. 내용 분석이 특히 이른바 매스 미디어나 이와 유사한 것들에 해당될 때는 ─양적인 내용 분석이 자율적인 정신적 형상물들에 적용될 수 없다는 것에 대해서 나는 지난번에 여러분과 함께 논의한 바 있었습니다─, 그리고 내용 분석이 수를 세는 것의 의미에서 생산적인 곳에서는, 연구자들이 매스 미디어와 같은 것들의 연구에 다가가기에 앞서서 연구 전체가 원래부터 무엇을 의도하는가에 대해 명확하게 해 두는 것이 가장 중요합니다. 연구자들은 연구가 누구를 이롭게 하는가에 대한 물음을 던져야 하는 것입니다.

이렇게 함으로써 나는 사회이론에 절대적으로 중요한 척도가 되는 사실과, 그 밖에도 그 어떤 학문적인 저작들을 읽는 데 결정적으로 중요한 ─나는 거의 이 정도로까지 말하고 싶습니다─ 기준이 되는 사실을 건드리고 있습니다. 여기에서 여러분에게 하나의 조언을 해도 된다고 봅니다. 입문 강의에서 강의를 듣는 학생들에게 공부하는 학생으로서의 행동에 대해 조언을 하는 것이 부당하지는 않을 것입니다. 내가 여러분에게 하고자 하는 첫 번째 조언은, 여러분이 읽은 책들이나 또는 여러분이 공부하는 저작들을 책이나 저작 안에서 무엇이 특별히 의도되고 있는가 하는 관점에서 처음부터 들여다보아야 한다는 것입니다. 우리가 철학에 순진한 태도로 관계하고 텍스트의 배후에 무슨 의도가 놓여 있는가와 텍스트 전체가 무엇을 의도하고 있는가에 대해 누군가가 말한 것을 얻지 못한다면, 우리는 어느 정도는 어찌할 바를 모르게 됩니다. 나는 학생들의 학업이 이러한 방향에서 매개되는 것이 학업에서 가장 중요하게 요구되는 사항에 속하고 종국적으로는 학생들의 학업이 본질적으로 이렇게 전개되어야 한다고 생각합니다. 여기에서 나는 스피노자의『윤리학』을 만나게 되는 상황을 생각해 보고자 하며, 이 책에 대해 내가 갖고 있는 고유한 기억으로 되돌아 가보려고 합니다. 이 책이 갖고 있는 의도는 17세기 전체에 걸쳐 모든 철학자에게, 라이프니츠와 기회원인론자들에게도 최고로 초미의 관심사였던 문제를 다루는 것이었습니다. 다시 말해, 스피노자의『윤리학』은 인간의 정신적인 세계 또는 실체가 어떻게 하면 공간적으로 물리적인 세계와 서로 화합할 수 있는가 하는 문제를 다루었으며, 중세 질서의 붕괴와 더불어 드러났던 '외부'와 '내부'의 단절이 어떻게 하면 종결될 수 있는가 하는 문제를 논의하였습니다. 스피노자는 이러한 단절을 ―이것은 스피노자에게서 매우 거칠게 큰 규모로 데카르트의 양兩실체론을 빌어 와서 일단은 언어로 정리되어 있습니다― 신적神的 실체에 관한 교설을 통해 비판적으로 극복하고자 하였습니다. 우리가 스피노자의 이러한 범신론 전체를 파악할 능력이 없다면, 스피노자의『윤리학』이 제시한 정의定義들과 근본 원리들은 처음부터 불가사의한 것들을 담은 책에 지나지 않을 것입니다.

이러한 숙고는 사회학적 텍스트들에게도 매우 특별할 정도로 해당됩니다. 프랑크푸르트 대학에서 사회학을 가르쳤던 최초의 사회학자들에 속하며 몇 년 전에 세상을 떠난 고트프리트 살로몬-델라투어 Gottfried Salomon-Delatur[191]는 학생들이 그의 세미나에 참석하였을 때 학생들에게 항상 다음과 같이 말하였습니다. 그는 학생들이 공부하는 학생으로서 어떤 사회학적 텍스트를 읽을 때에는 그것이 누구에게 도움이 되는가 하는 문제를 동시에 설정하는 것이 당연하며, 매번 읽어야 되는 텍스트들이 실재의 사회적인 관심들과 어떤 관계에 놓여 있는가에 대해 명확하게 해 두어야 할 것이라고 말하였던 것입니다. 이것은 서투른 이데올로기론論의 의미에서 필연적으로 이해될 수는 전혀 없습니다. 사람들이 읽는 모든 텍스트가 이데올로기, 즉 이해관계의 상태가 표현된 것에 지나지 않는 것이라는 의미에서 이해될 수는 전혀 없는 것입니다. 그러나 여러분은 ―나는 여기에서 다시 교리사적인 예를 17세기에서 끌어 들여 여러분에게 제시하고자 합니다― 토마스 홉즈의 비관주의적이고 권위주의적인 유물론으로부터는, 홉즈에게서는 당시에 나타났던 민주적인 잠재력에 맞서서 절대주의를 방어하려고 하였던 복고적인 이론이 관건이 되고 있다는 점을 여러분이 알고 있다면, 여러분이 홉즈를 고대의 유물론적 철학의 연관관계에서 유물론의 일반적 역사의 틀에서 보려고 했던 것에 비해서 전혀 다른 표상을 갖게 될 것이 확실합니다. 누구에게 이로운가 하는 이러한 물음은, 사회적인 내용의 정신적인 형상들이 실재의 사회적 상황과 관련을 맺고 있다는 의미에서, 여러분이 교리사를 단순한 정신사로 밀어 떨쳐 버리는 것으로부터 여러분을 보호해 줄 것입니다. 사회적인 숙고들이 단순한 정신적인 지속성, 단순한 이론적인 지속성에 놓여 있지 않고 사회적인 숙고들에는 최고로 실재적인 사회적 갈등들과 상황들이 나타난다는 것은 플라톤과 아리스토텔레스 이후 사회적인 숙고들에게 고유한 것이기 때문입니다.

내가 여기에서 이처럼 더욱 일반적인 성찰을 엮어 넣어도 된다면, 모든 정신적인 것, 모든 객체화된 정신적인 형상물들은 일종의 이중적 성격을 갖고 있다는 점이 이러한 것들에 특징적이라고 말하고자 합니다. 이러한 것들에는 한편으로는 확실한 종류의 내재적 논리와 내재적 진리가 내포되어 있습니다. 이러한 내재적 논리와 진리는 인간이라는 종種의 정신적 기능들이 인간이라는 종의 자연사적인 전개 내부에서 독립적이 되었고 일종의 고유한 법칙성을 획득하게 되었다는 것을 통해서 설명될 수 있습니다. 다른 한편으로는, 그 내부에서 개별적 주체가 결코 작업을 하지 않고 항상 사회적 주체가 작업을 하는 정신적인 형상물들은 그것들 자체로서 항상 동시에 사회적 사실들로 머물러 있습니다. 사회적 사실들의 배후에는 사회가 전체사회적인 구조나 또는 특별한 집단적인 관심들에 의해 매개된 전체 구조로서 놓여 있습니다. 사회적 사실들은 집단들이나 또는 전체 사회에 다시 되돌아가서 작용을 미칩니다. 그러므로 우리가 이러한 이중적 성찰을 실행하는 것이 모든 정신적인 형상물들에서는 필연적입니다. 곁들여서 언급한다면, 정신적인 형상물들의 이중적 성격에 대한 지적은 사회학주의가 행하는 매우 값싼 반론에 대한 방어입니다. 사회학주의는 사회학이 정신적인 형상물들에서 사회적인 측면만을 볼 뿐이라고 주장하면서 사회학을 밑으로 밀어 내리고 있습니다. 반면에, 정신적인 형상물들의 독립성, 자율성은 이것들 이외에 정신적 형상물들에 들어 있는 다른 것들이 정신적인 형상물들에 속해 있는 것과 똑같은 정도로 정신적인 형상물들에 속합니다. 우리가 물론 염두에 두어야 할 것이 있습니다. 우리는 이러한 자율성 자체를 종국적으로 사회적으로 파악할 수 있어야 합니다. 다시 말해, 정신이 스스로 독립적이 되는 것과 이러한 독립화의 필연성은 인간이라는 종種을 위해서 행해지는 생존에의 요구들로부터 궁극적으로 나오는 결과인 것입니다.

신사 숙녀 여러분, 이 시간 강의에서 여러분에게 지금까지 말한 내용에서 나는 지나가는 김에 교리사적인 예들을 발췌하였으며, 교리사의 개념을 몰래 살그머니 밀수입하듯이 이 강의에 끌어 들였습니다. 나는 밀수업자의 재능을 갖고 있지 않습니다. 따라서 나는 교리사와 관련하여 여기에서 머물러 있고 싶지 않으며, 교리사의 의미와 사회학에서 이른바 교리사에 관하여 여러분에게 몇 가지를 말하고 싶습니다. 이것은 두 가지 이유 때문에 필요합니다. 한편으로는 교리사를, 즉 지나간 사회학적 텍스트들을 다루는 것을 단순한 정신적 영역으로 쫓아 버리고 사회학에 관한 단순한 보조 학문의 —우리는 이렇게 말하지 않을 수 없습니다— 지위로 추방시켜 버리는 매우 강력한 경향들이 존재합니다. 여기에서 나는 미국의 매우 중요한 사회학자인 로버트 린드Robert Lynd의 예를 들도록 하겠습니다. 그는 '공동체 연구'의 장르를 창조하였고, 우리는 그의 매우 중요한 사회비판적인 저작인 『미들 타운Middle Town』과 『과도기의 미들 타운』[192]에 학문적으로 빚을 지고 있습니다. 린드는 언젠가 뉴욕에서 나에게 자기는 1912년 이전에 집필된 책은 원칙적으로 읽지 않는다고 말하였습니다. 그가 왜 1912년을 찍어서 말했는지에 대해 나는 알지 못합니다. 로버트 린드는 무명의 사회학자가 아니고, 그 반대로 교육을 잘 받은 진보적이고 계몽적으로 자기 자각이 되어 있는 사람입니다. 그럼에도 그가 그런 말을 한 것은 의도가 있었기 때문입니다. 다시 말해, 그는 모든 역사주의, 특히 독일적 스타일의 역사주의에 대한 반감을 갖고 있었습니다. 그 어떤 현상들의 역사에 대한 자각을 통해서 현재적으로 중요한 문제를 다룰 수 있다고 믿는 역사주의에 대해 린드는 반감을 갖고 있었던 것입니다. 그 밖에도, 우리는 이러한 종류의 사고를 독일에서도 뜻밖에 만날 수 있습니다. 독일에서 매우 유명하고 중요한 경제학자 한 분[193]이 별로 오래되지 않은 과거에 나에게 한 말이 있습니다. 그는 사람들이 '정치 경제학'으로 이해하고 있는 것은, 즉 내가 그와 대화를 나눌 당시에 경제학 공부를 위해서는 빼 놓을 수 없는 것으로 내가 옹호했던 것은 교리사에 속할 뿐이라고 말하였습니다. 역사에 대한 이러한 적대감에 직면하여, 왜 사람들이 그래도 교리사적인 것들에 관계하지 않을 수 없는가 하는 성찰이 필요합니다. 나는 이것이 일반 교육, 이와 유사한 의심스러운 카테고리들과 관계가 있다고 생각하지 않습니다. 오히려 나는 현재의 사회에 직접적으로 해당되지 않는 텍스트들을, 즉 텍스트들이 갖고 있는 구상 중의 많은 구상들에서 측정될 수 없을 정도로 깊게 들어가서 사회적으로 조직화되어 있는 경제와 사회의 상태에 마주하여 사실상으로 뒤로 물러나 있어도 되는 텍스트들을 다루는 것이 단순한 '배경-정보'로서 ―미국에서는 이렇게 말해질 듯합니다― 정당화되는 것이 아니고, 직접적으로, 사물에 상응하여 사회학에 대한 이해에 속한다고 생각합니다. 나는 그러므로 과거의 중요한 텍스트들의 공부는 사회학 공부의 통합적인 구성 요소를 스스로 완성시킨다는 견해를 갖고 있습니다. 그 이유는 다음과 같습니다. 이유를 밝히기 전에 나는 교리사에 대한 이러한 옹호가 내가 여러분에게 전개시키려고 시도하였던 이론적 입장들과 분리될 수 없다는 생각을 갖고 있다는 점을 먼저 말해둡니다. 이제 이유를 설명하겠습니다. 우리가 교리사로부터 경험하는 이론 형성의 문제들과 모멘트들의 많은 것들은, 사람들이 오늘날 매우 가볍게 꾸며대는 것처럼, 그렇게 낡은 것들이 아닙니다. 오히려 사회과학의 기법화가 증대됨으로써, 즉 사회과학이 더욱 많이 기법들이 되고 기법들은 이미 존재하는 사회 내부에서 기법들에게 굴러 떨어진 특별한 과제들에 맞춰 준비됨으로써 물음 제기들이 간단히 사라져 버리고 간단히 망각되고 맙니다. 이러한 물음 제기들은 플라톤과 소크라테스 좌파들로부터 바로 앞 세대에 속하는 파레토, 뒤르켐, 막스 베버, 짐멜과 같은 사상가들에 이르기까지 사회적 자각을 담은 과거의 텍스트들에서만 물음 제기로서 이루어졌던 것입니다. 내가 이 강의의 시작과 더불어 몇 가지를 말하였던 사회적 총체성을 여러분이 교리사와 관련하여 어떻게 하면 확실하게 해 둘 수 있는가에 대해 말하겠습니다. 여러분이 앞에서 예거한 텍스트들에서 ―물론 마르크스의 『자본』도 특히 중요한 역할을 합니다― 그러한 사상가들이 어떻게 그들의 구상들에서 총체성의 카테고리에 이르게 되었는가에 대해 확실하게 해 둘 때만이, 여러분은 사회적 총체성을 확인할 수 있는 것입니다. 오늘날의 이론들이 서로 의견의 일치를 보이지 않는 것과 똑같이 서로 다른 견해를 보여주는 이러한 오래된 이론들이 수많은 개별적 사물들에서는 순진하게 머물러 있을지도 모를 일입니다. ― 예를 들어 마르크스가 개별 기업, 개별 공장의 비교적 순진한 모델에 그의 이론을 맞추었다는 느낌을 지울 수 없는 경우가 자주 있습니다. 마르크스는 당시에 이미 주식株式 사회 및 이와 비슷한 것들이 지평선에 떠오르고 있는 것을 보았으나 독점주의의 사회적 조직화는 마르크스에게서는 단지 가장자리에 머물러 있을 뿐입니다. 이렇게 됨으로써 이러한 이론의 전체가 현재적인 관계들의 맞은편에서 무죄의 모멘트를 갖게 된다고까지 말할 수 있습니다. 교리사적으로 우리에게 넘겨진 텍스트들에 대해 반론이 제기될 수 있는 모든 것과 문제성이 있는 것으로 되어 버린 모든 것에도 불구하고, 우리는 교리사적으로 넘겨진 텍스트들에서 오늘날 고도로 기법화되고 합리화된 사회학에서 이미 사라져 버린 것을 문제로서 인식할 수 있고 붙들어 맬 수 있습니다. 이러한 의미에서 볼 때 교리사는, 우리가 교리사를 통해 잃어버린 모든 것과 관점 설정, 구상으로서 한때 존재하였던 모든 것을 확실하게 해 둠으로써, 진보의 대가가 다시 지불될 수 있도록 하는 시도입니다. 낡은 것에 관한 말, 즉 '마르크스는 이미 오래전에 낡은 사람이 되었다', 또는 '스펜서나 콩트는 이미 오래전에 낡은 사람들이 되었다'와 같은 말은 그것 자체로 이데올로기의 한 부분입니다. 여러분은 이러한 말에서 이데올로기가 어떻게 자동적으로 찰칵 끼워지는가는 확인할 수 있습니다. 그 이유는 다음과 같습니다. 오늘날에는 마르크스의 이론이 위험하고 혁명적인 이론이며 때에 따라서는 사회를 그 근본적인 것들에서 뒤흔드는 위험을 가하는 이론이라고 말할 사람은 거의 없을 것이며 ―사람들은 이에 대해 이미 오래전부터 지나치게 영리하게 되었습니다―, 그 대신에 사람들은 '그래 그렇지, 마르크스는 19세기 사람이지, 마르크스는 그 사이에 수학적인 국민경제학과 주관적인 사회학에 의해 완벽하게 낡은 사람이 되었고 단지 역사적인 관심만 남아 있을 뿐이지'라고 말하게 될 것이기 때문입니다. 그러나 나는 ─신사 숙녀 여러분, 나는 여기에서 여러분의 이데올로기 의심에 대해 호소하고자 합니다─ 어떤 현상이 낡았다는 것을 근본적으로 현상 자체에서 설득력 있게 제시하지 않은 채 이처럼 지나치게 열심히 끌어대는 곳에서는, 이것이 거의 항상 사물들을 절단해 버리고 그렇게 열심히 끌어대면서 시도하는 이론적인 구상들에서 나타나는 상처들을 숨기기 위한 수단에 지나지 않는다고 생각합니다. 우리는 심리분석적으로 다음과 같이 표현할 수도 있습니다. 다시 말해, 낡은 것으로 치부되어 치워져 버린 것에는 집단의식에 의해 배제되었고 방어되어져야 하는, 사회의 본질적인 모멘트들이 거의 항상 들어 있다고 말할 수 있는 것입니다. 낡은 것으로 치부되어 치워져 버린 것 안에서 살아남아 있는, 아직 해결되지 않은 것은 여러 모로 중요한 것, 바로 그것입니다.

여러분에게 말했던 것을 나는 최소한 표제어적으로, 지금까지 내가 습관처럼 해 왔듯이, 몇몇의 교리사적인 예들에서 설명하고 싶습니다. 여러분 모두가 알고 있듯이, 콩트의 사회학, 콩트의 『실증 철학 강의』[194]는 거대한 이분성에 맞춰져 있습니다. 그가 명명하고 있듯이 질서의 법칙들인 사회의 정적靜的이고 역동적인 법칙들과 진보의 법칙들인 역동적인 법칙들 사이의 이분성에 맞춰져 있는 것입니다. 이러한 이분성의 유치함과 거칠음은 명백합니다. 또한 우리는, 사회가 항상 그렇듯이, 소름끼칠 정도로 차별화되어 있는 것과 복합적인 것을 콩트가 지적했던 방식대로 두 차원으로 축소시킬 수는 없습니다. 나는 이러한 두 개의 차원들인 정역학과 동역학이 이분성의 관계에 있다기보다는 변증법적으로 뒤섞여 매개되어 있다고 말하고자 합니다. 다시 말해, 사회의 동역학은 이른바 정적인 모멘트들, 생산력의 운동에 의해서 게임에 들어가게 되며, 이렇게 됨으로써 생산관계들이 과거와 같이 오늘날에도 생산력을 묶어 두고 방해하게 되는 것입니다. 그러나 나는 그래도 다음과 같이 말하고자 합니다. 다시 말해, 다른 한편으로는 생산력과 생산관계의 변증법에 대한 전체의 물음이, 이것이 마르크스의 이론에 규정적인 물음이 되었고 오늘날에도 아직도 중심적인 의미를 ―나도 이렇게 사고하고 싶습니다― 갖고 있듯이,[195) 콩트의 비교적 거친 개념들에서 처음으로, 그리고 매우 단호한 방식으로 표현되어 있는 것입니다. 나는 여기에서 조금은 개인적인 것을 말해도 되리라 봅니다. 나에게는 변증법의 전체적인 특정한 관점은 정역학적인 것과 동역학의 반립反立에서 비로소 떠오릅니다. 여러분 중에서 지금은 『사회학 II』[196)에 들어 있는 텍스트인 「사회학적 카테고리로서의 정역학과 동역학에 대하여」를 한 번 들여다 본 학생들은 전통적인 형태에서 낡았고 사람들이 말하듯이 교리사에 속하는 교리들이, 우리가 이러한 교리들을 계속해서 성찰함으로써, 현재의 상황에 대해 ―나는 여기에서 자만하면서 말하겠습니다― 특별할 정도로 중요한 성찰에 이르는 계기를 제공할 수 있다는 점을 이해할 수 있을 것입니다. 여기에서 덧붙여 말하고 싶습니다. 이러한 교리들은, 이것들이 스펜서의 사회과학, 파슨스Parsons[197)의 사회과학처럼 형식화되고 체계적인 사회과학에서 오늘날 존재하고 있는 대부분의 것과 같은 방식으로는 어떠한 상황에서도 제공되지 않는다는 점에 대해 계기를 주고 있는 것입니다. ― 나는 이 강의에서 스펜서라는 이름을 반복적으로 언급하였고, 여러분에게 스펜서에 대해 이야기하겠다고 약속한 바 있었습니다. 이런 이유에서 나는 여기에서 스펜서에서의 '통합'과 '분화'[198)의 카테고리의 대립관계는, 또는 오히려 공진共進이라고 불러야 할 관계는 가장 강조되는 사회학적 숙고들에 계기를 제공하고 있다는 점을 여러분에게 말하고 싶습니다. 현재의 사회에 대해서도 핵심적 특징을 의문의 여지가 없이 갖고 있는 통합 개념의 ―이것은 오늘날 모든 사회학자의 의견의 일치를 보이고 있는 점 중의 하나입니다― 의미는 우리가 통합 개념을 그것의 스펜서적인 의미에서 보았을 때만이 아마도 정확하게 이해될 수 있을 것입니다. 그 밖에도, 통합 개념은 스펜서에서 시작하여 뒤르켐에 들어오게 되었고,[199] 뒤르켐 학파를 거쳐 오늘날의 사회학에서 관철되고 있습니다. 구조주의자들이 말하는 구조 개념은 원래는 통합 개념입니다. 구조 개념의 실체적 뿌리, 즉 사회적인 전개의 개념에서의 뿌리, 전개 개념 자체에서의 뿌리를 여러분은 오로지 스펜서에서만 제대로 파악할 수 있습니다. 통합과 분화의 병렬성에 관한 스펜서의 유명한 테제에서는 현재에도 최고로 중요한 사회학적인 물음이 여러분에게 떠오르게 될 것입니다. 다시 말해, 통합과 분화가 오늘날에도 아직도 서로 병렬적으로 진행되는지, 또는 이러한 경우가 성립되지 않는지, 이러한 두 모멘트들의 배치背馳가 그 사이에 나타나고 있지는 ―이것은 내가 갖고 있는 견해입니다― 않은지 하는 사회학적 물음은 오늘날에도 최고로 중요한 물음입니다. 그 밖에도, 나는 단 한 가지 이유만으로도 스펜서 사회학, 사회학에 대한 스펜서의 체계를 여러분에게 추천할 수 있습니다. 스펜서의 체계는 자료와 관점에서 무한한 풍부함을 갖고 있기 때문입니다. 스펜서가 보여준 자료는 엄격하게 통제된 사회학에 의해서는 스펜서가 보여준 것과 같은 방식으로는 거의 기대할 수 없는 정도로 풍부합니다.

이런 연관관계에서 나는 마지막으로 타르드Tarde의 사회학을 언급하고자 합니다. 그의 사회학은 '모방'[200]의 카테고리에 본질적으로 관련되어 있고, 사회학자들이 나중에 명명하였듯이 미메시스의 문제를 사회학에서 최초로 제기하였습니다. 타르드의 문제 제기는 현재의 사회학에서 기이할 정도로 위축되었습니다. 타르드의 문제 제기는 그를 집중적으로 다룸으로써 재발견될 수 있을 것으로 보입니다. 디플롬 Diplom 논문이나 이와 유사한 논문들의 주제로 타르드를 다루는 것은 강력하게 추천될 만한 일이라고 생각합니다.

매번 앞서서 발견되는 것으로 제한하는 것에 맞서는 동역학적인 모멘트는, 즉 사회학적 사고의 동역학적인 모멘트가 아닌 사회 자체의 동역학적인 모멘트는 오로지 교리사에서 재발견될 수 있습니다. 기술적인 과제들에 대해서는 불필요한 것으로 제거되어 버린 모든 것은 이러한 제거를 통해 간단히 해결되지 않으며, 오히려 계속해서 살아남아 있습니다. 이것은 오늘날의 사회학이 처해 있는 특별한 상황입니다. 그러므로 나는, 철저하게 지배적인 사회학적인 교설에 반대하면서, 위대한 위상을 갖고 있는 오래된 사회학적 저작들을 다루는 것이 오늘날의 사회를 이해하는 데 도움이 될 뿐만 아니라 결코 빼 놓을 없는 필요한 일이라는 견해를 갖고 있습니다. 기록된 사실들의 단순한 반복을 넘어서는 새로운 것이 오늘날 지배적으로 통용되는 실증주의적인 학문사의 의미에서 낡은 것에 해당되고, 사람들이 그렇게 말하듯이, 낡은 쇳덩어리로 던져져 버린 교리들에서, 바로 그러한 교리들에서 여러 겹으로 쌓여 있는 상태로 들어 있는 것입니다.

다음 시간에는 다른 학문 분과들과의 관계에 대해, 즉 사회학을 다른 학문 분과들과 경계를 지우는 문제에 대해 여러분과 함께 논의를 시작할 것입니다. 이러한 방식으로 여러분이 다른 관점에서 사회학의 영역이 갖고 있는 문제점 안으로 들어갈 수 있도록 안내할 것입니다. 이것이 내가 의도하는 목적입니다.

186) 포퍼의 '오류 반증 가능성 원리'에는 가설들은 경험에서 귀납적으로 확인될 수 없고 '반박 시도들'에 맞서서 가설들을 보존해야 한다는 생각이 그 근원에 놓여 있다 "이론들은 증명되어질 수 없지만, 이론들 스스로 보존할 수 있다"(Karl Popper, Logik der Forschung탐구의 논리, 2. erw. Aufl., Tübingen 1966, S.198; vgl. auch GS 8, S.309-315).

187) 추정건대 여기에서 관건이 되었던 것은 「자유로운 대학과 학생들의 정치적 잠재력」이었다(편집자주 47번에 있는 입증 내용을 참조).

188) 편집자주 144번에 있는 입증 내용을 참조.

189) 편집자주 187번에서 표현되어 있는 추정, 즉 아도르노가 언급한 포괄적인 … 경험적 연구에서 '학생들의 정치적 잠재력'에 대한 연구가 관건이 되고 있다는 추정은 여기에서는 아도르노가 리커트-척도를 지적하는 것에 의해 뒷받침되고 있다. 내용적으로 볼 때 『권위주의적 인성』에서 유래하는 F-척도의 전범典範에 따라 조사에서 사용되었던 A-척도는 리커트-척도의 형식적인 처리에 맞춰 발달되었다. "리커트-등급(합산된 평가 방법)에서는 전체 가치와 가장 잘 상관관계가 있는 '항목들'이 선별되었으며, … 이러한 항목들은 가장 큰 변별성을 증명하였다. 피설문자들은 '항목들'에 대해서 대부분의 경우 5단계로 분류된 의견 표명을 하도록 요청되었다. 가중치가 주어진 개별적인 결과들은 스포츠에서 점수를 평가하는 방식에 따라 합산되었다. 개별 인간과 집단의 척도에 대한 입장은 매번 성취된 점수의 높이에 따라 규정되었다."(GS 9.2. S.348).

190) 편집자주 145번을 참조.

191) 살로몬-델라투어(1896-1964)는 1921년부터 1932년까지 프랑크푸르트에서 사강사와 정원외 교수로서 사회학을 가르쳤다. 그는 1933년에 프랑스로 망명하였으며, 1941년에 미국으로 이주하였다. 미국에서 그는 1941년부터 1943년까지 사회연구를 위한 신학파New School for Social Research의 교수로 일하였다. 이 연구소는 미국으로 이주한 프랑크푸르트 사회조사연구소와 1930년대에 경쟁 관계에 있었으며, 보수적 경향을 갖고 있었다. 그는 1958년에야 비로소 프랑크푸르트 대학으로 복귀하였으며, 경제학대학 및 사회과학대학에서 은퇴가 된 정규 교수의 신분과 철학부에서 강사의 신분을 얻었다. 그는 사망할 때까지 프랑크푸르트 사회조사연구소에서 사회학을 가르쳤다.

192) Vgl. Robert S. Lynd and Helen M. Lynd, Middletown. A Study in Contemporary American Culture, New York 1929; dieselben, Middletown in Transition. A Study in Cultural Conflicts, New York 1937. — 두 저작은 '다름 슈타트 공동 연구'를 위한 전범典範이었다(vgl. GS 20.2, S.618).

193) 아도르노가 여기에서 누구를 생각하고 있었던가에 대해서는 더 이상 확인 될 수 없다.

194) 편집자주 21번에 있는 입증 내용을 참조.

195) 아도르노는 이 물음을 제16차 독일 사회학자 대회에서 행한 강연인 「후기 자본주의 또는 산업사회?」의 중심에 위치시켰다(vgl. GS 8, S.354-370).

196) 아도르노와 호르크하이머가 함께 쓴 『사회학 IISocilogica II』를 참조(a. a. O., S.223-240). 1968년 4월 23일 강의와 편집자주 24번도 참조.

197) 사회학의 단일화와 체계화에 대한 파슨스의 시도에 대해서는 다음을 참조. The Social System, Glencoe 1951. Essays in Sociological Theory. Pure and Applied, Glencoe 1954. 파슨스에 대해서는 편집자주 18번도 참조.

198) 스펜서에 대해서는 1968년 4월 30일의 강의, 1968년 5월 7일의 강의, 편집 자주 55번에 있는 입증 내용을 참조.

199) 1968년 5월 7일의 강의와 편집자주 83번에 있는 입증 내용을 참조.

200) Vgl. Gabriel Tarde, Les Lois de L'Imitation모방의 법칙. Etude Sociologique, 4. Aufl., Paris 1904.

[신사 숙녀 여러분, 나는 오늘 사회학을 다른 학문 분과들로부터 경계를 지우는 물음에 대해 몇 가지 말하는 것을 시작하고자 합니다. 이것은 그러한 경계 지우기가 나에게 그 어떤 중요한 것이 아닌가 하는 형식주의적인 이유에서 시작되는 것은 아닙니다. 오히려 그러한 경계 지우기에 대해 여러분에게 말하려고 하는 이유는 두 가지입니다. 첫째로, 나는 그러한 경계 지우기의 문제점에서 몇몇 학문이론적인 것이 원리적으로 여러분에게 떠오를 수 있도록 하고, 둘째로는 이렇게 함으로써 사회학이 처해 있는 특별한 상황을 조명할 수 있게 하기 위함입니다. 이제],201) 돈키호테적인 겉모양이 생기지 않도록 나는 일단은 다음과 같은 점을 선취적으로 말해 두고 싶습니다. 다시 말해, 우리는 학문들에서 어떤 확실한 경계 지우기가 없이는 학문들을 꾸려 갈 수가 없고, 경계 지우기는 영국에서 이러한 경우에 말해지고 있듯이 말馬의 오성과 같은 것에 붙는 척도가 없이는 진행되지 않는다는 것을 미리 말해 두고 싶습니다.

치아齒牙를 돌보는 것도 종국적으로는 모든 가능한 사회적인 모멘트에 의존되어 있다는 이유 한 가지만으로 우리가 사회학 강의에서 치아 보존 치료술을 다루어야 한다면, 이것은 무의미하다고 할 것입니다. 더 나아가 우리는 특별히 사회학적인 방법론들과 특별히 사회학적인 물음 설정들이 존재한다는 것을, 이러한 토대를 발밑에서 붙들고 있기 위해서는, 고백하지 않을 수 없습니다. 이것은 매우 일반적인 사실을,

그리고 내가 생각하기에는 학문과 학문의 위기에 대해 우리가 오늘날 숙고해야 하는 것에 매우 근본적인 사실을 가리키고 있습니다. 이 사실은 두 가지 측면을 갖고 있습니다. 한편으로는 학문적 분업이라는 것은 내가 여러분과 더불어 논의하였던 이유 때문에, 즉 단순히 방법론, 주관적인 이성으로부터 생기며 대상으로부터 생기지 않는다는 이유 때문에 매우 문제점이 많은 것입니다. 그러나 다른 한편으로는 분업이 없이는, 사고가 그것의 분업성에 따른 분과들에 의해서 관통되어야 된다는 점이 없이는 학문에서의 진보는 생각될 수 없을 것으로 보입니다. 이러한 연관관계에서, 실증주의 학파는 자연과학들이 분업에 적응함으로써 스펙터클한 성공을 거두지 않았느냐 하는 점을 항상 반복적으로 지적하였습니다. 이 점은 부인되기 어렵습니다.

　　이 자리에서 학문적 분업 자체가 사회경제적인 모델을 갖고 있다는 점에 대해 여러분에게 주의를 환기시키는 기회를 갖고자 합니다. 다시 말해, 학문적 분업은 공장제 수공업의 초기 시민사회적 단계에서 최초로 실행되었던 분업을 통해서 매개되어 있습니다. 이러한 문제에 관심을 갖는 분들에게 나는 프란츠 보르케나우Franz Borkenau의 저작[202]을 알려 주고 싶습니다. 이 책은 1930년대 초반에 사회조사연구소 총서의 하나로 출간되었으며, 본질적으로 앞에서 말한 문제를 탐구한 저작입니다. 우리가 특별히 사회학적인 것이라고 나타낼 수 있는 몇몇 사물들이나 개념들을 여기에서 여러분에게 명명해 주기 위해서는, 이른바 사회 앙케트로부터 산출되는 설문지나 인터뷰와 같은 조사기법들을 생각하지 않을 수 없을 것입니다. 그 밖에도, 이른바 이러한 조사기법들은 발생론적으로는 18세기로 되돌아갑니다. 더욱 눈에 띄는 것은, 이러한 조사기법들이 18세기 당시 중상주의의 지배적이고 폐쇄적이었던 사회경제적 체계가 계획했던 필요성의 산물이라는 점입니다. 이러한 기법들에는 개별적인 설문지가 더욱더 큰 통계적인 연관관계에서 단지 하나의 요소일 뿐이며, 모든 임의추출 검사가 항상 종류가 정해져 있는

'세계Universum'[203]의 편에 서 있어야 합니다. 이러한 이유로 인해 앞에서 말한 방법론들은, 그것들이 추구하는 의미에 맞춰서, 우리가 처음부터 특별히 사회학적인 것으로서 고찰해도 되는 이른바 '다수 영역'을 처음부터 참조하도록 지시하는 것입니다. 나는 물론 이러한 방법론들이 결코 사회학에 제한되어 있는 것만은 아니라는 점을 지적하고 싶습니다. 여러분도 받아들이고 있듯이, 심리학에도 설문지 기법에 따라서 볼 때 사회학과 비슷하며 혼동되는 것으로 보이는 많은 조사들이 존재합니다. 이렇게 함으로써 나는 추후에 논의하고자 하는 하나의 사실을 건드리고 있습니다. 다시 말해, 이 사실이 절대적으로 독자적인 학문으로서의 사회학을 근거 세우려는 오늘날의 만개된 노력에서 훨씬 짧게 다가왔다고 생각하고 있습니다. 특정 실험들을 통해서 특별히 사회적인 활동을 확고하게 붙잡아두는 노력과 같은 것들도 ―이런 노력은 특히 미국에서 형성되었으며, 이와 관련하여 나는 샤흐터Schachter 학파[204]만을 기억하고 있습니다― 이러한 연관관계에 속합니다.

지나가는 김에 여러분에게 말하고 싶은 것이 있습니다. 임의적으로 반복 가능하고 자질이 검증된 모든 학자에 의해 실행될 수 있다고 하는, 실험에 대한 고전적인 자연과학적 개념이 충족됨으로써 상대적으로 적은 변수로 좁혀지는 것이 강요된다는 점을 말하고 싶습니다. 이렇게 강요됨으로써 실험을 통한 실행들은 ―나는 공격적 태도, 사회적인 공격적 태도의 연구와 같은 것에 대해 이러한 실행들이 갖는 가치를 부인하고 싶지는 않습니다― 사회적 현실로부터 일반적으로 너무나 멀리 떨어지게 됩니다. 그 결과 실험을 통한 실행들이 그토록 많이 마음껏 즐기고 있는 정확성이, 내가 보기에는 ―포퍼의 표현을 한번 받아들여 말해 본다면― 그 '중요성'[205]에 대해서 의미에 합당한 관계에 더 이상 놓이게 되지 못하는 것 같습니다. 재주가 넘치는 테스트 처리방식인, 이른바 사회측정학의 기법들도 여기에 속합니다. 이러한 기법들은 미국에서 모레노Moreno[206]의 이름과 결합되어 있습니다. 사회조사연구소가 이미 오래전에, 그러나 미국 망명으로부터 독일로 돌아온 후에 출판한 『사회과학 소사전』에서 제시한 경험적 사회연구의 기법들에 대한 개관에서 여러분은 모레노의 사회측정학의 특별히 사회학적인 기법에 대해 충분히 상세하게 설명한 내용을 발견할 수 있습니다.[207] 모레노의 테스트 처리방식은 그것이 어떤 집단에서 개별적 개인들 사이의 관계들에 ―이런 관계들로부터 집단 행동과 집단 구조에 관한 추론들이 도출됩니다― 대한 연구에서 본질적으로 성립된다는 점을 통해서 그 심리학적인 차원을 갖게 됩니다. 나는 이 기회를 빌려 여러분이 "경험적 사회연구"에 관한, 앞에서 내가 말한 논문을 일단 한번 들여다보도록 여러분에게 용기를 북돋아 주고자 합니다. 이렇게 권하는 이유는 간단합니다. 이 논문은, 비교적 압축된 공간에서 개별적인 기법들 안으로 너무나 깊게 파고든 나머지 중심을 스스로 잃어버리는 것이 없는 상태에서, 여러분 중에서 사회학 공부의 초보자에 해당되는 사람들에게 경험적 사회연구라는 이름 아래에서 요약되는 모든 기법에 대한 확실한 개관을 마련해 주고 있기 때문입니다. 컬럼비아 대학의 논문집[208]에서 출간된 개별 논문들은 앞에서 말한 논문을 현저하게 넘어선 논문들입니다. 이 논문들은, 나에게 알려져 있는 문헌인 한, 경험적인 사회연구의 전체 영역에 대해 가장 이성적이고, 무엇보다도 특히 가장 사물에 충실하여, 가장 많은 경험을 담은 입문을 서술하고 있습니다.

이러한 것들을 특별하게 사회학적인 것이라고 명명하고 이와 동시에 심리학과의 경계가 여기에서 유동적이라고 말하면서 여러분에게 주의를 환기시킨다면, 나는 이렇게 함으로써 이미 하나의 사실을 건드리고 있습니다. 다시 말해, 이러한 경계 설정과 쾰른의 사회학자인 쇼이흐Scheuch가 최근에 '사회학은 사회학이 되고자 할 뿐'[209]이라고 사회학에 요구하는 것 사이에서 극단적으로 대립각을 세웠던 것에 대해 숙고하게 만드는 사실을 건드리고 있는 것입니다. 그러한 요구들이 냉정함의 확실한 열정으로 말해진다면, 그리고 이것들과는 다르게 행동하는 요구들이 어느 정도 시대에 뒤떨어져 있다는 점이 그러한 요구들에서 함께 울려 퍼진다면, 그러한 요구들은 처음부터 어떤 확실한 설득력을 갖습니다. 누군가가 회의장에 출현하여 책상을 치면서 다음과 같이 말만 하면 된다고 생각합니다. 우리는 사회학이 다른 것이 아닌, 바로 사회학이고자 할 뿐이다. ─ 이렇게 말하는 사람은 집단적인 동의에서 확실한 척도를 처음부터 확실하게 얻을 수 있을 것입니다. 여기에서 예를 들어 설명하고자 시도하는 것에서 내가 여러분 스스로에게, 여러분에게 고유한 성찰에 마주하여 어떤 기능을 조금이나마 행사해야만 한다면, 이것은 최소한 다음과 같은 기능은 아닙니다. 다시 말해, 여러분을 그러한 많든 적든 자동적으로 찰칵 채워지는 반응들의 ─이러한 반응들이 원래 그렇듯이─ 건너편에서 회의에 빠져들게 하는 기능은 최소한 아닌 것입니다. 나는 앞에서 말한 유명한 설득력 있는 요구가 사회학이 사실상으로 철학과 관계를 맺고 있는 요소인 사회학의 속성과 관련이 있다고 말하고자 합니다. 그러나 이것은 실증주의 학파가 변증법적 학파를 비난했던 의미와는 전혀 다른 의미에서 여러분에게 하는 말입니다. 다시 말해, 사변에 관한 문제라든가 또는 단순한 사실 탐구의 문제와는 일단은 거의 관련이 없는 차원에서 하는 말인 것입니다. 나는 쇼이흐 교수와 극단적으로 대립각을 세우는 테제를 설정하고 싶습니다. 대립되는 테제를 세우면서 나는 물론 쇼이흐의 테제를 설득력이 있다고 특징지었던 것과 똑같은 정도로 여러분이 나의 테제를 설득력 있게 파악하지 않아도 된다는 희망을 갖고 있습니다. 내가 의도하고자 하는 것은 다음과 같습니다. 이것은 철학과 공통점을 갖고 있으며, 동시에 또한 사회학에 갓 들어온 학생들뿐만 아니라 전통적으로 정립된 학문들이 사회학과의 관계에서 발생되는 어려움이기도 합니다. 내가 의도하는 바를 이제 말하겠습니다. 사회학은 사회학의 대상으로부터 오는, 사회학의 확고하게 정의定義된 대상으로부터 오는 의미와 동일한 의미에서 볼 때, 우리가 학문 지도地圖에서 ─사람들이 이렇게 명명하고 있듯이─ 발견하는 데 익숙한 전공 분과와 같은 전공 분과가 아닙니다. 나는 사회학이 이처럼 갖고 있는 특징, 즉 전공 분과가 아니라는 특징을 처음부터 인식할 때만이 사회학의 본질을 올바르게 평가하게 된다고 생각합니다. 여기에서 이른바 전문가주의에 대항하는 특별한 방식을 사회학 공부와 관련하여 언급하고자 합니다. 전문가주의는 오늘날 처음으로 나타난 것이 아닙니다. 여러분은 전문가주의를 피히테와 셸링이 학문적 공부에 대해 쓴 저작들[210]과 1880년에 입센이 쓴 희곡론[211]에서도 발견할 수 있습니다. '전문가주의'에 대한 반란은 그사이에 꼬박 170년의 전통을 기꺼이 갖고 있는 것입니다. 우리가 이러한 것들에서 전통에 대항하는 반대 입장이 그것 나름대로 전통을 되돌아볼 수 있게 한다는 점을 상기해 본다면, 이것도 나쁘지는 않을 것입니다. 다시 전문가주의에 대한 저항으로 되돌아가겠습니다. 전문가주의에 대한 반란의 모멘트가 사회학을 공부하는 학생들로부터 매우 현저한 정도로 출발하고 있는 것은 그만한 이유가 있습니다. 내가 추측하기에는 ─이것은 내가 하는 추측입니다─, 아마도 사회학이 다루는 사물들이 전통적인 전공 공부의 의미에서는 이해될 수 없다는 점이 사회학 공부에서 젊은 학생들에게 불타오르듯이 떠오르고 직접적으로 감지될 수 있기 때문일 것입니다. 이에 대한 증명은 비교적 간단하게, 반대적으로, 실행될 수 있습니다. 사회학이 전공 분과의 성격을 얼마나 적게 갖고 있는가에 대해서는 아주 순진한 사람도 다음과 같은 사실에서 명백하게 인식할 수 있다고 봅니다. 다시 말해, '하늘과 땅 사이에' ─내가 여기에서 다른 연관관계에서 사용되는 것인 헤겔의 언어적 정리를 수용하는 것은 그만한 이유가 있습니다─ '존재하고 있는 것들 중에서 그 어떤 것도 사회학적으로 고찰되어질 수 없는 것은 존재하지 않는다[212]는 사실에서 사회학이 전공 분과가 아니라는 성격이 명백하게 인식될 수 있는 것입니다. 이것은 대략 60년 전이나 70년 전에 심리학에서 일어났던 것, 즉 기어 다니거나 날아다니는 모든 것을 심리학의 고찰방식 밑으로 집어넣었던 것과 크게 다른 점이 전혀 없습니다. 나는 앞에서 치아를 보존하는 치아 치료술에 대해 이야기하였으며, 치아 치료술은 이러한 연관관계에서는 충분히 이치에 맞지 않는 것으로 들릴 것입니다. 그러나 여러분이 다음과 같은 사실을 상기해 본다면 이것은, 이것이 그렇게 겉으로 보이듯이, 이치가 맞지 않는 것만은 아닙니다. 다시 말해, 의료사회학과 치료술뿐만 아니라 치료체계들과 사회체계들 사이의 연관관계에 대한 사회학적 관점에 관한 물음이 사실상 그사이에 이미 오래전부터 사회학의 시각 영역에 들어와 있다는 점을 상기해 보면 사회학에서 치아 치료술에 대해 이야기하는 것이 이치에 맞지 않는 것만은 아닌 것입니다. 사람들은 이러한 사실을 이음표-사회학이라는 표제어로 표현하곤 합니다. 여러분이 '실제 사회학'이나 '응용 사회학'이라는 제목으로 일반적으로 알게 되는 영역들은 사회학적인 고찰방식을 처음부터 사회학의 대상이 되지 않는 대상들에 적용시켜 놓은 것에 지나지 않습니다. 동시에 이러한 적용에서는 사회학적 방법론이 이러한 이음표-사회학들에서 많든 적든 동일한 방법론이라는 것이 전제되어 있습니다. 그러나 나는 이러한 생각을 지나간 강의들에서 여러분에게서 흔들어 놓았다고 믿고 있기 때문에, 사회학적 방법론이 동일하다는 주장에 대해 여러분이 동의하지 않을 것입니다. 이음표-사회학들은 우리가 변증법적 논거에서 '악무한성'[213]이라고 서술하는 것을 말해 주고 있습니다. 내가 했던 고유한 경험으로부터 나는 다음과 같은 점을 알고 있습니다. 내가 '독일 사회학회 회장'으로 일하고 있을 때, 학회의 전공위원회의 틀에서 그 어떤 새로운 전공위원회를 만들겠다는 새로운 신청들이 쉬지 않고 있었습니다. 사회학회의 모든 회원이 이음표-사회학의 그 어떤 특정한 종류에 대해 각기 고유한 전공위원회를 설치하고자 하는 것처럼 보일 때도 있었습니다. 사회학적인 관점들 또는 물음 설정들이 —나는 여기에서 의도적으로 조금은 일반적으로 표현하고 있습니다— 모든 것에 적용될 수 있다는 점으로부터 사회학은 대상으로부터, 순수하게 객체로부터 시작하여 정의될 수 없고 확정될 수 없다는 점이 그 결과로서 뒤따르게 됩니다. 내가 여러분과 함께 비판적으로 논쟁하려고 시도하였듯이, 사회학의 중심 개념, 즉 사회의 개념은 그것 자체로 대상이 아니고 매개 카테고리이기 때문에 더욱더 정의될 수 없는 것입니다.

사회학이 그러한 대상 영역을 갖고 있지 않고 그러한 대상 영역이 아니라면, 내가 이러한 충격적인 고백을 통해서 사회학으로부터 내쫓아 버리지 않은 [웃음소리] 많은 사람들, 즉 여러분 중의 많은 사람들은 사회학이 도대체 무엇이냐고 나에게 물을 것입니다. 이 물음은 정당합니다. 이에 대해 나는 일단은 매우 간단하게 답변하고자 합니다. 사회학은 그 어떤 사물적인 영역들 내부에 들어 있는 사회적인 모멘트들에 대한 성찰입니다. 사회적인 함의들에 대한 인상학적인 확인에서부터 사회적인 총체성에 대한 이론 형성에 이르기까지의 성찰이 바로 사회학입니다. 첫째로, 사회학은 이러한 사회적인 모멘트들에 필연적으로 관련되어 있으며, 이것은 단지 변두리에서 관련되어 있는 것만은 아닙니다. 둘째로는, 일단은 사회학 자체에 낯선 것들인 사물 내용들과 사물 영역들이 사회학 자체에 내재되어 있으며, 이렇게 해서 사회학이 어떻든 가능해집니다. 이러한 두 가지 점이 사회학의 경계 지우기를 그토록 문제성이 있도록 만드는 것입니다. 나는 여기에서 사회사상 내부에서 최근에 나타난 현상인 구조주의로 되돌아가서 사회학의 사물 영역들에 대해 논의하도록 하겠습니다. 프랑스 구조주의는 무엇보다도 특히 레비-스트로스Lévi-Strauss[214)와 라캉Lacan[215)이라는 이름과 결합되어 있으며 사회사상에 매우 강력한 영향을 미치고 있습니다. 나는 다음 학기에 구조주의에 대한 세미나를 할 수 있게 되기를 바라고 있습니다. 다시 본래의 논의로 되돌아갑니다. 프랑스 구조주의는 본질적으로, 그리고 그 이론 형성에서 전적으로 정당화된 모티프들로부터 발원하여 그 재료를 일단은 인류학으로부터 도출하며 더 나아가 언어 연구의 매우 특별한 방향들로부터, 즉 빈Wien에서 무엇보다도 특히 트루베츠코이Trubetzkoj[216])에 의해 대표되는 음운론적인 방향들로부터 도출합니다. 우리가 만약 본질적으로 사회이론으로서 이해되고 있는 프랑스 구조주의를 이러한 민족학적인 재료들이나 또는 인간학적인 재료들로부터 분리시키려고 한다면, 구조주의가 갖고 있는 구상으로부터 남아 있는 것은 아무것도 없을 것입니다. 우리가 사회학의 그 어떤 개별적인 정의를 완고하게 고집한다면, 이처럼 아무것도 남지 않게 되는 것에 이르게 되고 만다는 점이 오인될 수 없는 것입니다. 이처럼 아무것도 남지 않게 되는 것으로부터 다음과 같은 두 가지 결과가 나타납니다. 한편으로는, 형식적인 규정들이 허수아비처럼 개념들 주변을 흔들어 놓음으로써 이러한 규정들과 재료적인 물음 설정들 사이의 관계가 더 이상 남아 있지 않게 됩니다. 이러는 동안에도 다른 한편으로는, 이러한 정의定義들이 다시 사회학적인 사고에 특정한 경계들을 강제로 부과하게 됩니다. 특정한 경계들에 의해서 사회학적 사고들은 좁혀지게 되며, 특정한 경계들은 사회학적 사고를 그것의 고유한 임무로부터 소외시킵니다.

이러한 연관관계에서 나는 이제 사회학의 정의에 대해 말하고 싶습니다. 나는 오래전부터 사회학에 대한 정의를 여러분에게 말하려고 계획하고 있었습니다. 이제 여기에서 정의를 말하는 것이 좋다고 보며, 지금 실행에 옮기도록 하겠습니다. 나는 여기에서 사회학에 대한 정의를 최소한 막스 베버의 주 저작인『경제와 사회』의 서두에서 발견되는, 확실히 법률적인 정의들에 따라 이루어진 정의에 나오는 몇몇 문장들을 통해 다루고 싶습니다. 사회학에 대한 막스 베버의 정의는 특별한 주목을 받고 있습니다. 이 정의의 배경에는 어떤 경우이든 독일의 전통에서 살았던 사회학자로서 가장 풍부한 지식을 갖고 있었을 뿐만 아니라 사상적으로도 가장 생산적인 사회학자인 막스 베버가 사회학의 개념에 대해 굉장히 많은 작업을 하고 노력한 결과가 놓여 있기 때문입니다. 사회학에 대한 베버의 정의는 베버를 훨씬 넘어서서 그 영향력을 주장하였습니다. 우리는 이러한 영향력을 무엇보다도 특히 미국의 파슨스Parsons와 머튼Merton[217]에서 유래하는 구조-기능적 체계들에서 오늘날에도 아직도 감지할 수 있습니다. 그러나 나는 여기에서 여러분에게 다음과 같은 점을 보여주고 싶습니다. 다시 말해, 사회학에 대한 베버의 정의는 우리가 이 정의를 처음 알게 되었을 때 이 정의가 아마도 갖고 있는 것처럼 보이는 자명성을 전혀 갖고 있지 못하다는 점을 보여주고 싶은 것입니다. 그 밖에도, 이 자리에서 여러분에게 경고해 주고 싶은 사항이 있습니다. 나는 여기에서 사회학에 대한 막스 베버의 정의에 대해 의구심을 여러분에게 표명하고 있습니다. 내가 이렇게 말했다고 해서 여러분이 집으로 간 다음에 '그래, 아도르노가 오늘 막스 베버를 아름답게, 또는 덜 아름답게 끝내 버렸어'라고 말해도 된다는 것이 내가 표명한 의구심의 의미는 아닙니다. 내가 하는 비판과 같은 그러한 비판에 의해서 베버가 보여주는 사고의 연관관계와 같은 대단한 사고의 연관관계가 모두 처리된 것처럼 여러분이 생각해서는 안 되며, 베버의 사고를 더 이상 다룰 필요가 없다고 생각해서도 안 됩니다. 그렇게 생각하는 것에 대해서 매우 강조하여 여러분에게 경고할 수 있습니다. 내가 제대로 들었다면, 폰 프리데부르크von Friedeburg도 어제 세미나에서 나와 똑같은 경고를 한 것으로 알고 있습니다. 여러분은 이러한 방식을 통해서, 즉 여러분의 선생님들 중의 한 분이 사회학적인 현상에 대해서 무언가 비판적인 것을 말하자마자 이러한 현상이 동시에 해치워지고 처리되는 것으로 간주하는 것을 통해서 여러분의 공부에서 가장 큰 결실을 맺을 수 있는 것을 희생시켜 버리게 됩니다. 우리가 의미 있게 공부할 수 있는 조건에 대해 말하겠습니다. 무엇이 되었든 우리가 다루고자 하는 대상들이 존재합니다. 나는 이 자리에서 이러한 대상들은 우리가 다루어야만 하는 위대한 텍스트들이라고 일단은 간단히 말하고자 합니다. 우리가 위대한 텍스트들에서 무엇인가를 전면에 놓을 때, 위대한 텍스트들에 대해 이미 들은 바가 있다는 점을 이유로 들어 사물들이 존재하고 있는 것에 관한 내용으로 파고들어 가는 태도를 취하지 않을 때, 그리고 우리가 ―헤겔이 대략 160년 전에『정신현상학』에서 말했듯이― 오로지 한 가지 이유, 즉 사물들에 들어가 있지 않다는 이유 때문에 사물들의 위에서 존재하려고 하는 태도를 취하지 않을 때,[218] 바로 이러한 경우에만 우리는 의미 있게 공부할 수 있으며 위대한 텍스트들을 정당하게 평가할 수 있는 것입니다. 다른 한편으로는, 베버의 정의와 같은 그러한 정의가 갖고 있는 유혹은 매우 큽니다. 우리가 이러한 정의에 매달리게 되면, 우리는 거기에서 매우 확고한 토대 위에 놓여 있다고 우리를 유혹하게 되며, 거기로부터 전체 사회학을 호주머니에 갖고 있다고 우리를 유인하기 때문입니다. 여러분은 여기에서 기술을 발휘해야 하며, 기술은 다음과 같은 태도에서 성립됩니다. 다시 말해, 여러분은 베버의 정의와 같은 경우에서 정의의 권위를 단순히 신뢰하고 그러한 정의에 여러분을 단순히 맞춰 버리는 태도를 취해서도 안 되며, 다른 한편으로는 여러분이 그러한 정의의 문제점을 인식하자마자 곧장 이의를 제기해도 된다고 생각해서도 안 됩니다. 막스 베버는 명목론자입니다. 그는 개념들이 객관적인 의미를 갖고 있다고 신뢰하지 않습니다. 오히려 그는 객관적인 의미를 그에 의해 생각된 것의 의미에서 정의합니다. 이제 사회학에 대한 막스 베버의 정의를 보겠습니다.『경제와 사회』모두에 있는 정의는 다음과 같습니다. "사회학은 (이처럼 매우 다의적으로 사용되는 단어에 대해 여기에서 이해되는 의미에서) 사회적 행위를 그 의미를 해석하면서 이해하고 이렇게 함으로써 사회적 행위의 경과와 작용들에서 인과율적으로 설명하고자 하는 학문을 일컫는다. '행위'는, 행위자 또는 행위자들이 주관적인 의미를 인간의 행동과 결합시키는 한, 인간의 행동을 지칭한다(이것이 외부적 행동이든, 또는 내부적 행동이든, 또는 중단하는 행동이든, 또는 참는 행동이든 모두 마찬가지이다). '사회적 행위'는 그러나 행위자 또는 행위자들에 의해 의도된 의미에 따라 다른 사람들의 행동에 관련되고" ―다시 말해, 막스 베버의 의미에서 여기에 덧붙여야 할 것이 있습니다: 특정 행위들이 다른 사람들에게 도달되는 평균적인 기회의 의미에서— "그 경과에서 이것에 맞춰져 있는 행위를 뜻한다."[219] 베버의 이러한 정의는 법률가가 제자들의 손에 넘겨주는 것처럼 정교한, 그 어떤 정의처럼 들립니다. 나는 또한 이러한 정의로부터 출발하는 설득력을 잘 그려 볼 수 있다고 생각해 볼 수 있습니다. 그럼에도, 이처럼 겉으로 보기에 매우 설득력 있는 문장들에는 여러 문제들이 얽혀 있는 것이 들어 있습니다. 나는 이 점에 대해 여러분에게 주의를 환기시켜 주고 싶으며, 그 이상의 것을 행하고 싶은 생각은 전혀 없습니다. 일단은 '사회적 행위는 그 의미를 해석하면서 이해되어야 한다'에 대해 말하겠습니다. — 나는 여기에서 상대적으로 단순한 여러분의 경험에 가까이 다가서 있는 사물들에 제한시켜 논의를 시도하고자 합니다. 다시 말해, 여러분이 놀랍게도 사회학 안으로 깊게 들어와 있었다는 것을 주장하지 않는 선에서 논의하고자 합니다. 여러분은 막스 베버 사회학에서도 역시, 바로 막스 베버 사회학에서 조금만 주위를 둘러보면, 사회학이 행하는 모든 것이 결코 사회적 행위와 관련을 맺고 있는 것만은 아니며 사회학적 분석이 매우 광범위한 정도로 사물적인, 대상화된 형식들과 관계를 맺고 있다는 것을 발견하게 될 것입니다. 이처럼 사물적인, 대상화된 형식들이 행위에서 직접적으로 해체될 수는 없습니다. 이러한 형식들은 우리가 가장 넓은 의미에서 제도들이라고 나타낼 수 있는 모든 것들입니다. 이러한 제도들 내부에서는 객관적인 상품 형식에 관한 마르크스의 분석과 쉘스키Schelsky, 무엇보다도 특히 아놀트 겔렌Arnold Gehlen[220]과 같은 이 시대 독일 사회학자들이 대표하는 사회적 제도의 개념 사이에는 아무런 차이가 없는 것입니다. — 제도들에 대한 전체적인 공부는, 이 공부가 사회적인 행위와도 관련이 있고 사회적 행위에 관한 이론과도 관련이 있다는 점이 자명함에도 불구하고, 행위에 대한 공부가 아닙니다. 제도, 또는 객관적으로 사회적으로 설치된 것, 또는 우리가 여러 관점에서 말할 수 있는 조직, 또는 마르크스에서 생산관계들이라고 지칭된 모든 것의 개념이 갖고 있는 의미는 다음과 같은 점에서 성립됩니다. 다시 말해, 여기에서 관건이 되는 것은 직접적인 행위가 아니고 흘러 들어온 행위, 그 어떤 형태에서 흘러 들어온 노동, 직접적인 사회적 행위의 맞은편에서 스스로 독립적으로 된 것이 관건이 되고 있다는 점에서 성립되는 것입니다. 흘러 들어온 행위가 다시 직접적인 행위를 들여다 볼 수 있게 하느냐의 여부, 흘러 들어온 행위가 행위 안으로 다시 건너갈 수 있느냐의 여부는 두 번째로 제기되어야 할 물음입니다. ─ 이 물음에서 사회사상을 연구하는 학파들이 매우 극단적으로 갈라지고 있다는 점도 첨언합니다. 나는 제도 등 앞에서 말한 모든 영역이 사회학에게는 결정적으로 중요한 영역이라는 점을 일단은 말하지 않을 수 없습니다. 나는 이 점을 애매하거나 또는 내 자신에게 스스로 약속하는 것으로서 말하고 있지 않으며 의도적으로 말하고 있습니다. 이것은 다음과 같은 점을 우리의 것으로 하기 위함입니다. 다시 말해, 사회적인 운명, 그리고 이것과 더불어 모든 개별 인간의 사회적인 행위도 ─사회학은 이에 대해 정말로 관심이 있으며, 막스 베버가 이러한 관심에 제대로 들어가 있는 사회학자입니다─ 앞에서 말한 제도들에 더욱 많이 의존되어 있고 오로지 이러한 제도들로부터 출발해서 설명될 수 있는 것입니다. 사회적 행위는 우리가 사회적 행위를 최종적이고도 직접적인 실체로 보면서 사회적인 행위로부터 사회적인 것을 설명할 수 있는 것보다도 더욱 많이 제도들에 의존되어 있는 것입니다. 더 나아가 막스 베버의 정의에서 다음과 같은 표현이 나옵니다. "사회적 행위를 그 뜻을 해석하면서 이해한다." 이러한 정의에 들어 있는, 특별할 정도로 가장 주관주의적인 표현방식에서는 사람들이 해석하면서라는 표현을 보고 심리학적인 해석을 생각할 수 있게 되는 오해가 매우 가깝게 놓여 있습니다. 나는 다만 막스 베버가 심리학적인 해석을 생각한 것은 아니라는 점을 ─이것은 사회학과 다른 학문 분과들을 분리시키는 것과 관련이 있습니다─ 여러분에게 말하고 싶습니다. 베버가 심리학적인 해석을 생각한 것은 아니라는 점은,

사람들이 그렇게 말하듯이, 어리석은 사람에게나 비로소 말해져야 할 것입니다. 베버는 사회학에 관한 자신의 정의에서 해석의 개념을 심리학적인 해석으로부터 경계 지우기 위해서 가장 커다란 노력과 최고로 명민한 노력을 필요로 하였습니다. 베버는 해석을 합리성, 즉 주관적인 행위에서 확인할 수 있다고 하는 합리성에 제한함으로써 심리학적인 해석으로부터 경계를 지우려는 최상의 노력을 기울였던 것입니다. 심리학이 우리에게 가르쳐 주고 있듯이, 합리성은 그것 자체로 다른 것이 아닌, 바로 현실에 대한 시험試驗입니다. 이렇게 볼 때 앞에서 말한 해석의 개념에는, 주관적 행위가 매번 지향되어야 하는 것인 사회적 객관성이 베버에서의 천재적인 매개를 통해서, 즉 합리성 개념을 통해서 주관적으로 기초가 되어 있고 주관적으로 구상된 베버 사회학에 매우 깊게 파고들어오게 됩니다. 여러분은 이것이 상대적으로 넓은 층層을 갖고 있는 탐구이며 성찰이라는 것을 보고 있을 것입니다. 그러나 여러분이 이러한 탐구와 성찰을 그쪽에 덧붙이는 태도로 받아들이지 않는다면, 베버의 정의와 같은 겉으로 보기에 매우 간명하고 뚜렷하게 눈에 띄는 정의는 의미를 거의 산출하지 못하게 될 것입니다.

이러한 물음에 접속되는 또 하나의 다른 물음이 있습니다. 나는 이 물음을 베버와 뒤르켐의 방법론 논쟁221)의 연관관계에서 이미 가볍게 언급한 바 있었습니다. 이 물음은 이해 가능성에 관한 물음입니다. 여러분은 막스 베버의 정의에서 이른바 사회적 행위의 이해 가능성이 곧바로 공리적公理的으로 확고하게 굳어 있다는 것을 발견할 것입니다. 그러나 앞에서 간략하게 언급하였던 내용을 여러분이 받아들인다면 사회적 행위의 이해 가능성 개념에 많은 문제가 있음이 드러나게 됩니다. 내가 앞에서 간략하게 언급한 내용을 여기에서 다시 말하겠습니다. 제도들은 인간의 맞은편에서 스스로 독립적으로 될 뿐만 아니라 역사적으로 볼 때 아마도 이질적인 제도들은 인간의 이른바 자유로운 행위보다 더욱 오래되었을 것입니다. 이질적인 제도들은, 제도들의 맞은편에

서 형언할 수 없이 많은 노력들이 들어갔고 고통스러운 과정에서 그 가
능성에 따라 비로소 그 기초가 만들어지고 제도들에 대항하여 대조를
이루게 된 자유로운 행위보다 더욱 오래된 제도들인 것입니다. 여러분
이 이 점을 인정한다면, 베버에서는 자명한 것으로서 사회학에 부당하
게 요구되고 있는 해석하는 행동이 홀로 축복되고 있지는 않은가 하는
물음과 '관념의 사물화 현상'에 대한 뒤르켐의 요구에서 표현되고 있듯
이 베버가 말한 것과 반대되는 내용이 실제로 통용되는 것은 아닌가 하
는 물음이 절박하게 제기됩니다. 다시 말해, 특별히 사회적인 것에서,
꿰뚫어지지 않는 견고한 것에 부딪치는 것에서, 그리고 이해하는 주체
에 대립적인 것에 부딪치는 것에서 베버가 말하는 그러한 해석을 포기
하지 않는 것, 바로 이것에서 절박한 물음이 제기되는 것입니다. 나는
다만 다음과 같은 점에 대해 여러분에게 주의를 환기시키고자 합니다.
즉, 베버가 도입한 해석의 개념과 같은 그러한 개념은 가치 판단들을
엄격하게 억제해야 한다고 생각하는 사회학인 베버의 가치 자유적인
사회학에서 베버 사회학의 가치 자유적인 구상에게는 매우 견디기 어
려울 것 같은 결과들을 초래하는 함의들을 갖고 있는 것입니다. 그 이
유는 다음과 같습니다. 모든 사회적인 행동이 원래부터 주관적인 것으
로서 의미가 넘치게 해석될 수 있다면, 이렇게 됨으로써 모든 사회적인
행동에 이미 의미와 같은 것이 부여되기 때문입니다. 이렇게 되면 세계
의 진행과정 전체가 주관적인 의미 부여와 같은 것에 환원되어 출현하
게 되며, 이를 통해서 이미 그 내부에서 의미가 넘치는 세계의 진행과
정으로서 잠재적으로 정당화될 것이기 때문입니다. 베버가 훨씬 더 신
중했더라면 이러한 문제점을 용인했을 것입니다. 그가 만약 지금 살아
있다면, 그는 아마도 그의 유명한 천둥소리와 같은 목소리로 나를 격렬
하게 반박했을 것입니다. 그러나 사회적인 의미의 개념을 근본적으로
다루고 있는 것이 체제긍정적인 것의 가능성을 그 내부에 갖고 있다는
점은, ─이러한 의미를 비판하는 개념이 사회학에서 함께 설정되어 있

지 않다고 할지라도―, 내가 여러분에게 강의하였던 약간의 숙고들로부터도 이미 어느 정도 드러났다고 생각합니다. 사회적 행위자들이 그들의 행위를 사회적인 의미, 주관적인 의미와 결합시킨다는 것은 인간의 행동에서 일종의 합리성을 전제하고 있습니다. 그러나 일종의 합리성은 이러한 방식으로 즉각적으로 전제될 수는 없습니다. 베버가 인간이 인간의 행위와 결합시키는 의미에 대해 묻는다면, 그는 인간에 의해서 주관적으로 주장되는 의미와 인간의 행위가 갖고 있는 객관적인 의미 사이에서 성립되는 차이에 대해 보고를 해야만 할 것입니다. 예를 들어, 사람들이 확실히 극우적인 운동에 접속하는 것도, 주관적으로는, 국민의 생활조건의 개선, 국민을 이른바 주인의 자리에 올려놓는 것과 같은 의미와 결합될 수 있는 것입니다. 그러한 행위들이 세계사적으로 의미하는 것이, 그리고 전체 사회의 연관관계에서 의미하는 것이 행위들에 놓여 있는 의미의 반대가 되는 경우 ―의미가 사회적인 행위들과 결합하는 것은 근본적으로는 대략 국가 계약을 받아들이는 것이 현실적인 것만큼이나 현실적인 이상理想의 구축이라는 점은 제쳐놓고라도― 객관적으로 드러날 수도 있습니다. 인간이 행하는 훨씬 많은 대부분의 이른바 사회적 행위들은 표상된 사회적인 목표의 의미에서 일어나는 것이 전혀 아니고, 많든 적든 반성적으로 일어나기 때문입니다. 이와 동시에, 주관적으로 잘못된 목표 설정들도 인간의 사회적 행위들에 들어와서 게임을 벌인다는 것도 자명합니다. 그러나 이러한 게임은 충동 실현 요구들, 심리적인 표현 행위들, 그러한 행위의 사회적인 중요성을 결정적으로 염색해 주는 가능한 다른 모든 것의 짜여진 틀에서만 이루어집니다. 이렇게 됨으로써 사회적인 중요성은 ―사회학에서 다루어질 가치가 있는 것은 이러한 중요성과 결합되어 있습니다― 주관적으로 잘못된 의미와 일치할 필요가 전혀 없게 됩니다.

신사 숙녀 여러분, 내가 이 시간에 여러분에게 강의하고 펼쳐 보인 내용은 다음과 같은 점을 보여주기 위함이었습니다. 다시 말해, 다른 모든 학문에 비교해 볼 때 사회학을 절대적이고도 독자적으로 근거 세우는 막스 베버의 가장 유명하고 가장 예리한 시도도 베버의 공리적인 특징이 주장하고 있는 것만큼이나 명증하고 자명한 것과는 전혀 다른 것이라는 점을 여러분에게 보여주려고 하였던 것입니다. 모레 이 시간에는 사회학의 경계, 또는 경계들의 문제성에 대해 다루도록 하겠습니다.

201) 이 강의에서 [ ]로 설정된 모든 부분은 유니우스 해적판에서 가져왔다. 이 부분이 녹음 테이프에 보존되어 있지 않기 때문이다.

202) Vgl. Franz Borkenau, Der Übergang vom feudalen zum bürgerlichen Weltbild봉건적 세계상에서 시민사회적 세계상으로의 전이. Studien zur Geschichte der Philosophie der Manufakturperiode공장제 수공업 시대의 철학사 연구, Paris 1934. (Schriften des Instituts für Sozialforschung, hrsg. von Max Horkheimer. Bd.4.)

203) 사회학의 조사기법에서 사용되는 '세계' 개념은 다음과 같이 이해된다. 이 것은 토대로서의 전체이며, 이러한 전체는 예를 들어 어떤 나라의 인구와 같 은 임의추출 견본을 대변한다(vgl. GS 9.2, S.342). – 이에 이어서 명명되고 있는 '다수 영역' 개념에 대해서는 편집자주 148번을 참조.

204) 미국의 사회학자이며 심리학자인 샤흐트는 특히 집단사회학과 대중사회학 의 문제를 다루었다.

205) 아도르노는 여기에서 포퍼의 요구, 즉 "가치가 혼합되는 것을 들추어내고 순수한 학문적인 가치에 대한 물음들을 진리, 중요성, 단순성 등등에 따라 학 문외적인 물음들과 분리시키는 것은 학문적 비판이 갖고 있는 의무들 중의 하나가 되어야 한다"(Karl R. Popper, Die Logik der Sozialwissenschaften사회과 학의 논리, in: Adorno u. a. , Der Positivismusstreit in der deutschen Soziologie 독일 사회학에서 실증주의 논쟁, a. a. O., S.115)는 요구에 관련시켰다.

206) Vgl. J. L. Moreno, Who shall survive? Washington D. C. 1934; dt. nach der 2. erweiterten Aufl. von 1953: Die Grundlagen der Soziometrie사회측정학의 기 초, Köln, Opladen 1954.

207) 편집자주 98번에 있는 입증 내용을 참조. 모레노의 사회측정학에 대해서는 다음을 참조. GS 9.2, S.354f.

208) 추정하건대 아도르노는 여기에서 컬럼비아 대학의 정치학 대학이 편찬한『 역사, 경제, 공법 연구』를 의도하였던 것 같다. 이 논문집은 1955년부터『컬 럼비아 사회과학 연구』로 명명되었고, 뉴욕에 있는 컬럼비아 대학 출판부에 서 출간되었다. 아도르노가 여기에서 생각했던 권券이 어떤 것이었는가에 대 해서는 확인되지 않았다.

209) 쇼이흐는 르네 쾨니히의 이 말을 받아들이면서 경험적 개별 학문으로서의

사회학을 사회철학과 엄격하게 구분하는 쾨니히의 입장을 따랐다(vgl. Verhandlungen des 16. Deutschen Soziologentages제16차 독일사회학자 대회 토론집, a. a. O., S.184ff). — 아도르노는 「독일 사회학에서 실증주의 논쟁 서문」에서도 "인식의 실증주의적 순수주의"에 대해 다시 한 번 언급하였다. "1968년의 프랑크푸르트 사회학자 대회에서 특히 쇼이흐는 '사회학은 사회학이 되고자 할 뿐'이라는 주장을 제기하였다. 학문적인 행동방식들은 때때로 접촉에의 신경질적인 두려움을 상기시켜 준다. 순수성이 과대평가되고 있다. 예를 들어『경제와 사회』모두에 나오는 베버의 정의에 엄격하게 일치하지 않는 모든 것을 사회학으로부터 제거한다면, 베버의 정의로부터 남는 것은 아무것도 없을 것이다. 모든 경제학적인, 역사적인, 심리학적인, 인간학적인 모멘트들이 없는 상태에서 베버의 정의는 매번 나타나는 사회적인 현상의 주변을 비틀거렸다. 이러한 모멘트들의 존재 이유는 어떤 사실 영역, 어떤 '전공'의 존재 이유가 아니다. 오히려 그 존재 이유는 비교적 오래된 양식인, 앞에서 본 사실 영역들의 근본적인 연관관계이자 이렇기 때문에 소홀하게 다루어진 연관관계이다. 이것은 분업을 정신적으로 복구하는 한 부분이다. 분업이 그것 나름대로 조건 없이 분업적인 것에 다시 고정될 수는 없다"(GS 8, S.340, 각주).

210) 편집자주 10번에 있는 입증 내용을 참조. Vgl. hier auch: Fichte, Einige Vorlesungen über die Bestimmung des Gelehrten학자를 규정하는 것에 대한 강의, in: Fichtes Werke, a. a. O., Bd. 6: Zur Politik und Moral정치와 도덕에 대하여, Berlin 1971, S.289 bis 346.

211) 아도르노는 무엇보다도 특히 입센의『헤다 가블러Hedda Gabler』(1880)를 생각하였다. 이 작품은 아도르노의 논문인 「문화와 관리Kultur und Verwaltung」의 한 자리에서 권유되고 있다. 아도르노는 이 논문에서 '전문가주의'와 '문화인주의'에 대한 베버의 대조와 연관하여 다음과 같이 쓰고 있다. "베버는 …, 입센의 헤다 가블러 이래로 후기 자유주의 사회에서 통상적이었던 것처럼, '전문가주의'에 반대하고 있다"(GS 8, S.127).

212) 편집자주 121번에 있는 입증 내용을 참조.

213) 편집자주 37번에 있는 입증 내용을 참조.

214) 1908년에 브뤼셀에서 태어난 레비-스트로스는 브라질의 상파울로와 뉴욕에서 사회학을 가르쳤다. 1950년부터 파리에서 비교 종교학을 가르쳤다. 그의 사상을 정초시킨 저작인『구조인류학』이 1958년에 나온 이후에는 콜레즈

드 프랑스의 사회인류학 정교수가 되었다.

215) 파리의 국립 사범대학Ecole Normale Supérieure에서 가르쳤던 자크 라캉 (1901-1981)은 구조적 심리언어학의 근거를 세운 학자로 통용된다. 그의 심리 언어학에서는 소쉬르(1857-1913)의 언어학적 구조주의와 '프라하 학파'의 음 운론이 성취하였던 인식이 프로이트의 심리분석과 결합되었다.

216) 슬라브 언어연구자이며 언어학자인 트루베츠코이(1890-1938)는 언어학 학파 인 '프라하 학파'의 일원이었으며, 음운론을 함께 근거를 세운 학자들 중의 한 사람이었다.

217) 파슨스와 머튼에 대해서는 편집자주 18번과 48번을 참조.

218) 헤겔은 이러한 태도를 정의定義에 만족할 뿐인 "도표로 만들어진 오성"에서 증명하였다. "도표로 만들어진 오성은 사물의 내재적인 내용 안으로 들어가 는 것 대신에 전체를 항상 간과한 채 그것이 말하고 있는 개별적인 현존재의 위에 위치한다. 다시 말해, 도표로 만들어진 오성은 전혀 보지 못하는 것이 다. 학문적인 인식하기는 오히려 대상의 생명에 인식을 내맡기거나, 또는 이 와 동일한 것으로서, 대상의 내적인 필연성을 인식의 앞에서 가지면서 분명 하게 말하는 것을 요구한다"(Hegel, Werke, Bd. 3, a. a. O., S.52).

219) Max Weber, Wirtschaft und Gesellschaft경제와 사회, a. a. O., S.1.

220) Vgl. Arnold Gehlen, Urmensch und Spätkultur원인原人과 후기 문화, Bonn 1956, bes. Teil I: Institutionen제도들, S.7-137; vgl. auch H. Schelsky, Ortsbestimmung der deutschen Soziologie독일 사회학의 위치 규정, a. a. O., bes. S.91.

221) 베버와 뒤르켐의 방법론 논쟁에 대해서는 1968년 6월 11일의 제9강을 참조.

신사 숙녀 여러분, 지난 시간에 사회학과 경계를 짓고 있는 개별 학문들과의 관계에서 사회학이 고유하게 갖고 있는 위치를 여러분에게 일단은 원리적으로 나타내 보이려고 시도하였습니다. 이를 위해 나는 사회학을 이러한 개별 학문들의 사회적인 자기 성찰로서 서술하였으며, 통상적인 의미에서의 전공으로 표현하지 않았습니다. 우리가 특별히 사회적인 것으로 관찰할 수 있는 것과 더욱 확고하게 표현한다면 우리가 사회학을 공부할 때 배울 수 있는 것이 교리사적으로, 방법론적으로, 그리고 또한 사물적인 관계에서도 물론 존재합니다. 이처럼 가능한 모든 것이 존재함에도 불구하고 나는 사회학을 개별 학문들의 자기 성찰로서 나타냈습니다. 이 점을 다음과 같이 말하는 형식에서 요약하고 싶습니다. 나는 사회학이 전체, 즉 사회를 참조함으로써 ―이런 전체가 직접적인 사실로서 파악될 수는 없는 상태에서― 학문적인 분업을 복구하려는, 스스로 필연적으로 제한되어 있는 부분적인 시도라고 말하고 싶습니다.

여러분은 근자에 쇼이흐Scheuch 교수로부터 유래하는 몇몇 언급들을 언론에서 읽었을 것입니다. 이러한 언급에서 쇼이흐 교수는 사회학을 부전공으로 공부하는 것을 추천하고 있습니다.222) 사회학을 주전공으로 할 것인가 또는 부전공으로 할 것인가에 대해서는 학생 개개인이 판단할 문제라고 말하고자 합니다. 물론 사회학을 공부하는 사람들이 직업적인 일자리를 찾는 것이 어려운 상황이기 때문에 사회학 공부에서 자기 보존의 관점에서는 사회학을 단순히 믿고 의지해서는 안 될 것이라는 점을 조언합니다. 나는 이 점을 여러분에게 이미 말한 바 있습니다만 여기에서 반복하고 싶습니다. 이러한 실제적인 고려와는 별도로, 여러분이 쇼이흐 교수가 표현했던 것처럼 사회학 이외에도 '안정된' 학문, 안정된 학문에 있는 어떤 것을 공부할 것을 권합니다. 어떤 학문이, 의미 있게 수행되고 단조로운 사실 발견으로서만 머물러 있지 않으려고 하는 경우에, 사실들을 일차적으로 제 것으로 만드는 것에서 성립되지 않고 본질적으로 성찰에서 성립된다면, 이러한 학문에는 확실한 위축 증세의 위협이 다가오며 이러한 위험은 자명합니다. 위험은 두 가지입니다. 하나는 성찰이 그것 나름대로 성찰 자체로 설정되는 위험입니다. 다른 하나는, 헤겔이 사물 내부에 들어 있지 않기 때문에 사물의 뒤에 머물러 있는 사람들에 관한 공식[223]으로 나타냈던 것이 들어서는 위험입니다. ― 헤겔의 이 문장을 다시 한 번 인용함으로써 내가 여러분을 지루하게 하지 않았기를 바랍니다. 사회학은 막스 베버가 '재료의 소농小農'의 반대 개념으로 나타낸 것인 '정신의 소농'[224]에 ―이것은 조금은 고약스러운 표현이며, 내 취향은 아닙니다― 비교적 쉽게 이르게 될 수 있습니다. 다시 말해, 어떤 재료로부터 들어온 모든 것, 사실에 충실한 모든 물음에 대해 이미 사전에 답을 알고 있는 상황에 쉽게 이르를 수 있는 것입니다. 성찰의 개념에는 우리가 무엇에 대해 성찰할 수 있는가 하는 것이 본질적으로 속해 있습니다. 이 강의에서 나는 매개된 것의 개념이 사회학에 본질적이라는 점을 내 입장과 다른 입장들과의 비판적 대결을 통해서 여러분에게 보여주려고 시도한 바 있었습니다. 이러한 매개를 통해서 관통되고 적중되는 직접적인 것도 항상 간접적인 것의 개념, 매개된 것의 개념에 속해 있습니다. 이런 의미에서 볼 때, 나는 여러분이 사회학 이외에도 수공업과 같은 것을 공부하는 것이 전적으로 중요하다고 생각합니다. 물론 이러한 수공업은 전적으로 '안정된 학문'일 필요는 없을 것입니다. 그러나 내가 했던 경험을 여러분에게 말해도 된다면, 다음과 같이 말할 수 있습니다. 내가 음악학을 공부할 때 역사적 기법들을 배웠고 심리학을 공부할 때는 자연과학적인 기법들을 확실한 정도로 배웠습니다. 이렇게 공부한 것을 후회하지 않고 있다고 여러분에게 말할 수 있습니다. 이런 의미에서 나는 실체를 함께 덧붙여 받아들이지 않거나 사회학이 관련을 맺고 있는 실체들을 받아들이지 않은 상태에서 사회학에 단순히 제한하는 것은 조금은 문제가 있다고 생각합니다. 이와 동시에 나는 철학적 방식이 아니고 중심적으로 사회학적인 방식에서 사회학에 관심을 갖고 있는 사람들에게 하고 싶은 조언이 있습니다. 이런 사람들은 개별 학문들이 이들이 자신의 사회학적인 성찰에서 지향하고자 하는 재료들을 이들에게 제공하는지의 여부를 판단하는 관점에서 개별 학문들을 정선하기를 바랍니다.

여러분은 그러나 내가 사회학과 경계를 짓고 있는 학문들과 사회학과의 관계에 대해 여러분에게 지금까지 말했던 내용에 따라 사회학이 마치 여러 상이한 사물 영역들의 총합이거나 또는 방법론적인 통합인 것처럼 사회학을 파악해서는 안 될 것입니다. 총합이나 방법론적 통합에 관한 것은 공동학제적 학문과 이와 유사한 것들에 관한, 도처에 널려 있는 슬로건에서 오늘날 모든 길거리에서 울려 퍼지고 있습니다. 여러분은 또한 분업적으로 분리된 학문들이 그 어떤 방식으로 함께 작업을 한다는 사실이 분업의 뒤에 숨어 있는 문제를 홀로, 그리고 이러한 사실 자체로부터 출발하여 실제로 해결할 수 있을 것처럼 사회학을 파악해서도 안 됩니다. 오히려 사회학에서는 그러한 공동 작업이 ―나는 이 문제를 특화시켜 말해도 된다고 봅니다. 일단은 이른바 '프랑크푸르트 학파'에서 우리에게 떠오르는 것의 의미에서 특별하게 말해도 된다고 생각합니다― 전혀 중요하지 않습니다. 물론 심리학, 경제학과의 직접적인 공동 작업이 필수 불가결한 것은 확실합니다. 이에 대해서는 나중에 이야기할 것입니다. 오히려 더욱 중요한 것은 연구자가 자신이 파고들어가는 개별적인 사물 영역 자체에서 사물 영역에서 실행되는 매개들, 객관적인 상호작용들을 알아차리는 일입니다. 이것은 내재적으로 진행되어야 합니다. 다시 말해, 사회학이 다루는 모든 개별적인 사물 영역에는 필연적으로 다른 사물 영역들이 포함되어 있다는 의미에서 진행되어야 하는 것입니다. 오늘 여러분과 함께하고 있는 이 자리에서 나는 사회학의 이념과 같은 것을 어느 정도 펼쳐 보이는 시도를 다음의 한 문장으로 표시해도 되리라 봅니다. 사회학은 학문의 수단들을 이용하여 학문적으로 통일체를 산출해 내려고 시도하며, 사회적인 개별 영역들로서의 개별 영역들은 이러한 통일체를 형성하고 이와 동시에 통일체는 학문에 의해서 ―불가피하게― 항상 다시 상실된다. 그러한 사고의 과정은, 그 어떤 추상적인, 그 과정 위에 놓여 있는 일반적인 구조들을 어쩔 수 없이 선택하기 위해서는, 특별한 사물 영역 안으로 스스로 들어가야 하며 여러분으로부터 떨어져 나가서는 안 됩니다. 내기 보기에는, 그러한 사고의 과정이 사회학이 원래부터 갖고 있는 과제인 것 같습니다. 사회학에 대한 변증법적 구상이 오늘날 그토록 잘 통용되는 구조기능론과 구분되는 차이점은 파슨스의 이론[225]이 하나의 상자와 같은 통일체를 모색하고 있다는 것에서 드러납니다. 다시 말해, 파슨스의 이론은 삶 또는 인간에 관한 이른바 모든 학문이 카테고리들 안으로 넣어지도록 카테고리들이 선택되는 방식으로 통일체를 찾고 있는 것입니다. 반면에 우리 프랑크푸르트 학파가 갖고 있는 구상은 이처럼 추상적인 일반성 대신에 각기 개별적인 사물 영역 안으로 해석하면서 침잠하는 것을 통해서 사회의 구체적 통일체를 찾아나서는 것입니다. 이와 동시에 이러한 숙고로부터 내가 여러분에게 더욱 가까이 가져다주려고 시도했던, 사회학에 관한 구상에 대한 중심적인 의미가 규명됩니다. 해석의 개념이 무엇인지 규명되는 것입니다.

지금까지 말했던 것이 지나치게 추상적이지 않고 지나치게 일반적이지 않게 머무르기 위해서는 여러분에게 조금 더 자세하게 말해야 할 책무가 나에게 있다고 생각합니다. 내가 이와 더불어 의도하는 바는, 사회적인 고찰 방식은 매번 처리되고 다루어지는 사물 영역들 내부에서 사회적인 카테고리들이나 또는 사회적인 연관관계들로 통하게 되는 고찰 방식이라는 사실입니다. 여러분에게 이 점을 보여주기 위해 나는 모델로서 심리학을, 다시 말해 개인과 개인의 단자론적인 역동성에 그 중심을 맞춤으로써 사회적인 연관관계들로부터 가장 멀리 떨어져 있는 것처럼 보이는 형태에서의 심리학을 선택하고자 합니다. 더욱 구체적으로 말하면, 심리학의 엄격한 형상, 즉 프로이트적인 형태에서의 심리분석이 내가 선택한 모델입니다. 학자들은 프로이트적인 형태에서의 심리분석에 대해 상대적으로 매우 이른 시기부터 비난을 퍼부었으며, 이러한 비난은 심리분석이 지나칠 정도로 사회에 낯설고 개인을 추상적으로, 즉 구체적인 사회에 대한 추상화抽象化 아래에서 고찰하고 있다는 것에 맞춰져 있습니다. 심리분석을 수정하려는 모든 노력은 따라서 바로 이러한 문제점을 고치고자 하는 것과 정확하게 관련이 있었습니다. 이 문제에 관심이 있고 심리분석을 수정하려는 시도들이 갖고 있는 문제성에 관심이 있는 사람들에게는 나의 논문인 「수정된 심리분석」을 알려줘도 되리라 봅니다. 이 논문은 내가 20년 전에 샌프란시스코에서 열렸던 심리분석 학회에서 행하였던 강연을 기초로 한 오래된 논문입니다. 이 논문은 오늘날에는 영어 원문을 독어로 번역한 형태로 나와 있으며, 『사회학 II』에 들어 있습니다. 나는 이 강의에서 기회가 있을 때마다 이 논문과 관련시켜 논의를 진행할 것입니다.[226] 프로이트로 다시 돌아가겠습니다. 프로이트의 심리학이 그 순수한 내재적인 연관관계들에 따라 항상 다시 사회적인 개념들에 부딪친다는 점은 프로이트의 심리학에 특징적입니다. 그 이유는 다음과 같습니다. 프로이트 심리학이 분업적이고, 사회학자들이 자기 의견을 굽히지 않는 태도 때문에 익숙한 것에서 보는 것과 유사한 강제적 속박에서 분업성을 존중해야만 하기 때문입니다. 물론 이러한 개념들은 거의 항상 어느 정도 확실한 추상성을 갖고 있습니다. 이렇게 말함으로써 나는 여러분에게 조금은 일반적으로 학문논리적인 것을 말하고 있습니다. 그러한 개념들은 사회학에서 만들어진 것처럼 그렇게 구체적이지 않습니다. 두 개의 학문 분과들이 서로 결합되는 경우에는 일반적으로 다음과 같은 것이 학문에서 일어납니다. 어떤 하나의 분과로부터 받아들여진 카테고리들이 엄격성, 충족, 구체성에서 다른 학문 분과로부터 유래하는 카테고리들의 뒤에 머물러 있게 되는 것입니다. 이 문제에 관심을 갖는 분들은『음악사회학 입문』의 한 장인「매개Vermittlung」에 주목해도 되리라 봅니다.227) 그곳에서 이러한 현상이 원리적으로 고려되고 있습니다. 또한 이와 유사한 것이 프로이트에서 사회적인 카테고리들에 대해서도 해당됩니다. 그러나 다음과 같은 점은 항상 계속됩니다. 프로이트와 심리분석에 관계하는 사람들은『정신분석 입문 강의』에서 ─그 밖에도, 나는 예나 지금이나 프로이트의 이 강의를 심리분석의 전체 영역에 대한 가장 좋은 입문 강의라고 생각하고 있습니다. 현재 존재하고 있는 심리분석 입문에 관해서 가장 좋은 강의입니다. 나는 사회학을 공부하는 모든 사람이 프로이트의 이 강의를 공부할 것을 긴급하게 추천하고 싶습니다─ "생활고"228)의 개념이 나타난다는 점에 부딪치게 될 것이며 이를 기억하게 될 것입니다. 생활고의 개념은 직접적인 본능 충족을 거부하는 것들에 대한 강제로서의 개념입니다. 이렇게 거부하는 것들은 억압의 전체적 메커니즘들과 이러한 메커니즘들이 작용하는 모든 것에서 계속적으로 이어집니다. 생활고 개념은 프로이트에 의해서 더 자세한 규정이 없는 상태에서 단순하게 자리를 차지하였습니다. 우리가 생활고 개념을 뒤따라 가보면, 이 개념은 그것 나름대로 심리학적인 것으로서 해석되지 않을 때만 그 의미를 갖게 됩니다. 이렇게 되면 생활고 개념은 심리학 체계에 낯선 것이 되리라 봅니다. 그리고 나서 심리학으로부터 출발해서는 순수하게 설명될 수 없는 것이 심리학 안으로 받아들여지는 결과가 나타날 것 같습니다. 생활고 개념은 일단은 매우 단순하게 의도된 개념입니다. 더 정확하게 말하겠습니다. 프로이트가 생활고 개념에 대해 완전한 보고를 제공하였든 또는 제공하지 않았든 간에 이 개념의 배후에는 사회가 지금까지 설치되어 온 역사에서 사회의 모든 구성원에게 필요한 충분한 생활용품들을 ―물론 가장 넓은 의미에서의 생활용품들을 의미합니다― 생산하지 못했다는 사실이 객관적으로 들어 있습니다. 이러한 생각을 연장시켜서 말한다면, 모든 사람이 오늘날 문화적인 '표준'에서 충분한 생활용품들을 얻는 것이 잠재적으로 가능할 것 같은 곳에서 생활고가 발생한다는 사실이 사회적인 생산관계, 생산관계들, 즉 소유관계들의 질서에 의해서 방해를 받고 있습니다. 생활용품이 겉으로 드러난 의미에서 부족하다는 사실, 그리고 지배에서 연장된 이러한 사실은 다음과 같은 것들입니다. 이것들을 여러분에게 구체화시키도록 하겠습니다. 생활용품들이 이처럼 부족하다는 사실은 사람들을 사회적인 노동으로 몰고 가는 것을 요구하였으며, 노동 규율이 지금까지 갖고 있었던 역사에서 노동 규율이 없이는 생각될 수 없는 것이었습니다. 생활용품이 부족하다는 사실은 이러한 이유 때문에 이른바 노동 도덕이라는 것을 형성하게 하였고, 사람들이 살 수 있도록 하기 위해서 더욱 많이 생산하는 능력을 사람들이 갖도록 하였습니다. 생활용품들이 부족하다는 사실은 모든 성적인 본능을 포기하는 것을 ―프로이트의 이론이 이론적 심리학인 한, 성적 본능의 포기에 관한 역동적인 이론이 프로이트 이론의 내용을 본질적으로 형성합니다― 요구하였습니다.

　나는 어떠한 오해도 발생하지 않도록 하기 위해 심리학을 임상적-치료적인 분과로서의 심리분석과 대립시키는 분할, 학문의 분할에 대해 이 자리에서 여러분에게 말할 기회를 갖고자 합니다. 이러한 분할은 맞지도 않고 자의적이며, 미국에서도 지금까지의 행태에서 사실상으로 더 이상 제대로 유지되고 있지 않습니다. 심리분석이 제기하는 요구는 역동적이고 유형적이며 발생적인 심리학에의 요구 제기라는 점이 자명합니다. 교육을 잘 받은 심리학자, 실험 심리학자만을 제대로 된 심리학자로 보고 이에 비해 심리분석가를 조금은 중심에서 벗어난 의사로 보려는, 도처에서 나타나는 학문적인 습관은 프로이트 이론의 내재적인 요구 제기에도 합당하지 않고 사실상의 학문적 상태에도 합당하지 않습니다.

우리가 생활고의 개념을 지속적이며 재생산되는 결핍 상황으로 구체화시키면, 이른바 심리적인 진행과정들이, 생활고의 원천에서, 그 핵심에서 사회적인 모멘트를 내부에서 포함하고 있다는 것이 규명됩니다. 이렇게 함으로써 우리는 심리적인 진행과정들을 파악할 수 있는 것입니다. 그 밖에 확인되는 것은, 심리학이 관계를 맺고 있는 개별 인간은 개별적인 개인들이 들어가 있는 사회적인 연관관계와 마주하고 있는 추상적인 존재라는 사실입니다. 내가 지금 여기에서 다룰 수는 없지만, 심리학이 개별 인간, 개인과 관계를 맺고 있다는 점은 좋은 의미를 물론 갖고 있습니다. 그 이유는 다음과 같습니다. 개별 존재들이 사회와 확실하게 분리되어 있고 대립되어 있음을 보여주는 개별화는 자연적인 관계들로, 다시 말해 우리가 개별 존재들로서 세상으로 나왔고 산호의 줄기로 세상에 나오지 않았다는 관계들로 되돌아가지만 이러한 관계는 사회적인 설치에 의해 재생산되기 때문입니다. 이러한 관계가 이처럼 재생산되는 이유는 사회 자체가 하나의 개별화된 사회로서의 개별적인 계약당사자들 사이에 이루어지는 교환의 지배적인 형식에 의해서 그 토대를 이루고 있기 때문입니다. 이렇기 때문에, 연구자들이 일반적으로 사회와 대립되는 것으로서 고찰하고 이런 이유에서 사회로부터 제외시키는 개인의 카테고리는 가장 강력한 의미에서 사회적인 카테고리인 것입니다. 여기에서 확실히 해 두어야 할 것이 있습니다. 연구자는 개별적인 모든 것, 즉 개별 심리학의 영역에서 일어나는 모든 것을 직접적으로 사회에 돌릴 수는 없습니다. 오히려 연구자는 개별화 자체의 카테고리와 개별화의 특별한 빈도들頻度, Formanten을 사회적인 강제적 속박들, 욕구들, 요구들의 내면화로서 해석해야만 하는 방식을 선택해야 할 것입니다. 더 나아가 심리학에서 사회와 관련을 맺고 있는 그러한 것들 이외에도 훨씬 더 많은 것이 발견됩니다. 나는 여기에서 이른바 '원시적 형상들'의 전체 영역만을 예로 들겠습니다. 프로이트는 '원시적 형상들'에 대해 반복적으로 다루었습니다. 이것들은 심리분석적 작업에 의해 개인에게서, 즉 순수하게 내재적으로, 각기 그 내부에서 개별적으로 닫혀져 있는 단자單子들 내부에서 설명되어질 수 없는 형상들입니다. 프로이트는 이 점을 매우 단호하게 설명하였습니다. 그는 연상聯想의 메커니즘과 이에 접속되는 개별적인 의미 부여의 메커니즘이 원시적인 형상들 앞에서 그 종말을 맞이하게 된다는 것을 보여줌으로써 원시적인 형상들이 개인에게서 설명될 수 없다는 점을 밝혔던 것입니다. 프로이트는 원시적인 형상들을 집단적인 것의 유산으로, 즉 개별적인 개인의 내부에 퇴적된 '집단적인 무의식'229)으로 나타냈습니다.

이에 곁들여 언급할 것이 있습니다. '집단무의식'에 관한 융Jung의 전체 이론, 후기 이론은 근본적으로 프로이트 자체에 이미 포함되어 있었습니다.230) 이 점은 오늘날까지도 지나치게 적게 알려져 있으며, 이런 까닭에서 나는 이 점에 대해 주의를 환기시키고 싶습니다. 위대한 정신적인 현상들에서 습관적으로 매우 자주 일어나는 것이 있습니다. 위대한 정신적인 현상들이 나중에 쪼개지고 원천적인 통일성과 그 구상의 위대함에서 와해되면서 개별적인 부스러기들로 찢겨 나가게 되면, 위대한 정신적인 현상들의 아류들이 각기 그러한 부스러기들을 마음대로 골라서 부스러기들을 ―여러분이 잘못된 상像이 나에게서 통과될 수 있도록 해 준다면― 현명한 것의 초석으로서 고찰하게 됩니다. 반면에 실제로 중요한 구상들은 거의 항상 다음과 같은 특징을 두드러지게 보여줍니다. 다시 말해, 이러한 구상들은 앞에서 말한 마법의 단어들을 갖고 있지 않고, 모든 것을 항상 설명할 수 있는 특정한 카테고리를 갖고 있지 않습니다. 오히려 실제로 중요한 구상들은 개별적인 카테고리를 모든 것에 대해 하녀下女와 같은 것, 즉 무슨 일이든 시켜 먹을 수 있는 사람과 같은 것으로 끌어들여 인용하는 것 대신에, 설명을 위해서 카테고리들의 연관관계들이나 성좌적 배열들을 갖고 있습니다. 그러나 어떤 이론이 ―지금부터 말하는 것은 사회심리학적인 관찰입니다― 융Jung에서의 '집단무의식'이나 뒤르켐에서의 '집단의식'[231]처럼 어떤 다른 것이 이러한 경우가 되든지 관계없이 열쇠와 같은 단어를 갖고 있는 경우에는, 헤겔이 이미 이러한 현상을 나타냈듯이[232] 그러한 '격언들'로부터 어떤 이론에 고유한 설득력이 출발하게 됩니다. 이 세상에 무엇을 가져오고 싶어 하고 시장에서 큰 성공을 거두려는 의지를 가진 학자들이 있습니다. 우리는 그들이 다음과 같은 종류의 격언을, 즉 손뼉을 쳐서 사물들을 만날 필요가 있는 그 어떤 개별적인 카테고리와 기어가고 날아가는 모든 것에 대해 그 어떤 방식으로 레테르를 붙이게 할 수 있는 개별적 카테고리와 같은 격언을 스스로 곰곰이 생각하도록 그들에게 용기를 북돋아 줄 수 있습니다. 지금까지 말한 것은 단지 곁들여서 언급한 것일 뿐입니다.

어떤 경우이든 여기에서 개인의 가장 깊은 층層에서, 개별화의 가장 깊은 층에서, 개별적인 충동 역동성이 원래부터 다가가지 못하는 층에서 사회적이고 집단적인 모멘트가 실행되고 있다는 점이 드러나고 있습니다. 내가 이러한 여론餘論을 프로이트의 심리분석이 실증주의적인 것처럼 전적으로 실증주의적으로 구상된 논의에서 진행해도 된다면, 여러분은 여기에서 놀라울 정도로 변증법적인 모티프를 발견하게 됩니다. 우리가 만약 이 점을 프로이트에게 말했었더라면, 그는 오늘날 그 어떤 실증주의적 사회학자가 경악했을 것과 똑같은 경악스러움을 분출했을 것이 확실할 것임에도 불구하고 프로이트의 심리분석에는 변증법적 모티프가 들어 있는 것입니다. 변증법적 모티프는 프로이트가, 그리고 천부적으로, 그가 사용한 고유한 재료에서 행해진 작업을 통해 발견한 모티프입니다. 그가 발견한 변증법적 모티프는 다음과 같습니다. 우리가 인간의 개별화의 현상들 안으로 깊게 들어가면 갈수록, 그리고 개인을 그 밀폐성과 역동성에서 더욱 가차 없이 파악하면 할수록, 우리는 개인이 아닌 것에 더욱 많이 접근하게 되는 결과를 개인 자체에서 경험하게 됩니다. 내가 요구한 것은 외부로부터 들어오는 방식이 아니고 개별 학문들의 특별한 카테고리들 안으로 파고드는 것을 통해서 개별 학문들의 카테고리들에서 그것들의 사회적인 내용을 인지해야 한다는 것입니다. 프로이트가 개인을 다루는 방식은 나의 이러한 요구에 대해 특별히 대단한 실례를 제공해 주고 있는 것입니다. 프로이트의 이론은 죽 이어지는, 유사한, 상대적으로 추상적인 상황들이 일단은 표면에서, 다시 말해 모든 인간이 적응해야만 하는 현실 원리에 의해 평준화된 표면에서 지배적으로 나타나는 것을 보여주고 있습니다. 이렇게 되면 다음과 같은 결과가 이어집니다. 우리가 이른바 심적인 역동성 안으로, 즉 무의식적인 메커니즘들 안으로, 무엇보다도 특히 무의식적인 것과 개별적인 자아 사이의 상호 유희 안으로 들어가 보면, 우리가 집단적인 것을 인지하게 되는 ㅡ이것은, 개별화의 핵심에서 일어나는 것처럼, 다시 한 번 하부에서 일어납니다ㅡ 차별화가 산출됩니다. 프로이트 자신도 이 점을 '원시적 형상들'에 관한 그의 이론을 한참 넘어서면서, 무의식적 욕망의[233] ㅡ무의식적 욕망은 인간에게 고유하게 들어 있는 심적인 본능의 힘들입니다. 이러한 힘들은 모든 개인에 근원으로 놓여 있으며 프로이트에 따르면 모든 개인에 집단적인 유산으로서 많든 적든 실제로 동질적인 힘들입니다ㅡ 일반성과 비구별성에 관한 이론에서 매우 근본적으로 정리한 바 있었습니다. 프로이트의 개별주의적으로 의도된 심리학은 개인적인 것을 넘어설 뿐만 아니라 극도로 구체적인 관점 설정에도 불구하고 개별적인 관찰들에 대한 분석에서 항상 더욱 추상적으로 됩니다. 프로이트 심리학이 사회학적으로 비판을 받게 될 수 있는 것은 바로 이 점과 매우 밀접하게 연관되어 있습니다. 다시 말해, 프로이트는 개별화의 가능성을 특별할 정도로 과소평가하고 모든 인간에 동질적으로 들어 있는 무의식적 욕망의 이른바 불변성과 항구성으로 인해 변화 가능성을 과소평가하는 경향을 보이고 있는 것입니다. 프로이트의 이론은 개인에서 개인의 '원시적인 유산'에 부딪치고 있기 때문에 ―프로이트는 물론 선사 시대부터 오늘날까지 원시적인 유산에 기대고 있습니다― 인간 자체를 넓은 척도에서 변화될 수 없는 것으로 간주하고, 이런 이유에서 최종적으로는 사회적인 억압의 관계들을 필요 불가결한 것으로 생각하게 됩니다. 다시 말해, 인간 자체를 이른바 외디푸스 콤플렉스의 ―사회적으로 받아들일 수 있는― 해체의 유일한 가능성으로 보고 있는 것입니다.

사회가 심리분석 안으로 들어가는 것을 보여주는 세 번째 심리학적인 카테고리를 설명하겠습니다. 사회는 프로이트가 그의 초기 단계에서 명명하였던 이른바 "초자아" 또는 "자아의 이상理想"234)에 관한 이론의 형태에서 당연히 심리분석 안으로 들어오게 됩니다. '초자아'와 더불어 의도된 것은, 단적으로 말해서, 심적인 관할처, Instanz입니다. 연구자들은 이러한 심적인 관할처를 확실하게 나타내고 있지만 프로이트는 이것을 본능 역동성에서 도출하고 있습니다. 초자아나 자아의 이상은 시민사회적이고 자본주의적인 가족 내부에서 아버지의 모습, 또는 아버지의 상징, 아버지 상像에 의해 매번 개별 인간에게 전해 내려온 아버지의 권위, 다른 어떤 것이 아닌 바로 아버지의 권위입니다. 이처럼 전해 내려온 아버지의 권위는 사회의 대리인으로서 기능을 하고 있습니다. 이것은 이른바 사회화Sozialisation의 메커니즘들입니다. 이러한 메커니즘들에 의해서 우리는, 생물학적 개별 존재들로 태어난 우리는 정치적 동물로 되지 못하게 되며, 비로소 정치적 동물이 됩니다. '되지 못하게' 하는 것은 일종의 '실패'이며, 이러한 실패에서 프로이트는 기뻐했을 것입니다. 앞에서 말한 메커니즘들은 다른 것이 아닌, 바로 초자아에서 요약되는 메커니즘들입니다.

앞에서 든 예들을 통해서 이 시간 강의가 시작될 때 내가 일단은 일반적인 테제로 의도하였던 것을 여러분에게 충분히 보여주고 실제로 구체화시키려고 시도하였습니다. 다시 말해, 개별 분과들 안으로 파고 들어가는 것은 관련되는 개별 분과들에 의해서 개별 분과들 자체로서 전혀 예리하게 드러나지 않거나 또는 최소한 배제되어 가장자리로 추방되는 사회학적인 모멘트들에 필연적으로, 심지어는 근본적으로 이르게 된다는 테제를 설명하려고 하였습니다. 나의 노력에 성과가 있기를 희망합니다. 그 밖에도, 나는 이러한 테제에 훨씬 더 일반적인, 또는 훨씬 더 원리적인 철학적-변증법적 어법을 부여할 수 있습니다. 헤겔이 특별한 것은 일반적인 것이고 일반적인 것은 특별한 것이라는 형식에서 가르쳤던 특별한 것과 일반적인 것의 변증법이 프로이트의 대단히 특별한 학문적인 구도構圖에서, 동시에 심리학을 거스르면서, 재발견되었다는 점을 말할 수 있는 것입니다. 이것은 개별적 개인의 심리학이 근거를 두고 있는 가장 내적인 핵심이 그것 자체로 일반적인 것이라는 점에 프로이트가 부딪치게 되면서 이루어진 재발견입니다. 다시 말해, 가장 내적인 핵심은 사회적인 연관관계의 ―물론 원시적인 방식의 연관관계입니다― 확실한, 전적으로 일반적인 구조들, 그 내부에 개별 존재들이 놓여 있는 구조들이라는 점에 프로이트가 부딪치게 된 것입니다.

내가 개인과 사회의 관계에 대해 제기했던 숙고들을, 그리고 개인과 사회의 이러한 변증법을 우리는 사회학에서 다시 만나야 하고 만날 수 있습니다. 여기에서 사회학이 행한 시도들 중의 하나에 대해 여러분에게 주의를 환기시켜 준다면, 이것은 아마도 좋은 일일 것입니다. 사회학은 사회에 관한 사회학의 개념에 합당하게 되고 사회적인 객관성이 일단은 가지고 있는 우세한 주도권을 심리학 안으로 단순히 해체시켜 버리지 않기 위해서 사회학 나름대로 잘못 판단한 시도가 있었습니다. 다시 말해, 일반적인 것이 개인에서 실행되는 방식이 매우 광범위하게 ―이러한 방식이 목적합리적으로 일어나지 않는 한, 그리고 실제로 합리적이고 직접적으로 사회적인 조건들을 지향하는 숙고들에 의해서 일어나지 않는 한― 심리학에 의해서 매개되어 있다는 잘못된 판단을 사회학이 시도하고 있는 것입니다. 나는 초자아超自我나 양심이 프로이트에 의해서 개인에 대한 통제 관할처로서, 즉 특정한 상징 형상들을 통해 재현된 사회적인 통제 관할처로서 규정되었다는 점을 여러분에게 말하였습니다. 이러한 초자아는 일단은, 초자아가 사회화 과정에 참여하고 있듯이, 외부적인 것이 아니고 심적인 관할처입니다. 다시 말해, 초자아에 의해 구체화되는 사회적으로 일반적인 것은 도둑질을 해서는 안 된다, 근면해야 한다, 성적性的으로 충실해야 한다와 같은 계율들, 요구들입니다. 이러한 모든 계율은, 실제로는 사회적인 계율들은 심리학적인 메커니즘들을 통해서 개인에게 본질적으로 내면화됩니다. 나는 개별 주체성에 의한 매개를 망각하는 사회학은, 사회학이 다른 것이 아닌 바로 인간의 다수에게 적용되는 심리학이라고 믿는 ─프로이트가 이것을 사실상 떠올렸듯이─ 것만큼이나 틀리고 잘못된 것이며 독단적인 것이라고 생각합니다. 이러한 생각은 다음과 같은 것 하나만 보아도 그 거짓이 드러납니다. 다시 말해, 우리가 종속되어 있는 사회적인 강제적 속박들은 매우 확대된 척도에서 우리에게 낯설고 우리의 밖에 머물러 있습니다. 이렇기 때문에 우리는 사회적인 강제적 속박들을 우리의 내부와 우리의 가치 있는 영혼적 삶에서 진행되는 것과 직접적으로 동일화시킬 수 있는 가능성이 전혀 없습니다. 여러분이 기억을 하고 있다면, 내가 상호작용에 관한 문장으로 구체화시키려고 의도하는 테제를 사회학이 갖고 있는 문제에서, 뒤르켐에 의해 제기된 유명한 문제에서 매우 짧게 여러분에게 설명하고 싶습니다. 여러분 중의 많은 사람들이 아마도 알고 있듯이, 뒤르켐은 자살235)에서 사회적인 강제적 속박의 절대적 독자성을 증명해 보이려고 시도하였습니다. 어느 정도 동질성을 갖고 있는 역사적 단계 내부에서는 자살률이 처음에는 거의 변화하지 않는 모습을 보이다가, 그 뒤에는 통계가 제공하는 평균적인 자살률은 인간이 매번 종속되어 있는 사회적 규범 체계들의 밀폐성 또는 비非-밀폐성에 의존되어 있다는 것을 뒤르켐이 밝히려고 시도한 것입니다. 이와 동시에 그는 종교들 사이에 있는 일종의 위계질서를 만들었습니다. 프랑스에서의 카톨릭 교회가 가장 견고한 규범들을 제공한다는 것이며, 이어서 유대교, 그 뒤를 이어서 프로테스탄티즘이 견고한 규범들을 제공한다는 것입니다. 이것은 1890년대로부터 유래하는 연구들이며, 그 당시로서는 잘 이해되었던 연구입니다. 이것이 오늘날 어떻게 서술될 수 있는 것인가 하는 물음은 또 다른 물음이 될 것입니다. 뒤르켐은 자신의 연구로부터 자살이, 개별적인 심리학은 불변성과 정적靜的인 규칙성에서 서술되기 때문에, 개별적인 심리학과는 전혀 관련이 없는 '사회적 사실'이라는 결론을 도출하였습니다. 그러나 이러한 고찰 방식에 의해, 마르크스가 사용한 표현을 빌린다면, 사회적 법칙성이 사실상 신비화되고[236] 맙니다. 이것을 더 구체적으로 설명하겠습니다. 닫혀있는 규범 체계들 또는 닫혀 있지 않은 규범 체계들의 구조적인 고유성들을 우리가 제시할 수 없고 이해할 수 없다면, 다른 말로 해서 우리가 사람으로 하여금 자살을 하도록 움직이게 하거나 자살을 하는 것을 방해하는 심리학적인 메커니즘들에 대해 아무것도 말할 능력이 없다면, ―뒤르켐의 저작에 얽매여 있지 않은 모든 독자에게 아마도 일단은 발생하게 될 결과입니다마는―, 자살은 파악될 수 없는 놀라움과 같은 단순한 것이 되고 맙니다. 자살은 어떤 비밀에 가득 찬 본질에 의해서 일어나는 것이며 이것은 뒤르켐에서도 역시 비밀에 가득 찬 본질로서 나타나게 되는 것입니다. 다시 말해, 집단의식이 자살이 일어나도록 하는 것이 되는 것입니다. 그 밖에도, 뒤르켐이 이러한 모순성을 끝까지 유지시킬 수 있도록 하기 위해서, 그가 개인과 개별적 심리학에서 빼앗아 버렸던 모든 속성이 최고로 역설적인 방식으로 다시 집단의식에 귀속되고 맙니다. 이러한 점을 여러분에게 말하는 이유는 우리 프랑크푸르트 학파가 왜 비교적 빠른 시점부터 이른바 심리학적인 숙고들을 사회에 관한 이른바 객관적인 이론에 끌어들였는가를 여러분이 일단은 정말로 확고하게 이해하게 되기를 바라는 목적을 갖고 있기 때문입니다.

사회를 개인들 안으로까지 연장시켜서 얻게 되는 자세한 지식이 없이는 수많은 개인이 —모든 인간의 압도적 다수라고 말해도 됩니다— 심각한 경우에는 끊임없이, 그리고 항상 행위한다는 점을 이해할 수는 없을 것이라는 간단하고도 확고한 이유 때문에 우리 프랑크푸르트 학파는 사회이론에 심리학적인 숙고들을 끌어들인 것입니다. 감사합니다.

222) 아도르노가 쇼이흐의 어떤 언급에 관련시키고 있는가는 확인이 되지 않았
다. '사회학 전공자들의 직업 전망'에 대해서는 1968년 4월 23일 강의와 편
집자주를 참조.

223) 편집자주 218번 참조.

224) 베버는 피셔Fr. Th. Fischer가 "재료의 소농"과 "의미의 소농"에 대해 정리해
놓은 것에 기대어 사회학 영역에서의 두 개념에 대해 논박하였다. "재료의 소
농에 들어 있는 사실만을 탐하는 목구멍은 오로지 기록을 담은 재료, 통계로
가득 찬 대형 서적, 설문조사를 통해서만 채워질 수 있다. 이것은 새로운 생
각의 자유에 대해서는 무감각하다. 의미의 소농에 들어 있는 미식美食은 항상
새로운 사고의 증류수를 통해 사실들에 대한 취향을 상하게 만든다"(Max
Weber, Die »Objektivität« sozialwissenschaftlicher und sozialpolitischer
Erkenntnis사회과학적 및 사회정책적 인식의 '객관성', in: ders., Gesammelte
Aufsätze zur Wissenschaftslehre학문론 논문집, a. a. O., S.214). ― 아도르노는
'의미의 소농에 있는 미식'에 관한 베버의 표현에 대해 그가 갖고 있는 베버의
책에 다음과 같이 논평하고 있다. "그것은 괴로운 집에서 만든 간단한 식사일
뿐이다."

225) 통합적인 '연속'으로서의 학문에 관한 파슨스의 이론에 대해서는 1968년 4
월 23일 강의(14쪽)와 편집자주 18번을 참조.

226) Vgl. Adorno, Die revidierte Psychoanalyse수정된 심리분석, in: Max
Horkheimer/Theodor W. Adorno, Sociologica II, a. a. O., S.94-112; jetzt GS 8,
S.20-41. ― In den »Drucknachweisen« zu den Sociologica II(ebd., S.241f) heißt
es: »Ursprünglich ein Vortrag in der Psychoanalytischen Gesellschaft zu San
Francisco, April 1946; publiziert in: Psyche, VI. Jahrgang, 1952, Heft I, S.1ff«

227) Vgl. GS 14, S.394-421.

228) S. Freud, Vorlesungen zur Einführung in die Psychoanalyse정신분석 입문 강의,
a. a. O., S.15.

229) Vgl. etwa S. Freud, Der Mann Moses und die monotheistische Religion모세와
일신교, in: Gesammelte Werke, Bd.16, London 1950, S.101-246; bes. die
Passage zur »archaischen Erbschaft원시적 유산«(S.204ff) und zum Begriff des
»kollektiven Unbewußten집단무의식«(S.241).

230) Vgl. Carl Gustav Jung, Über den Begriff des kollektiven Unbewußten집단무의
식의 개념에 관하여; erschienen als: »The Concept of the Collective
Unconscious«, in: St. Bartholomew's Hospital Journal XLIV, 3 und 4, 1936/37
(jetzt in: Gesammelte Werke, Bd.9).

231) 뒤르켐에서의 '집단의식'의 개념에 대해서는 편집자주 79번과 159번을 참
조.

232) 편집자주 36번을 참조.

233) Vgl. S. Freud, Das Ich und das Es자아와 무의식적인 것, in: Gesammelte Werke,
Bd. 13, London 1940, S.235-289.

234) Vgl. ebd., Kapitel III: »Das Ich und das Über-Ich (Ichideal)자아와 초-자아, 자아
의 이상« u. S.285; vgl. auch: S. Freud, »Das Unbehagen in der Kultur문화에서
의 불편함«, in: Gesammelte Werke, Bd. 14, London 1948, S.419-506, bes.
S.482-506.

235) Vgl. Emile Durkheim, Le Suicide자살론. Etude de Sociologie, 3. Aufl., Paris
1960; zuerst 1897.

236) 이러한 연관관계에 대해서는 편집자주 173번에 있는 입증 내용을 참조. 마
르크스에서 '신비화' 개념의 사용에 대해서는 다음을 참조. Vgl. etwa
Marx/Engels Werke, Bd. 23, a. a. O., S.27.

친애하는 프랑크푸르트 대학 동창생 여러분, 여러분은 헤센주州 검찰 총장인 프리츠 바우어Fritz Bauer[237])가 심장마비로 사망하였다는 보도를 신문에서 보았을 것입니다. 바우어 검찰총장은 자신이 갖고 있었던 정신적-정치적 자질을 객관적으로 행동으로 옮겼던 특별한 사람이었습니다. 그가 갖고 있었던 이러한 자질을 이 자리에 모인 여러분에게 말하는 것은 옳은 일이라고 생각합니다. 그는 파시즘과 같은 재앙이 독일에서 다시는 반복되지 않도록 자신의 모든 열정과 에너지를 다 바쳐 노력하였으며, 파시즘의 모든 위협적인 출현방식에서 파시즘에 맞서는 활동을 하였습니다. 내가 알기로는 바우어 검찰총장처럼 파시즘에 맞서는 노력을 한 사람은 매우 적은 숫자에 불과합니다. 그는 자신의 활동을 매우 특별할 정도의 일관성을 갖고 수행하였으며, 전례가 없을 정도의 시민적인 용기를 갖고 실천하였습니다. 나는 바우어 검찰총장의 사람됨에 대해 매우 잘 아는 사람으로서 그의 때 이른 죽음에 대해 다음과 같이 말한다고 해서 이것이 과장이나 지나친 감수성이라고 나에게 책임을 물을 일은 아니라고 생각합니다. 다시 말해, 그가 희망하였던 모든 것과 그가 독일에서 지금과는 다르게, 그리고 지금보다 더 좋게 만들어 보려고 했던 모든 것이 위험에 처해 있는 것으로 그에게 다가왔던 점과 망명으로부터 귀국한 것이 과연 옳은 것이었느냐에 대한 회의감으로 인해 끊임없이 고통을 당했던 점이 그에게 절망감을 가져다주었을 것입니다. 나는 이러한 절망감이 그의 때 이른 죽음으로 이어졌다고 생각합니다. 내 자신은 이러한 절망감을 이미 오래전에 떨쳐 버렸습니다. 나는 비상사태 법238)과 같은 법과 일련의 다른 사안들이 독일에서 전개되고 있으며 이것들은 나에게 매우 명확하게 파악되어 출현하고 있다는 점을 말하지 않을 수 없습니다. 또한 심장병에 시달리고 있었던 바우어 검찰총장이 비상사태 법과 같은 일련의 문제들에 너무나 고통을 받았고, 이러한 문제들이 마침내 그에게서 생명의 끈을 끊어 버렸다는 점을 말할 수밖에 없습니다. 친애하는 동창생 여러분, 나는 여러분이 고인을 추모해 주기를 청하고 싶습니다. 감사합니다.

강의를 시작하기에 앞서 여러분에게 알리고 싶은 것이 있습니다. 뮌헨에서 오는 그라시Grassi 교수239)가 오늘밤 8시에 철학과 세미나실에서 지암바티스타 비코Giambatista Vico의 탄신 300주년을 맞아 그의 사상에 대해 강연을 합니다. 비코는 열심히 읽히는 것보다는 훨씬 많은 문제 제기를 하였던 사상가에 속합니다. 그는 생전에 심지어는 나폴리에서도 철학자들 사이에서 절대적인 지배력을 갖고 있었던 데카르트 주의에, 그가 주장한 역사적 의식의 의미에서, 맞섰던 소수의 사람들 중의 한 명으로서 가장 커다란 주목을 받고 있습니다. 비코는 전통적인 권력의 정신과 음험한 저의가 있는 기질을 가진 사람의 정신에서 데카르트 주의를 비판하지 않았습니다. 오히려 그는 계몽의 이른바 원조인 데카르트를 계몽의 정신에서 비판하였습니다. 비코는, 스피노자와 더불어, 신화의 기록을 그래픽처럼 갖고 있는 재료를, 그리고 이와 유사한 것들을 매우 위대한 양식에서 역사철학적으로, 더욱 자세하게는 사회적으로, 더더욱 자세하게는 계급투쟁의 의미에서 해석하였던 최초의 사상가들에 속해 있습니다. 독일에서는 지금까지도 비코에 관한 적절한 서술이 전적으로 결여되어 있습니다. 비코의 주 저작은, 잘 알려져 있듯이, 단편적으로만 번역되어 있습니다.『신과학Nuova Scienza』에 대한 완전한 번역은 지금까지도 존재하고 있지 않으며, 에리히 아우어바흐Erich Auerbach가 준비한 선집240)만이 있습니다. 아우어바흐가 이 선집을 소개한 글은 내가 보기에는 극도로 문제성이 많은 글입니다. 내가 알고 있는, 비코에 대한 유일하고도 중요한 기고는 호르크하이머가 비코에 대해 청년 시절에 쓴 논문입니다. 이 논문은 『시민사회적 역사철학의 시작』[241]에 관한 책에 들어 있습니다. 여러분 모두가 이 책에 대해 알고 있는지에 대해 나는 잘 모르겠습니다. 여러분은 이 책에 들어 있는 마키아벨리와 비코에 관한 장을 읽고 그 내용을 참조해야 할 것입니다. 여러분은 오늘 저녁에 비코가 갖고 있는 실제적인 의미를 이탈리아에서 배출하였던 학자인 베네데토 크로체Benedetto Croce[242]의 전통에 서 있는 이탈리아 사람인 그라시 교수로부터 듣게 될 것이며, 비코의 철학적 의미에 대한 문제에 관하여 많은 것을 배우게 될 것입니다. 나는 이 강연에서 지금까지의 견해들로부터 벗어나는 견해들이 산출되기를 희망합니다. 이러한 견해들이 산출된다면, 이처럼 벗어나는 입장들을 실제로 통용시키는 기회가 토론을 통해 또한 제공되기를 희망하고 있습니다. 어떤 경우이든 이 행사에 정말로 많은 분들이 함께 하게 되기를 바랍니다.

신사 숙녀 여러분, 우리는 지난 시간에 사회에 의한 매개에 관한 물음을 상세하게 다루었습니다. 사회가 개별학문적인 분과들, 개별학문적인 물음 설정들과 어떻게 관련되어 있는가 하는 것을 다루었던 것입니다. 나는 이것을 학문의 단자론적인 구조를, 즉 학문이 사회로부터 도외시되는 것을, 이처럼 도외시되는 것이 ―무언가 특별한 집단정신의 모든 개념에 반대하면서― 개인에서 구상된 프로이트의 심리분석이 학문의 단자론적인 구조를 즐겼던 만큼이나 많은 정도로, 마음대로 즐겼던 일련의 모델들과 학문에서 구체적으로 여러분에게 설명하려고 시도하였습니다. 나는 또한 프로이트의 심리분석이 그 가장 내적인 중심에서 사회적인 모멘트들에 부딪치고 있다는 점을 ―이 점은 프로이트 심리분석에서는 내키지 않는 점이라고 말할 수 있습니다― 여러분에게 보여주었으며, 또는 보여주려고 시도하였습니다. 반면에 이와는 반대로 이른바 순수 사회학은, 여러분에게 순수 사회학에 대한 생각을 상기시키자면, 그것에 원래부터 함유되어 있는 것으로부터 출발하여 다른 모든 학문 분과로부터 그것을 밀봉시키고 단순한 사회학으로 머무르는 것 이상의 어떤 것도 되지 않는 것을 통해서 마침내 사회학에 특별한 점을 상실하면서 일종의 단순한 응용 통계학과 같은 것이 되고 맙니다. 여기에서 통계와 관련하여 기이한 사실 한 가지를 알려 주겠습니다. 이에 대해 여러분에게 주의를 환기시켰는지 모르겠습니다. 정말로 학문적으로 자기 성찰을 하는 통계학자들 중에는 통계와 관련하여 비판적인 의식이 성립되어 있습니다. 예를 들어 나와 여기에서 함께 일하는 동료인 블린트Blind 박사[243]에게서 우리는 이러한 비판적인 의식을 볼 수 있습니다. 그는 미국에서 실행되고 있는 지배적인 통계학이 지나치게 추상적인 학문이어서 사회학의 특별한 물음 설정들과 조건들로부터 너무나 적은 내용을 전개시키고 있을 뿐이라고 지적하였습니다. 여러분은 사회학 공부에서 통계적인 도구를 필요로 하기 때문에, 여기에서 여러분에게 다음과 같이 조언할 수 있습니다. 여러분이 블린트 박사의 세미나를 들을 때는, 통계학의 학문적인 문제점들이 더욱 높은 의미에서 시작되는 것들이 무엇인가를 파악하기 위해 노력해 주기 바랍니다.

신사 숙녀 여러분, 나는 이러한 연관관계에서 다시 한 번 막스 베버로 되돌아가고 싶습니다. 우리가 사회학의 이러한 한계들에서 동요할 때, 또는 우리가 사회학의 길을 잃었을 때, 또는 우리가 이러한 상황을 어떻게 표현하든, 우리는 막스 베버의 권위와 더불어 이러한 상황에 대한 답을 듣게 되기 때문입니다. 막스 베버는 사회학을 공부하는 사람들에게 가장 중요한 공부 대상에 속합니다. 사회학 학도는 베버의 '학문론', '자본주의 정신'에 관한 논문, '지배 사회학'[244]과 같은 몇몇 근본적인 논문들을 읽는 것보다는 그의 전체 저작에 훨씬 더 넓게 익숙해야만 합니다. 우리가 진지하게 베버의 저작과 관련을 맺게 되면 ―이것은 여러분의 베버 공부에서 아마도 학문적 진척을 가져다 줄 것입니다―, 베버에서는 여러 문제들이 외관상으로 드러나 있는 것보다도 훨씬 더 어려운 상태에 놓여 있다는 점에 대해 여러분에게 주의를 환기시키고 싶습니다. 여기에서 내가 한때 토마스 만에 대해 말했던 내용을 실제로 베버에 적용시키고 싶습니다. 베버에서는 여행안내서에 놓여 있지 않은 것245)이 문제가 되고 있습니다. 다시 말해, 베버 자신에게 고유한 공식적인 방법론학에 모순되는 것들이 문제가 되고 있는 것입니다. 베버는 구스타프 폰 슈몰러Gustav von Schmoller246)의 제자로서 국민경제학의 역사학파로부터 유래하며, 뒤르켐이 프랑스에서 사회학을 주장하였던 것처럼 베버도 독일에서 사회학의 독자성을 주장하였습니다. 여러분이 이러한 배경을 갖고 있는 베버의 저작들을 들여다보면, 베버가 그의 저작의 전체적인 충만함을 원래부터 역사적인 자료에 기대고 있음을 보게 될 것입니다. 베버는 사회학적 이상형에 대한 그의 개념을 역사적 이상형247)의 두 번째 개념으로부터 분리시키려고 시도하였습니다만, 나는 이러한 시도가 베버에서 매우 운 좋게 이루어졌는가에 대해서는 잘 모르겠습니다. 베버에서 사회학적 이상형들은 ―여러분이 이 개념을 파악하는 것이 중요한 일이라고 생각합니다― 이상형들을 통해서 또는 이상형들의 연관관계를 통해서 사회에 대한 일관성 있는 이론과 같은 것이 결과로 나오게 되는 이론적인, 열쇠와 같은 역할을 하는 카테고리들이 아닙니다. 베버에서 사회적인 이상형들은 단순한 발견술적인 도구들, 수단들일 뿐입니다. 역사적 자료가 이른바 발견술적인 도구들을 이용하여 비교되어야 한다는 것입니다. 분류화된 개념화에 의해서 역사적 자료로부터 획득되는 이상적 구성들과의 비교를 통해서 연구자는 역사적 자료에 대한 사회학적 이해를 진척시켜야 한다는 것입니다. 내 생각으로는, 우리가 이 점에 대해서 명백하게 인식할 때만이 베버에서 이상형들이 무엇이 되어야 하는가를 올바르게 이해할 수 있습니다. 교리사에서 큰 역할을 했던 개념들과 더불어 대부분의 경우에 발생했던 사례들처럼, 사회학적 문헌에서도 이상형 개념과 함께 조금은 느슨하게 처리되는 사례들이 생깁니다. 연구자가 유형학들에서 나타나고 경험세계와 동떨어져 있는 개념처럼 매우 조립적으로 만들어진 개념을 통해 작업을 할 때마다, 연구자는 이것이 이상형과 관련이 있는 것처럼 생각하고 있는 것입니다. 그러나 이처럼 특별한 발견술적인 특징, 유형들이 거품처럼 물로부터 떠오르고 다시 아무것도 아닌 것으로 해체되어 버리는 이념, 다시 말해 베버에서 보이는 이상형의 이처럼 고도로 특별한 구조는, 내 생각으로는, 일반적으로 지나칠 정도로 적게 고려된 구조입니다. 나는 이러한 이유로 인해 사회학적 아마추어리즘에 대한 정황 증거가 생긴다고 봅니다. 다시 말해, 연구자가 이상형을 엄격하게 사용하는지 또는 그렇지 않은지, 연구자가 이상형이 원래부터 무엇인가에 대해서 실제로 보고하는지 또는 그렇지 않은지, 연구자가 어떤 사회적인 자료에 대한 기술記述이 즉각적으로 되지 못하는 개념에 관계를 갖게 되는 곳이라면 어디에서나 이상형에 대해 느슨하게, 구속성이 없이 이야기하는지 또는 그렇지 않은지와 같은 사회학적 아마추어리즘에 대한 정황 증거가 생기는 것입니다. 이제 베버에서 자료들, 즉 그의 저작의 역사적인 내용들과 이러한 내용에 부과된 주관적으로-추상화되면서 구성되는 개념들인 이상형들 사이에 매우 깊은 단절이 존재하고 있다는 점이 오인될 수 없습니다. 그 밖에도, 베버에서의 이상형들은 그 구조를 따라가 보면 ─이 점을 막스 베버에의 입문을 위해 여러분에게 오늘 말하고 싶습니다─ 법률학적인 정의定義들의 방법론에 본질적으로 맞춰져 있습니다. 법률학적인 정의들은 베버의 이상형들과 전적으로 유사한 속성들을 갖고 있습니다. 법률학은, 역사적 국민경제학 이외에도, 베버에서는 또 하나의 다른 원천적인 학문입니다. 여러분이 베버의 후기 저작들을 읽으면서 이상형들이 갖고 있는 특별하게 정의적定義的으로 확정되어 있는 특징에 대해서 놀라게 될 경우에는, 여러분은 법률학의 처리방식을 상기해야만 할 것입니다. 베버의 사회학에 특징적으로 나타나는 것, 기이할 정도로 특별하게 나타나는 것이 있습니다. 개념들, 개념의 체계들, 또는 개념의 연관관계들이 이것들의 적용을 받는 자료에 대해서 어떤 확실한 독립성을 갖고 있는 것처럼, 개념들, 그 체계들, 또는 그 연관관계들을 이용하여 작업이 이루어지고 있는 것입니다. 베버는 이처럼 기이할 정도로 특별한 처리방식을 법률학과 공동으로 실행하고 있는 것입니다. 나는 다음과 같이 말해도 되리라 봅니다. 나에게는 법률학적인 사고를 이해하는 어려움이 항상 있었습니다. 다시 말해, 매우 확실하게 손에 잡을 수 있는 의미인 테세이 (thesei, 플라톤의 주장이며, 사물을 명명하는 것은 의견 일치, 협정, 관례, 제정, 습관과 같은 관습에 의해 성립된다고 보았음, 역주)에서 행해지고 고안된 개념 체계들이 실재적인 관계들과 결정의 실재적인 조건들의 자리에서 설정되는 것을 보면서, 나는 베버의 이러한 법률학적 사고를 이해하기가 어려웠던 것입니다.

우리는 여기에서 '사회학 입문'에 대해서 이야기하고 있습니다. 신사 숙녀 여러분, 겉으로 보기에는 우리의 주제로부터 벗어난 이야기에 지나지 않을 것으로 보이지만 나는 여기에서 나를 사회학에 끌어들였던 동기들 중의 하나에 대해 말하고자 합니다. 나를 사회학 공부에 끌어들였고 사회학에 종사하도록 마음을 움직였던 동기들 중의 하나는 다음과 같은 동기입니다. 어떤 완성적으로 만들어지고 고안된, 이런 이유 때문에 구속력이 없는 개념들에 나를 관련시키는 것이 아니고 개념들이 어디에서 발원하는지, 규범들이 어디에서 발원하는지, 규범과 현실의 관계는 어디에서 그 장소를 갖고 있는지 하는 것과 같은 개념들을 대립시켜 보는 필요성이 내가 가졌던 동기였습니다. 개념들의 발원, 규범들의 발원, 규범과 형식의 관계가 바로 사회적인 힘들이 벌이는 게임입니다. 내 생각으로는, 사회에 대한 성찰을 통해서 단순한 개념성, 떨어져 나와 있으면서 스스로 자족하는 개념성으로부터 벗어나는 필요성이 —이러한 성찰은 이론 물리학의 체계들에서 발견되며 매우 적은 정통성을 갖고 있지만 법률학에서도 발견됩니다— 사람들을 사회학으로 움직이게 하는 동기들 중에서도 가장 단순하면서도 아마도 가장 강제적으로 사람들을 압박하는 동기인 것 같습니다.

베버에서는 개념적 요소, 그에 의해서 형성된 이론에서 나타나는 이상형들과 자료 사이에 균열이 근본적으로 존재하고 있습니다. 다시 말해, 베버의 방법론학에 상응하는, 베버 자신이 상세하게 언급하고 있는 방법론학적인 요구들에 상응하는 이상형들은 실제로는 단순한 도구들에 지나지 않는다는 것에서 드러나고 있는 균열이 존재하고 있는 것입니다. 이처럼 단순한 도구들은 어떤 이론에서 그것들이 차지하는 자리를 갖지도 못하며 어떤 비중을 갖지도 못합니다. 그러한 도구들은 연구자가 도구들과의 비교를 통해서 자료를 그 어떤 방식으로, 도구적이고 주관적인 이성의 의미에서 구조화시키는 데 이용하기 위해서 오로지 그 자리에 있는 것들에 지나지 않습니다. 이러한 연관관계에서 여러분에게 주의를 환기시키고 싶은 점, 앞에서 말한 것처럼 여행안내서에 놓여 있지 않은 점, 베버에서 보이는 이러한 점은 —나는 이 점이 사회학 내부에서 실증주의적 논쟁을 고려해 볼 때 생각해 보아야 할 점을 많이 제공하고 있다고 봅니다—, 베버가 이상형의 규정을 원래부터 고수하지는 않았다는 사실입니다. 나는 오히려 다음과 같이 생각하고 있습니다. 즉, 영향을 미치는 범위가 큰 정신적 형상물들이 그렇듯이, 그러한 정신적 형상물이 어떤 자리에서 정신적 형상물이 스스로 이해되는 것, 정신적 형상물이 스스로 앞에 내 놓는 것을 넘어서고 있는가를 우리가 파악함으로써 이상형을 제대로 이해할 수 있는 것입니다. 이것은 철학적 텍스트들을 이해하는 데도 규준이 됩니다. 나는 이것이 중요성을 갖고 있는 사회학적 텍스트들을 읽는 데도 또한 똑같이 해당된다고 말하고자 합니다. 베버에서 발생하고 있는 것은 다음과 같은 것입니다. 베버는 자신의 사회적인 개념들에 대해 특별할 정도로 가득 차 있는 역사적 자료를 운용함으로써 —우리 같은 사람은 베버에서의 역사적 자료가 가득 들어 있는 것을 다만 부러워할 수밖에 없습니다. 자료가 학식과 결합되어 일종의 충만감으로 보이고 있는 것이 베버와 비교해 볼 때 우리 모두에게는 사라져 버렸기 때문입니다. 우리는 이 점을 일단은 주저 없이 말하지 않을 수 없습니다―, 이러한 지식을 통해서 이상형에서 원래부터 기대될 수 있는 것보다 이상형들에게 더욱 많은 실체성을 부여하는 방향으로 몰리게 되었던 것입니다. 나는 이러한 문제점을 최소한『경제와 사회』의 가장 유명한 부분에서 유래하는 '지배 사회학'의 예에서 여러분에게 설명하고 싶습니다. 여러분 모두도 지배 사회학의 가장 유명한 부분을 다루게 될 것임은 의문의 여지가 없습니다.『경제와 사회』에는 지배의 3가지 이상형[248]이 제시되어 있습니다. 첫 번째 유형은 '합리적 지배', 또는, 사람들이 어떻게 말하든, '합법적 지배'입니다. 합리적 지배는, 이성 원칙의 의미에서, 역사적으로 지배의 시민사회적 형식과 일치하고 시민사회적 모델에서 전개되어 온 유형입니다. 베버가, 많은 직관들과는 반대로, 합리적 지배의 원천을 봉건 체계로까지 거슬러 올라가면서 추적하고 있음에도 불구하고, 합리적 지배는 역사적으로 지배의 시민사회적 형식과 일치하고 있습니다. 베버에서 보이는 지배의 두 번째 유형은 '전통적 지배'입니다. 봉건주의의 개념은 경제학적으로는 베버가 기울인 노력들에서 베버와 매우 가까운 관계에 놓여 있었던 동지였던 베르너 좀바르트Werner Sombart에 의해서 '전통주의적' 경제[249]로 이해된 바 있었습니다. 지배의 세 번째 유형은 '카리스마적 지배'입니다. 특정한 형상들이나 특정한 사람들은 그 형상들이나 사람들이 갖고 있는 권위성을 우리가 그 어떤 방식으로든, 위에서부터 아래로, 비합리적으로, 정통성이 있는 것으로 바라보아도 된다는 기회를 계산에 넣어도 된다는 생각에 기초하고 있는 지배가 카리스마적 지배입니다. 이렇게 이해되는 지배의 형식이 카리스마적 지배인 것입니다. 비합리적인 모멘트들을 사회 안으로 끌어들여서 돌출시키고 있는 것에 관한 물음은 베버의 '목적합리성'[250] 개념 때문에,

즉 목적합리성의 한계에 관한 물음으로서, 베버에게는 특별할 정도로 중요합니다. 베버의 종교사회학에서도 역시 칼뱅주의에서 유래하는 '비합리적인 예정설'251)의 개념이 특정한 역할을 담당하고 있습니다. 그러나 이제 다음과 같은 문제가 발생합니다. 베버는, 품위 있고 점잖은 학자로서, 그가 '카리스마적 지배'252)의 개념을 얻어 냈던 지배의 형식들을 더욱더 자세히 바라보는 모습을 스스로 보이고 있는 것입니다. 베버가 이 개념을 왜 도입하였으며 이 개념이 베버에서 어떤 기능을 갖느냐 하는 물음은 지금 이 자리에서는 고찰의 대상이 될 필요가 없습니다. 베버가 카리스마적 지배의 개념을 도입한 진정한 이유는, 그가 카리스마적 지배 형식에서 시민사회적 세계의 더욱더 많이 경직되는 관료주의에 대한 교정 수단과 같은 것을 얻으려고 명백하게 의도하였기 때문입니다. 베버는 동시에 '관리된 세계'로 가는 경향을 이미 50년 전에 매우 정확하게 주목하였습니다. 그러나 베버는 '카리스마적인 지도자'의 개념이, 평균적인 기대치의 의미에서, 카리스마의 이름으로 주어지는 명령들이 사실상으로 복종되며 이러한 복종이 관료주의적 지배에 대한 교정 수단으로 기능하는 것이 아니라 카리스마가 관료주의적 지배와 함께 융합되어 하나가 되는 데 특별히 적합하다는 점을 보지 못하였습니다. 그는 이 점을 당시에는 아마도 아직은 볼 수 없었을 것입니다. 카리스마와 관료주의적 지배와 하나로 융합되는 것은 파시즘적인 총통 국가에 해당될 뿐만 아니라 개인숭배라는 이름으로 작동되었던 스탈린주의적인 체계들에서 알려진 것에도 역시 해당됩니다.

여기에서 나는 다시 '카리스마적 지배'로 되돌아가 논의하고자 합니다. 베버는 카리스마적 지배와 더불어 일단은 다음과 같은 단순한 사실에 부딪치고 있는 것으로 보입니다. 다시 말해, 베버는 카리스마가 신의 은총의 형식과 그 이전에는 이미 원시사회들의 유산의 관계들에서 전해 내려온 것이라는 사실에 부딪치고 있는 것입니다. 베버와 관련하여 여러분이 항상 마음속에 두고 있어야 할 점이 있습니다. 베버 자신이 카리스마를 긍정적인 카테고리로 도입하지 않았느냐 하는 의미에서 볼 때도 베버는 비합리주의자가 아니었다는 점을 잊어서는 안 될 것입니다. 베버는 카리스마를 순수하게 기술적記述的으로, 다시 말해 하나의 기회로 파악하였습니다. 사람들이 어떤 사람에게 카리스마가 있다고 믿게 되는 경우에는, 그 당사자는 자신의 명령들이 충족된다는 특정한 기회를 갖게 됩니다. 그 당사자가 카리스마를 실제로 갖고 있느냐의 여부는 잘 알려져 있듯이 그토록 가치중립적으로 행동하는 베버의 학문에게는 아무런 상관이 없는 일입니다. 어떻든 상관없다는 이러한 태도와 관련하여 나는 다음과 같은 점을 지적하는 것을 거부할 수 없습니다. 다시 말해, 어떻든 상관없다는 태도는 ―이러한 태도는 카리스마가 존재하느냐 또는 그렇지 않느냐 하는 비판적 물음이 베버 사회학에서는 제기되어 있지 않다는 사실을 의미합니다― 베버와 연관되어 뒤따랐던 결과들, 뒤이어 출현하였던 것들에서 매우 위험하고 매우 해로운 결과를 초래하였으며, 이것은 오늘날까지도 영향을 미치고 있습니다. 이러한 문제가 어떻든, 베버는 '카리스마적 지배'의 유형이 '전통적 지배'로 넘어가는 경향253)을 지속적으로 갖고 있다는 점에 부딪치게 되었습니다. 베버는 이러한 경향을 『경제와 사회』의 어느 자리에서 터놓고 언급하고 있습니다. 이러한 경향은 일단은 전혀 해악이 없고 매우 설득력 있으며 매우 합리적인 것처럼 들립니다. 나는 이제 여러분이 이와 관련하여 내가 베버에서의 이상형에 관해 여러분에게 앞에서 말했던 내용을 일단은 함께 사고해 주기를 요청합니다. 베버에서의 지배의 3가지 유형은 이상형들이라는 사실이 자명합니다. 이 점을 여러분이 염두에 두기를 바라는 바입니다. 이러한 이상형들은 그것들 스스로 갖고 있는 생명과 같은 것을 가져서는 안 됩니다. 내가 이상형의 개념이 막스 베버의 『학문론』254)에 들어 있는 카테고리에 관한 논문에서 상세하게 언급되어 있는 정도로 이상형의 개념을 엄격하게 받아들인다면, 어떤 이상형은 이것이 다른 이상형으로 넘어가는 경향과 같은 것을 전혀 가질 수 없습니다. 이상형은 전적으로 단자론적인 것과 같은 것이며, 확실한 현상들을 포괄하기 위한 목적으로 고안된 것이기 때문입니다. 이상형에게는 개념의 헤겔적인 실체성에 관한 것, 개념의 객관성에 관한 것이 귀속되게 됩니다. 베버가 그의 시대를 지배하였고 오늘날 우리 시대도 지배하고 있는 사회학적 사고에서의 실증주의와 의견의 일치를 보이면서 논쟁을 벌였던 개념의 객관성이 이상형의 것으로 돌려지게 되는 것입니다. 다른 말로 하면, 베버가 자신에게 고유한 이상형들을 더욱 자세히 들여다보는 모습을 보이게 됨으로써, 그는 자신이 했던 정의定義를, 또는 순수하게 추상적이고 자의적이며 일시적인 개념 도구로서의 이상형에 대한 자신의 태도를 넘어가는 쪽으로 몰리게 됩니다. 비판 이론Kritische Theorie이 객관적인 운동법칙이라고 나타냈던 방향으로 베버가 몰리게 되는 것입니다. 그 이유는 다음과 같습니다. 어떤 이상형이 그것을 넘어서서 다른 어떤 이상형으로 넘어가는 필연적으로 내재적인 경향과 같은 것이 실제로 존재한다면, 이러한 이상형들의 단자론적인 절대적으로 개별화된 구조가 이러한 경향에 의해서 흔들리게 될 뿐만 아니라, 이와 동시에 사회적인 운동법칙의 개념과 같은 것도 역시 이미 도입되고, 이렇게 됨으로써 베버가 갖고 있는 일종의 인식론에 의해서 베버에서는 원리적으로 부인되는 것인 사회 자체의 객관적인 구조와 같은 것이 도입되기 때문입니다. 이것은 내가 실증주의의 방향과 더불어 여러분에게 주의를 환기시키고 싶은 특별한 결과를 초래하게 됩니다. 이러한 방향은 동시에 이 강의에서 여러분에게 대략적으로 말하려고 시도하였던 설명들에 관한 틀을 보여주고 있습니다. 다시말해, 연구자가 순수하게 도구적으로 정의된 개념들을 이용하여 작업을 하면, 사물 자체가, 즉 대상이 이른바 구조화되어 있는 것이 그렇게 실행되면, 이처럼 작동적으로 정의된 개념들에서는 객관적 구조에 관한 어떤 것이 구조에 고유한 구조적 규정성에 의하여 실행되게 됩니다. 이러한 종류의 학문이 갖고 있는 규칙에 따르면 결코 경우가 되어서는 안 될 것이 경우가 되고 마는 것입니다. 이것을 변증법적으로 매우 첨예화시켜 말하면 다음과 같습니다. 학문에 관한 실증주의적 구상이 자료 내부로 들어가는 순간에 대해 먼저 말하겠습니다. 나는 이 순간을 몽고 군주를 예로 들어 설명하겠습니다. 몽고 군주를 따르는 기마병들은 군주에게는 경외로운 힘이 있으며 이러한 힘은 상속되고 이렇게 해서 왕조가 이루어진다고 믿고 있기 때문에 세계를 정복하기 위해 기마대를 몰고 질주하는 군주를 따르게 됩니다. 학문에 관한 실증주의적 구상이 이른바 카리스마적 지도자의 운명을 실제로 들여다보고 몽고 군주와 같은 군주를 발견하는 순간에, 다시 말해 자료 내부로 들어가는 순간에, 실증주의적 구상은 사회 자체의 구조 내부에서 —이러한 구상이 대립되어 있는— 일종의 대상화와 같은 것을 관찰하게 됩니다. 여러분은 내가 학문에 관한 실증주의적 구상의 문제를 왜 이토록 중시하고 있는가를 이해하여야 할 것입니다. 구조의 객관성과 사물의 조직화의 객관성에 관한 증거들의 설득력에 대해 말하겠습니다. 이 증거들이 내가 여러분에게 제시하는 방법론적 관점 설정과는 대립되어 있는 관점 설정을 취하는 사회학자들에 의해서 제공되고 고의성이 없이 제공되는 경우가 그러한 운동법칙들에 관한 내 고유의 전제조건들에 기초하여 여러분에게 제시하는 경우에 비해서 훨씬 더 설득력이 있다는 것은 자명합니다. 나는 막스 베버의 사회학이 그러한 구조들에서 특별할 정도로 풍부한 측면을 갖고 있다고 보며, 여러분은 이 점에 대해 나를 믿어도 됩니다. 내가 이러한 예를 끌어내어 포착한 이유는 간단합니다. 이것이 지배처럼 매우 중심적인 주제에 관련되어 있기 때문입니다. 물론 다른 예들을 여러분에게 제시할 수도 있습니다. 나는 앞에서 본 연관관계가 베버에서 성립되고 있다는 점을 여기에서 단지 지적하고자 할 뿐입니다. 이러한 연관관계는 이제 이 자리에서 —지금 말하는 것은 우리가 이 강의의 이 순간에 다루었던 커다란 주제로 우리를 되돌아가게 하는 내용입니다— 역사로부터 개념화되어 있는, 겉으로 보기에는 역사로부터 자유로운 이상형들의 구성 안으로 들어가게 됩니다. 이러한 이상형들은 역사로부터 출발하여 개념화되어 있지만, 구체적인 역사적 조건들의 ㅡ이러한 조건들 아래에서 이상형들이 성립되거나 또는 적용되어야 할 것입니다ㅡ 희생을 대가로 해서 개념화되어 있습니다. 그러한 역사적 모멘트를 사회학 안으로 다시 들어가게 하는 것, 바로 이것을 베버는 이른바 순수한 사회학의 구성을 통해서 멀리 놓아두려고 시도하였던 것입니다. 이제 증명이 종료되었습니다Quad erat demonstrandum. 이러한 순수성과 더불어 특별한 정황을 초래한 것이 베버 사회학의 구조로부터, 앞에서 상세하게 논의된 것처럼, 스스로 도출되고 있는 것입니다.

나는 여러분에게 묻고 싶고, 내 자신에게 묻고 싶으며, 여러분과 함께 이 물음을 풀고 싶습니다. 사회학의 순수성, 또는 그 어떤 학문 분과의 순수성에 대한 최고로 높은 특별한 관심이 도대체 어디에서 성립되고 있는지를 묻고 싶으며, 이 물음에 동시에 답하고 싶은 것입니다. 내 자신은 순수성에의 이러한 관심을 내 일생에서 결코 한 번도 이해하지 못하였고, 지금도 역시 이해하지 못하고 있습니다. 이 문제와 관련하여 막스 베르트하이머Max Wertheimer[255]와 알고 지내면서 경험하였던 것을 지금도 기억하고 있습니다. 나는 그와 격렬하게 논쟁하면서 많은 결실을 얻기도 하였습니다. 우리 두 사람 사이에 어떤 지점에서 서로 의견의 일치를 보인 것이 있었습니다. 그도 앞에서 말한 순수성에 집착하는 '작은 상자와 같은 것들'을 신뢰하지 않았고, 그와는 전혀 다른 관점에서 접근하는 입장을 갖고 있는 나도 역시 그러한 작은 상자들을 신뢰하지 않았습니다. 그러한 '작은 상자들'에 들어가 있는 사고가 소름끼칠 정도로 널리 확산되어 있다는 것을 나는 알고 있습니다. 그러한 사고는, 여러분이 여러분 스스로에 대해 '작은 상자들'의 개념을 적용하지 않은 상태에서, 여러분 중에서 많은 사람들에게 흡인력을 행사하고 있습니다. 이런 까닭에서, 나는 작은 상자들에 관한 물음이 근본적으로 설정되어야 한다고 생각합니다. 예를 들어, 나의 저작들에 대해 수군거리는 사람들을 나는 항상 반복적으로 접하고 있습니다. 이들은 수준이 낮은 사람들이며, 이들에게는 수군거리는 것에 맞서는 어떤 영리함과 같은 착상이 떠오르지 않고 있고, 전체적인 방향도 이들에게 맞지 않는 방향일 뿐입니다. 이들은 나의 저작들에 대해 다음과 같이 말합니다. '그래, 아도르노의 저작은 철학과 사회학을 오락가락하지.' 또는 '그것은 철학과 음악 사이를 오락가락하지.' 또는 '그것은 순수한 음악도 아니고 순수한 철학도 아니야.' 또는 '그것은 순수한 철학도 아니고 순수한 사회학도 아니지.' 사람들이 이렇게 말하면, 이것과 더불어 어떤 결정적인 것이 말해졌다고 믿어 버립니다. 정말로 결정적인 물음, 즉 나의 저작들에서 다루어진, 확실한 방식으로 서로 관계를 맺도록 설정된 학문 분과들의 내적인 매개성에 관한 물음에 대해 어떠한 생각도 하지 않은 채 그렇게 믿어 버리는 것입니다. 나는 일단은 여러분이 학문 분과들의 이른바 순수성에 대해 숙고하게 되고 다른 학문들에 의해서 여러분의 몸에 확실히 배어 있는 독단에서 여러분이 충격을 받게 되도록 여러분을 이끌고 싶습니다. 이것은 내 자신의 저작들에 관한 건件들에 대한 변명이 아닙니다. 나는 이러한 건들을 여기에서는 전혀 논외로 하고 싶습니다. 내가 여러분에게 안내해 주고 싶은 이유는 학문 분과들의 이른바 순수성에 들어 있는 기이할 정도로 특별한 금기적 특징 때문입니다. 어떤 학문 분과의 가치는 이 분과가 순수하다는 것을 통해서, 다시 말해 이 분과가 다른 분과를 끌어 들이지 않고 많든 적든 전적으로 특정한 자료들과 카테고리들에 기대는 것을 통해서 본질적으로 규정된다는 독단이 다른 학문들에 의해 여러분에게 스며들어 있을 것입니다. 나는 여러분이 이러한 독단을 흔들어 버릴 수 있도록 여러분을 이끌고 싶은 것입니다. 사회학과 같은 학문 분과는 우리가 순수하게 사회학적으로 고찰할 수 없는 자료들에 관련을 맺을 때만이 의미를 가질 수 있습니다. 나는 이 점이 이미 상세하게 제시되었다고 생각합니다.

심리분석가들은 이에 대해 할 말이 매우 많을 것입니다. 우리는 여기에서 처녀성 콤플렉스에 대해서 말할 수도 있을 것입니다. 처녀성 콤플렉스가 그것 스스로 더 이상 광분하지 않을 수 있을 때, 그리고 학문들 중의 어떤 학문도 다른 학문에 의해서 융합되지 않는다는 점을, 접촉에 대한 불안감에서, 학문으로부터 최소한 요구할 때, 처녀성 콤플렉스는 학문에 적용될 것입니다. 나는 심리학적인 차원에는 다음과 같은 점이 들이 있다고 생각하고 있습니다만, 이 점에 대해서만 간단히 언급하고 여기에서 심리학적인 차원을 계속 추적하고 싶지는 않습니다. 다시 말해, 어떤 사람이 이미 지배적 지위를 갖고 있는 학문적 습관들에게 심리분석과 같은 것을 제공하려는 이념에 들어선다면, 이러한 이념으로부터 놀라운 것들이 그 결과로 생겨날 것입니다. 결과로 생겨난 것들은 지배적인 학문 체계에 대한 비판에 매우 많이 기여하게 될 것입니다. 나는 이와 유사한 것을 『사회학과 철학』256)에 관한 뒤르켐의 저작을 안내하는 글에서 페당티슴(과도한 정밀성을 갖고 모든 일을 처리하는 오만하고 학자인 체하는 태도, 역주)의 개념을 통해서 시험해 본 바 있습니다. 그러나 이것은 단지 하나의 모델일 뿐입니다. 여러분 중에서 심리분석에 관심을 갖고 있는 사람들이 내가 시도했던 것보다도 훨씬 더 많이 앞으로 나아갈 수 있게 될 것으로 생각하며, 이들이 그렇게 해 주기를 청합니다. 그러나 기존의 지배적인 학문 체계의 습관들에게 심리분석과 같은 것을 제공하려는 시도에서도 심리적으로 억압적인 경향들이, 즉 우리가 심리분석에서 억압의 경향들이라고 나타낼 수 있을 것 같은 경향들이 ―여러분에게도 나에게도 크게 놀랄 것이 없는 방식으로 사회적인 영역에서도 역시― 억압적인 경향들과 보조를 맞추고 있습니다. 나는 이제 이 문제를 다루고 싶습니다.

확실하고 정의적定義的인 순수성의 의미에서의 학문적 순수성의 이상은, 이것이 어떤 학문이 다른 모든 학문에 대해 자의적으로 경계를 짓는 것이라고 할지라도, 그러한 어떤 학문이 ―그러한 학문이 순수한 경우에, 즉 다른 학문들과 겹치지 않는 학문으로 해석될 수 있는 경우에— 일단은 통용되는 학문들의 지도에서 표시되는 기회를 더욱 많이 갖게 되는 데 기여하게 됩니다. 학문적 순수성의 이상理想은 이른바 '후발 학문들'에서 더욱 많이 나타납니다. 사회학과 같은 학문은 학문들의 세계에서 상대적으로 뒤늦게 그 모습을 드러낸 학문들에 속하며, 이러한 학문들에는 학문의 중세적인 체계성이라는 의미에서 볼 때 전통이 결여되어 있습니다. 이러한 학문들은 그것의 학문성을 스스로 증명해야 하는 특별한 필요성을 갖고 있으며, 이러한 이유로 인해 그것의 순수성, 그 독자성, 이러한 독자성과 함께하는 생존권을 증명하려는 노력에 과도한 가치를 부여합니다. 그 이유는 다음과 같습니다. 이러한 학문들은 그것들이 다른 학문들에 의해서 많든 적든 덮혀 있지 않다는 것을 통해서만이 생존권을 제대로 보여줄 수 있거나 또는 보여줄 수 있다고 생각하기 때문입니다. 분업적이고 경계가 지워진 학문들에 대한 비판이 —비판이 충분할 정도로 엄격하게— 이러한 학문들에게도 따른다는 생각에 도달하지 못한 채, 이러한 학문들은 다른 학문들처럼 하나의 학문으로서 정립되고자 하는 것입니다. 바로 이 경우에 속하는 것이 최근에 사회학자들 사이에서 매우 인기를 끄는 구분인 '학문적인 것'과 '학문 이전의 것'의 구분입니다. 나는 물론 학문 이전의 것을 방어하고 싶은 생각이 없습니다. 순진하고 통제되지 않은 관찰의 의미나 또는 적지 않게 순진하고 통제되지 않은 저돌적인 사고의 의미에서 학문 이전의 것을 방어하고 싶지는 않은 것입니다. 그러나 나는 학문 이전적인 사고가 학문적인 사고와는 전혀 다른 것이라는 생각은 생산적인 학문적 처리의 사실적인 경험들과 절차들에 의해서 거짓인 것으로 직접적으로 입증되었다고 봅니다. 우리가 학문 이전적인 관심들이나 학문 외적인 개념들을 학문적으로 진행되는 모든 사회학적 연구에 집어넣지 않는다면, 학문적인 개념들이 전혀 존재하지 않게 됩니다. 다른 한편으로는, 이른바 학문 이전적인 경험도 비판적인 동기들에 의해서 실행되며, 이러한 동기들은 학문적 사고 자체에 도움이 됩니다. 나는 여러분이 사회학에서의 학문성의 유형에 잘못 빠져들지 않기를 바라며, 여러분에게 이 점에 대해 경고하고 싶습니다. 그러한 유형은 내게도 알려져 있지 않은 것은 아니며, 다음과 같은 것에서 성립됩니다. 여러분이 어떤 사람과 카페 하우스의 탁자에 ―나는 여기에서 빈Wien의 카페 하우스를 생각하고 있습니다― 앉아서 모든 가능한 정신적인, 사회적인, 정치적인 문제들에 대해 대화를 나누면, 그는 전적으로 이성적이고 비판적이며 자유로운 견해를 보이게 됩니다. 그러나 그가 교수가 학위 수여식에서 입은 가운을 학위의 권위에 전염된 의미에서 입는 순간에 ―나는 문자 그대로의 의미에서 가운을 입는 것은 소수의 사람들에게서나 보이는 성향이라고 생각합니다―, 그는 하버마스가 "한정된 경험"[257]이라고 명명하였던 것에 즉각적이고도 완전하게 빠져들고 맙니다. 가운을 입는 순간에 그는 매우 제한되어 있고 매우 좁은 통찰들만을 통용시킵니다. 이렇게 통용시키는 매우 제한된 통찰들은 여러분이 그와 이야기할 경우에 그가 알고 있는 것의, 즉 그가 갖고 있는 이른바 학문 이전적인 통찰들의 건너편에서 완벽할 정도도 뒤에 머물러 있게 되고 학문 이전적인 통찰들에 비해서 비중을 갖지 못하게 됩니다. 다음 시간에는 이른바 순수한 사회학이 갖고 있는 문제점을 더욱더 원리적으로 다루고 싶습니다.

237) 프리츠 바우어(1903-1968)는 관직을 박탈당하고 집단수용소에 수용되었고, 이후 1936년에 망명하였으며 1949년에 독일로 되돌아왔다. 1963년부터 1965년까지 프랑크푸르트에서 열린 아우슈비츠-재판에서 헤센 주 검찰총장으로서 공소권을 대표하였다. 아도르노는『부정변증법』에서 바우어에 대해 다음과 같이 썼다. "프리츠 바우어는 백 번이나 반복되는 게으른 주장을 펴면서 아우슈비츠의 악질 인간에 대해 무죄 판결을 요구하는 유형의 인간은 죽음의 형벌을 다시 끌어들이는 행위의 친구들이라고 언급하였다."

238) 편집자주 134번 참조.

239) 그라시(1902년생)은 당시에 뮌헨 대학의 철학 교수였으며,「근대적 사고의 시작에 대한 비코의 비판」이라는 강연을 하였다.

240) Vgl. Giambattista Vico, Die Neue Wissenschaft über die gemeinschaftliche Natur der Völker여러 민족의 공통 성질에 관한 신과학, übersetzt und eingeleitet von Erich Auerbach, München 0. J. [1924]. ─ 그 사이에 비코의 텍스트를 완역한 판본이 나와 있다. Vgl. Giovanni Battista Vico, Prinzipien einer neuen Wissenschaft über die gemeinsame Natur der Völker여러 민족의 공통 성질에 관한 신과학 원리, übers. von Vittorio Hösle und Christoph Jermann und mit Textverweisen von Christoph Jermann, 2 Bde., Hamburg 1990 (Philosophische Bibliothek. Bd.418 alb.).

241) Vgl. Max Horkheimer, Anfänge der bürgerlichen Geschichtsphilosophie시민사회적 철학의 시작, Stuttgart 1930; jetzt in: Gesammelte Schriften, a. a. O., Bd. 2: Philosophische Frühschriften 1922-1932, Frankfurt a. M. 1987, S.177-268. 비코에 대해서는 특히 마지막 장을 참조. »Vico und die Mythologie비코와 신화神話學«, S.252-268. 이어지는 강의에서 명명된 마키아벨리에 대한 장은 다음을 참조. »Machiavelli und die psychologische Geschichtsauffassung마키아벨리와 심리학적인 역사 파악«, vgl. ebd., S.181-204.

242) 이탈리아의 역사학자인 크로체(1866-1952)는 비코의 철학에 대한 많은 연구와 특히『지암바티스타 비코의 철학』(Bari 1911)을 통해서 비코가 시민사회적 역사철학과 미학에 대해 갖는 의미에 대해 주의를 환기시켰다.

243) 통계학자인 블린트(1906년생)는 1952년부터 프랑크푸르트 대학의 경제학 및 사회과학 대학에서 교수로 일하였다.

244) 베버의 학문론에 대해서는 다음을 참조. Max Weber, Gesammelte Aufsätze
zur Wissenschaftslehre학문론 논문집, a. a. O. - '자본주의 정신'에 관한 논문에
대한 지적은 『프로테스탄티즘의 윤리와 자본주의 정신』에 관련되어 있다.
In: Gesammelte Aufsätze zur Religionssoziologie I종교사회학 논문집 I, a. a. O.,
S.17-206. 아도르노가 지배 사회학이라고 부르는 장은 『경제와 사회』 제1부의
「지배의 유형들」과 「제3부. 지배의 유형들」을 의도하고 있다(a. a. O.,
S.122-176 und S.603- 817).

245) 아도르노는 1962년 3월 24일 다름슈타트에서 열린 토마스 만 전시회의 개
회식에서 행한 강연인 「토만스 만에 대한 인물평에 대해」를 이 자리에서 인
용하였다. "토마스 만에 대한 이해: 그의 작품의 진정한 전개는 우리가 여행
안내서에 놓여 있지 않은 것에 대해 우리 스스로 마음을 쓸 때 비로소 시작된
다."

246) 할레, 슈트라스부르크, 베를린에서 가르쳤던 슈몰러(1838-1917)는 국민경제
학의 역사학파를 세운 학자였다. 그는 여러 학문적 저작들을 남겼고 정치적
으로 영향력이 컸던 『입법, 행정, 국민경제 연감』(1877년 이후)을 편찬하였
다. 그 밖에도, 슈몰러는 1884년부터 프로이센의 국가평의회에 속해 있었으
며 1899년부터는 프로이센 귀족원에서 베를린 대학을 대표하였다.

247) 베버의 '이상형' 개념에 대해서는 편집자주 174번을 참조. '이상형' 개념의
구축과 이 개념이 역사적 자료에 대해 갖는 관계에 대해서는 이 자리와 다음
의 자리를 참조. M. Weber, Gesammelte Aufsätze zur Wissenschaftslehre학문
론 논문집, a. a. O., S.190ff.

248) Vgl. M. Weber, Wirtschaft und Gesellschaft경제와 사회, a. a. O., S.124.

249) Vgl. Werner Sombart, Der moderne Kapitalismus근대 자본주의. Historisch-
systematische Darstellung des gesamteuropäischen Wirtschaftslebens von
seinen Anfängen bis zur Gegenwart그 시작부터 현재에 이르기까지의 전체 유럽의
경제생활에 대한 역사체계적 서술, Bd. I: Einleitung서론 - Die vorkapitalistische
Wirtschaft자본주의 이전의 경제 - Die historischen Grundlagen des modernen
Kapitalismus근대 자본주의의 역사적 기초, 3. Aufl., München, Leipzig 1919, S.14
f. und 37f.

250) Vgl. M. Weber, Wirtschaft und Gesellschaft, a. a. O., S.13. "목적합리적으로
행위한다는 것은 어떤 사람이 그의 행위를 목적, 수단 및 그 부차적 결과들에
맞추고, 이와 동시에 목적에 맞춰 수단들을, 부수적 결과들에 맞춰 목적들을

고려하며, 최종적으로는 여러 가지 상이한 가능한 목적들을 서로 합리적으로 고려하는 것을 의미한다"('목적합리성'의 개념에 대해서는 편집자주 155번 과 174번도 참조). — 아도르노는 베버의 '목적합리성' 개념에 대한 비판을 「이론 과 실제에 대한 방주傍註들」에 합병시켰다(vgl. GS 10.2, S.774-776).

251) Vgl. M. Weber, Gesammelte Aufsätze zur Religionssoziologie종교사회학 논문 집, a. a. O., S.88ff.; vgl. auch: Weber, Wirtschaft und Gesellschaft, a. a. O., Zweiter Teil, IV. Kapitel: Religionssoziologie, S.328ff.

252) 베버에서 '카리스마적 지배'에 대해서는 다음을 참조. Vgl. etwa Wirtschaft und Gesellschaft경제와 사회, a. a. O., S.140-148. "카리스마는 종교적(예언자 적) 또는 정치적인 (정복적) 지배들의 전형적인 초기 현상이다. 카리스마는 그 러나 지배가 확실하게 되고, 특히 대량적 특징을 갖게 되는 순간에 일상의 폭 력에 빠져들게 된다"(Ebd., S.147).

253) Vgl. ebd., S.154.

254) Vgl. M. Weber, Über einige Kategorien der verstehenden Soziologie이해 사회 학의 몇몇 카테고리에 대하여, in: Gesammelte Aufsätze zur Wissenschaftslehre학 문론 논문집, a. a. O., S.403-450; bes. S.408-414.

255) 게슈탈트 심리학자인 베르트하이머(1880-1943)는 베를린에서 교수 자리를 얻 은 후 1918년까지 가르쳤으며, 1929년부터는 프랑크푸르트 대학에서 강의 하였다. 1933년부터 미국에 망명한 이후에는 사회조사 신학파New School for Social Research에서 일하였다.

256) Vgl. GS 8, S.265-270.

257) 하버마스는 「포퍼와 아도르노 논쟁에 대한 추가적 논의Nachtrag zur Kon- troverse zwischen Popper und Adorno」에서 '분석적 학문 이론과 변증법'의 대립관 계를 이들 두 입장에서 상이하게 규정되는, 대상에 대한 이론의 관계와 이론 과 경험의 관계에서 설명하려고 시도하였다. 하버마스는 분석적-경험적 처 리방식들에서의 경험 개념을 '한정된 경험'이라고 불렀다. 이러한 처리방식 들은 "그것들이 스스로 정의하는 경험의 유형만을 허용하기 때문이다. 재생 산이 가능한 상태에 놓여 있으며 고립된 영역에서 임의적으로 교환 가능한 주체들에 의해 실행되는 관찰, 즉 신체적 행동의 통제된 관찰만이 상호주체 적으로 통용되는 지각 판단들로 유일하게 인정되는 것 같다. 이러한 지각 판 단들은, 연역적으로 획득된 가설들이 논리적으로 맞을 뿐만 아니라 경험적으 로도 설득력이 있어야 한다고 할 경우에, 이론들이 안치되어 받쳐져 있어야

만 하는 곳인 경험의 기초를 대변한다. 엄격한 의미에서의 경험과학들은 모든 토론 가능한 문장들이 최소한 간접적으로 앞에서 말한 매우 좁게 운하가 파진 경험에 의해 통제되는 것을 고집한다"(J. Habermas, Analytische Wissenschaftstheorie und Dialektik분석적 학문 이론과 변증법, a. a. O., S.159).

강의 시간을 나누는 문제에 대해 여러분 중의 다수가 어떻게 생각하는
지를 확인해 보고 싶습니다. 여러분 중의 대다수가 화요일인 16일에 이
곳에 오게 될 것인지의 여부를 확인하고자 합니다. 여러분이 화요일에
이곳에 오면, 강의를 진행하도록 하겠습니다. 이에 반해 소수만이 이곳
에 온다면 [웃음소리], 내가 여기에서 의도하는 소수란 양적인 개념이며
질적인 개념이 아닙니다만, 화요일에 강의를 하지 않을 것입니다. 화요
일인 16일에 이곳에 올 예정인 분들은 지금 말해 주기를 요청합니다. ―
이것은 솔로몬 왕이 했던 결정과도 같습니다. 대략 50:50이 되지 않겠
느냐 하는 생각이 떠오릅니다. 내가 화요일에 강의를 하지 않을 경우
에, 여러분은 격렬한 항의를 제기할 생각입니까? [웃음소리] 내가 강의를
하는 경우에도 격렬한 항의가 일어날까요? [웃음소리] 강의를 할 경우에,
내가 보기에는 더욱더 격렬한 항의가 제기될 것 같습니다. [웃음소리] 음
악가로서 내가 갖고 있는 귀가 내게 계산적인 판단을 허용하는 한, 이
번 학기의 마지막 화요일에 강의를 하는 것에 대해 여러분이 매우 확실
하게 원하지 않는다면 강의를 하지 않겠다고 말하겠습니다. [찍찍거리는
소리] 그렇습니다, 나는 두 개의 건초더미 사이에 놓여 있는 당나귀와 같
은 처지에 놓여 있습니다. 어쩌면 이것이 권위와 함께 다가온 상황인지
도 모릅니다. [웃음소리] 어떻든, 우리는 다음 주에 상황이 어떻게 전개되
는가를 볼 수 있을 것입니다.

　　신사 숙녀 여러분, 사회학을 다른 학문들로부터 이른바 경계를 지

우는 문제와 학문에서 사회학의 위치에 관한 문제는 더욱더 일반적인 관점을 갖고 있습니다. 나는 우리가 이 문제를 다루어야 한다고 생각합니다. 이 문제는 이를테면 학문의 물신화에 관한 문제입니다. 내가 여러분에게 인용한 것처럼, 사회학은 다른 어떤 것이 아닌 오로지 사회학이 되고자 할 뿐이라는[258] 관념과 같은 그러한 관념은 물신화된 관념입니다. 곁들여 언급한다면, 학문의 물신화 개념에 대하여 일단은 정말로 제대로 말하는 것이 이른바 일종의 교양 사회학에게 매우 추천될 만한 과제가 아닐까 생각해 봅니다. 나는 교양 사회학이 이러한 문제들을 너무나 적게 다루고 있다고 생각합니다. 이러한 연관관계에서, 나는 학문의 물신화를 다음과 같이 이해하고 있습니다. 다시 말해, 학문이 다루어야 하는 것과 관계가 없는 상태에서 학문을 근거 세우는 연관관계들, 내재적인 연관관계들과 함께 학문 스스로 자기 목적이 되어 버리는 것이 학문의 물신화입니다. 학문과는 다른 정신적 영역인 예술은 최소한 예술의 전통적인 자명성에 따라 자율적인 형상물이지만, 학문은 이와 동일한 의미에서 자율적인 형상물이 아닙니다. 이와 동시에, 예술의 자율성에 관한 물음과 다른 한편으로 예술의 이질성에 관한 물음은 제일 차적으로 변증법적인 문제라는 점을 덧붙이고자 합니다. 학문은 학문을 넘어서는 성찰들, 그리고 학문 연구의 기초가 되는 자료 내부에서 스스로 쇠진되지 않은 성찰들에서 학문이 결과로서 내 놓는 것에서만 그 귀착점과 정당성을 갖게 됩니다. 나는 이러한 문제가 일반적으로 그렇게 간단한 문제만은 아니라는 것을 잘 알고 있습니다. 현재 당면하고 있는 학문의 위기 상황과 대학의 위기 상황에서 —두 가지 문제는 서로 분리되기 어려운 문제입니다— 우리가 교각살우矯角殺牛하는 어리석음을 범해서는 안 될 것이라고 생각합니다. 여러분에게 이미 주의를 환기시킨 모멘트일 것으로 생각합니다만 여기에서 다시 한 번 말하고 싶은 모멘트가 있습니다. 학문의 진보가 내재적 방법론들의 형성을 통해서, 학문에 고유한 개념의 물신화에 붙어 있는 확실한 척도에 의해서 이루어졌다는 것은 —이 점은 자연과학들에만 해당되는 것이 아닙니다. 자연과학들에서는 이 점이 명백합니다— 의문의 여지가 없습니다. 내가 보기에, 사회학이 이런 모든 복합성과 마주하면서 어떤 특별한 위치를 차지하고 있다는 것이 사회학에 있는 지성인의 광장에게는 특별히 중요한 것 같습니다. 왜냐하면, 사물화, 물신화와 같은 개념들, 현실에서 정신의 위치 가치에 관한 물음과 같은 물음, 우리가 가장 넓은 의미에서 이데올로기 문제라고 나타내는 것은 사회학에 의해서 다루어지기 때문입니다. 그러나 사회학이, 그것 자체에 대한 성찰들과 대상들과의 관계에 대한 성찰을 그 내부에 포함시키지 않은 채, 다른 학문들이 갖고 있는 자기 만족성을 단순히 받아들인다면, 이것은 사회학에서 사회학을 불구로 만드는 현상들에 실제로 이르게 될 것입니다. 하버마스가 한정성, "한정된 경험"이라고 나타냈던 현상들에 이르게 되는 것입니다. 사회학은 자체에 대한 자각의 단계에서 '한정된 경험'을 이제 정말로 넘어서고 싶어 합니다. 프랑크푸르트 학파에서 사회학의 개념이 우리에게 떠오르고 있는 것처럼, 내가 사회학을 사회학에 지배적인 개념과 차이가 나도록 규정하려고 시도한다면, 이러한 시도는 본질적으로 사회학이 물신주의에 종속되지 않는 것을 지향하는 것이 되리라 봅니다.

내가 이러한 시도와 더불어 의도하는 것은 실용주의적인 것이 아니라는 점을, 즉 사회학이 이루어내는 결과들의 직접적인 적용이 아니라는 점을 여러분에게 말할 필요는 없다고 생각합니다. 여러분이 오늘날 존재하고 있는 사회학적 학문들을 개관해 보면, 오히려 다음과 같은 점이 드러납니다. 다시 말해, 방법론의 자기 만족감에 대한 믿음과 사회학의 절대적인 독자성에 대한 믿음이 사회 내부에 존재하는 그 어떤 해결 가능하며 실제적인 문제들에 대해 사회학을 적용시킬 수 있는 가능성과 특별할 정도로 잘 어울리고 있는 것입니다. 반면에 비물신주의적인 것은, 사고의 영역들이 종국적으로는 구조들의 변화에 관련되어 있다는 실제적인 의미를 갖고 있는 사고의 영역들에 전적으로 관련되어 있습니다. 사고의 영역들은 직접적으로 실제적인 요구들로 변환될 수 있기보다는 오히려 매우 엄격한 분업적인 의미에서 정의되는 통상적인 사회학적 방법론들과 함께 실행될 수 있습니다. 사회학은 오늘날 끊임없이 실제적인 과제들을 해결하고 있음에도 불구하고, 사회학이 구속력이 없는 관대함과 유토피아적인 변화에의 의지를 갖고 있다는 의심으로부터 사회학 자체를 순수하게 하려는 의도에 의해서 본질적으로 물신주의에 빠져들고 있다는 점은 항상 우리의 관심을 끌고 있습니다. 내가 여러분에게 펼쳐 보였던 의미에서의 사회학의 자기 제한성은, 사회학이 사회학도 역시 하나의 학문이라는 것을 보여줌으로써 이미 정립된 아카데믹한 학문 내부에서 사회학의 위치를 얻어 내려고 시도하는 것에 의해서 일종의 변명과 같은 것이 되었습니다. 사회학이 이처럼 일종의 변명과 같은 것이 되는 동안에도, 사회학은 학문이 그 장소를 차지하는 곳이 어디인가 하는 것과 이를 통해서 학문이 성찰을 해야 한다는 것에 관련되는 것에 의해서 사회학도 역시 하나의 학문이라는 것에 머물러 있지 않게 되면서 동시에 질적으로 다른 그 어떤 학문이 됩니다. 개별 분과로서의 사회학의 이러한 정립은 우리가 현대 사회학의 역사 전체에 걸쳐 교대되는 형식에서 관찰할 수 있는 매우 기이한 결과를 가져왔습니다. 사회학은 한편으로는 ―자연지배로서 그 기초가 세워졌으며 모든 카테고리적인 형식을 자연지배의 형식들로서 규정하는 학문인― 자연과학의 모델에 따라 개별 학문이 되고자 하였습니다. 사회학은 다른 한편으로는, 사회학이 완전하게 한정되어 있지 않는 한, 사회학에 고유한 주체를 포함하는 일반적인 대상, 즉 사회를 갖고 있습니다. 이러한 양면성으로부터 매우 기이한 현상이 나타나며, 이러한 현상은 가장 상이한 형식들에서 항상 반복적으로 부활합니다. 다시 말해, 사회학은 자연과학이 자연에 대해 지배에의 요구 제기를 하는 것과 유사하게 사회에 대한 지배에의 요구 제기와 같은 것을 알리는 기이한 현상이 발생하는 것입니다. 이러한 모티프는 철학자가 왕이 되어야 한다는 플라톤의 구상에서 이미 관찰될 수 있습니다.[259] 플라톤에서는 형이상학적인 카테고리들인 이념론과 사회에 관한 교설이 전혀 구분되어 있지 않다는 점을 여러분이 망각해서는 안 될 것입니다. 이런 의미에서 볼 때 플라톤의 이론은 전적으로 원시적입니다. 존재에 관한 물음으로서의 철학과 사회에 관한 물음으로서의 철학이 전혀 구분되고 있지 않기 때문입니다. 내가 여기에서 일단은 명명해도 된다면, 플라톤 철학에는 속이 비어 있는 금속성과 같은 것들이 들어 있습니다. 이러한 것들 중의 하나는, 플라톤 철학이 사회를 많든 적든 조직적이며 동시에 위계질서적으로 분류하는 것에 대한 표상을 인간의 영혼적인 능력, 플라톤이 받아들인 인간의 3가지 영혼적인 능력,[260] 이와 더불어 종국적으로는 이념론 자체에 되돌리려고 시도하는 것에서 드러납니다. 동시에 우리는, 값싼 사회학주의에 빠져들지 않은 상태에서, 플라톤의 국가론에서 관건이 되고 있는 이념들은 사회적인 경험이 이념의 하늘에 투사된 것들이라는 점을 받아들여도 됩니다. 이처럼 투사된 것들은 이것들이 일단은 발원한 지상으로 다시 끌어내려져야 하는 것들입니다. 사회적인 사고가 갖고 있는 지배에의 요구 제기에 대해 역사적인 개관을 제공하는 강의를 하는 것을 나는 아껴두고 싶습니다. 사회적인 사고는 플라톤에서는 노동분업의 본질과 인간의 개별적인 기능들의 본질을 사실상으로 인식하고 조망한다고 하는 사람들로서의 철학자들이 이러한 이유로 인해 왕이 되어야 한다는 형식을 갖고 있습니다. 이러한 견해는 놀랍게도 오귀스트 콩트처럼 단호한 반反플라톤주의자에게서 나타났으며, 여러분은 사회에 대한 통제와 설치가 사회학에 놓여 있다는[261] 매우 노골적인 요구 제기에서 이러한 견해를 발견하게 될 것입니다. 여러분은 또한 이러한 견해가 종국적으로는 가장 최근에 이르기까지 들어와 있다는 것을 발견할 수 있습니다. 앞에서 말한 견해와 유사한 논의들이 나의 이전의 동료였던 칼 만하임Karl Mannheim이 전개한 명제들 중의 여러 명제에서 나타나고 있는 것입니다. 이러한 논의들 중의 하나가 대략 '자유롭게 움직이는 지성인들'[262])에 관한 표상입니다. 자유롭게 움직이는 지성인들은 특정한 계급 상태나 이해관계 상태를 갖고 있지 않다는 것이며, 이를 통해서 다른 모든 사람보다는 객관성에서 더욱 높은 척도를 갖는 능력을 보유하고 있다는 것입니다. 이러한 논의 내부에 앞에서 말한 지배에의 요구 제기도 함께 들어 있는 것입니다. 후기의 만하임은 영국에 체류한 시기에 엘리트 이론을 자신의 것으로 만들려고 하였습니다.[263]) 이것은 전적으로 지배적인 종류의 엘리트 이론이었습니다. 이 이론에서 우리는 엘리트들을 통제하고 누가 사회를 이끌어 가는가를 감시해야만 하는 사람들로서 만하임이 사회학자들을 생각하였다는 점을 받아들여도 될 것입니다. 신사 숙녀 여러분, 나는 사회학이 다수가 공부하는 전공으로 발전한 것이 이처럼 잠재적인 지배에의 요구 제기와 어떤 관련이 있는지에 대해 잘 모르겠습니다. 그러나 이러한 관련성이 불가능한 것이라고는 생각하지 않습니다. 어떤 경우이든 사회학은, 내가 성찰 또는 자기 성찰의 요구 제기에서 나타냈던 요구 제기에 사회학이 부응한다면, 사회를 지배하는 괄할처가 되어야 한다는 관념으로부터 사회학을 비판적으로 방어해야 한다고 봅니다. 사회학이 사회를 지배하겠다는 요구 제기가 사회학적으로 지탱될 수는 없습니다. 그 이유는 다음과 같습니다. 이러한 요구 제기는 이미 존재하고 있는 지배관계들 내부에서 단지 정신적으로, 단지 분업의 의미에서, 그리고 정신적인 활동의 의미에서 정의되는 어떤 집단이 ―사회학이 지배해야 한다는 요구 제기를 하는 사람들은 사회학자들이 바로 이러한 집단이 되어야 한다고 말하고 있습니다― 실제로 또는 잘못된 상태에서 ―나는 일반적으로 볼 때 잘못된 상태에서 발생하고 있다고 봅니다― 다른 사람들보다 더 잘 알고 있다는 사실에 근거하여 사회를 통제하는 권리를 갖고 있다는 것을 직접적으로 전제하고 있기 때문입니다. 이것은 사고의 오류입니다. 사회학자들에게서 조금은 파악되기가 어려운 사고의 오류입니다. 사고의 오류는, 만하임이 그의 관점주의에서 떠올리고 있는 것처럼, 사회학자들이 이처럼 잘못된 의식이나 또는 실제로 타당한 의식을 직접적으로 권력으로 생각하고 있다는 것에서 성립됩니다. 이러한 연관관계에서 볼 때 학자들이 콩트와 관련하여 다음과 같은 점을 거의 다루지 않았다는 사실이 현저하게 드러나고 있으며, 이것은 나를 항상 놀라게 하고 있습니다. 콩트는 사회학을 사회에 관한 학문으로 근거를 세우려고 의도하였으며, 사회학에 관한 모든 학문 물신주의적인 관념은 콩트로 되돌아가고 있습니다. 이러한 특징을 갖고 있는 콩트는 자기 스스로 ─여기에서 나는 일단은 매우 거칠게 표현해도 된다고 봅니다─ 원래부터 사회학자가 아니었으며 정신을 연구하는 역사가이거나 또는 정신을 연구하는 형이상학자였다는 것에 대해서 전혀 해명하지 않았습니다. 이 점을 학자들이 거의 다루지 않았던 것입니다. 우리가 네그트 Negt의 박사학위 논문264)에서 세세하게 읽을 수 있는 것처럼, 콩트는 이러한 문제들과 관련해서 볼 때 헤겔과 전혀 구분되지 않는다는 의미에서 정신을 연구하는 역사가이거나 형이상학자입니다. 학자들은 이것을 여기에서는 극단적인 형이상학자의 기본 입장들에서 기대하고, 저기에서는 극단적인 반反형이상학자의 기본 입장들에서 기대하는 태도를 보이고 있는 것입니다.

곁들여 언급한다면, 매우 빈번하게 동시에 나타나는 이론적인 교설들은, 이것들이 사회적인 교설들이건 철학적인 교설들이건 관계없이, 더욱 커다란 거리에서 일반적으로 살펴보면 그러한 교설들이 외부로부터 나타나는 내용에 따라 일단 나타나는 것보다는 ─더욱더 커다란 거리감을 가진 채─ 서로 상이한 측면을 훨씬 적은 정도로 보여줍니다. 교설들이 발원하고 있는 사회의 전체 구조와 교설들이 그 내부에서 저장하고 있는 정신의 전체 상태가 이른바 입장들의 맞은편에서 실행되고 있기 때문입니다. 내가 여기에서 의도하는 바를 여러분에게 간단명료하게 밝히겠습니다. 콩트가 인류의 역사를 3단계로 나누었던 '단계들'265)은 콩트에서 실제로는 정신의 단계들이며, 이 점은 종국적으로는 매우 기이한 점입니다. 다시 말해, 신학적인 것, 형이상학적인 것, 실증적인 것 모두가 정신적인 현상에 관련되어 있는 것입니다. 신학적인 것은 종교에, 형이상학적인 것은 사변적 철학에, 합리주의적이지만 콩트에서는 비판적이고 무엇보다도 특히 비판적-감각적인 철학에 관련되어 있습니다. 마지막으로, 실증적인 것은 많든 적든 이미 테크노크라시적으로 표상된 학문에 관련되어 있습니다. 이와 동시에 콩트에서는 앞에서 말한 실제적인, 또는 잘못된 '단계들'의 사회적인 조건들에 대한 성찰, 즉 봉건주의와 기독교 신학 사이의 연관관계에 대한 성찰, 또는 초기 시민사회적인 단계와 형이상학적 사고 사이의 연관관계에 대한 성찰이 전혀 이루어지지 않고 있습니다. 나는 다음과 같이 말하고 싶습니다. 콩트는 사람들이 생각하고 있는 것보다는 훨씬 덜 사회학적인 사람입니다. 허버트 스펜서Herbert Spencer가 콩트를 넘어서서 연구를 진행한 것은 결정적인 진보라는 의미를 갖고 있습니다. 스펜서가 획득한 진보는 매우 긍정적인 의미에서 스펜서의 이른바 자연주의, 즉 자연법칙적으로 발달되는 종種266)으로서의 인간에 관한 표상과 관련이 있습니다. 스펜서가 이룩한 진보는 그가 발달 단계들을 실재적인 생활고, 자기보존이 인간에게 요구하는 것으로부터 전개시켰다는 점에서 성립됩니다. 스펜서는 발달 단계들을 정신의 단순한 '단계들'로 규정하는 대신에 실재적인 생활고로부터 전개시킨 것입니다. 반면에 콩트에서는 이러한 '단계들'과 콩트가 제시하는 모든 법칙이 사회적인 관계들과 사회적인 힘들에 대한 완전한 추상화에 머물러 있습니다. 사회적인 관계들과 사회적인 힘들이 '단계들'에서 표명되기를 바라고 있는 것입니다.

사회학이 갖고자 하는 지배에의 요구 제기는 오늘날 다시 새로운 방식으로 일어나고 있습니다. 물론 콩트에서 보였던 경우와는 다른 형태로 나타나고 있습니다. 이와 관련하여 나는 다음과 같이 생각해 볼 수 있다고 봅니다. ― 지금 내가 여러분에게 해주는 강의에서 내가 할 수 있는 것이 무엇이겠습니까? 여러분에게 입문을 안내하는 학문이 갖고 있는 문제들과 여러분이 이 학문과의 관계에서 제기하는 문제들에 대해서 여러분이 숙고할 수 있도록 자극을 주는 것이 내가 할 수 있는 일입니다. 더 이상의 많은 것은 지금 제공하고 있는 입문 강의에서는 전혀 필요하지 않을 것입니다. 다시 앞의 이야기로 되돌아갑니다. 오늘날 사회학에서 보이는 지배에의 요구 제기와 사회학이 제기하는 엘리트적인 요구 제기에는 무언가 유혹적인 것이 들어 있다고 생각해 볼 수 있다는 것이 내 생각입니다. 사회학은, 무엇보다도 특히 사회학의 미국적인 형태에서, 사회적인 상황들을 통제하고 학문적인 인식을 통해서 모든 가능한 이른바 사회적인 문제를 해결하는 능력을 항상 현저한 정도로 증명하였습니다. 여러분이 기업 사회학적으로 관심을 갖고 있다면, 나는 여기에서 유명한 호손Hawthorne-연구[267]를 여러분에게 상기시키고자 합니다. 이 연구는 미국에서의 산업 생산에서 지배적이었던 테일러리즘에 대한 확실한 비판이었습니다. 호손-연구는 컨베이어 벨트, 어셈블리 라인과 결합된 완전히 철저하게 합리화된 노동과정에 대한 비판이었던 것입니다. 이른바 메이오Mayo 연구라고 불리는 이 연구는 노동생산성이, 사람들이 그 당시까지 받아들였던 것처럼, 합리화와 함께 증대되지 않으며 오히려 최소 한계치가 존재한다는 것을 —이것은 나중에 스코틀랜드의 연구에서 매우 엄밀하게 수학적으로 증명되었습니다— 증명해 보였습니다. 다시 말해, 테크놀로지적인 합리화가 어떤 확실한 정도를 넘어서서 노동에 강요되면, 합리화가 후퇴하게 되고 감소된다는 사실을 입증한 것입니다. 이러한 연구 결과는 기업 경영자들이 이른바 인간적인 요소를 고려하도록 하는 방향으로 그들을 이끌게 되었습니다. 사회학적인 연구를 통해서 기업 경영자들은 사회적인 형상물에 부딪치게 된 것입니다. 다시 말해, 그들은 이른바 '비공식적인' 집단, 즉 합리화의 조건들 자체로부터 도출될 수 없는 집단[268]에 직면하게 된 것입니다. 이처럼 비공식적인 집단이 앞에서 말한 최소 한계치를 넘어서는 것에 기여하게 된다는 사실을 사회학적인 연구가 밝혀준 것입니다.

이러한 연관관계에서 나는 여러분에게 매우 원리적인 것을 지적하고 싶습니다. 이른바 합리적인 시민사회적 세계에서 가족, 교회, 군대처럼 이른바 비합리적인 제도들이 갖고 있는 기능에 대해 지적하고 싶습니다. 일반적으로 볼 때 사회학자들은, 무엇보다도 특히 영미 사회학에서, 이러한 비합리적인 제도들을 잔재들, 원시적인 단계들의 잔재들로서 고찰합니다. 스펜서가 군사적인 것의 영역에 대해 생각했던 것을 예로 들겠습니다. 스펜서는 군사적인 것[269]의 영역이 사회적 형상물들의 통합과 같은 것에 일단은 도달한 것에 대한 필연적인 조건에 해당된다고 생각하였습니다. 이렇게 생각했던 스펜서는 그러나 군사적인 것의 영역이 산업의 영역, 즉 분업적이고 합리적인 노동의 영역에 의해 폐기되었으며 그 결과 낡은 것이 되었다고 여겼습니다. 이러한 시각은 매우 흥미로운 미국의 사회학자인 베블런Thorstein Veblen에서는 ―그의 『유한계급론』은 독단적이지 않고 매우 비판적인 저서입니다. 나는 이 책을 매우 호의적으로 여러분에게 추천하고 싶습니다― 마침내 다음과 같은 정도로까지 멀리 나아가게 됩니다. 베블런은 지배의 모든 형식, 지배적인 제도들의 모든 형식을 합리화된 사회에서는 잔재적인 것, 단순히 '원시적인 특징들', 흔적들, 잔재들, 생산력과 인간의 발달에 의해서 이미 스스로 낡은 것으로서 특징지었습니다.[270] 신사 숙녀 여러분, 여기에서 여러분에게 이러한 문제를 알릴 수 있을 뿐입니다. 나는 그러나 이러한 직관이 틀렸다고 생각하고 있습니다. 우리가 앞에서 말한 학문적 전통이 가져오는 것에 의존하는 것보다는 여기에서 더욱 깊게 보고 더욱 절박하게 사고할 때만이 우리는 현재의 사회가 갖고 있는 문제점에 제대로 다가가게 된다고 봅니다. 앞에서 명명하였던 사상가들은 시민사회의 합리성에 대해서 근본적으로 확신하고 있었습니다. 그들은 인과율적이고 기계적인 사고의 합리성을, 이러한 사고가 시민사회 내부에서 생산을 지배하고 있는 것처럼, 시민사회를 이해하는 열쇠와 같은 것으로 생각하였습니다. 다시 말해, 그들은 합리성으로부터 사회를, 그리고 시대와 함께 하고 있는 것을 직접적으로 설명할 수 있을 것으로 보았습니다. 그러나 그들은 동시에 생산관계들이 갖고 있는 소름끼치는 역할, 생산관계들이 갖고 있는 고유한 비중을 완전하게 간과하였습니다. 또는 이것을 다르게 표현한다면 ―내가 이 순간 여러분에게 말하고 있는 문제점에 자세하게 맞는 방식으로 표현한다면―, 그들은 시민사회를 이해하는 증거로서 많이 불려나온 합리성, 즉 학문적인 시대, 학문적인 사회, 또는 산업사회로서 ―산업사회의 개념은 다른 것이 아닌, 바로 콩트의 실증주의적, 학문적 단계의 개념이 연장된 것에 지나지 않습니다― 이해되는 모든 것이 예나 지금이나 실제로는 비합리적인 것이라는 점을 간과하고 있는 것입니다. 내가 여기에서 비합리적인 것이라고 의도하는 바는 다음과 같습니다. 우리는 전체 사회의 목적을 사회를 구성하는 사람들의 생존을 영위시켜 주고 속박으로부터 벗어나게 해 주는 것으로서 고찰하고 있습니다. 그러나 전체 사회는 예나 지금이나 여전히 갖고 있는 사회의 설치를 통해서 전체 사회에 고유한 존재 이유와 합리성이라는 전체 사회에 고유한 목적을, 인간을 거역하면서, 갖고 있습니다. 나는 이러한 대립관계를 비합리적인 것으로 이해하고 있습니다. 우리가 이처럼 비합리적인 것을 일단 보게 되면, 이른바 비합리적인 제도들 스스로 어떤 기능을 갖게 됩니다. 더 나아가 사회에서 비합리적인 모멘트들이 살아남아 있는 것을 사회 구조 자체로부터 도출하는 것이 이성적인 사회학이 실행해야 되는 과제라고 말하고자 합니다. 오늘날 우리가 살고 있는 사회에서는 사회의 설치가 갖고 있는 비합리성이 수많은 모멘트들에서 ―내가 여기에서 의도하는 모멘트들은 시간적인 것들이 아니고, 수많은 관점에서 보이는 모멘트들입니다― 통용되고 있는 것으로 보입니다. 예를 들어 특정한 생산 형식들은 ―일단은 특히 소규모나 중간 규모의 영농 기업들에서 나타나는 농업적인 생산 형식을 예로 들어 보겠습니다― 생산의 현재적인 관계들에서 더 이상 생존 능력이 없게 되었습니다. 우리는 아마도 150년 이래로 영속적인 농업 위기에 처해 왔다고 말할 수 있습니다. 농업 위기는 때때로 있었던 전쟁과 기아가 내리는 '축복'에 의해서 중단될 뿐이었습니다. 이것이 의미하는 바는 다음과 같습니다. 다시 말해, 소규모와 중간 규모의 영농 기업과 같은 영역들이 가족과 같은 비합리적인 제도에 의해서 유지될 수 없다는 것을 보여주고 있는 것입니다. 그러한 영역들은 가족과 같은 비합리적인 제도와는 다른 비합리적인 제도들에 의해서 유지됩니다. 노동자들이 그들의 노동에 대해 받아야 하는 전체 소득을 받지 못하는 노동 방식에 의해 착취당하고 있는 것이며, 노동자들이 속해 있는 매우 좁은 조합 내부에서 다시 한 번 착취당하고 있는 것입니다. 비합리적인 관계들은 이처럼 비합리적인 기능들의 존속에 의해서만 유지될 수 있습니다. 제도들의 비합리성, 우리가 살고 있는 사회에 들어 있는 비합리적인 모멘트들은 ―이것을 여러분에게 가족의 예를 들어 보여주었습니다. 나는 이것을 군대나 전비 지출에서도 여러분에게 확실히 보여줄 수 있습니다. 군대와 전비 지출은 체계의 작동을 순수하게 경제적으로 보장하는 기능을 갖고 있으면서도 동시에 체계의 절멸을 몰아붙입니다. 나는 이것이 교회에서도 유사하게 나타난다는 점을 여러분에게 보여줄 수 있습니다― 지속적으로 존재하는 비합리성의 기능으로서만 이해될 수 있습니다. 사회 자체는 그 수단들에서는 합리적입니다. 그러나 수단들의 합리성은 실제로는, 막스 베버를 빌려서 말한다면, 목적―수단―합리성일 뿐입니다. 다시 말해, 이러한 합리성은, ―합리성이 목적들 자체, 즉 종種을 만족스럽고도 행복하게 유지시키는 목적과는 아무런 관련을 맺지 않은 채―, 매번 설정된 목적들과 목적들을 위해 사용된 수단들 사이에서 통용되는 합리성일 뿐입니다. 이것이 바로 비합리성이 왜 유지되고 있는가를 보여주는 이유일 뿐만 아니라 비합리성이 왜 확실한 방식으로 확대되어 재생산되는가를 보여주는 이유입니다. 곁들여 언급한다면, 바로 이 점이 이른바 심리학적인 모멘트들과 사회학적인 모멘트들이 우리가 살고 있는 사회에서 의미를 얻고 있는 가를 가장 깊게 설명해 주는 이유입니다. 나는 비합리성의 객관적인 도출, 비합리성의 합리적인 도출이 오늘날의 사회학이 실행해야 하는 핵심 과제라고 생각합니다.

　　신사 숙녀 여러분, 앞에서 말한 내용을 사회학이 갖고 있는 지배에의 요구 제기에 대해 내가 여러분에게 말한 내용에 적용시켜 보겠습니다. 나는 사회학이 갖고 있는 지배에의 요구 제기가 특정 상황들을 통제할 수 있는 사회학의 능력에 기대고 있다는 점을 말한 바 있었습니다. 여러분에게 제시하였던 예인 호손-연구와 이른바 소규모의 비합리적인 집단이 —이러한 소집단은 노동 영역 내부에서 가족 전체가 통합되어 다시 불려나온 가족을 말합니다. 이러한 노동 영역은 잘 알려진 대로 가족으로부터 지역적으로 떨어져 있습니다— 갖고 있는, 호손-연구에 접속되어 있는 의식儀式을 다시 한 번 예로 받아들여 보면, 여러분은 이처럼 사회심리학적인, 또는 사회학적인, 순수한 경제적인 계산 가능성으로부터 벗어나 있는 인자因子들이 동시에 스스로 계산에 빠져들고 있다는 점을 즉각적으로 보게 될 것입니다. 다시 말해, 그러한 인자들은 노동생산성의 상승으로 이어지는 결과가 되며, 지배적인 경제적 장치에 —이 장치가 갖고 있는 모든 비합리성과 함께— 통합되는 것입니다. 이러한 연관관계에서 미국에서는 '젖소 사회학'이라는 말이 있습니다. 미국에서 일반적으로 확산되어 있는 이 표현은 —나는 오랫동안 미국에 가지 않았습니다. 이 표현이 지금도 존재하는지를 알기에는 미국에 가 본 지가 너무 오래된 것입니다. 내 생각으로는 이 표현은 아마도 지금도 존재하고 있을 것입니다. 여러분 중에서 미국에서 갓 돌아온 분들은 내가 만약 잘못된 내용을 말하고 있는 경우에 고쳐줄 수 있을 것입니다— 다음과 같은 의미를 갖고 있습니다. 미국에는 우유를 독점하거나 과점하는 보드board에 관한 유명한 우유 광고가 존재하고 있거나 또는 존재하였습니다. 그것은 유명한 젖소인 엘시Elsie[271]이며, 엘시는 보드board와 같은 위치를 갖고 있는 암소입니다. 엘시는 수많은 포스터에 그려졌으며, 엘시와 결혼한 엘머Elmer와 함께 특별하게 행복한 가족생활을 영위합니다. 이러한 광고가 사람들에게 매우 상세한 부분까지, 다음과 같이 강조되면서 선전되고 있습니다. 젖소들을 잘 보살펴주는 젖소-공동체 내부에서 이루어지는 가족적인 관계로부터 유래하는 우유가 얼마나 좋을 수밖에 없는가. 여기까지가 유명한 젖소에 관한 이야기입니다. 이제, 내가 이것을 '식탁에 차리기 위해 준비할' 필요는 없다고 봅니다. 나는 젖소에 관한 이러한 생각이 방금 이야기하였던 사회학과 같은 종류의 사회학에 어떤 방식으로 적용될 수 있는가를 여러분에게 설명할 필요는 없다고 봅니다.

그러나 내가 여기에서 심각하게 말하고 싶은 것은 학문으로서의 사회학이 오늘날 사회에 대해 알리고 있는 지배에의 요구 제기와 같은 종류가 원리적으로 볼 때 젖소 사회학과 같은 종류라는 점입니다. 다시 말해, 이미 존재하고 있는 사회 내부에서 앞에서 본 영역들의 지배에 관한 생각이 전체 사회에 대한 사회학적인 지배에 관한 생각으로 확대되고 있는 것입니다. 이러한 생각에는, 내가 앞에서 거론하였던 만하임이 계급을 넘어서서 '자유롭게 움직이는 지성'에 관한 그의 이론에서 갖고 있었던 무계급성의 가상假像과 같은 것이 놓여 있습니다. 정립된 사회학이 사회학적인 지배에의 요구 제기를 많든 적든 분명하게 알리고 있는 것처럼, 오래된 순수한 사회학적인 지배에의 요구 제기는 합리적인 사회에 고유하게 들어 있는 잠재성들과 내재적인 경향들로부터 합리적인 사회를 이끌어 내는 방향으로 나아가지 않습니다. 오히려 사회학적인 지배에의 요구 제기는 위로부터 이루어지는, 사회에 대한 합리적이고 실제적인 통제가 행사되어야 한다고 주장하고 있습니다. 내가 매우 첨예화시켜 여러분에게 말해도 된다면, 합리화의 개념이 사회학에 의한 사회 지배의 구상을 위해 합리화의 자리에 들어섰다고 말할 수도 있습니다. 또한 이러한 구상에 놓여 있는 사회주의자들도 적지 않습니다. 사회주의도 피할 수 없는 불필요한 경비를 없애는 것만큼 많은 정도로, 즉 자본주의의 무시무시한 생산 기계장치가 ―살아 있는 인간이 이러한 생산 기계장치에 대해 갖는 관계가 성찰 내부로 전혀 들어서지 않은 채― 매끄럽게 진행되어야 한다는 의미에서 갈등 계수를 단순히 회피하는 것만큼 많은 정도로 합리화의 개념에 놓여 있다는 생각을 하는 사회주의자들도 적지 않은 것입니다. 우리는 사회학이 그 내부에 잠재되어 있는 사회에 대한 지배에의 요구 제기와 더불어 테크노크라시적인 이상理想의 의미에서 하나의 통제 관할처가 되었다고 말할 수도 있을 것입니다. 이러한 통제 관할처는 생산 장치의 단순히 외부적인 설치를 넘어서서 인간의 공동생활에 파고들며 종국적으로는 인간 자체의 의식과 무의식에까지 파고들어 갑니다. 사회적인 이상이 테크노크라시로 되는 것은, 우리가 지금 이 순간 서로 의견의 일치를 보이고 있는 개념인 이른바 순수 사회학이 그것 나름대로 기술에 더욱더 많이 순응하면 할수록, 더욱더 넓은 정도로 해당됩니다. 기술의 개념 자체가 그 내부에서 불가피하게 자연지배의 모멘트를 내포하고 있기 때문입니다. 자연지배적인 개념으로서의 기술의 개념이 직접적으로, 성찰되지 않은 채 인간을 겨누자마자, 자연에 대한 지배의 개념은 인간에게도 직접적으로 옮겨지게 됩니다.

　　내가 오늘 강의한 매우 원리적인 숙고들은 여러분에게 다음과 같은 물음에 대해 명확한 답을 충분히 제공했을 것으로 생각합니다. 다시 말해, 우리 사회학자들이 기회를 가졌다는 ―이것은 단지 사회적인 기회일 뿐입니다. 이에 대해 우리는 우리 스스로를 속일 생각이 없습니다― 의미에서, 그리고 우리 사회학자들이 사회에서 일종의 엘리트적인 지도적 위치를 요구할 권리를 갖고 있다는 의미에서 왜 이러한 사회학적인 특권이 존재할 수 없는가에 대해 여러분이 명확하게 이해하였을 것입니다. 우리 사회학자들에서는 오히려 엘리트적인 지도指導와 같은 개넘들이 ―지성인들에 의해 주장된 개념들도 역시― 비판될 수 있고 해체될 수 있습니다. 우리 사회학자들이 우리에게 고유한 입장을 물신화시킴으로써 엘리트적인 지도와 같은 개념들을 연장시켜서는 안 될 것입니다. 우리가 우리로부터 희망할 수 있는 가장 좋은 것은 우리가 다루는 대상에 의해서, 그리고 우리가 일단은 갖고 있는 대상을 다루는 자유에 의해서 우리에게 성숙의 확실한 기회가 제공되는 것입니다. 현재의 사회학이 갖고 있는 잘못된-지배적인 것은 학문적으로 지배 가능한 상황들의 기술Technik이, 다시 말해 이미 물건과 같고 사물화된 관계와 같은 것이 사회에 옮겨지고 있다는 점에 들어 있습니다. 사회는 그것 나름대로 원래는 기술과 같은 개념이나 사물화된 관계와 같은 개념의 주체가 되어야 마땅함에도 이러한 개념들이 사회에 옮겨지고 있는 것입니다. 신사 숙녀 여러분, 바로 이 점이 내가 매우 강조된 의미에서 사회의 이론이라고 명명하고자 하는 것과 사회학에 관한 더욱더 좁고 실제로도 좁은 개념 사이에 존재하는 차이입니다. ― 감사합니다.

258) 편집자주 209번을 참조.

259) Vgl. Platon, Der Staat국가, V. Buch, 473B ff.

260) Vgl. Platon, Der Staat, IV. Buch, 433 A ff. und 435 A ff. 이러한 연관관계에서 논의되는 플라톤의 국가론에 대해서는 다음을 참조. *Soziologische Exkurse*사회학적 여론, a. a. O., S.9ff.

261) 콩트가 알렸으며 오늘날에도 많든 적든 공공연하게 재생산되는 사회학적 지배에의 요구 제기에 대해서는 다음을 참조. GS 8, S.316f. 편집자주 29번과 1968년 7월 9일 강의도 참조.

262) 만하임(1893-1947)은 "사회적으로 자유롭게 움직이는 지성"에 관한 표현을 알프레트 베버Alfred Weber, 1868-1958로부터 받아들였다. Vgl. Mannheim, The Problem of the Intelligentsia, in: ders., Essays on the Sociology of Culture, London 1956. ― 여기에서 논의되는 연관관계에서 의미가 있는, 만하임의 이데올로기 개념에 대해서는 그의 다음 책을 참조. »Ideologie und Utopie이데올로기와 유토피아«, 3. Aufl., Frankfurt a. M. 1952.

263) 아도르노는 만하임의 「엘리트 형성의 문제」에 대한 비판을 위해 이미 1937년에 「새로운 가치로부터 자유로운 사회학. 칼 만하임의 '개조 시대에서의 인간과 사회'를 계기로 해서」(Leiden 1935)라는 제목의 논문을 썼다. 이 논문은 원래 『사회조사연구』에서 출간하기 위해 집필되었다. 아도르노 사후에 출간되었던 초기의 이 논문에 다음과 같이 쓰여 있다. "만하임은 통합의 기관器官으로서 그가 파레토로부터 수용한 개념인 '엘리트들'에 대해 고찰하고 있다. 엘리트들은 의지 형성의 통합에 영향을 미쳐야 한다는 것이며(수많은 의지들의 통합에 영향을 미치는 것), 사회적인 이성理性的의 집행자로서 통용되어야 한다는 것이다. 왜냐하면, '사회적인 통찰과 처리능력이 이를테면 문제를 다루는 이유들로 인해 항상 더욱더 많이 소수의 정치가, 경제 지도자, 행정 기술자, 법률 전문가의 머리에 집중되기 때문이라는' 것이다"(22). (GS 20.1, S.20).

264) 편집자주 30번에 있는 입증 내용을 참조.

265) 콩트는 그의 『실증 철학 강의』의 서론에서 "3단계"를 전개하였다. 편집자주 21번에 있는 입증 내용을 참조.

266) Vgl. H. Spencer, Die Prinzipien der Soziologie사회학 원리, a. a. O., S.17.

267) 여기에서 의도하고 있는 것은 메이오Mayo-연구이다. 아도르노는 이 연구를 1968년 5월 14일의 강의에서 이미 소개하였다. 편집자주 101번에 있는 입증 내용을 참조.

268) '비공식적인 집단'에 대해서는 1968년 5월 14일의 강의(124쪽 이하)와 편집 자주 100번을 참조.

269) Vgl. H. Spencer, Die Prinzipien der Soziologie사회학 원리, a. a. O., §§ 515 bis 521: »Kriegswesen군사軍事« und §§ 547-561: »Der kriegerische Gesell-schaftstyp전쟁형 사회 유형«.

270) Vgl. Th. Veblen, Theorie der feinen Leute유한계급론, a. a. O., S.159 bis 181: »Kapitel 9: Archaische Züge der Gegenwart현재 세계의 원시적 특징들«.

271) 만족스러운 젖소인 엘시는 아도르노의 논문 「개인과 조직화」에서 참고문헌 으로 소개되었다(GS 8, S.453).

신사 숙녀 여러분, 에어컨이 다시 작동되고 있지 않다는 인상을 받고 있습니다. 여러분도 이러한 인상을 받고 있는지 모르겠습니다. 에어컨이 작동되고 있지 않다면, 누군가 건물 관리인에게 이 사실을 알려 주었으면 좋겠습니다. 오늘처럼 더운 날씨에 머리를 집중시키는 것은 정말로 거의 제어할 수 없는 과제일 것입니다. 이러한 과제를 해 내는 것은 전혀 불가능할 것입니다.

신사 숙녀 여러분, 지난 시간 강의를 마치면서 어떤 생각에 대해 결론을 내리기 위해서 매우 서둘러서 지나가 버렸다는 느낌을 갖고 있습니다. 이제 지난 시간에 내가 어떤 생각과 함께 강의를 마쳤는가를 다시 한 번 말하고 싶습니다. 또한 매우 원리적인 성찰을 여기에 접목시키고자 합니다. 지난 시간에 사회학이 그 지배에의 요구 제기에서 사회를 통제하려는 잘못된-지배적인 것을 갖고 있으며, 이러한 요구 제기는 많든 적든 ―콩트에서 나타나는 요구 제기의 총체성과 비교해 볼 때 개별적인 영역들에서 보이고 있다고 할지라도― 통용되고 있다는 점을 말하였습니다. 나는 이것이 사회학이 갖고 있는 오류라고 생각합니다. 개별적인 사회적 상황들에 대한 학문적 지배의 가능성이 ―대략 예를 들면, 사회적으로 나온 결과들에 근거해서 노동생산성을 증대시켜 주는 노동심리학적인 조건들을 창출하는 가능성을 통해서― 전체 사회에 대한 일종의 통제와 같은 요구 제기로까지 올라가야 한다는 생각으로까지 확대되고 있는 것에 사회학의 오류가 들어 있다는 점을 지난 시간에 여러분에게 보여주려고 시도하였던 것입니다. 신사 숙녀 여러분, 나는 우리가 일단은 상식의 의미에서, 변증법적으로 성찰되지 않은 논리의 의미에서 사회학이 갖고 있는 오류에 대해 간명하게 말할 수 있다고 봅니다. 나는 이 점에 대해 명확하게 인식하고 있습니다. ─ 나는 반론들을 빈번히 선취하는 입장을 갖고 있습니다. 반론들이 여러분들로부터 제기되어야 하는 것보다는 더 적게 여러분으로부터 제기되고 있다는 느낌을 내가 갖고 있기 때문입니다. 우리가 하는 사고들은 실제로 서로 마찰을 일으킬 때 그 깊은 진행 과정을 획득하기 때문에 반론들이 제기되어야 하는 것입니다. 반론에 대해 말하겠습니다. 사람들이 내가 앞에서 말한 상식의 의미에 대항하여 제기할 수 있을 것 같은 반론은 다음과 같은 것입니다. 사회적인 문제들을 작은 것에서, 미시적 영역들에서 어느 정도 만족스럽게 해결할 수 있는 방법론들이 왜 확대되어서는 안 되며, 궁극적으로 전체 사회에 옮겨져서도 안 되는가? 나는 이 물음이 오늘날 사회학이 처해 있는 위치에서 볼 때 매우 중심적인 물음이라고 생각하며, 여러분을 진지하게 사회학에 입문시키기 위해서 이 물음에 대해 답변을 할 책임이 있다고 생각합니다. 사회학은 사람들이 단지 기회가 있을 때마다 강조하였던 고찰에서 보면 매우 기이한 학문입니다. 자연과학들에서와는 달리 사회학에서는 대상을 그 내부로부터 시작하여 이해하는 것이 가능하다는 결론을 이끌어 냈다는 연관관계에서 볼 때 사회학은 매우 기이한 학문인 것입니다. 대상을 그 내부로부터 시작하여 이해하는 것이 가능하다는 생각은 무엇보다도 특히 프라이어Freyer에 의해 반복적으로 실행되었습니다.[272] 내가 이 점을 일단은 철학의 언어로 말해도 된다면 ─나는 여러분을 사회학에 잘못 입문시킬 수 있으며 이와 동시에 철학을 잊어버리게 할 수 있습니다. 이처럼 잘못된 것은 내가 여러분에게 이야기하였던 순수한 사회학이 갖고 있는 구상에 속하기도 합니다─, 그리고 내가 이러한 구상에 들어 있는 문제를 여러분에게 철학적으로 분명하게 말해도 된다면, 이것은 다른 것이 아닌, 바로 다음과 같은 사실을 말하는 것을 의미합니다. 다시 말해, 사회학은 객체에 대한 주체로서의 사회학 자체를 동시에 갖고 있는 학문이라는 점을 여러분에게 분명히 말하고자 합니다. 사회학에서는 주체가 다른 것이 아닌, 바로 사회를 갖고 있습니다.[273] 사회학은 사회학의 이상적인 주체로서 궁극적으로는 전체 사회를 갖고 있는 것입니다. 나는 이러한 생각에서, 이러한 강의에서 [양쪽에서 웃음소리] 사회학이 학문의 자기 성찰에서 본질적으로 성립한다는 생각을 여러분에게 반복적으로 보여주었습니다. 이 생각에서 사회학에 들어 있는 문제를 철학적으로 말하는 것이 이미 암시된 것입니다. 이러한 생각이 이처럼 매끄럽게 진행되고 있는 것 같지만, 그 배후에는 사회학이 갖고 있는 중심적 문제와 중심적인 어려움이 숨겨져 있습니다. 여러분 모두 단 1초 동안만이라도 다음과 같은 문제점을 마음속에 그려 보기 바랍니다. 우리가 살고 있는 사회에서는 전체사회적gesamtgesellschaftlich 주체가 전혀 존재하지 않고 주체와 객체가 부서져 있으며, 살아 있는 인간은 지금까지 결코 존재하지 않았던 정도로 인간으로부터 이루어진 사회적 과정들의 객체들이 되어 있습니다. 여러분이 이러한 문제점을 마음속에 떠올려 보면, 인간에게로 확대되어 있는 테크노크라시적인 고찰 방식으로서의 사회적인 고찰 방식이 총체적으로 취급되고 있으며 ─이것은 내가 이 순간 여러분과 함께 비판적으로 다루고 있는 사회적 개념의 의미에 원래 놓여 있습니다─ 사회적 주체나 또는 주체로서의 사회는 사회가 사실상으로 객체로서의 사회와 동일한 것이나 되는 것처럼 다루어지고 있다는 사실에 어려움이 놓여 있다는 것을 인식하게 될 것입니다. 다시 말해, 사회학의 객체화된, 대상화된, 사물화된 방법론들이 주체로서의 사회에 적용되고 있습니다. 이러한 사물화된 방법론들이 살아 있는 주체에서 그 한계를 가져야 할 것임에도, 이렇게 적용되고 있는 것입니다. 이번 학기에 내가 여러분에게 강의하는 내용의 규준은 실증주의적 사회학에 대한 비판입니다. 나는 실증주의적 사회학이 사물화된 의식의 표현이라는 점을 실증주의적 사회학과의 연관관계에서 항상 반복적으로 비난하는 입장을 취하고 있습니다. 여러분은 나의 이러한 비난을 바로 이 자리에서 비로소 내가 의도하는 만큼 정말로 엄격하게 이해할 수 있을 것입니다. 이 점은 다음과 같은 사실에서 이해됩니다. 사회학이 전체로서의 사회에 ―전체로서의 사회는 주체가 되어야 하는 것이 당연합니다― 적용되자마자 사회학은 이러한 적용의 결과에서 사회를 객체로 변모시켜 버립니다. 그리고 바로 이러한 변모 내부에서, 인식의 활동에서와 마찬가지로, 사물화의 과정들을 반복시킵니다. 사물화의 과정들은 그것들 나름대로, 사회적인 전개의 객관적 경향에 의해서, 확대되는 상품적 특징이 가져오는 결과에 원래부터 이미 들어 있습니다. 나는 다음과 같이 말하고자 합니다. 사회비판 이론과 사회에 관한 변증법적 구상이 추구하는 노력은 주체로서의 사회를 객체로서의 사회와 동치同置시키지 않는 것에서 성립됩니다. 이것은 두 가지 이유를 갖고 있습니다. 객체로서의 사회, 즉 사회적 과정은 아직도 전혀 사회적 주체가 아니고 전혀 자유롭지 않으며 전혀 자율적이지 않기 때문입니다. 반면에 다른 한편으로는 주체로서의 사회, 주체로서의 사회의 잠재성, 즉 스스로 규정되는, 성숙한, 내용적으로도 자유롭게 된 사회에 대한 표상은 객체화된 사물화된 사고와 같은 종류의 사고에 저항하며 이러한 사고와 결합될 수 없기 때문입니다. 이러한 종류의 사고는 정립된 사회학적인 방법론들을 통해 앞에서 말한 내용적으로도 자유롭게 된 사회에 대한 표상에 폭력을 가합니다.

폴 라자스펠드Paul Lazarsfeld가 ―그는 실증주의적 사회학의 극단적 대변자였습니다. 그는 특히 최소한 경험적 사회연구의 대변자이기도 하였습니다. 나는 그와 3년 동안 함께 일하면서[274] 학문이론적인 입장 차이 때문에 계속해서 반복적으로 가장 격렬하게 충돌했습니다―『사회연구』에 한 편의 논문을 발표한 지가 거의 30년이 되어 갑니다.『사회연구』는 오히려 『철학과 사회과학 연구』이기도 하며, 그것은 2차 대전 기간 동안에 『사회연구』를 교체한 학술전문지입니다. 라자스펠드의 논문은, 매우 기이하게도, 내가 이 시간 강의에서 의도하는 문제를 서술하였습니다. 그는 물론 내가 모색하는 언어적인 정리를 거부할 것이 확실합니다. 그가 쓴 논문의 제목은 「관리적 및 비판적 의사소통 연구」[275] 입니다. 한편으로는 라자스펠드가 있고 다른 한편으로는 호르크하이머와 내가 있었던 논쟁이 진행되면서 라자스펠드는 이른바 의사소통 연구의 영역에서도 사회학에서 2가지의 서로 결합될 수 없고 화해될 수 없는 구상이 작동하고 있다는 사실에 부딪치게 되었습니다. 사회적 사실들을 확인하고 그 어떤 관리될 자리를 위해서 준비하고 운용하는 구상이 그 하나입니다. 이런 구상은 라자스펠드가 '관리된 연구'라고 명명한 바로 그것입니다. 다른 한편으로는 의사소통에 대한 비판적 탐구가 있습니다. 양자 사이에 원래 존재하는 차이는 추구되어야 하는 목적들에 놓여 있을 뿐만 아니라 다음과 같은 점에도 놓여 있습니다. 다시 말해, 양자 사이의 차이는 그가 관리적 연구라고 명명한 구상이 인간을 객체들로서 바라보고 있다는 것에 놓여 있다고까지 말할 수 있습니다. 예를 들어 인간을 문화산업이 자행하는 조작의 대상들로 바라보는 것입니다. 문화산업은 그것이 갖고 있는 프로그램들을 설치하는 것에 따라 인간이 조작되는 것을 경험하려고 하며, 이렇게 함으로써 문화산업이 잘 팔리고 잘 취급되게 하려고 하는 것입니다. 반면에 호르크하이머와 내가 대표하는 다른 하나의 구상은 사회가 주체이며 사회는 그 모든 현상에서 사회에 고유한 주체성의 개념에서 비판적으로 측정되어야 한다는 잠재력을 고수하고 있습니다. 나는 지난 시간에 사회학이 갖고 있는 지배에의 요구 제기를 비판하였습니다. 나는 이러한 요구 제기가 다른 것이 아닌, 바로 총체적으로 되어 버린 관리적인 요구 제기라고 생각하며, 나의 비판은 이러한 생각을 표현한 것이었다고 말할 수 있습니다. 나는 또한 총체적 관리의 이상理想에는 ─이러한 사회학이 겉으로 보기에 갖고 있는 것처럼 보이는 중립성에도 불구하고— 단순히 중립적인 것만은 아닌 다른 모든 것이 들어 있다고 생각합니다. 이렇게 해서 나는 지금까지 진행했던 고찰을 종결시키고 싶습니다.

내가 여기에서 논의하고 있는 문제에 대해 독일에서도 학자들이 주의를 기울였으며, 우리 프랑크푸르트 학파 밖에서도 이러한 사항들을 고려하는 시도가 있었습니다. 예를 들어 르네 쾨니히René König는 사회학과 사회철학을 분리시키려는[276] —그는 아마도 이것을 '프랑크푸르트' 학파에 대한 일종의 양해로 파악하였을 것입니다— 시도를 하였습니다. 이에 대해 다음과 같이 간단히 말할 수 있습니다. 쾨니히는 그 나름대로 철학과 개별 학문들 사이의 오래된 분업적인 분리를 받아들였을 것입니다. 이 과정에서 쾨니히는 내가 여러분에게 지적한 바 있었던 사회학이 처해 있는 특별한 상황을 간과하지 못했던 것 같습니다. 사회학은 사회학의 객체가 필연적으로, 그리고 즉자적으로 이미 주체가 되는 학문 분과입니다. 이 점을 쾨니히는 제대로 파악하지 못했던 것 같습니다. 동시에 그는 객체가 갖고 있는 이러한 주체적 특징이 그것 스스로부터 프랑크푸르트 학파의 사회학에서 우리가 시도하고 있는 변화들과 사회학의 변증법적 방법론에서, 항상 불충분하지만, 그 표현을 발견하는 변화들로 이끌어 가고 이러한 변화들로 가도록 유도한다는 점을 간과하고 있습니다. 나는 이름들에 대한 우상 숭배자가 아닙니다. 또한 학자들에 의해서 바짝 줄여져 찌꺼기가 된 학문적 전문 학술용어들이 갖고 있는 자의恣意의 모든 기호에 붙잡혀 있는 개념들에 매달려 있는 사람도 확실히 아닙니다. 그럼에도 불구하고 내가 쾨니히의 구분을 수용하는 것을 처음부터 거부하였고 계속해서 거부하는 이유는 다음의 2가지 이유 때문입니다. 첫째는, 내가 여러분에게 방금 말했던 이유에서 볼 때, 쾨니히가 구분하고 싶어 하는 사회학과 사회철학의 2가지 모멘트들을 서로 분리시키는 것이 사물 자체에 따라 가능하지 않는 것으로 생각하기 때문입니다. 둘째로는, 우리가 살고 있는 사회에서는 단순히 형식적인 구분인 것처럼 출현하는 구분들이 항상 반복적으로 내용적인 구분들로 변모되는 경향을 ―이것은 내가 매우 확실하게 확인된 것으로 발견한 경험에 따른 것입니다. 나는 이러한 경향을 사회학적 법칙이라고 명명하고 싶습니다― 갖고 있기 때문입니다. 그 어떤 종류의 위계질서적인 구분이 있을 때 그것은 단순히 형식적인 문제일 뿐이며 전혀 중요하지 않다고 어떤 사람에게 어떤 연관관계에서 말해지는 경우가 있을 것입니다. 이 경우에, 우리는 중요하지 않다고 하는 그것이 실제로는 매우 중요한 것이라는 점을 확실하게 알 수 있습니다. 이것은 특별하게 넓은 정도에서 해당됩니다. 이것은 스스로 매우 깊은 이유들을 갖고 있습니다. 다시 말해, 관료주의의 형식적인 형체가 전적으로, 그리고 본질적으로 형식적인, 형식적-법적인 메커니즘들에 의해서 실행되기 때문입니다. 여기에서 나는 매우 단호하게 이야기하기 위해 연구 프로젝트의 예를 들어 보겠습니다. 우리가 사회학과 사회철학의 구분을 수용하게 된다면, 거대한 재단들, 연구지원 단체들, 폭스바겐 Volkswagen 재단, 또는 연구지원과 관련하여 고려되는 조직들에서는 앞에서 말한 관점에 따라 사회학과 사회철학이 구분되게 될 것입니다. 이렇게 되면, 잘 알려져 있듯이 집단적인 연구 프로젝트들인 경우에 매우 많은 돈이 지급되는 경험적 연구 프로젝트들은 사회학에 귀속될 것입니다. 반면에 다른 모든 것은 철학으로 지칭될 것입니다. 이러한 노동분업의 의미에서 사회철학으로 표시되는 관점에서 연구 프로젝트들로 시작된 것들이 있다면, 이러한 프로젝트들에 대해서는 연구비가 지원되지 않을 것입니다. 나는 여러분이 겉으로 보기에는 단순한 방법론적인 구분들이나 인식론적인 구분들이 이러한 학문들의 실제적인 운영에 어떻게 해서 매우 직접적으로 파고드는가에 대해 여기에서 한 번 마음속에 그려 보기를 바라며, 이렇게 한다면 참 좋은 일이라고 생각합니다. 이 점을 여러분에게 다음과 같은 사실에 대해 주의를 환기시키는 계기로 사용하고자 합니다. 다시 말해, '관리적 연구', 즉 관리적 처리의 절대적인 지배 아래서는 경험적 사회학이 매우 심각한 일면성에서 전개되고 있는 것입니다. 이러한 일면성은 사회학자들이 경험적 사회학이 갖고 있는 잠재력을 유용한 정보들을 확인하는 방향으로만 형성하는 것에 놓여 있습니다. 이러는 동안에도 다른 한편으로는, 비판적 함의들을 갖고 있는 경험적 사회연구의 모든 관점이 풍요 사회의 테제들, 또는 이른바 사회적인 파트너의 테제들, 또는 이른바 복수주의의 테제들과 ―나는 가장 선호되는 테제들 중의 몇몇 테제들을 여기에서 명명하고 있습니다― 같은 사회적인 테제들과 요구들을 통해서 한 번은 실제로 검토될 수도 있을 것입니다. ― 경험적 사회학은 오늘날까지도 이 점을 경악스러울 정도로 경미한 방식으로 다루었을 뿐입니다. 우리 프랑크푸르트 학파에게 끼워져 있는 틀이지만 재정적인 이유로 인해 근소한 수준의 틀에서나마 우리 학파는 경험적 종류의 사회학에서 일련의 모델 연구들을 최소한으로라도 제기하려고 시도하고 있습니다. 이것은 프랑크푸르트 사회조사연구소가 경험적 사회연구의 편을 들어서 갖고 있는 의도들 중의 하나입니다. 그렇다고 해서 이것이 마지막 의도는 아닙니다. 앞에서 말한 일련의 모델 연구들에서는 경험적 방법론들도 ―나는 이 표현을 다시 한 번 사용하겠습니다― 사회에 대한 비판적이고 경험적인 인식의 의미에서 ―이러한 인식은 물론 이론을 전제합니다― 그 기능이 변화될 수 있을 것입니다.

내가 이번 시간 전체에 걸쳐 여러분과 함께 다루었던 문제들의 배후에는 아직도 훨씬 더 깊은 것과 훨씬 더 어려운 것이 숨겨져 있습니다. 엄격한 학문적 분업을 사회학에 적용시킴으로써 발생하는 문제인 이데올로기적인 기능, 객관적으로 이데올로기적인 기능이 숨겨져 있는 것입니다. 내가 이와 더불어 주목하는 점을 테제 형식으로 표현한다면 다음과 같은 내용이 될 수도 있을 것입니다. 다시 말해, 서로 상이한 학문적 분과들 사이에 엄격하게 도랑을 팜으로써 이러한 개별 학문 분과들이 갖고 있는 본질적 관심이 사라지게 됩니다. 이러한 본질적 관심은 추가적인 협조와 통합을 통해서, 즉 학자들이 결과들을 상호 간에 명백하게 해 두고 사회학과 경제학의 구조들의 형식적인 일치를 발견하는 것을 통해서 복원될 수 없습니다. 그 이유는 간단합니다. 인자因子들로부터 추가적으로 합성된 것, 출현하는 것으로서의 2차적인 것은 그것 나름대로 규정하는 것, 구체적인 것이기 때문입니다. 학문의 임무는 궁극적으로는 사회적으로 구체화된 것을 파악하는 것이라 여겨집니다. 이에 대해서는 실증주의자들도 인정해야 할 것으로 보입니다. 분류적인 모형을 통해서 학문 스스로를 만족시키는 것이 학문에게 부여된 임무는 아닐 것입니다.

이 점은 내가 강의 시간에 지금까지 여러분에게 주의를 환기시켰던 모멘트들만큼이나 사회학의 전체 상태와 사회학의 개념에 중요한 것이라고 생각하는 문제이기 때문에 여러분에게 명백하게 설명하겠습니다. 이 문제는 사회학과 과거에 학자들이 말했던 국가 경제학 사이의 관계에 관한 문제입니다. 국가 경제학은 지금은 일반적으로 국민경제학이라고 명명되며, 이는 매우 흥미로운 일입니다. 이렇게 명칭이 바뀐 것에 대해서는 많은 것이 논의될 수 있을 것입니다. 이러한 관계에서 사실상으로 문제가 되는 것은 바로 정치 경제학의 문제입니다. 나는 학생들이 제기한 대학 개혁과 관련한 요구들, 즉 정치 경제학을 더욱 강력하게 교육해야 한다는 요구들이 원래부터 가장 절박한 것이라고 생각합니다. 우리 대학과 우리 단과대학에 시급한 다른 매우 중요한 요구인 ─이에 대해서 나중에 다루게 될 것입니다─ 심리분석 담당 정교수 자리를 설치하는 것도 나는 특별히 긴요한 일이라고 생각합니다. 심리분석 정교수 자리는 미처리히Mitscherlich 교수[277]를 임용함으로써 충족되었습니다. 여러분이 하는 노력에서 내가 여러분에게 마치 삼촌 아저씨와 같은 입장에서 조언을 주고 있다는 점을 최소한이라도 찬탈함이 없이 여러분에게 부언해도 되리라 봅니다. 내가 보기에는, 학생 운동이 어떤 경우이든 대학 내부적인 운동으로 이해되는 한에 있어서는, 학생

운동은 내용적인 문제들과 내용적인 요구들, 즉 학문의 내용에 관한 물음들에 미치는 곳에서 가장 커다란 결실을 맺고 있는 것 같습니다. 오늘날 학생 운동은 여러 가지 면에서 아직도 제도적인 것에 맞춰져 있는 것 같습니다. 여기에 물론 위험이 도사리고 있습니다. 나에게는 학생 운동이 지배적인 위력을 갖고 있는 제도주의에 흡수되어서 나타나고 있는 것처럼 보입니다. 학생 운동은 처리 일정들, 의사 일정들, 대표단 문제들, 이와 유사한 것들에 매달리기보다는 오히려 학문들의 내용적인 상태, 학문들의 내용에 몰두해야 할 것입니다. 학문의 내용에도 ―실제로― 비판적으로 행해야 할 것이 충분히 많이 있습니다.

내가 제기하는 테제는 매우 간단합니다. 국민경제학과 사회학의 엄격한 분리를 통하여 ―사회학이 그 진행 중에 마르크스의 이론을 참조하는 결과에 이르고 있다는 점은 전혀 의문의 여지가 없습니다― 두 학문 분과들에 들어 있는 결정적인 사회적 관심들이 사라져 버리고 만다는 것이 나의 테제입니다. 다시 말해, 국민경제학과 사회학이 서로 분리됨으로써 ―나는 여기에서 순수하게 인식론적으로 말하고 있습니다. 실제적 차원에서 말하고 있는 것이 전혀 아니며, 이 순간에는 전적으로 학문적 구조들의 인식이라는 의미에서 말하고 있습니다. 물론 이러한 문제는 그 귀결에서는 실제의 문제들과 분리되기가 어렵기는 합니다― 두 학문 분과가 원래부터 갖고 있는 관심들을 그르치고 있습니다. 두 학문 분과들에서 무엇이 문제되고 있는가를 그르치고 있는 것입니다. 쇼이흐Scheuch 교수가 쓴 문장에 따르자면 "사회학으로서가 아닌 어떤 것도 되려고 하지 않는"[278] 유명한 사회학은 견해들, 상대적으로 선호되는 것들, 또는 기껏해야 인간 사이의 관계들, 사회적 형식들, 제도들, 지배 관계들, 갈등들에 제한되어 있습니다. 이렇게 됨으로써 동시에 이러한 모든 것의 존재 이유를 성립시켜 주는 것이 사회학으로부터 도외시됩니다. 또한 이러한 모든 것이 ―내가 여기에서 모든 것이라고 말하는 것들은 이러한 모멘트들에 들어 있는 모든 것을 성립시켜 주는 것들입니다— 원래 어디에서 측정될 수 있는가 하는 물음이 사회학에서 멀어지게 됩니다. 다시 말해, 인간이 만든 사회의 실재적인 자기보존의 과정으로부터 사회학이 멀어지게 됩니다. 종국적으로는 이러한 전체적인, 거대한, 교환에 의해서 함께 묶여져 있는 사회적 과정이 일단은 물질적으로, 그 문화적인 표준에서, 인간이라는 種 전체의 생활을 보증하고 움직이게 하는 의미 이외의 다른 어떤 의미도 가질 수 없다는 사실이 사회학에서 도외시되는 것입니다. 우리가 여기까지 이르게 되면, 사회학자들은 우리에게 즉각적으로 다음과 같이 말할 것입니다. '그렇습니다, 우리는 사회학자로서 어느 국가의 경제적 자기 보존, 또는 심지어 인류의 자기 보존과 같은 물음에 관여할 수 없습니다. 이런 물음들은 정말로 경제학에 관련되는 물음입니다. 특별히 사회학적인 것은 이처럼 원래부터 경제적인 과정들을 제외시킨 상태에서 인간사이의 과제를 다루는 것입니다.' 다른 말로 하겠습니다. 사회학은 —사람들이 일반적으로 사회학이라고 명명하는 것에 대하여 우리가 제기할 수 있는 무거운 반론을 말하겠습니다— 전체로서의 사회가 삶에 대해 행사하는 것인 삶의 사회적 생산과 재생산을 도외시하고 있습니다. 어떤 것이 만약 사회적 관계라고 한다면, 그것은 바로 삶의 사회적 생산과 재생산을 의미하는 총체성입니다. 우리가 이러한 문제들에 이르게 되자마자, 경제학주의라는 비난이 제기될 것입니다.

베버가 그의 프로테스탄티즘의 윤리에 관한 논문[279]에서 마르크스의 상부구조-하부구조 이론을 공격한 것은 유명한 사건입니다. 이러한 공격에도 불구하고 베버에서는 이러한 연관관계의 문제가 항상 계속적으로 하나의 문제로 파악되었습니다. 나는 이 점을 말하지 않을 수 없습니다. 미완성에 머무른 베버의 주 저작이 『경제와 사회』라고 지칭되고 있는 것은 결코 우연이 아닙니다. 『경제와 사회』에서는 경제와 사회가 서로 겹치면서 관련을 맺고 있는 상태와 상호작용에 따라 물음이 제기되고 있습니다. 이것은 물론 이 책에서는 이미 사회학적인 모형에 따라 경제와 사회가 분리된 것으로 생각된 실재들로서 다루어지고 있습니다. 사회학에서 이제 ―베버를 거스르면서― 분리된 것은, 베버에게는 공공연하게 중심적인 사회학적 문제로 출현하였던 관계인 경제와 사회의 연관관계가 더욱 좁은 의미에서의 과학주의적인 사회학으로부터 배제되었음을 의미하고 있습니다. 여러분이 사회학적 참고문헌을 일반적으로 들여다보면, 사회학이 경제와 사회의 분리에 대해 더 이상 마음을 쓰지 않았음을 알게 될 것입니다. 작고한 사회학자인 라이트 밀즈Wright Mills처럼 사회비판적인 사회학자들도 최종적으로는 지배적인 사회학에 기대고 있었습니다. 나는 이 점을 말하고 싶습니다. 사회비판적인 사회학자들은 경제적 진행 과정들에 대한 분석에 스스로 들어가지 않거나 또는 매우 깊게 들어가지 않은 채 권력, 엘리트, 생산장치에 대한 개인적인 운용과 같은 것을 이용하여 일차적으로 작업하였을 것입니다.280) 경제학 또는 국민경제학에 관련되는 한, 경제학은 전개된 시장 경제의 관계들 내부에서 엄격하게 발생하지 않은 모든 것과 통용된 시장 관계들의 모형들에 따라 수학화되고 계산되어질 수 없는 모든 것을 경제학으로부터 쫓아냅니다. 그러한 모든 것이 역사이건, 사회학이건, 심지어는 철학이건 관계없이 경제학으로부터 추방됩니다. 예를 들어, 그러한 모든 것이 순수한 사회학적 계급 이론이라는 의미에서 추방되기도 합니다. 경제학과 사회학이 서로 분리되고 사회학에서 경제적인 것을 추방하고 경제학에서 사회적인 것을 추방함으로써 경제학으로부터 결정적인 것이 배제됩니다. 다시 말해, 순수하게 경제적으로, 계산될 수 있게끔 주어지는 관계들인 인간 사이의 경제적인 관계들이 실제로는 다른 것이 아닌 바로, 인간 사이에서 흘러 내려온 관계들이라는 사실이 배제되는 것입니다. 이와 동시에 다른 한편으로는 인간 사이의 관계가 객체화된 경제적 형체에 대해 많이 주목하는 것에 시간을 쓰지 않은 채 인간 사이의 관계만을 다루는 사회학은 경제적인 것이 실제로 인간 사이의 관계들이나 또는 심지어는 사회적 행위들의 기회에 의존되어 있는 것처럼 행동합니다. 이러한 사회학은 인간 사이의 관계가 객체화된 경제적인 형체가 되는 메커니즘에 경제적인 것이 의존되어 있지 않은 것처럼 행동하고 있는 것입니다. 그 사이에 결여되어 있는 것은 ―'그 사이'에서는 여기에서 위상적으로 이해될 수 없고, 두 학문의 성찰로서 그 내부에서 이해될 수 있을 것입니다― 한때 '정치 경제학'의 개념으로 의도되었던 것, 바로 이것을 지칭합니다. 이렇게 결여됨으로써 결정적인 것, 바로 이것에 의해서 사회적인 움직임이 유지되는 결정적인 것뿐만 아니라 사회적인 움직임이 어떻게 유지되는가 하는 것도 사회학으로부터 사라지게 됩니다. 사회가 어떤 희생을 치르고 어떤 위협을 감당하며 좋은 사회가 되기 위해 어떤 잠재성들을 가지면서 유지되는가 하는 것이 사회학으로부터 사라지게 됩니다. 사회학에서 중요한 것, 다시 말해 사회적인 과정의 핵심이 사회학으로부터 사라지게 되는 것입니다. 이렇게 됨으로써, 현재의 사회가 아직도 얼마만큼 교환사회인가 하는 물음, 그리고 현재의 사회가 얼마만큼 교환사회가 더 이상 아닌가 하는 물음과 직접적인 연관관계를 갖고 있는 물음, 다시 말해 경제와 사회의 관계에 대한 예나 지금이나 중요한 물음이 논의될 수 없게 되는 것입니다. 이른바 특별히 정치적이거나 또는 사회적인 물음들에 대한 진단도 현재의 사회가 교환사회인가 또는 교환사회가 아닌가 하는 물음과 본질적으로 의존되어 있습니다. 이처럼 본질적으로 의존되어 있는 방식은 너무나 명백하여 이에 대해서 내가 여러분과 거의 논쟁할 필요가 없을 것입니다. 신사 숙녀 여러분, 나는 이 점에 대해 매우 단호하게 말하겠습니다. 경제학 내부에서 인위적인 실행들과 더불어 항상 반복적으로 거부되는 물음인 자본의 경향에 대한 물음과 집중에 대한 물음은 경제적인 계산에 관한 물음입니다. 이러한 물음은 또한 우리 사회의 구조를 가장 예민한 주관적인 행동방식들에까지 ―나는 이렇게 말하고 싶습니다― 파고들어가 규정짓는 것에 관한 물음일 뿐만 아니라, 사회의 전개와 특별히 사회적인 형식들의 전개도 이러한 물음에 결정적으로 의존되어 있습니다. 우리가 이러한 물음에 들어가지 않는다면, 전체 사회학은 인류의 위에 드리워져 있는 운명의 건너편에서 완전하게 중화中和되고 말 것입니다. 다른 한편으로 우리가 숙고해야 할 것이 있습니다. 우리는 수학화된 시장 경제학이 사회학 안으로 들어오는 것을 요구해서는 안 되며, 경제학이 실행하지 않는 것을 경제학에 대해 요구해야 합니다. 다시 말해, 경제적인 법칙들이 흘러 내려온, 인간이 만들어 온 관계들에 다시 옮겨지는 것을 요구해야 할 것입니다. 경제학과 사회학 사이에 무관심한 지점이나 또는 무관심 영역이 존재한다는 것은 마르크스를 매우 기이한 언어적 표현인 '정치 경제학'으로 움직이게 하였던 근거였습니다. 정치 경제학이라는 언어적 표현은 매우 기이합니다. 마르크스에서 정치의 모든 영역은 다른 한편으로는 ─여러분 중의 많은 사람들이 알게 될 것입니다만─ 이미 이데올로기에 포함되어 있기 때문입니다. 그러나 이데올로기로서의 정치라는 논의와 더불어 마르크스의 상호 대립적인 사정이 나타나게 됩니다. 한편으로는 정치가 사회적인 권력관계들에 의존되지 않은 채 일종의 기술이나 처리방식인 것처럼 행세하는 한, 기존의 권력관계들의 표현으로서의 정치는 이데올로기적입니다. 그러나 다른 한편으로는 정치에도, 정치적 영역에도 역시 사회적인 변화의 가능성과 잠재력이 당연히 들어 있습니다. 이것을 변증법으로 만든다면 다음과 같이 말할 수 있을 것 같습니다. 정치는 이데올로기이며 동시에 이데올로기가 아니다. 그 밖에도, 나는 여기에서 마르크스가 사회학이라는 단어에 대해 격렬한 혐오감을 가졌다는 사실을 여러분에게 첨언하고 싶습니다. 이러한 혐오감은 오귀스트 콩트에 대한 마르크스의 반감, 매우 합당한 반감과 관련이 있습니다. 마르크스는 콩트에 대해서 가장 경멸적인 판단을 한 바 있었습니다.281) 우리가 이러한 반감을 더욱 자세히 분석해 본다면, 마르크스의 반감은 사회의 건너편에서 사물화된 단순히 명상적인 태도를 취하는 사회학이 마르크스에게는 불쾌한 학문이었다는 점, 그리고 마르크스가 이에 대해 그 어떤 학문의 기관器官을 갖고 있었다는 점과 관련되어 있습니다. 마르크스는 그가 생각한 학문의 기관에서 사회에 관한 학문을, 즉 내가 앞에서 명명하였듯이 객체가 아닌 주체인 학문을 다른 학문들처럼 똑바로 일으켜 세우려고 하였습니다. 이러한 시도 내부에 이미 이데올로기적인 위치 변동이 지배적으로 들어 있습니다. 이데올로기적인 위치 변동은 불가능합니다. 그러나 마르크스는 그러한 시도 내부에서 이중적으로 대립되는 상황을 고려하고 있습니다. 마르크스는 당시에 이미 정립되어 있었던 학문으로서의 사회학을 무시하고 사회학이라는 단어를 경멸하였지만 다른 한편으로는 그에게 고유한 성숙된 저작의 대부분을 다른 것이 아닌, 바로 이론적 국가 경제학이라고 부를 수 있는 것에 할애하였습니다. 경제적인 연관관계들을 인간 사이의 대상화된 관계들로 환원시키는 것이 마르크스에서 모든 순간에 항상 명백하게 머물러 있었는지의 여부, 그리고 마르크스도 역시 대상화되는 학문에 공물을 바쳐야만 했었는지의 여부에 대해서는 이 자리에서는 열린 문제로 남겨 놓도록 하겠습니다. 학문에 종사하는 사람이라면 아마 어느 누구도 대상화되는 학문에 공물을 바치는 것에서 벗어나지 못할 것입니다. 다시 말해, 사람들은 사물화된 학문적 의식과 아마추어적인 거친 사고 사이에서 항상 선택을 해야 했던 것입니다. 현실이 갖고 있는 특징이 그렇듯이, 사람들이 이러한 모순을 넘어서는 것은 매우 어려운 일일 것입니다.

나는 경제학과 사회학의 분리된 선線들이 너무 강하게 그어져 있다는 점을 여러분에게 말하려고 하는 것이 아니며, 이 점을 명백히 함으로써 국면을 전환시키고자 합니다. 내가 의도하는 바는 다음과 같습니다. 여기에서 관건이 되고 있는 분리는 ─이것은 학문을 계통을 세워 나누는 사고에서는 불가피합니다. 나는 이에 대해 눈물을 흘리지 않습니다─ 학문의 경계를 넘나드는 사람들에게 부당함을 자행하였습니다. 그뿐만 아니라 ─나는 여기에서 훨씬 더 심각한 문제를 말하고자 합니다— 경제학과 사회학이 엄격하게 분리됨으로써 두 학문 분과가 원래부터 갖고 있는 중심적인 관심들이 무시되고 있습니다. 경제학과 사회학은 이처럼 중심적인 관심들에 더 이상 다가가지 않고 동시에 그 기능을 기존의 질서 내부에서 충족시키는 것에 머무르고 있습니다. 우리가 전쟁의 대상들, 그리고 사회가 겪는 전쟁과 유사한 자연 재앙들의 대상이 되어 있지 않은 경우에는, 기존의 것이 갖고 있는 상처들과 무엇보다도 특히 우리 모두의 개별 인간에게 남겨져 있는 상처들이 우리에게 다가오게 됩니다. 경제학과 사회학이 이러한 상처들에 손을 대지 않음으로써 두 학문 분과는 그 중심적인 관심들을 무시하고 있는 것입니다.

신사 숙녀 여러분, 내가 사회학과 경제학의 관계에서 확실하게 강조하면서 여러분에게 보여주려고 시도했던 내용은 사회학과 이른바 여타 인접 학문들과의 관계에도 해당됩니다. 물론 이러한 관계는 사회학과 경제학의 관계에서처럼 그토록 선명하게 각인되고 그토록 강조되는 방식으로 해당되지는 않을 것입니다. 그것은 무엇보다도 특히 사회학과 역사와의 관계에 해당됩니다. 사회학과 역사와의 분리도 점차적으로 실행되어 왔습니다. 종국적으로는 헤겔로부터 유래하는 마르크스에서도 카테고리들이 모조리 체계적이고 개념으로부터 전개된 카테고리들일 뿐만 아니라 그 의도에 맞춰서 동시에 항상 역사적인 카테고리들이기도 하였습니다. 헤겔에서 이른바 체계적인 카테고리들이 동시에 역사적인 카테고리들인 것처럼, 이러한 경우가 마르크스에서도 매우 유사하게 나타나고 있는 것입니다. 베버의 연구도 역시 전적으로 역사적인 자료에 맞춰져 있습니다. 우리가 오늘 다루었던 사회학의 탈역사화Enthistorisierung는 사회학이 사물화되고 있음을, 그리고 무엇이 생성되는 것이 사회학 내부에서 절단되어 있음을 계속적으로 보여주는 징후입니다. 이에 대해서는 목요일 강의에서 말하겠습니다.

272) 프라이어에 대한 입증 내용은 편집자주 136번을 참조.

273) 아도르노의 이 테제는 『독일 사회학에서 실증주의 논쟁』의 「서문」에 있는
표현에서 더욱 명백해진다. "실증주의는 사회학을 다른 학문들의 아래에 놓
여 있는 하나의 학문으로 고찰한다. 실증주의는 콩트 이래로 오래된 방법론,
특히 자연에 관한 방법론에서 보존되어 온 방법론들을 사회학에 적용하는 것
이 가능하다고 생각한다. 이것이 실증주의에 원래부터 들어 있는 사이비를
보여준다. 사회학은 이중적 성격을 갖고 있기 때문이다. 사회학에서 모든 인
식의 주체, 즉 사회는 논리적 일반성의 담지자이면서 동시에 객체이다"(GS
8, S.316).

274) 라자스펠드에 관한 내용과 아도르노가 그와 함께 1938-1940년에 프린스턴
라디오 조사 프로젝트에서 공동 작업을 수행한 것에 대해서는 편집자주 139
번을 참조.

275) Vgl. Paul F. Lazarsfeld, Remarks on Administrative and Critical
Communications Research, in: Studies in Philosophy and Social Science, Vol.
IX, New York 1941, No.1, p.2ff.

276) Vgl. Rene Königs »Einleitung입문« in das von ihm herausgegebene
Fischer-Lexikon »Soziologie사회학« (Frankfurt a. M. 1967). 이 자리에 다음과
같이 쓰여 있다. "사회학의 개념은 이 책에서는 경험적 개별 학문의 의미에서
이해된다. … 이러한 의미에서 이해되는 사회학으로부터는 일단은 모든 철
학적으로 실행되는 고찰 방식들이 제거된다. 무엇보다도 특히 역사철학과 사
회철학이 제거된다."

277) 심리분석가인 알렉산더 미처리히(1908-1982)는 1966년에 프랑크푸르트 대학
에 임용되었다. 그는 1959년부터 1976년까지 프랑크푸르트 암 마인에 있는
지그문트 프로이트 연구소장이었다.

278) 편집자주 209번을 참조.

279) 편집자주 112번에 있는 입증 내용을 참조.

280) Vgl. Charles Wright Mills, The Sociological Imagination사회학적 상상력
(1959); dt.: Kritik der soziologischen Denkweise사회학적 사고방식에 대한 비판.
Mit einem Vorwort von Norman Birnbaum, Neuwied, Berlin 1963.

281) 마르크스가 콩트에 대해 언급한 어떤 내용을 아도르노가 여기에서 생각하

고 있었는가는 확인되지 않았다. 그럼에도 마르크스가 1866년 7월 7일 경에 엥겔스에게 보낸 편지는 아도르노가 콩트에 대한 마르크스의 판단을 절멸적인 것으로서 제대로 특징지었음을 확인시켜 준다. "나는 지금 틈틈이 콩트를 읽고 있습니다. 영국인들과 프랑스인들이 콩트란 사람에 대해 시끄럽게 떠들고 있기 때문입니다. 그들의 마음을 사로잡고 있는 것은 백과사전적인 것, 즉 종합입니다. 이것은 헤겔에 대해서는 애통한 일입니다(수학자 및 물리학자로서의 콩트는 전문성에서 헤겔보다 우위에 있지만, 즉 세부적인 것에서 우위에 있지만, 헤겔은 전체를 보는 것에서는 무한할 정도로 더 큰 면모를 보이고 있습니다). 이러한 쓸데없는 실증주의는 1832년에 출현하였습니다!"(Karl Marx/ Friedrich Engels, Werke, a. a. O., Bd. 31, Berlin 1965, S.234).

[신사 숙녀 여러분, 사회학이 역사적 차원을 갖고 있다는 사실과 사회학의 자료가 항상 역사적인 자료라는 사실은 원래부터 논란의 여지가 없습니다. 이러한 전체적인 복합성을 마주 대하면서 여기에서 원리적으로 관건이 되는 것은 ―이것은 사회학에서의 방법론학적인 논쟁들에서 특징적으로 나타납니다― 겉으로 보기에 강조점의 위치를 변화시키는 것][282)이 우리가 이러한 위치 변화에서 알아차리는 것보다는 사회학과 역사의 관계에 대해 훨씬 더 커다란 비중을 갖고 있다는 점입니다. 신사 숙녀 여러분, 나는 바로 이 점에 여러분이 주목하도록 해주고 싶습니다. 역사적 차원을 보는 시각의 차이에 대해 말하겠습니다. 정립된 사회학에서는, 무엇보다도 특히 미국 사회학에서는 역사적 차원이 일반적으로 이른바 배경으로 ―그곳에서 학자들이 말하고 있듯이―, 즉 '배후 정보background-information'로 용인되고 있습니다. 이러한 사실이 우리 프랑크푸르트 학파와 미국 사회학 사이에서 나타나는 차이입니다. 미국 사회학에서의 역사적 차원은 모든 사람에게 배경-지식으로 다가왔던 것과 같은 방식으로 어떤 한 사람에게도 다가오면서, 역사적 차원이 배경-정보라는 생각을 제공해 줍니다. 이렇게 함으로써 배경-정보가 공중에 떠 있는 불확실한 것이 아니라는 생각을 심어 줍니다. 이른바 학제 간 공동작업의 이상理想이라는 의미에서 보이는, 공중에 떠 있는 것이 아니라는 관념을 정립된 사회학, 특히 미국 사회학이 제공해주고 있는 것입니다. 그러나 정립된 사회학에서는, 특히 미국 사회

학에서는 역사와 역사적인 연관관계들이 사회학 자체에 근본적인 것이라는 사실을 전적으로 오인하고 있습니다. 이것은 다음과 같은 의미에서 볼 때 명백하게 드러납니다. 다시 말해, 순수하게 내재적으로 고찰해 보아도, 사회에 함유되어 있는 역사적인 요소들에 대해 관계를 맺지 않고는 사회적인 카테고리들은 어떠한 의미도 생기게 할 수 없고 사회도 전혀 이해될 수 없는 것입니다. 역사적인 통찰은 사회학의 가장자리에 머물러 있는 어떤 것이 아니며, 사회학에서 중심적인 어떤 것입니다. 전형적으로 마르크스의 사회이론의 편에 서 있는 사회비판 이론과, 하버마스가 비판하였던 개념[283]이며 나도 역시 특히 지난 시간 강의에서 여러분에게 다시 한 번 특징지으려고 시도하였던 개념인 더욱 좁은 의미에서의 사회학 사이에는 본질적인 차이가 있습니다. 그 결정적 차이는 사회비판 이론이 역사를 이론에 들여 넣는다는 점입니다. 마르크스의 '정치 경제학'과 사회에 관한 마르크스의 이론은 본질적으로 또한 역사 이론이기도 하며 오로지 그러한 역사 이론으로서만이 이해될 수 있습니다. 하버마스는 이에 관련하여 최근에 대단한 저작[284]을 냈습니다. 이 저작은 앞에서 말한 문제에 대한 철학적 계기판의 바늘과 같은 저작이라고 지칭될 수 있습니다. 하버마스는 이 책에서 역사적 차원이 사회학에 근본적이라는 점을 매우 상세하게 근거를 세웠으며, 동시에 인식론의 오래된 문제점으로까지 거슬러 올라가서 논의하였습니다. 우리는 이 책에서 논의된 것에 대해 아마도 다음과 같은 방식으로 표현을 부여해도 될 것으로 봅니다. 다시 말해, 사회적 현상들의 본질로서 —본질적인 것, 정수精髓적인 것의 의미에서의 본질입니다— 통용될 수 있는 것은 넓게 볼 때 다른 것이 아닌, 바로 현상들 내부에 저장되어 있는 역사라는 사실이 하버마스의 책에서 논의되고 있는 것입니다. 나는 여러분에게 의미를 해석하는 것의 차원에 대해 말한 적이 있습니다. 사회적 현상들을 사회의 표현으로서 해석하는 것이 사회학의 본질적이고도 중심적인 모멘트라는 점을 말한 바 있었습니다. 대략적으로, 이것은 우리가 얼굴을 정신적인 것에서 전개되는 것의 표현으로 해석해도 되는 것과 같은 이치이기도 합니다. 더욱 자세히 말하자면, 사회학에서의 해석의 차원은 본질적으로 다음과 같은 것입니다. 다시 말해, 겉으로 보기에 멈춰 있는 현상들에, 즉 겉으로 보기에 어떤 주어진 것, 가능한 한 어떤 모멘트적인 것인 현상들에 역사가 저장되어 있다는 것이 바로 사회학에서의 해석의 차원인 것입니다. 해석하는 능력은 본질적으로 생성되어 존재하고 있는 것이나 정지되어 있는 동역학을 현상들에서 알아차리는 능력입니다. 지금 떠오르는 예를 여러분에게 제시하겠습니다. 이것은 베블런Thorstein Veblen이 문화적 특성들을 해석한 예입니다. 베블런의 해석은 "현저한 소비conspicuous consumption"에 대해 말하고 있습니다. 그에 따르면, 문화가 그 소비자들을 향하고 있듯이 문화가 퍼져 있는 것은 다른 것이 아닌, 바로 지배, 폭력, 특권이 과시되는 것[285]을 지칭합니다. 베블런의 이론은 문화가 그것 자체로서 특징짓고 있는 성격들이 문화에 고유한 역사이거나 또는 더욱 정확하게 말하면 전사前史의 성격이라는 것을 말해주고 있습니다. 이것은, 베블런의 표현에 따른다면, 역사에서 뚜렷하게 나타나는 원시적 성격들입니다. 여러분이 맨해튼의 찬란한 빌딩 숲에서 발견할 수 있듯이, 피렌체의 궁전을 모방한 뻐기면서 외경을 불러일으키는 건물은 실제로는 성곽들, 군사적 과시가 그러한 직접적인 군사적 지배가 더 이상 존재하지 않는 시대에서도 살아남아 있다는 것을 보여주는 것에 지나지 않습니다. 건물이 사람들에게 외경을 불러일으키는 곳에는 그러나 자본의 권력과 위대함이 표현되어 있습니다. 자본의 권력과 위대함은 무의식적이거나 또는 단지 집단적 무의식의 의미에서 그러한 역사적으로 이미 낡은 수단들을 이용하고 있는 것입니다. 내가 여러분에게 말하였듯이, 이것이 의도하는 바는 다음과 같습니다. 다시 말해, 사회적인 인상학 또는 사회적인 시선의 모멘트는 생성되어 존재하는 것을 단순히 존재하는 것으로서 출현하는 것에서 지각하는 것에 일단은 필적하는 것입니다. 이처럼 필적

하는 것은 우리 프랑크푸르트 학파가 시도하는 비판 이론에서도 해당
됩니다. 현존하는 것으로 출현하고 이렇게 함으로써 자연적으로 주어
진 것으로 출현하는 것들을 그것들이 생성되어 있는 것에서 파악하는
작업은 사회비판 이론이 갖고 있는 본질적인 기관器官들의 하나에 속합
니다. 이에 대해 나는 매우 간단한 형식을 부여할 수 있을 것 같습니다.
생성되어진 것만이 그것의 가능한 변화가 눈 안으로 튀어 들어오도록
처음부터 그렇게 표현되어 있는 것입니다. 역사의 의미는 ㅡ이미 말했
듯이, 나는 여기에서 테두리에 붙어 있는 의미에 대해 말하고 있는 것
이 아니고, 역사가 사회학에 대해서 갖고 있는 근본적인 의미에 대해
말하고 있습니다ㅡ 훨씬 더 급진적인 의미에서, 다시 말해 사회학적 법
칙의 의미에서 드러납니다. 내가 이번 학기의 마지막 강의인 오늘 강의
에서 사회적인 법칙의 이론을 여러분에게 더욱 많이 펼쳐 보일 수 없다
는 점은 자명합니다. 그러나 나는 여기에서 ㅡ우리에게 유명한, 다리 하
나로 서 있는 자세를 취하면서ㅡ 여러분에게 최소한 한 가지를 말할 수
있습니다. 이것을 말하기 위해 나는 유명한 차이인 법칙정립적인 것
Nomothetisch과 개별적으로 특수한 사례적인 것Ideographisch의 구분[286])으
로 되돌아갈 필요를 느끼지는 않습니다. 이러한 구분은 사회학에서 출
발하여 보면 의문의 여지가 있습니다. 사회적 법칙성들이 전적으로 존
재한다는 것이 자명하기 때문입니다. 이러한 사회적인 법칙성들은 그
러나 그것들에 고유하게 내재하는 역사성에 의해서 자연과학적인 법칙
성들과 근본적으로 구분됩니다. 여러분이 이 강의에 접속하여 이러한
문제에 대해 숙고할 수 있는 기회를 여러분에게 최소한 제공하기 위해
오리엔테이션의 목적으로 이 문제를 매우 형식적으로나마 표현해야 한
다면, 나는 이를 다음과 같이 명명하고 싶습니다. 자연과학적 법칙의
형식은 일반적으로 ㅡ나는 여기에서 최근의 물리학에 대해 말하고 있는
것은 아닙니다. 우리가 학문 분과들의 전체 영역들을 일단 서로 경계를
지우려고 한다면, 항상 가장 현대적인 것으로 시작할 필요는 없을 것입

니다— 다음과 같은 형식을 갖고 있는 것으로 보입니다. '항상 ~하는 경우에 — 그렇다면 ~하다.' 다시 말해, '항상 무엇, 무엇이 주어져 있을 때, 이 조건, 저 조건이 충족될 때, 이렇게 되는 경우에 이러한 효과 또는 저러한 효과가 나타난다'와 같은 형식인 것입니다. 이에 비해 사회적인 법칙들의 근본적인 형식은 다음과 같습니다. 무엇, 무엇, 무엇이 발생한 이후에, 일어난 이후에, 사회에서 다른 방향이 아니고 바로 이러한 방향에서 전개된 이후에, 이것 또는 저것이 매우 높은 개연성을 갖고 —이것은 마르크스에서는 경향이라는 개념[287]을 통해 정의되고 있습니다— 나타납니다. 여기에서 보이는 형식은 '항상 ~하는 경우에 — 그렇다면 ~하다'가 아니고, '무엇이 발생한 이후에는 — 이렇게 나타난다'입니다. 사회적 법칙성들은 이러한 형식에 맞춰져 있습니다. '무엇이 발생한 이후에는'이라는 것에는 시간이 당연히 들어 있으며, 이렇게 되어 있기 때문에 모든 역사적인 차원이 사회적 법칙성들에 근본적으로 들어 있는 것입니다.[288]

하버마스가 시도하였듯이, 우리가 공론장公論場의 카테고리를 —하버마스는 그의 『학생과 정치』[289]의 서문에서 특히 이 문제를 다루었습니다. 나는 여러분에게 이 책을 매우 강하게 추천하고 싶습니다— 원래부터 어떻게 이해될 수 있는가를 이해해 보려고 한다면, 공론장의 개념을 정의한다거나 또는 공공적인 견해와 견해의 하강, 견해의 실제적이거나 또는 잘못된 하강을 현상학적으로 서술하는 것으로는 충분하지 않습니다. 오히려 우리는 공론장의 카테고리가 종속되어 있는 과정들과 공론장의 기능 및 내부적인 합성에서 변화에 대해 효력이 발휘되었던 과정들을 —만약 그 어떤 것이 있다면— 처음부터 알아내서 사고에 함께 포함시켜야만 합니다. 우리는 성숙한 인간에 의한 민주주의의 조건으로서의 완전한 공론장에 대한 요구가 봉건사회에 맞서서 자연적이고도 모든 인간에게 잠재적으로 공통적인 이성의 이름으로 제기되었다는 점을 알고 있어야 합니다. 이에 대한 가장 강력한 표현이 로크John Locke

의 『통치론Treatise on Government』290)의 두 번째 논문이라는 점은 자명합니다. 이러한 의미에서 나는 여러분이 로크의 책을 읽고 의지해도 된다는 점을 여러분 모두에게 긴요하게 조언하고 싶습니다. 로크의 이 책은 또한 몽테스키외Montesquieu의 『법의 정신』291)과 같은 저서와 더불어 서구의 사회론의 기본 텍스트들 중의 하나입니다. 그러나 다른 한편으로는 공론장의 이러한 개념은 그것이 주관적인 이성을 가리키고 중세의 사고방식이 그렇게 요구했던 것처럼 객관적인 정신적 질서를 더 이상 가리키지 않는 것에 힘입어 처음부터 의견의 대립을 그 내부에서 닫아버렸으며, 이렇게 함으로써 우연성과 임의성의 모멘트를 갖게 되었습니다. 우연성과 임의성의 모멘트는 공론장의 개념이 모든 사람이 많든 적든 구속력이 없이 의도하는 것의 총체가 ─항상 더욱 강력하게─ 되게 함으로써 공론장의 속을 텅 비게 하였습니다. 우리가 알고 있어야 할 것이 또 있습니다. 발전되는 시민사회와 더불어 항상 많이 확산되는 상품적 성격과 무엇보다도 특히 자본의 활용에서 직면하는 증대되는 어려움들은 공론장 자체도 역시 조작되고 마침내는 독점되도록 하는 결과에 이르게 하였습니다. 공론장은 ─상품으로서, 스스로 팔리기 위한 목적으로 생산된 것으로서, 취급된 것으로서─ 그것에 고유한 경험에 들어 있는 것의 반대로 변모하고 마는 것입니다. 내 생각으로는, 우리가 이러한 과정들을 함께 사고할 때만이 사회학에게 대단히 중요한 주제가 되었으며 조직의 개념으로 나타낼 수 있는 현재의 이데올로기의 현상들을 우리가 실제로 이해할 수 있을 것입니다. 우리가 공론장의 현재적 현상들을 공부하면서 공론장의 개념에서 무엇이 의도되었으며 이 개념이 어디에서, 그리고 무엇보다도 특히 어떤 강제적 속박들에서 그 내부에서 변화되었는가를 함께 사고하지 않으면, 우리는 완전히 쓸모가 없고 개념이 없는 재고품 조사와 같은 것에 이르게 될 뿐입니다. 이 같은 재고품 조사는 오늘날 학자들이 일반적으로 커뮤니케이션 연구라고 나타내는 것에 내재되어 있습니다. 동시에 커뮤니케이션이라는 단어에는 중화中和가 들어 있습니다. 커뮤니케이션에서는 어떤 사람들이 다른 사람들에게 무엇을 의사소통시키고 다른 사람들이 무엇을 알도록 하는 것만이 관건인 것처럼 보이고 있는 것입니다. 이러한 시각에서는, 이러한 커뮤니케이션의 형식들에서는 전체적인 지배관계들이 역사적으로 근본적으로 이미 포함되어 있다는 점이 도외시되고 있습니다. 여기에 근본적으로 들어 있는 모순, 즉 공론장의 개념과 공론장이 무엇을 위해 형성되었는가 하는 것과의 모순은 공론장에 대한 비판 이론에서 본질적 기관器官입니다. 우리가 공론장에서 역사적인 모멘트를 도외시한다면, 오늘날의 공론장에 대한 비판과 공론장의 조건들에 대한 비판과 같은 작업은 전혀 가능하지 않을 것입니다. 이와 더불어 나는 단지 다음과 같이 말하고 싶습니다. 지배적인 사회학이 밀쳐 두고 있는 사회비판의 매체는 사회에 대해서 역사가 갖고 있는 근본적인 특징에서 본질적으로 모색될 수 있는 것입니다. 지배적인 사회학에서는 역사적인 차원을 어떻든 절단시키려는 경향, 매우 강력한 경향이 사실상으로 존재하고 있습니다. 이에 대한 가장 강력한 표현은 헨리 포드Henry Ford 의 아주 오래된 유명한 말입니다. "역사는 터무니없는 것이다." 우리는 이 말을 자유롭게 번역해야 할 것이며, 이에 따른다면 "역사는 쓰레기 더미에 속해 있을 뿐이다"가 될 것입니다. 이와 동일한 언어적 표현은 『파우스트』의 마지막에 나오는 메피스토펠레스의 최후의 거창한 연설에서 이미 근본적으로 생각되고 있었습니다. 그곳에서는, 있었지만 더 이상은 없는 모든 것에 관해 메피스토펠레스가 말하고 있습니다. "… 마치 없었던 것처럼 그렇게 좋은 걸."[292]

내가 여러분에게 여러 가지로 상이하게 말하였으며 현재의 사회학에서 우상이 되어 있는 사실Tatsache의 개념은 이 개념이 시간 개념이 없는 점, 정확한 현재로서 표현되고 있다는 점에 의해서 그 성격이 드러나고 있습니다. 나는 지배적인 경험주의가 역설적이게도 경험을 절단시킨다는 점에 대해 말한 바 있었습니다. 이처럼 경험을 절단시키는 것에 대한 매우 정교한 근거 세우기가, 즉 이러한 정확한 현재성, '이것이 바로 경우이다'라는 것이 그것의 현저한 역사성과 역사적인 함의들로부터 도외시되는 한, 성립되는 근거 세우기는 현실에서 생성된 것을 그렇게-존재하며-다르게는-존재하지 않는 것으로서 절대화시키게 됩니다. 이러한 절대화는 소름끼치는 결과를 가져 오게 됩니다. 현실에서 생성된 것이 절대화되고 그 생성 과정이 소멸됨으로써 그것은 동시에 자연적인 것으로 출현하기 때문입니다. 이러한 이유로 인해 현실에서 생성된 것은 또한 ―앞에서 이미 말했던 것처럼― 원리적으로 더 이상 전혀 변화할 수 없는 것으로 나타나게 됩니다. 이러한 한 ―나는 앞에서 말한 이유 때문에 역사와 사회학의 연관관계에 그토록 결정적인 가치를 부여하고 있습니다. 이러한 가치 부여는 또한 비판 사회학이 단순히 연역적인 체계로 변질되는 위험에 대한 교정 수단으로서의 기능도 갖고 있습니다―, 역사적 차원의 제거는 매번 존재하는 것과 출현하는 것에 효력을 부여하면서 그것을 정당화시키는 본질적인 도구로 쓰이게 됩니다. 현상들이 그 생성 과정이 도외시된 채 생성되어 존재하는 것이 됨으로써 현상들로부터 무엇이 될 수 있는가 하는 전망조차도 사라지게 됩니다.

나는 지난 시간에 의식의 사물화와 정립된 사회학의 연관관계에 대해 여러 가지로 상이하게 여러분에게 말한 바 있었습니다. 여러분은 이제는 아마도 뉘앙스를 더 자세히 이해할 수 있을 것입니다. 사물화된 의식은 스스로 물신과 같은, 즉 원래부터 기능적으로 작동하는 장치에 따라 형성된 개념 체계의 척도에 맞춰 대상을 순간화시킴으로써 대상을 동시에 고정적인 것에 응고되도록 하는 의식입니다. 다른 것이 전혀 아니고 바로 '지금 그리고 여기에'로서의 이러한 의식은 순간에 대한 확인을 통해서 경직되고 응고됩니다. 극단적인 대립 관계들인 단순히 순간적인 것과 사물적인 것은 이 두 가지가 근본적으로 역사적인 것으로부터 도외시되는 한 서로 부합됩니다. 이러한 점은 그러나 사회학의 대상인 사회와는 절대적인 대립 관계에 놓여 있습니다. 그렇습니다, 사회는 기능의 과정이며 생성의 과정이지 어느 한 시점에서 살고 있는 모든 사람을 기술記述하는 개념이 아닙니다. 사회는 따라서 역사적인 것으로 파악되어야 하는 것이며, 이와 다르게 파악될 수는 전혀 없는 것입니다. 사회에 고유한 기능적인 특징은 시간적인 차원에서 표현되며, 이와 다르게 표현되는 것은 전혀 불가능하기 때문입니다. 지배적인 사회학이 역사적 차원을 도외시함으로써 방법론이 다루어야 할 문제를 다시 한 번 변조시켜 버린다고 말할 수 있습니다. 다시 말해, 스스로 움직이는 것이며 그 법칙성에 힘입어 필연적으로 움직이는 것인 사회를 방법론이 순간적인 상태에 머물러 있도록 정지시켜 버리는 것입니다. 현재 상태Status quo는 현재의 이데올로기에 들어 있는 중심적인 카테고리입니다. 사람들은 현재 상태라는 카테고리에 강제적으로 빠져들고 있는 것입니다. 이것은 반反역사적인 사회학이 사회에 내재하는 전개 경향들을 거역하고 이렇게 함으로써 대상에 원래부터 들어 있는 결정적인 것을 거역하면서 초래하는 맹목성입니다. 다시 말해, 사회학은 사회의 전체가 어디를 향하고 있는 것인가를 인식해야 하며 이로부터 우리가 이러한 경향 안으로 파고들어 갈 수 있는지의 여부와 그 방법을 도출해야 하는 것입니다. 이것이 바로 대상에 원래부터 들어 있는 결정적인 것입니다. 이러한 연관관계에서 나는 여러분에게 이미 간략하게 말했던 것을 다시 한 번 반복하고자 합니다. 스스로 경험적이라고 칭하는, 순간적인 것을 향하는 사회학은 그것이 시간의 차원, 즉 생성되어 존재하는 것의 차원을 원리적으로 소홀하게 함으로써 그 내부에 경험이 들어 있지 않은 사회학에 지나지 않는 것입니다. 그 밖에도, 심리학에 의해 발견된 것인 '자아 무력감'293)의 카테고리와 관련이 있는, 기억의 주관적인 무력감은 새롭게 다가오면서 형성되고 떠오르는 이질성이 갖고 있는 결정적인 특징들 중의 하나입니다. "모든 사물화는 망각"294)입니다. 비판은 원래 상기하기와 같은 것입니다. 다시 말해, 현상들에서 기동하는 것과 같은 것이 비판입니다. 현상들이 생성되었던 것이 무엇에 의해 현상들이 되었던가를 현상들에서 기동하는 것이 비판입니다. 이렇게 함으로써 현상들이 다르게 될 수도 있었으며 이를 통해 다르게 될 수도 있다는 가능성을 알아차리는 것이 바로 비판인 것입니다.

모든 사회학적 통찰에 대해 역사가 갖고 있는 중심적 의미는 무엇보다도 특히 노동자 운동에 결정적으로 해당됩니다. 마르크스의 포이어바흐 테제들[295]은 추상적으로, 역사적인 차원으로부터 유리된 채로는 전혀 이해될 수 없는 테제들입니다. 오히려 이 테제들은 앞에 놓여 있는 혁명에 대한 당시의 직접적인 기대에서만 오로지 그 위치 가치를 갖고 있습니다. 반면에 마르크스의 포이어바흐 테제들은 그러한 기대를 채우지 못한 채 주문呪文과 같은 것으로 변질되고 말았습니다. 혁명의 그러한 가능성, 그러한 주어진 가능성이 실현되지 않은 후에, 마르크스는 수십 년 동안 영국의 박물관에 앉아서 현실에서는 그렇게 많은 실제 행동을 하지 않은 채 이론적-국가경제학적인 저작들을 집필하였습니다. 이것은 전기적傳記的인 우연성의 단순한 사항이 아니며, 거기에는 또한 역사적인 모멘트도 선명하게 각인되어 있습니다.

막스 베버나 뒤르켐과 같은 위대한 부르주아지적인 사회학자들에서도 자료는 본질적으로 역사적이거나 또는 민속학적이었습니다. 민속학적인 것은 여기에서는 안심하고 역사적인 것의 개념에 포괄되어도 됩니다. 인류학적이고 민속학적인 자료에 대한 특별한 사회학적 관심으로서의 관심은 다음과 같습니다. 다시 말해, 베버와 뒤르켐은 —정당하거나 또는 부당하게— 우리의 고유한 이른바 고급문화에 들어 있는 어떤 것이 이전의 시대에서는 어떻게 존재하고 있었는가에 대해서 인류사의 이른바 더욱 오래된 단계들의 잔재들에서 어떤 것을 지각할 수 있다고 믿었던 것입니다. '집단의식'에 관한 뒤르켐의 명제나 또는 경제와 사회구조 사이의 연관관계와 더불어 나타나는 '자본주의 정신'에 관한 베버의 명제와 같은 명제들은 오로지 역사적인 것으로만 가능하며, 역사적인 자료에서 단순히 그 모습이 드러나 있는 것은 아닙니다. 뒤르켐과 베버의 명제들이 사회에 대한 인식에 얼마나 생산적으로 증명되었는가에 대해서는 여러분에게 말할 필요가 없을 것입니다. 이와 동시에 역사적인 고찰이 사회학에 대해 초래하는 위험이 지적될 수 있습니다. — 여러분이 위험의 개념처럼 학교 선생님과 같은 개념을 수용하게 되면, 교수는 일반적으로 집게손가락을 들어 올리면서 학문의 길과 잘못된 길에 대해 말하게 됩니다. 나는 잘못된 길들을 일반적으로 선호하고자 합니다—. 그러한 경우들에서 나타나는 위험은 사회를 오늘날 우리가 살고 있는 시대처럼 이토록 총체적으로 경제적으로 결정되어 있지 않으며 이토록 총체적으로 사회적으로 조직화되어 있지 않은 과거의 사회와 관련시킴으로써 정신이, 이전의 시대에서나 또는 어떻든, 반드시 지배적인 것처럼 여겨지게 되는 모습이 발생하는 위험입니다. 이른바 정신적인 현상들조차도 그것들이 갖고 있는 폭에서 볼 때 그 사이에 경제적 연관관계에 통합되어 버렸음에도 —우리는 이 점을 사회의 오늘날의 단계에서 대해서 어떤 경우이든 주장할 수 있습니다— 경제적인 연관관계가 지배적인 것처럼 여겨지지 않고 있는 것입니다. 뒤르켐과 베버는 사회학을 심리학으로부터 두드러져 보이게 하려고 끝없이 노력하였습니다. 베버는 합리성의 개념[296]을 통해서 —이에 대해 나는 이미 여러분과 논의하였습니다— 노력하였으며, 뒤르켐은 꿰뚫어질 수 없는 것의 개념으로서의 사회적 사실[297]을 통해서 노력하였습니다. 이 점은 나를 다시 한 번 심리학에 대해 사회학이 차지하는 자리로 이끌고 있으며, 이것은 매우 특별한 의미에서 이루어지고 있습니다. 다시 말해, 심리학적인 모멘트들을 사회학에 관련시키는 것에 대한 저항, 심리학적인 차원에 대한 저항은 실증주의적-부르주아지적 전문 사회학에 있는 저항일 뿐만 아니라 마르크스주의자들에 의해서도 매우 본질적으로 공유되고 있습니다. 나는 지난 학기에 있었던 권위와 결합된 인성에 대한 세미나[298]를 기억하고 있습니다. 이 세미나에서 마르크스주의 성향을 갖고 있었던 어떤 학생이 권위와 결합된 인성에서 제기되는 모든 물음에 대한 의문을 제기하였습니다. 그 학생은 권위와 결합된 인성을 객관적인 가치론의 맞은편에서 주관주의에 미끄러져 내리는 것으로 느꼈기 때문입니다. 마르크스주의자들은, 심리분석을 신봉하였던 트로츠키 정도를 예외로 하고는, 일반적으로 심리학에 반대하는 입장이었으며, 심리학은 러시아에서 오늘날 비방되고 있습니다. 여기에서 관건이 되고 있는 것은 내가 프렌켈-브런스위크Frenkel-Brunswik의 표현인 "모든 다의적인 것에 대한 반감"[299]이라고 나타내고 싶은 현상입니다. 다시 말해, 흑-백-스테레오판에서 사고하고 자기 자각과 비판을 지향하고 있는 모든 것을 원리적으로 절단시키는 사고 구조가 관건이 되고 있는 것입니다. 벤야민의 편지 한 장이 지금도 존재하고 있습니다. ―이 편지는 나에게는 알려지지 않았던 편지였습니다. 이 편지는 『대안 alternative』지誌가 나를 반박하였던 기회에 『대안』에서 인쇄되었던 편지였습니다―. 이 편지에서 벤야민은 다음과 같이 쓰고 있습니다. "당신의 사고의 흐름을 따를 수 있게 되는 것보다는 내게는 차라리 아무것도 없는 것이 나을 것 같다." ― 벤야민의 편지는 수취인이 알려지지 않은 채 쓴 것입니다. ― "우리가 사회심리학이라고 이해할 수 있는 것은 내 생각으로는 계급 대립들을" ―등등― "최우선적인 대상으로 하는 사회이론의 기본 윤곽에서 비로소 결정된다. 이른바 방법론학적인 연구들과는 다른 것으로 보이는, 유물론적인 방법론에 기초하는 사회이론에 대한 기고들과 관련하여 … 우리는 독일에서 어떠한 과잉도 갖고 있지 않으며, 오늘날에도 역시 그러한 과잉을 갖고 있지 않다."[300] 이것은 흑-백-스테레오판에서 사고하는 사고 구조에 대한 벤야민의 반감을 명백하게 증명하고 있습니다. 객관적인 법칙성의 우위가 사회에서 지배적이라는 점은 매우 명백하다고 말할 수 있습니다. 그 이유는 일단은 다음과 같습니다. 인간이라는 종種의, 경제를 통한 자기 보존과 모든 개별 인간의 자기 보존은 심리적인 인자들에 대해서 일단은 우위적이기 때문입니다. 이러한 이유 외에도 내가 이 강의가 진행되는 과정에서 여러분에게 여러 가지로 지적하였던 이유가 또 있습니다. 다시 말해, 사회의 객관적—제도적 측면이 사회를 구성하는 인간에 대해서 스스로 독립적이 되고 고착되기 때문에 사회에서 객관적인 법칙성의 우위가 지배적이 되는 것입니다. 그러나 우리는 다른 한편으로는 주체들도 역시 사회에 속한다는 사실과 사회가 그 현존하는 형식에서 유지될 수 있기 위해서는 주체들의 특정한 상태가 사회에 속한다는 사실을 생각해야만 합니다. 주체들이 다르게 된다거나, 또는 사람들이 오늘날 여러모로, 부당하지 않은 것만은 아닌 상태에서 지칭하고 있듯이 주체가 성숙되어 있다면, 사회는 사회에게 운용되도록 놓여 있는 모든 강제적 수단에도 불구하고 사회가 보여주고 있는 경우처럼 그렇게 유지될 수는 전혀 없을 것입니다. 주체적인 인자의 역할은 사회적인 전체 과정에서 변전됩니다. 상부구조—하부구조 관계도 통합이 지속적으로 증대되면서 그 오래된 예리함을 상실하게 됩니다. 주체들이 사회에 의해서 더욱더 많이 포착되고, 체계에 의해 더욱더 많이 규정되며, 더욱더 완벽하게 결정되면 될수록, 체계는 강제적 속박의 적용을 통해서 주체들의 맞은편에서 더욱더 많이 유지될 뿐만 아니라 주체들을 관통해서도 더욱더 많이 유지됩니다. 이러한 변증법이 성립하는 한, 스펜서의 발전론은 아이러니적이라고 명명할 수 있을 정도로, 그리고 스펜서 자신이 일찍이 생각할 수 있었던 것을 무한한 정도로 멀리 넘어서는 정도로 확인이 되었습니다. 이것에 오늘날 편하게 기댈 수 있게 된 것이 바로, 오로지 인간에 달려 있을 뿐이라고 말하고 있는 이데올로기입니다. 주체들은 오늘날 부정적인 모멘트로서 존재하고 있습니다. 주체들은, 모든 이데올로기처럼, 경제적인 관계들과 생산력보다도 더욱 느리고 둔중하게 굴러갑니다. 바로 이러한 지구력에 의해서, 주체들의 타성에 의해서 사회가 유지됩니다. 나는 주체들 스스로 오늘날 넓은 정도로 이데올로기의 한 부분을 표현하였다고까지 말한 적이 있습니다.[301] 나는 이처럼 노출된 언어적 표현을 철회하게끔 하는 어떤 계기도 보고 있지 않습니다. 원래 호르크하이머에서 유래하는, 훨씬 더 오래된 언어적인 표현이 내가 정리한 표현과 확실하게 일치합니다. 호르크하이머는 심리학, 개별 인간의 정신적인 조합이 "잡동사니"가 되었고, 이러한 잡동사니에 의해서 사회, 통합된 사회가 주관적인 측면에서도 한 데 붙어 있게 되었다고 표현하였습니다. 매우 넓은 의미에서 이데올로기에 대한 연구와 비판으로 통용되었던 사회조사연구소의 작업들은 원래부터 호르크하이머가 표현한 "잡동사니"302)의 생각에 본질적으로 관여되어 있었습니다. 여러분은, 우리가 파악하고 있는 것처럼, 생산관계들의 수단으로서나 또는 모멘트로서의 사회심리학의 모티프가 비판 이론에서 그 권리를 갖고 있을 뿐만 아니라 비판 이론에 속한다는 것을 볼 수 있을 것입니다. 나는 현재의 상태에서 볼 때 주체는 두 가지라고 말할 수 있습니다. 주체는 한편으로는 이데올로기입니다. 사실상으로 주체가 중요하지 않기 때문이며, 이 사회에서 자신을 주체로 느끼는 것이 가상적인 것을 이미 갖고 있기 때문입니다. 다른 한편으로 주체는 그러나 잠재력입니다. 주체를 통해서 이 사회가 변화될 수 있는 유일한 잠재력을 주체가 갖고 있기 때문입니다. 이처럼 유일한 잠재력에는 체계의 모든 부정성이 저장되어 있지만, 그러한 잠재력은 또한, 오늘날 이제 한 번은 보이고 있듯이, 체계를 넘어서는 잠재력이기도 합니다. 그럼에도 불구하고 우리는 객체성의 우위를 붙들고 있어야 한다는 점을 여러분에게 말하였습니다. 그러나 여기에 첨언할 것이 있습니다. 사회의 사물화에 대한 인식이 그것 나름대로 다시 사물화되어서는 안 될 것이며, 사물화가 만들어 놓은 강제적 속박의 영역으로부터 발원하는 어떠한 사고도 이루어져서는 안 될 것입니다. 이렇게 하지 않으면, 우리는 기계적인 사고에 빠져들 것입니다. 사회학이 체계와 인간의 관계에 관련된다는 것도 사회학에 본질적으로 속하는 사항입니다. 체계와 인간의 관계가 얼마나 중요한 것인가에 대해 나는 다음과 같은 문제에서, 시위하듯이, 여러분에게 보여주고 싶습니다. 체계와 인간의 관계를 사실상으로 다루는 것이 경험적 사회연구에서 현안이 되어야 함에도 그렇게 되고 있지 않은 문제가 있는 것입니다. 경험적 사회연구는 내가 여기에서 계속해서 전개시킬 필요가 없는 이유들 때문에 이러한 문제에 경악스러울 정도로 미약하게 주목했을 뿐이었습니다. 우리 모두는 문화산업이 사회적인 통합의 모든 권력을 더욱더 넓은 의미에서 문화산업에 붙여서 고려해야만 할 정도로 비대한 권력을 갖게 되었다는 점으로부터, 확실한 정도까지, 출발하였습니다. 이러한 권력을 가진 현재의 문화산업은 사실상으로 인간이 지금 일단 존재하고 있는 모습 그대로 인간을 만들고 각인시키며 최소한 유지시키고 있습니다. 그러나 문화산업의 내부에는 실제로 독단적인 것과 검증되지 않은 것이 들어 있습니다. 지난 몇 년 동안의 문화산업의 전개에서 내가 어떤 경우이든 무언가 배운 것이 있었다고 말해도 된다면, 그것은 다음과 같은 것입니다. 다시 말해, 객관적인 자극들과 인간에게도 또한 선명하게 각인되었던 객관적인 의식구조들의 동일성을 인간 자신의 행동방식에 즉각적으로 종속시킬 수는 없다는 점을 내가 배운 것입니다. 오늘날 경험적 사회연구에 부여된 가장 중요한 과제는, 내가 보기에는, 인간이 도대체 얼마만큼 메커니즘에 의해 만들어진 것처럼 실제로 그렇게 존재하고 있으며 실제로 그렇게 사고하고 있는가를 한번은 진지하게 발견해 보는 일인 것 같습니다. 유감스럽게도 아직은 충분히 멀리 실행될 수 있는 상태에 도달해 있지는 않지만, 우리 프랑크푸르트 학파는 사회조사연구소에서의 작업들[303]을 통해서 앞에서 말한 과제에 대해 중첩된 채로 서로 다투는 기이한 특징이 놓여 있는 근거점들을 확보하고 있습니다. 다시 말해, 인간은 한편으로는 문화산업이 인간을 관리하듯이 ―나는 여기에서 다만 소라야 Soraya와 비아트리Beatrix를 상기시키고자 합니다― 그렇게 개별 인물에 초점을 맞추는 메커니즘에 종속됩니다. 그러나 동시에 사람들이 단지 조금만 자극되어도 개별 인물에 초점을 맞추는 것에 대해 이른바 심층

인터뷰들이 필요가 없게 됩니다. 비아트리 공주와 소라야 부인, 또는 누군가 영화에 나오는 이러한 인물들이 그토록 소름끼치도록 중요한 것은 전혀 아니라는 것을 모든 인간이 원래부터 알고 있음을 우리는 정말로 쉽게 확인할 수 있는 것입니다. 이것이 실제로 그렇다면, 인간이 개별 인물들에 초점을 맞추는 것에 사실상으로 붙잡혀 있지만 동시에 또한 붙잡혀 있지 않다면, 다시 말해 여기에 중첩되고 그 내부에서 모순에 가득 차 있는 의식이 놓여 있다면, 필연적으로 중요한 사회적인 계몽이, 개별 인물들에 초점을 맞추는 현상에 맞서서 ―이러한 현상이 훨씬 더 넓게 미치는 연관관계에서 보이는 부분 현상일 뿐이라는 점은 자명합니다―, 이 자리에서 접속될 수 있을 것 같으며 다음과 같은 점에 대해 사람들을 계몽시킬 수 있을 것 같습니다. 다시 말해, 사회에 존재하고 있는 것으로서 여러분에게 본질적으로 주입되는 것은 ―이것에는 정치가들의 이른바 '이미지'도 속합니다― 사람들이 개별 인물들에 초점을 맞추는 현상에 부여하려고 제기하는 관련성으로부터 실제로는 전혀 유리되어 있지 않은 것입니다. 이 점이 필연적으로 계몽되어야 하는 것입니다. 여러분은 여기에 이르러 사회심리학적인 분석의 가능성이 비판 사회학에게도 매우 본질적이라는 사실을 알 수 있게 되었을 것입니다. 또한 내가 여러분에게 여기에서 거론하였던 이유들 때문에 우리는 사회심리학을 도외시해서는 안 될 것입니다.

신사 숙녀 여러분, 우리는 이제 강의의 끝에 이르게 되었습니다. 나는 사회학 입문 강의인 이 강의에서 내가 말하려고 계획하였던 모든 것을 제외시키지 않고 여러분에게 말하려는 의지를 당연히 갖고 있었습니다. 그러나 내 의지대로 진행되지 않았다는 점만을 말할 수 있습니다. 이것은 부분적으로는, 원래부터 원했던 시간에 비해 여러 시간을 잃어버린 것에도 기인합니다. 그러나 다른 한편으로는 이러한 입문 강의가 여러분이 일련의 문제들에 마주치게 될 때 여러분이 과거보다는 덜 순진하게 되고 이러한 문제들에 대해 성찰하는 방향으로 여러분을 이끌 수 있을 것입니다. 내가 사회학 영역에 대해서 이른바 완벽한 개관을 여러분에게 제공하지 않은 이유에 대해서는 내 스스로 여러분에게 말한 바 있었습니다.

나는 아카데믹한 문제와 관련하여 여러분에게 말하고 싶습니다. 이것은 내 동료인 슈테른 씨[304]와의 연관관계에서 진행된 과정들에 관련되어 있습니다. 슈테른 씨는 몇 년 전에 나를 마르크스주의적 문학이론가라고 맹렬하게 공격했다는 사실을 미리 말해 두고 싶습니다. 여기에 첨언하고 싶은 것이 있습니다. 슈테른 씨는 전적으로 자유 의지에서 나에 대한 그의 공격들에 대해 나에게 사과하였으며,[305] 가장 정직하게 처신하였습니다. 나는 이것을 특히 높게 평가합니다. 슈테른 씨가 파악하는 것들과 나 사이에는 근본적인 대립관계가 성립되는 것이 자명하다는 점도 말하고 싶습니다. 이처럼 근본적인 대립관계들은 완벽하게 가려져 있지 않은 상태로 나타나고 있습니다. 슈테른 씨의 스승인 슈타이거Staiger[306]와 나 사이에 있는 대립관계들은 너무나도 극단적이어서 그와 나 사이의 토론 가능성조차 차단되어 있다는 점을 덧붙이고 싶습니다. 이 점을 미리 말해두면서도, 나는 방해받지 않은 상태에서 학자가 자신의 학설을 대변하고 자유로운 상태에서 자신의 생각을 표현하는 가능성을 학자에게 더 이상 제공하지 않는 방법론은 억제의 자유, 성숙성, 자율성과는 결합될 수 없는 것에 지나지 않는 것이라고 생각합니다. 슈테른 씨와 나 사이에서 발생한 경우에서는 사실적인 차이들이 성립되고 있습니다. 이러한 이유로 인해 나는 여러분에게 다음과 같은 점을 말할 수 있는 특별한 정당성을 갖게 되었다고 생각합니다. 이제 이 점을 여러분에게 말해도 되리라 봅니다. 나는 슈테른 씨와 나 사이에 있었던 이러한 종류의 투쟁이 대학 개혁을 위한 투쟁에서 회피되어야 하며, 사회 변화를 위한 투쟁에서도 역시 회피되어야 할 것이라는 점을 여러분에게 요청해도 되리라 봅니다. 나는 여러분의 투쟁에 대해서는 말참견을 할 수는 없습니다. 그러나 나는 여러분의 투쟁과 나를 동일시할 수는 없으며 이것은 불가능합니다. 투쟁과 관련한 나의 입장은 하버마스가 그의 유명하게 된 테제들[307]에서 전개시켰던 입장과 전적으로 동질적입니다. [강력한 쉿 소리] 신사 숙녀 여러분[지속적이고도 강력한 쉿 소리], 이에 대해 나는 특별할 정도로 미안하게 생각합니다. 그러나 그 어떤 이유에서 어떤 사람에게 편안하지 않은 견해들을 우리가 욕한다면, 이것은 토론의 개념에 모순된다고 생각합니다. 나는 그러한 문제들에 대해 여러분과 토론할 권리가 나에게서 획득될 수 있다고 생각하지만 저항의 수단들에 나를 내맡기는 권리가 나에게 주어져 있다고 생각하지는 않습니다. 여러분 모두는 내가 이러한 모든 사항에 대해 토론하는 것을 회피하지 않았음을 —이제 실제로— 알고 있을 것입니다. 나는 앞으로도 계속해서 이러한 입장에서 벗어나지 않을 것입니다. 이렇게 되어도 우리는 그러나 실제로 토론을 해야 할 것이며 불찬성을 단순하게 표명하는 것을 통해 이러한 사항들을 절단시키는 시도를 해서는 안 될 것입니다. 이것이 어떻든 이제 여러분에게 감사를 표하고자 합니다. 먼저, 이 강의에서 여러분이 주의를 기울여 준 것에 대해 감사합니다. 냉방 조건들이 대학정책적인 분위기에서 뿐만 아니라 물리적인 분위기의 의미에서도 항상 일관되게 유지되지 않았음에도 불구하고 여러분이 그토록 현저하게 많은 수를 유지하면서 이 강의에서 끝까지 머물러 준 데에 무엇보다도 특히 감사합니다. 여러분 모두 좋은 여름 방학이 되기를 소망합니다.[308]

282) [ ]에 재현된, 강의의 시작 부분은 '유니우스(Junius)-인쇄본'으로부터 보완된 것이다. 이 부분이 녹음에서 보존되고 있지 않기 때문이다.

283) Vgl. J. Habermas, Analytische Wissenschaftstheorie und Dialektik분석적 학문이론과 변증법, a. a. O., S.155-192; zum Verhältnis von »Theorie und Geschichte« vgl. bes. S.161-166.

284) 여기에서는 »Philosophische Rundschau철학적 리뷰«의 별책 부록 제5권이 관건이 되고 있다. 이 별책 부록에서 하버마스의 논문인 「사회과학의 논리」가 1967년 2월에 출간되었다.

285) 베블런의 '현저한 소비' 개념에 대해서는 다음을 참조. Th. Veblen, Theorie der feinen Leute유한계급론, a. a. O., S.93-107: »Der demonstrative Konsum과 시적 소비«.

286) 법칙정립적인 것과 개별적으로 특수한 사례적인 것의 구분은 빌헬름 빈델반트Wilhelm Windelband로부터 유래한다. 이러한 구분은 리케르트Rickert가 전개시킨 자연과학과 문화과학의 구분과 일치한다. 리케르트에 따르면, 자연과학은 일반화되는 법칙들을 찾아 나서며, 문화과학은 '문화적 재화'가 실현되는 개별 현상의 '가치'를 탐구한다. Vgl. W. Windelband, Geschichte und Naturwissenschaft역사와 자연과학, Freiburg 1894. 편집자주 163번도 참조.

287) 특정한 인자因子들이 어떤 일반적인 법칙의 작용을 부정하지는 않지만 법칙의 관철을 저지하고 지연시키거나 또는 악화시키는 경우에 마르크스는 '경향'에 대해 말한다. 추정건대 아도르노가 여기에서 생각하였던 가장 유명한 모델은 "이윤율의 점차적인 하락의 법칙"과 하락에 "반대 방향으로 작용을 하는 —일반적인 법칙의 작용을 방해하고 해체시키면서 일반적인 법칙에 단지 경향의 특징만을 부여하는— 원인들"(Marx/Engels Werke, Bd. 25, a. a. O., S.242ff.)에 관한 법칙이다.

288) 아도르노는 '실증주의 논쟁' 「서론」에서 사회적인 법칙 개념의 이러한 형식을 자연과학적인 법칙성에 대한 대립성으로부터 전개시키지 않고, 개별적인 것과 일반적인 것의 사회적 관계에 대한 변증법적 규정으로부터 전개시켰다. "개별적인 것이 그것에 내재하는 일반성을 위해서 비교되는 일반성에서 희생시키지 않는 것인 개별적인 것에의 강조에서, 역사적으로 구체적인 법칙들로서의 사회적인 법칙들에 대한 변증법적 표현이 강조에 상응하여 이루어진

다. 특별한 것이면서도 동시에 일반적인 것으로서의 개별적인 것에 대해 변증법적으로 규정되는 것은 사회적인 법칙 개념을 변화시킨다. 이 법칙은 '항상 ~이면 - 그러고 나서'의 형식을 더 이상 갖지 않고, '~한 후에 - 해야 한다'의 형식을 갖는다. 이 형식은 원리적으로 부자유의 조건 아래서만 통용된다. 개별적인 모멘트들에는 그 내부에 이미 특별한 사회구조로부터 따라 나오는 특정한 법칙성이 내재되어 있기 때문이다. 이러한 법칙성은 법칙성들을 학문적으로 종합한 것의 산물이 아니다"(GS 8, S.323).

289) Vgl. Student und Politik학생과 정치. Eine Untersuchung zum politischen Bewußtsein Frankfurter Studenten von Jürgen Habermas, Ludwig von Friedeburg, Christoph Oehler, Friedrich Weltz, Neuwied 1961, S.11-55.

290) Vgl. John Locke, Zwei Abhandlungen über die Regierung, hrsg. und eingeleitet von W. Euchner, Frankfurt a. M., Wien 1967.

291) Vgl. Montesquieu, Vom Geist der Gesetze. In neuer Übertragung eingeleitet und herausgegeben von Ernst Forsthoff, 2 Bde., Tübingen 1951.

292) J. W. Goethe, Faust II, V. 11601.

293) '자아 약화' 개념에 대해서는 편집자주 103번에 있는 입증 내용을 참조.

294) GS 3, S.263.

295) 마르크스의 이른바 '포이어바흐 테제'는 1845년에 "I. 포이어바흐에게"라는 제목으로 메모 형태로 기록되었다. Vgl. Marx/Engels Werke, a. a. O., Bd. 3, 4. Aufl., Berlin 1969, S.5-7.

296) 1968년 6월 11일의 강의와 편집자주 155번을 참조.

297) 1968년 5월 7일의 강의와 편집자주 77번을 참조.

298) 아도르노는 "권위성과 결합된 인성의 문제들"이라는 세미나를 1967/68년 겨울 학기에 행하였다.

299) Vgl. The Authoritarian Personality, a. a. O., S.461ff.

300) Vgl. Walter Benjamin, »Brief an einen unbekannten Adressaten수취인 불명의 편지« in: alternative, 10. Jg., Oktober/Dezember 1967, Heft 56/57, S.203. ─벤야민의 1938년 6월 12일 자 편지는 노베르트 엘리아스를 향한 것이었다. ─ 벤야민 편찬자 및 해석자로서의 아도르노에 대한 『대안』지의 논박에 대해서는 다음을 참조. Vgl. Adornos Interimsbescheid und die Anmerkungen des Herausgebers, in: Theodor W. Adorno, Über Walter Benjamin. Aufsätze, Artikel, Briefe. Revidierte und erweiterte Ausgabe, hrsg. v. Rolf Tiedemann,

Frankfurt a. M. 1990, S.91-96.

301) 아도르노는『부정변증법』에서 다음과 같이 썼다. "존재론이 객관주의적인 의도로부터 발원하여 부흥하는 것은 그 버팀목을 갖고 있는 것 같다. 이것은 물론 존재론에게 최종적으로 구상에 맞아 떨어졌다. 주체는 사회의 객관적인 기능 연관관계를 덮어 버리고 주체들의 고통을 사회의 밑으로 가라앉히면서 넓은 정도로 이데올로기가 되었다. 이렇게 되는 한, 그리고 이것이 오늘날 비로소 일어난 것이 아닌 한, 자아가 아닌 것이 자아에게 철저하게 미리 정돈되어 있다"(GS 6, S.74).

302) 호르크하이머가 빈번하게 사용하였던(vgl. Adornos Hinweis in: GS 10.2, S.722f.) 이 표현은 에리히 프롬(1900-1980)으로부터 유래할 개연성이 높다. 프롬은 1930년대 초에 분석적 사회심리학의 구상에 참여하여 일했다. 이 구상에서는 특히 "인간의 리비도적인 힘들"의 기능이 탐구되었다. "리비도적인 힘들은 동시에 잠동사니를 —이것이 없이는 사회가 한 데 붙지 않았던— 형성한다. 리비도적인 힘들은 모든 사회적인 영역에서 커다란 사회적인 이데올로기들의 생산에 기여한다"(Erich Fromm, Über Methode und Aufgabe einer analytischen Sozialpsychologie분석적 사회심리학의 방법론과 과제에 대하여, in: Zeitschrift für Sozialforschung, Jg. I, 1932, Heft 112, S.50).

303) 아도르노가 여기에서 관련시켰던 것은『극우 선전선동의 수용』이라는 연구이다. 이 연구는 NPD독일 민족민주당의 선거 승리가 계기가 되어 당시에 사회조사연구소에서 시작되었다. 이 연구는 1972년에 종결되었으며 다음의 책으로 출간되었다. Ursula Jaerisch, Sind Arbeiter autoritär노동자들은 권위적인가? — Zur Methodenkritik politischer Psychologie정치 심리학의 방법론 비판, Frankfurt, Köln 1975.

304) 아도르노는 이 강의가 끝난 후에 써서 타베스Jakob Tabes에게 보낸 1968. 7. 11. 자 편지에서 이 사건에 대해 보고하였다. "나와는 정말로 견해가 일치하지 않은 독문학자인 슈테른 씨의 강의를 사람들이 잔혹한 방식으로 방해한 것에 대해 내가 마지막 강의 시간에 항의하였을 때, 내 자신도 극도로 혐오스러운 경험을 하였습니다. 사람들은 고함을 치면서 슈테른 씨가 말을 하지 못하도록 하였습니다."

305) 슈테른Martin Stern, 1930년 취리히 출생은 1967년 이래 프랑크푸르트 대학 독문학과에서 강의하였다. 그는 1962년에 아도르노의 논문인 Jene zwanziger Jahre und Voraussetzungen. Aus Anlaß einer Lesung von Hans G. Helms1920년대와 전제조

건들. 한스 헬룸스의 독회를 계기로 해서에 대해 스위스에서 발행되는 모나츠헤프텐(Monatsheften, 41. Jg. März 1962, Heft 12, S.1326ff.)에서 공격하였다. 1966년 초 슈테른은 강연할 기회를 얻었으며, 이 강연에서 그는 1966년 1월 18일의 편지에서 자신의 공격에 대해 아도르노에게 사과하였음을 밝혔다.

306) 스위스의 문학사가 슈타이거Emil Staiger, 1908년생는 이른바 '작품내재적 해석'을 대변하였으며, 하이데거를 따르는 입장을 취하였다. 그는 1943년부터 취리히 대학에서 가르쳤다.

307) Vgl. J. Habermas, Die Scheinrevolution und ihre Kinder가상 혁명과 그 후예들, a. a. O. 편집자주 134번도 참조.

308) 강의가 끝난 후 아도르노가 베커Helmut Becker에게 7월 11일에 썼던 편지에는 학기를 되돌아보는 소감이 다음과 같이 표현되어 있다. "마침내 다음 주에는 방학이 시작됩니다. 학기를 지나면서 나는 기대해도 되었던 것보다는 훨씬 더 멀리 벗어나고 말았습니다. 강의에서 내가 갖고 있었던, 화가 나는 모든 일은 활기를 잃은 불운이라고 명명하는 것의 영역에 속합니다."

편집자 후기

편집자 후기

아도르노의 『사회학 강의』는 그가 행했던 마지막 강의이며, 녹음으로
완벽하게 보존되어 있는 유일한 강의이다. 이러한 사정은 테오도르 아
도르노 자료실의 결정에도 특별하게 영향을 미쳤다. 자료실은 총 15개
의 아도르노 강의록을 포함하고 있는 『유고집』의 제4 부분을 아도르노
사회학 강의록을 다른 강의록이나 사회학 강의록보다 더 높은 비중을
갖는 강의록에 우선하여 편집하는 작업과 함께 개시하는 것으로 결정
하였던 것이다. 녹음 기록들이 갖고 있는 편집상의 가치를 과대평가함
이 없이도, 녹음 기록들이 보존되어 있다는 것은 아도르노의 강의들에
대한 포괄적인 편집의 개시에서 그가 강의하는 방식을 녹음 기록으로
확실성을 보여주면서 증명하는 가능성을 의미하고 있다. 이러한 확실
성은 이미 존재하는 발음대로 표기해 놓은 원고들에서는, 녹음테이프
기록과의 비교 가능성이 없는 상태에서, 항상 세세하게 제공되지는 않
았다. 아도르노가 『인식론 강의』를 하였던 1957/58년 겨울 학기 이래
로 그는 강의들을 녹음 기록으로 만들도록 하였다. 이것은 그가 나중에
관련 작업을 할 때 강의 내용에 되돌아올 수 있도록 하기 위함이었다.
아도르노 자신은 녹음 기록으로 담은 그의 강의들이 출간되는 것을 결
코 생각해 본 적이 없었다. 문어와 구어의 차이는 그에게는 너무나 큰
차이였다. 그러나 녹음의 기록 상태가 완벽했다는 이유 하나만이 테오
도르 아도르노 자료실로 하여금 강의록의 편찬을 『사회학 강의』와 함께
개시하도록 계기를 부여하지는 않았다. 『사회학 강의』는 아도르노의
수십 년에 걸친 사회학적 연구의 결산으로서 비판 사회이론으로의 안
내를 제공하고 있다. 아도르노는 1950년대와 1960년대에 비판 사회이
론을 대표하는 사회학자였고 비판 사회이론의 발전에 결정적으로 참여
한 사회학자였다. 그 중심에 실증주의에 대한 아도르노의 비판이 놓여

있는 『사회학 강의』는 비판 이론이 무엇을 위해 활동하였던가를 본보기로 보여주고 있다. 막스 호르크하이머가 1930년대 초반 사회조사연구소의 활동에 대해 강령적으로 제기한 요구인 "철학적 이론과 개별 학문적인 실제의 변증법적인 관통과 전개"가 『사회학 강의』에서 시위하듯이 드러나고 있는 것이다. 아도르노는 자신이 행한 모든 활동에서 이러한 요구에 충실해야 한다는 의무감을 갖고 있었으며, 이러한 요구는 그의 모든 작업에 들어 있는 "내적인 구속"을 규정하였다. 이러한 요구는 그의 모든 작업에서 부러지지 않고 생명력을 유지하였던 충동이다.

녹음 기록은 "살아 있는 정신의 지문"이며, "일회성으로 끝나는 말"을 못을 박아 붙이는 시도이고, 그것 자체로 '관리된 세계'의 징후(GS 20.1, S.360)라는 아도르노의 명언과 다른 한편으로는 자유롭게 행해진 강연을 즉석에서 이루어지는 즉흥적인 형식에서 변질시켜서는 안 된다는, 예로부터 내려오는 말들에 대한 의무감은 편집상의 적지 않은 문제들을 생각하게 하였다. '자유롭게 행해진' 강연의 어투가 일깨우는 무언가 구멍이 많다는 표상은 아도르노의 경우에는 그가 육필로 기록해 놓은, 그에게는 핵심용어들로 소용되었던 메모들에서 구체화될 수 있다. 이 메모들은 DIN-A4 형식에서 수평으로 줄이 그어져 있는 메모장으로 9장 이상이 되지 않는 분량을 포괄하고 있으며, 9장 중에서 4개의 장에는 양면으로 기록되어 있다. 아도르노가 특징적으로 말하고 있는 시도, 구어와 문어 사이의 거리를 줄이려는 모든 시도는 결의론決疑論적인 딜레마에 빠져든다. 하나는, 다른 하나에 도달할 수 없는 상태에서, 말살되고 마는 것이다. 아도르노의 강의들에 대해 여기에서 성립되는 가능성은, 즉 녹음 기록을 통해서 아도르노가 행한 강연의 언어적인 필치를 '뒤따라 청취할' 수 있는 가능성은 ―녹음 기록에서 얻은 필사본의 많은 문장들의 구문적인 구분은 이러한 가능성에 철저하게 의존되었다―, 통상적이지 않은 구문 구성들이 위험을 무릅쓰면서 언어적 어려움을 불러일으키고 있다는 점을 설명하는 데 소용되어야 할 것이다. 여기에서 말하는 언어적 어려움이란 독자가 문어적인 텍스트에서 기대하는 정도로 독자에게 다가오지 못하는 것에서 오는 어려움이다. 오히려 그러한 일반적인 숙고를 따르면서 세부적으로는 다음과 같이 처리되었다. 편집 작업은 녹음 기록을 새롭게 설정된, 발음대로 표기되는 언어를 능수능란하게 처리하는 것에 그 기초를 두었다. 모든 대학정책적인, 연구소 내부적인, 기술적인 머리말이나 부수적 언급들은 발음대로 표기된 언어에 수용되었다. 실행된 수정들은 자유로운 강연의 특징을 보존하는 것을 시도하며, 문자 형태의 독일어에서는 다르게 처리해야 함에도 이러한 시도를 유지한다. 다시 말해, 실마리를 다시 받아들이거나 또는 특별한 강조에 기여하는 것들인, 일반적이지 않은 어순과 문장 구성뿐만 아니라 반복들도 그대로 유지되었다. 구두로 행해진 강연의 정리는 구두점의 문법 기능 이외에도 또한 구두점들의 수사학적으로 규정된 사용을 필요로 하였다. 대시(-), 쌍점(:), 쉼표의 빈번한 사용을 필요로 하였다. 이러한 것들을 통해서 밀어 넣기, 생각 가능한 이의 제기들, 부수적인 언급들, 청중에게 직접적으로 관련을 맺는 것, 또는 자신의 강연에 대한 성찰이 이러한 요소들을 상위에 포괄하는 문장에 편입되어야만 하였다. 상황에 제약을 받았던 파격적인 구문들에 대한 수정과 의미를 왜곡시키며 문법적으로 문제가 있는 명백한 오류들에 대한 수정은 조용히 실행되었다. 몇몇 경우들에서는, 내용적으로 어떠한 뉘앙스도 부가시키지 않지만 조망되지 않는 문장의 이해를 어렵게 하였던 반복들을 삭제하는 것도 암묵적으로 실행되었다. '이제', '따라서', '그렇습니다'처럼 단순히 채워주는 기능을 갖는 불변화사들은, 이것들이 뉘앙스의 변화를 일으키는 단어들로서 수식적인 의미를 갖지 않은 채 누적되어 사용되는 경우들에서는, 삭제되었다. 그 밖에도 사소한, 녹음기술적으로 인해 생긴 빈 곳들이나 또는 이해되지 않은 자리들에서 개별적으로 단어를 보완하는 작업이 관건이 되는 경우에는 편집자가 끼워 넣은 보충이 [ ]에 들어갔다. 빈곳들이나 이해되지 않은 자리들은 편집자가 별 문제 없이 추정할 수 있는 곳들이었다. 몇몇 소수의 경우들에서는, 각이 진 괄호의 뒤에 놓여 있는 단어들의 뒤에 들어간 ?는 녹음의 질이 좋지 않기 때문에 녹음 상태가 불확실하다는 것을 가리키고 있다. 당장 보완할 수 없었던 사소한 텍스트 유실은 …로 표시되었다. 이와 동시에 예를 들어 '박수소리' 또는 '웃음소리'에 해당되는 청중의 의사 표시나 반응들은 [ ]에 넣어서 표시되었다. '박수소리'나 '웃음소리'는 분위기적인 이유 때문에 텍스트에 제시된 것이 아니고, 그것들이 어떠한 경우에도 강의의 흐름을 중단시키고 그것들 나름대로 강의자의 반응을 불러일으키며 말한 것을 반복하게 함으로써 강의의 형식에 영향을 미치기 때문에 텍스트에 재현된 것이다. 인용들에서 아도르노가 첨언한 내용은 ⟨ ⟩에 들어가 있다. 고집스럽게 되돌아오는 특징을 가진 아도르노 언어에 들어 있는 언어적 속성들은 그대로 유지되었다. 이러한 속성들은 예를 들어 아도르노가 ～안으로herein나 ～밖으로heraus를 동사와 결합하여 사용하는 경우에도, 즉 이것들이 공식적인 언어 사용으로부터 벗어나 있는 경우에도 그대로 유지되었다. 저작명은 『 』으로, 인용들은 " "으로 표시되었다. 간접적인 부분 인용들, 반복적으로 수용된 부분 인용들, 다른 저작들에서 끌어 온 개념들, 말로 하는 강의에서 오는 이례적인 조어造語들의 경우에는 ' '를 붙였다.

편집자주들은 언급된 이름들, 저작들, 사건들에 대한 사항적인 설명으로서 이해되는 것들이다. 복합적인 사실관계가 단지 피상적으로 언급되거나 또는 아도르노가 의도한 바가 명확하게 표현되지 않는 몇몇 경우들에서는, 편집자주는 아도르노의 저작들에서 이러한 경우들에 해당되는 자리를 가리키는 방식을 통해서 강연자의 의도를 명백하게 하는 것을 시도하였다. 넌지시 암시하는 것들과 피상적인 언급들은 항상 확인될 수는 없었다. 편집상의 수미일관성과 통일성이 갖고 있는 강제적 특징을 이러한 방식으로 거역하는 것은 아마도 아도르노를 기쁘게 했었을 것 같다. 이것은 그러나 편집에서 처하게 되는 어려움에서 볼 때는 미덕이 될 수는 없다. 아도르노가 끌어 들인 인용은 편집자주에서는 " "로, 그의 저작명은 이텔릭체로 표시되었다. 그의 저작명에는 그가 관여하였던 집단적인 저작들도 속해 있다. 책의 마지막에 스케치해 놓은 '개관'은 독자를 이 책에 안내하는 것에 기여할 뿐이며, 이 강의의 구성이나 심지어 체계성에 종속시키는 것에 관련되어 있지 않다. 이 강의는 구성이나 체계성을 갖고 있지 않다.

편집자는 프랑크푸르트 사회조사연구소의 Ludwig von Friedeburg, Elisabeth Matthias, Elfriede Olbrich에게 감사드린다. 이들은 많은 정보를 제공하고 큰 도움을 언제든지 제공할 마음을 갖고 편집을 지원해 주었다.

옮긴이 후기

옮긴이 후기

I

아도르노의 『사회학 강의』를 독자들에게 안내하기에 앞서 옮긴이는, 그가 이 강의의 제2강에서 자신의 사회학의 정수精髓를 적중시키고 있는 구절을 선취적으로 인용하고자 한다. 그가 주창한 변증법적 비판 사회학의 정수가 아래의 구절에서 선명하게 서술되어 있기 때문이다. 그가 쓴 모든 글은 치열한 사고가 투입된 반복적인 독서를 독자들에게 요구하는 독특한 특징을 지니고 있는바, 구두로 행한 『사회학 강의』도 역시 이러한 특징으로부터 예외적이지 않다. 이런 특징 때문에 독자들이 『사회학 강의』를 읽는 과정에서 어려움을 겪게 될 수도 있다. 이런 경우에 독자들이 아래의 구절을 되새겨보면 사회에 대한 아도르노의 심오한 사고를 파고드는 데 적지 않은 도움을 받게 될 것으로 본다. 특히 비트겐슈타인을 인용하여 '경우인 것'을 언급하고 있는 문장, 변화 잠재력과 변화 가능성을 언급한 문장은 그가 꿈꾸었던 사회가 어떤 모습이고 이를 위해 사회학이 어떤 역할을 해야 하는가를 웅변하고 있다. 변증법적 사고를 통한 항구적인 비판이 성취할 수 있는 상태인 화해가 실현된 사회를 —예를 들어 개별 인간처럼 사회적으로 '경우인 것'이 제기하는 존재에의 요구 제기와 사회가 서로 평화롭게 함께 존재할 수 있는 사회를— 동경하는 사회이론가가 사회학의 본질에 대해 개진하는 핵심적 사유를 아래의 구절에서 선취적으로 보기로 하자.

"여러분이 나에게 사회학은 무엇이 되어야 하는가라고 질문한다면, 나는 사회학은 사회에 대한 통찰이 되어야 한다고 답하겠습니다.

사회학은 사회의 본질적인 것에 대한 통찰이 되어야 하며 사회가 무엇인지에 대한 통찰이 되어야 합니다. 그러나 이것은 통찰이 비판적이라는 의미에서의 통찰입니다. 이러한 통찰은, 비트겐슈타인이 말했던 것처럼,* 사회적으로 '경우인 것'을 이것이 존재하겠다고 제기하는 요구에서 측정함으로써 비판적 의미의 통찰이 됩니다. 이렇게 측정하는 것은 사회적으로 '경우인 것'이 제기하는 존재에의 요구에서 발생하는 모순에서 동시에 사회적인 전체 상태의 변화 잠재력들과 변화 가능성들을 알아내기 위한 목적을 갖고 있습니다. 신사 숙녀 여러분, 내가 여기에서 말한 것을 사회학에 대한 정의라고 메모하고 이것을 여러분의 집으로 가져가지 말기를 요청합니다. 여러분에게 말하고 있는 것은 사회에 관한 이론이고, 이러한 이론으로부터 나는 여러분에게 단편斷片들을 강의하고 있으며, 내가 여기에서 말하고 있는 이론은 변증법적입니다"(제2강).

II

한국의 독자들에게 내 놓는 테오도르 W. 아도르노의『사회학 강의』는 그가 1968년 여름 학기에 프랑크푸르트 대학에서 강의한 내용을 녹음테이프로 녹취한 후 편집 과정을 거쳐 1993년에 독일의 주어 캄프 출판사에서 발간된 책이다. 이 책은 1969년 8월에 세상을 떠난 아도르노가 생전에 했던 마지막 강의들 중의 하나에 속하는 강의에 기초하여 편찬된 책이다.『사회학 강의』는 철학자, 사회학자, 미학자, 음악학자, 문학이론가로서 활동하면서 막스 호르크하이머와 함께 프

---

* "세계는 경우인 것이 모여 있는 모든 것이다." 구체적인 내용에 대해서는 제2강 편집자주 35번을 참조.

랑크푸르트 학파의 초석을 다지고 '비판 이론'을 대표하는 저작들을 남김으로써 서구 사상사에서 보편사상가의 위상을 갖는 아도르노가 세상을 떠나기 1년 전에 보여주는, 사회와 사회학의 본질에 대한 학문적 통찰, 시대에 대한 고뇌를 고스란히 담고 있다.

지난 1980년대 이후 아도르노의 저작들이 국내 학계에 소개된 이래 그는 주로 예술이론가, 철학자로서 많이 알려져 있으며, 국내 대학에서 연구된 박사학위 논문들과 개별 학술논문들도 두 분야에 집중되어 있는 추세가 강하다고 볼 수 있다. 독창적인 사회이론을 전개한 사회학자로서의 아도르노, 20세기 최고의 음악학자·음악이론가로서의 아도르노가 사회학과 음악학의 분야에서 학문적으로 성취한 업적은 국내 학계에 별로 수용되어 있지 않은 상태에 놓여 있다. 옮긴이도 역시 지난 20년 가까이 아도르노의 예술이론을 국내 학계에 주로 소개하였고, 최근에 그의『신음악의 철학』을 김방현 박사와 함께 번역하여 내 놓았으나 음악에 대한 그의 방대한 저작 규모에서 보면 이 책의 번역은 아도르노의 음악학의 극히 일부분만을 소개하는 의미만을 지닐 뿐이다. 아도르노 사회학의 경우에는, 옮긴이가 1993년에 출간한『아도르노의 사회 이론과 예술 이론』의 한 장에서 다룬 내용 이외에 국내 학계에서 본격적으로 소개되거나 거론된 적이 없다. 이런 사정에서 볼 때,『사회학 강의』가 한국어로 출간되는 것은 아도르노 사회학이 국내에 본격적으로 소개되는 시작의 의미를 갖고 있다고 볼 수 있을 것이다.

아도르노는 세계 사회학계에서 일반적으로 통용되는 '관리된 사회'의 이론을 비롯하여, 원시시대 이래 전개된 자연지배와 개인에 대한 사회지배의 변증법적 연관관계, 강제적 속박의 메커니즘의 총체 및 가상의 총체로서의 사회지배, 사회지배의 원리로서의 주체의 자기 포기, 기능의 연관관계의 총체성, 교환 원리의 총체성, 이데올로기로서의 사회, 사회지배의 공범으로서의 문화산업, 변증법과 경험적 사회연구의 결합을 통한 새로운 사회학 방법론 제시, 사회학과 철학, 사회학과 심리학의 관계에 대한 통찰 등 사회학에 많은 새로운 이론과 개념을 도입함으로써 자신의 독창적인 사회이론과 연구방법론을 갖고 있는 사회학자이다. 이처럼 그는 사회와 역사에 대한 변증법적 인식에 기초하여 비판 사회학을 독창적이고도 본격적으로 정립한 사회학자이다. 현재 살아 있는 세계 최고의 사회이론가이자 사회철학자인 위르겐 하버마스의 사회이론도 아도르노가 남겨 놓은 학문적 업적에 많은 부분 접맥되어 있다. 사회에 대한 학문적 인식을 시도할 때 아도르노는 사회를 개념을 통해 정의하고 이러한 정의에 기초하여 사회 형태의 역사, 개인과 사회, 사회적 상호작용, 사회제도, 사회계층, 사회변동 등으로 나아가는 서술 방식, 다시 말해 개념의 확장에 근거하는 체계적 서술 방식을 전혀 시도하지 않고, 대부분의 경우 에세이 형식으로 사회에 대한 그의 생각을 자유롭게 펼쳐 보였다. 이 점에서 그는 막스 베버, 에밀 뒤르켐과 더불어 사회학을 학문으로서 정초한 고전 사회학자들 중의 한 사람인 게오르크 짐멜과 유사한 사회학자이다. 짐멜은 그가 활동하던 당시에는 비체계적이고 단편적인 글을 쓰는 학자로 폄훼되었으나 개념적 사고와 체계적 사고에 익숙한 사람들에게는 전혀 중요하지 않은 현상들인 돈, 유행, 경쟁, 다툼, 사치 등처럼 당시의 학문 풍토에서는 학문적 연구 대상이 되지 않았던 현상들에 대한 사회학적 통찰을 통해서 사회의 본질의 인식에 결정적으로 기여한 고전 사회학자이다. 인간의 주체에 의해 구성된 객체인 사물 세계가 주체를 다시 지배하는 현상을 문화비극이라고 통찰한 짐멜의 학문적 업적은 20세기 내내 세계 인문사회과학에 지대한 영향을 미쳤고 오늘날에도 역시 그 현재적 중요성을 갖고 있다.

짐멜의 경우처럼 아도르노도 역시 '관리된 세계'와 같은 이론을 통해 1960년대 이후 세계 인문사회과학에 영향을 미쳤으며, 오늘날에도 그 영향은 지속되고 있다. 1960년대 당시 사회학자로서 갖고 있던 위상에 걸맞게 그는 독일 사회학회 회장으로서 활동하기도 하였다. 그뿐만 아니라 그는 사회적 현상들을 사회학적 개념들뿐만 아니라 철학적 개념, 심리학적 개념, 미학적 개념들까지 함께 끌어 들여 통찰하고 공동학제적으로 분석·해석함으로써 사회학적 인식에 새로운 지평을 열어 보였다. 그가 1960년대에 「사회과학의 논리」, 「독일 사회학에서 실증주의 논쟁」, 「후기 자본주의 또는 산업사회?」를 발표함으로써 주도하였으며 칼 포퍼, 위르겐 하버마스, 한스 알버트 등이 참여한 실증주의 논쟁은 20세기 후반 서구 학계에서 있었던 최대의 사회과학 논쟁으로 기록되는, 학문사적으로 매우 중요한 논쟁이다. 사회학자로서의 아도르노가 갖고 있는 이처럼 중요한 위상에서 볼 때, 앞에서 이미 언급하였듯이 『사회학 강의』는 그동안 한국의 독자들에게 거의 알려지지 않고 있었던 아도르노 사회학의 핵심을 한국에 본격적으로 소개하는 의미가 크다고 볼 수 있다. 독자들은 보편사상가 아도르노가 사회와 사회학을 대상으로 행한 원숙한 강의를 이 책을 통해 들으면서 사회에 대한 그의 학문과 사상, 고뇌를 경험할 수 있는 것이다. 이 책은 또한 제2차 세계대전 이후의 서구 사회에서 최대의 사회적 격변기였던 1968 학생 운동의 와중에서 아도르노가 사회와 사회학의 본질, 개인과 사회의 관계, 사회 변혁에의 의지, 대학과 학문에 대해 깊게 성찰하고 고뇌하는 모습을 생생하게 담고 있어서, 68 학생 운동과 ─시대 상황과 항상 치열하게 비판적 대결을 전개하였던─ 아도르노 사상의 상호 연관관계에 대한 이해를 제공해 준다.

III

독자들이 이 책의 특징을 파악하고 아도르노 사상에 더욱 가까이 다가가는 데 도움을 주기 위해 독자들의 양해를 구하면서 미리 언급해도 된다면, 이 책은 옮긴이를 한편으로는 경악스럽게 하였고 다른 한편으로는 옮긴이로 하여금 찬탄과 존경심을 불러일으켰다. 그 이유를 여기에 간단히 밝혀도 된다고 본다. 독일 대학에서 통상적으로 이루어지는 수업 방식은 토론 형식인 세미나, 교수가 완벽한 글의 형식으로 미리 작성한 원고를 학생들에게 일방적으로 읽어주는 형식인 포어레숭Vorlesung, 박사과정에서 주로 채택되는 형식인 콜로키움 등이 있다. 이 중에서 교수에게 가장 부담을 주는 수업 방식이 바로 포어레숭이며, 교수들은 이를 위해 장기간에 걸쳐 준비하고 원고를 집필하여 강의에 임한다. 이렇게 해서 나온 원고가 서구 학문사에서 중요한 전기轉機가 된 경우도 적지 않다. 아도르노는 포어레숭을 그에게 특유한 방식으로 행하였다. 그는 포어레숭을 위해 원고를 집필하지 않았고, 핵심 용어들과 핵심 생각들만을 메모한 후 학생들에게 구두로 자유롭게 강의하였다. 이런 방식을 취했음에도 아도르노의『사회학 강의』는 원고로 작성된 강의와 별 차이가 없는 내용과 언어적 표현력을 보여주고 있다.『사회학 강의』는 구두로 자유롭게 행한 강의를 그대로 책으로 편집하였음에도 원고의 형식으로 ―대부분의 경우 많은 고통을 수반하면서― 집필된 책과 거의 다르지 않는 수준을 보여주고 있는 것이다. 바로 이 점이 옮긴이에게 경악과 찬탄을 불러일으켰던 것이다. 이 자리에서 옮긴이가 경악과 찬탄을 말하는 이유는, 독자들이『사회학 강의』를 읽음으로써 사회학에 대해 아도르노가 공을 들여 집필한 한 권의 책을 읽는 것과 똑같은 효과를 얻게 될 것이라는 점을 강조하기 위함이다. 그밖에도, 옮긴이는 아도르노 강의록에서 보이는 바로 이처럼 특별한 점이 주어 캄프 출판사로 하여금 아도르노의 강의록 전체를 출판하게 하는 계기를 부여하였을 것이라고 보며, 20세기에 활동한 서구 사상가들 중에서 사후에도 이처럼 학문적 명예를 누리는 학자는 거의 없다고 보아도 될 것이다.

IV

아도르노의 『사회학 강의』는 한국의 대학에서 '사회학 개론', '사회학 입문', '사회학의 이해' 등의 이름으로 행해지는 강의와는 본질적으로 다르다. 사회학이 어떤 학문인가를 간단히 소개하고 사회가 무엇인가에 대해 개략적으로 설명한 후, 기본 주제로 수렵채취 사회 이후 역사적으로 전개되어 온 사회 형태, 사회적 상호작용, 사회계층과 계급, 사회제도, 사회변동, 사회이론 등을 다루고, 세부 주제로 인구, 가족, 노동, 종교, 교육, 농촌, 산업, 미디어, 여성의 불평등 등에 대해 안내하는 사회학 입문 강의를 아도르노는 『사회학 강의』에서 시도하고 있지 않다. 그는 이 강의의 모두에서 이 점에 대해 명백하게 밝히고 있다. 오히려 그는 사회학 공부를 시작하는 학생들에게 그가 사회를 어떻게 이해하고 있는가와 그가 이해하고 있는 사회학은 ─마치 막스 베버가 이해 사회학을 주창하고 있는 것과 유사하게─ 어떤 모습을 갖고 있는가에 대해 안내하고 있다. 따라서 『사회학 강의』의 강의 제목은 사회학 입문으로 되어 있지만, 우리나라 학문 풍토에서 통용되는 사회학 입문과는 전적으로 다른 수준을 보여주는 강의이다. 이 강의는 학생들에게 사회학을 기초 지식의 전달 차원에서 안내하는 것이 아니라, 학생들을 아도르노의 사회이론, 사회철학, 사회사상의 핵심으로 진입시키는 것을 시도하고 있다. 단적으로 말해서, 이 강의는 학생들이 사회학 전공에 필요한 지식을 학습하는 것을 안내하는 것이 아니라 학생들에게 사회에 대한 비판적·변증법적 사고를

통한 사회의 본질에의 통찰을 요구하고 있다. 학생들이 역동적이고
도 비판적인 사고의 장場으로 나와 사회의 본질에 대해 깨우치도록
학생들을 이끌고자 했던 것이 계몽사상가 아도르노의 의도였던 것
이다.

　그러므로 사회학을 공부하는 데 필요한 다양하고도 세부적인 지
식의 전달이 이 책의 중심에 위치하지는 않는다. 오히려 사회가 어떻
게 본질적으로 이해될 수 있는 것인지, 개인과 사회는 어떤 관계이며
어떻게 파악될 수 있으며 어떻게 파악되어야 하는 것인지, 사회학에
서 방법론이란 무엇이며 어떻게 설정되고 어떻게 적용될 수 있는 것
인지, 사회학과 인접 학문들과의 관계 및 상호작용은 어떻게 설정되
어야 하는지, 사회적인 운동법칙들이 어떻게 이해되어야 하는지, 전
체사회적인 주체gesamtgesellschaftliches Subjekt의 형성이 어떻게 가능
한지, 사회와 역사의 관계는 어떻게 이해되어야 하는지 등등의 물음
들에 대해 학생들이 사고할 수 있게끔 학생들을 도와주는 것이 아도
르노가 지향하는 강의의 목적이다. 사회의 본질에 관련되는 물음들
에 대해 변증법적이고도 비판적으로 사고하고 통찰하는 능력을 학생
들에게 길러 주려는 것이 계몽을 통한 사회의 진보, 이성적인 사회의
이성적인 구축을 생애 전체에 걸쳐 꿈꾸었던 아도르노의 의도였다고
볼 수 있다.

V

앞에서 말한 문제들에 대한 논의에서 아도르노는 실증주의적 사회학
을 가차 없이 비판하는 입장을 취하며, 이 글의 모두에서 선취적으로
인용된 구절에서 드러나고 있는 것처럼 사회에 대한 변증법적 파악
을 주장하는 비판 사회학을 주장한다. 이러한 주창의 근거가 되는 것

은 호르크하이머가 1930년대 초반 사회조사연구소의 활동에 대해 강령적으로 제기한 요구인, 『사회학 강의』 원전 텍스트의 앞표지의 다음 면에도 소개되어 있는 "철학적 이론과 개별 학문적인 실제의 변증법적인 관통과 전개"였다. 특히 사회학처럼 철학적 전통에서 발원한 학문의 경우에는, 사회학적인 실제를 철학적 이론과 변증법적으로 관통시키고 전개시키는 것이 아도르노에게는 무엇보다도 중요한 과제였다. 사회학적인 실제의 인식, 더 나아가 이러한 실제의 변혁에는 철학적 이론의 역할이 필연적으로 요구된다는 것이 아도르노의 일관된 시각이며, 이것은 『사회학 강의』의 전편을 관통하는 핵심적인 요소이다.

따라서 실증주의적 사회학에 대한 아도르노의 통렬한 비판이 『사회학 강의』의 중심에 위치하게 되는 것은 필연적이다. 실증주의에 대한 그의 시각이 매우 쉽게 표현된 구절을 보기로 하자. "동역학은 자본주의에 들어 있는 것이지만 실증주의는 이 점을 등한시하였습니다. 실증주의는 원리적으로 볼 때 동역학적인 법칙성으로부터 출발하지 않고 개별적인, 확실히 정적靜的인, 눈앞에 보이는 사실들로부터 출발합니다. 실증주의는 이렇게 출발한 후 사실들을 보충적으로 비로소 사실들 사이의 관계들에 집어넣습니다"(제5강). 조금 심하게 말한다면, 아도르노에게는 실증주의적 사회학은 눈앞에 보이는 것만을 연구 대상으로 삼고 본질적인 것에 대한 물음을 거부함으로써 사회의 본질에 대한 통찰과 인식을 저해하는 사회학이며, 개인과 사회의 관계에 대한 변증법적 통찰을 거부하는 사회학이고, 개별적으로 나타나는 사회적 현상이 사회와 맺고 있는 ―역사적으로 전개되는― 변증법적 연관관계를 무시함으로써 사회적 현상을 본질적으로 인식하는 것을 거부하는 사회학이며, 방법론과 사물을 분리시킴으로써 인식되어져야 할 사회적 현상을 방법론의 틀에 가두어 버리는 사회학이고, 학문이 추구해야 할 덕목인 정신적 연대와 가치 실현을 거부하는 사회학이자, 역사와 사회의 변증법적 상호작용 관계를 무시함으로써 학문적 인식에서 역사라는 핵심 요소를 제거해 버리는 사회학일 뿐이다.

실증주의적 사회학을 전적으로 거부하는 입장을 취하고 있는 아도르노는 사회학이라는 이름을 최초로 사용한 콩트의 사회학, 베버의 이해 사회학, 뒤르켐의 사회학, 파슨스의 구조기능주의 사회학을 실증주의 계열의 사회학으로 보고 있으며, 이에 반해 계급, 대립주의, 교환관계 등에 대해 통찰을 보여주는 마르크스의 사회학, 통합과 분업에 대해 통찰하였던 스펜서의 사회학을 높게 평가하고 있다. 그는 사회를 변화시킴으로써 더욱 좋은 이성적인 사회로 나아가게 하는 가능성을 원천적으로 차단시키는 실증주의적 사회학에 대항하여 철학에서 발달한 변증법적 사고를 사회학에 본격적으로 도입시킨다. 아도르노는 그가 1968년에 사회학 강의를 할 당시에 세계 사회학계에 절대적 영향력을 행사하고 있었던 파슨스의 사회학과 프랑크푸르트 학파의 사회학이 어떤 차이점을 갖고 있는가를 핵심적으로 설명하면서 변증법적 사회학을 주창한다. 아도르노 사회학을 이해하는 데 매우 중요한 내용이므로 그 핵심을 여기에 인용하기로 한다. "사회학에 대한 변증법적 구상이 오늘날 그토록 잘 통용되는 구조기능론과 구분되는 차이점은 파슨스의 이론이 하나의 상자와 같은 통일체를 모색하고 있다는 것에서 드러납니다. 다시 말해, 파슨스의 이론은 삶 또는 인간에 관한 이른바 모든 학문이 카테고리들 안으로 넣어지도록 카테고리들이 선택되는 방식으로 통일체를 찾고 있는 것입니다. 반면에 우리 프랑크푸르트 학파가 갖고 있는 구상은 이처럼 추상적인 일반성 대신에 각기 개별적인 사물 영역 안으로 해석하면서 침잠하는 것을 통해서 사회의 구체적 통일체를 찾아나서는 것입니다. 이와 동시에 이러한 숙고로부터 내가 여러분에게 더욱 가까이 가져다주려고 시도했던, 사회학에 관한 구상에 대한 중심적인 의미가 규명됩니다. 해석의 개념이 무엇인지 규명되는 것입니다"(제13강).

사회학을 이론적으로 본격적으로 정립한 막스 베버는 인간의 사회적 행위를 사회를 이해하는 결정적 요소로서 그의 이해 사회학의 중심에 위치시켰으며, 이에 근거하여 사회를 인간의 사회적 행위의 상호연관관계의 총체로 보았다. 따라서 베버에게 "사회학은 (이처럼 매우 다의적으로 사용되는 단어에 대해 여기에서 이해되는 의미에서) 사회적 행위를 그 의미를 해석하면서 이해하고 이렇게 함으로써 사회적 행위의 경과와 작용들에서 인과율적으로 설명하고자 하는 학문을 일컫는다"(제12강 참조). 베버의 이러한 정의는 사회학을 학습하는 모든 사람이 반드시 외워야 할 정도로 중요한 비중을 갖고 있으며, 오늘날에도 사회학이 어떤 학문인가 하는 물음에 대해 거의 정답과도 같은 답을 제공하는 정의로 자리매김이 되어 있다. 그러나 역사철학이나 역사철학적 성찰을 "속임수"라고 단호하게 거부하였던 베버의 학문관은 변증법적 사고와 성찰을 모든 학문적 인식의 토대로 삼고 있는 아도르노에게는 수용될 수 없는 학문관이다.

베버에서 핵심 개념인 사회적 행위에 대해 아도르노는 "모든 사회적인 행동이 원래부터 주관적인 것으로서 의미가 넘치게 해석될 수 있다면, 이렇게 됨으로써 모든 사회적인 행동에 이미 의미와 같은 것이 부여"되며, "이렇게 되면 세계의 진행과정 전체가 주관적인 의미 부여와 같은 것에 환원되어 출현하게 되며, 이를 통해서 이미 그 내부에서 의미가 넘치는 세계의 진행과정으로서 잠재적으로 정당화될 것"(제12강)이라고 비판하고 있다. 더 나아가 그는 사회적 행위가 가질 수 있는 의미의 차이를 지적하면서 베버를 통박하고 있다. "베버가 인간이 인간의 행위와 결합시키는 의미에 대해 묻는다면, 그는 인간에 의해서 주관적으로 주장되는 의미와 인간의 행위가 갖고 있는 객관적인 의미 사이에서 성립되는 차이에 대해 보고를 해야만 할 것입니다"(제12강). 이러한 통박은 인간의 사회적 행위에 대한 해석과 이해에 근거하여 구축된 베버의 이해 사회학의 근간에 대해 문제를 제기하고 있다고 보아야 할 것이다. 베버의 사회학을 이해하는 데 매우 중요한 개념인 "이상형"도 아도르노에게는 수용될 수 없는 개념이다. 아도르노는 『사회학 강의』의 제15강에서 이상형들이 역사로부터 벗어나서 구성된 것들에 불과하다면서 이상형을 비교적 상세하게 비판하고 있다.

　　사회학이 인간의 사회적인 행위에 근거하여 사회를 이해하는 학문이 되어야 한다고 보았던 베버와는 달리, 아도르노는 사회에서 나타나는 이해될 수 없는 현상들을 이해하는 것이 오히려 사회학의 임무가 되어야 할 것이라고 주장한다. 이해될 수 없는 현상들을 이해하겠다는 역설적 표현은 아도르노가 "철학적 이론과 개별 학문적인 실제의 변증법적인 관통과 전개"를 사회학에서 실현시키려고 할 때 필연적으로 나타날 수밖에 없는 표현이기도 하다. 예컨대 폭력의 메커니즘인 전체주의가 성립되고 개인들이 전체주의에 순응하는 것이 메커니즘이 되는 경우에서 보듯이, 실증주의적 사회학으로는 이해될 수 없는, 인간의 삶에 절대적으로 영향을 미치는 사회적 현상들이 존재한다. 이러한 현상들을 "철학적 이론과 개별 학문적인 실제의 변증법적인 관통과 전개"를 통해서 이해하려고 하는 아도르노의 의지가 이해될 수 없는 현상들을 이해하겠다는 역설적 표현에 들어 있는 것이다. 전체주의의 지배 체계에서 작동되는 폭력과 광기의 메커니즘처럼 실증주의적 사회학으로는 그 본질을 이해할 수 없는 사회적 현상을 철학에서 발달한 변증법적 사고의 도움이 없이 이해하는 것은 아도르노에게는 불가능한 일이다. 옮긴이가 여기에서 덧붙여도 된다면, 한국사회에서처럼 정치, 경제, 언론, 교육, 종교 등의 영역에서 수단의 물신화가 잉태하는 현상들이라고 압축적으로 표현할 수 있는, 인간의 정상적인 사고로서는 도저히 이해될 수 없는 사회적 병리 현상들이 빈번하게 나타나는 사회에서는 아도르노가 말한 이해될 수 없는 것을 사회학적으로 이해하려는 노력이 더욱 절실하다고 본다. 비정상적인 것들이 정상적인 것들로 둔갑해버린, 이해될 수 없는 현상들을 이해하려는 사회학적 인식에의 노력은 아도르노의 주장대로 이러한 현상들을 비판적이고도 변증법적으로 관통하려는 의지에 기초할 때 가능할 것이다.

VI

아도르노는, 실증주의 계열의 사회학과는 달리, 사회를 과정으로서 파악하며 기능의 연관관계로 이해한다. 그는 사회가 어느 한 시점에서 살고 있는 개별 인간의 총합을 기술하는 개념이 아니라는 점을 강조하면서, 사회를 기능과 생성의 과정으로 보아야 한다고 주장한다. 사회는 기능이, 기능을 개인들이 떠맡든 개인들로 이루어진 집단이나 조직이 떠맡든, 서로 연관관계를 맺으면서 변화되고 생성되는 과정이라는 것이 아도르노가 사회를 보는 시각이다. 그는 또한 사회가 사회를 성립시키게 하는 개인들에 맞서서 스스로 독립적인 것으로 된다는 점을 특히 강조한다. 비판적 사회이론가인 그에게는 이 점이 특별히 중요하다. 예를 들어 나치즘이 설치하였던 전체주의 사회는 사회가 개인들에 맞서서 스스로 독립적으로 된 정도가 극단에 이른 경우에 해당된다. 이런 시각을 갖고 있는 아도르노에게 사회는 정의定義될 수 없는 개념이다. 사회가 무엇이라고 정의하는 것이 가능하지 않다는 것이다. 이 점에 대해 그는 매우 명확하게 표현된, 사회에 대한 정의들에 익숙한 사람들에게는 충격으로 다가오는 주장을 펼치고 있다. "사회의 개념은 그것 자체로 대상이 아니고 매개 카테고리이기 때문에 더욱더 정의될 수 없는 것입니다"(제12강). 사회가 정의될 수 없다고 해서 사회의 개념이 존재하지 않는 것은 아니며 사회의 개념이 규정될 수 없는 것도 아니다. 아도르노에 따르면 "사회의 개념은 규정되지 않는 개념이 아니고, 사회의 개념이 갖고 있는 고유한 역동성에서 사회의 개념이 갖고 있는 개념으로부터 도출되어질 수"(제5강) 있다. 사회의 개념을 이것이 갖고 있는 고유한 역동성에서 도출할 수 있다는 주장은 그가 사회를 생성과 과정, 기능의 연관관계로서 보는 시각과 일치하며, 이 점을 인식할 때 매개 카테고리로서의 사회라는 주장이 논리적으로 자명해진다. 이처럼 매우 생소하고 ―사회의 개념을 대부분의 경우 사회에 대한 정의에 따라 이해하고 있는 사람들에게― 충격으로 다가오는 개념 규정에서 우리는 사회의 개념을 변증법적으로 이해하려는 아도르노 사회학의 본질적 특징을 마침내 인식할 수 있게 된다.

사회를 매개 카테고리로 보는 아도르노 사회학은 기능의 연관관계와 교환 원리에서 더욱 구체적으로 그 특징을 드러낸다. 기능을 떠맡는 모든 사람이 모든 사람에 의존되어 있고 이처럼 기능에 의해 총체적으로 매개되어 이루어진 전체das Ganze가 바로 사회이다. 이에 대해서는 아도르노의 사회학적 저작들을 모아 놓은 책인『사회학 논문집』에 들어 있는 표현을 보기로 한다. "사회와 더불어 의도된 것은 그 내부에서 합리적으로 지속적이지 않다. 사회와 더불어 의도된 것은 또한 그것의 요소들의 세계가 아니다. 그것은 역동적인 카테고리일 뿐만 아니라 기능적인 카테고리이다. 가장 먼저, 그리고 전적으로 추상적으로 접근해 본다면, 모든 개별 인간이 그들이 형성한 총체성에 의존되어 있다는 점이 상기될 만하다. 이러한 총체성에서는 또한 모든 사람이 모든 사람에 의존되어 있다. 전체는 전체의 구성원들에 의해 충족된 기능들의 통일성에 힘입어서만이 유지된다. 일반적으로, 모든 개별 인간은 자신의 삶을 이어가기 위해서는 하나의 기능을 떠맡아야 하며, 자신이 하나의 기능을 갖고 있는 한 이에 대해 감사해야 한다고 교육된다"(Theodor W. Adorno, Soziologische Schriften I, 1.

Aufl., Frankfurt a. M. 1979, S.9-10).

아도르노가 사회에 대한 사회학적 인식에서 이처럼 중시한 기능의 연관관계를 가장 객관적이고도 극적으로 보여주는 것은 교환 원리이다. 그는 허버트 슈내들바흐Herbert Schnädelbach가 사회이론적인 텍스트로 읽힐 수 있다고 본『계몽의 변증법』에서 시도된 오디세우스의 행위에 대한 분석에서 이미 교환관계에 주목하였으며, 오디세우스 단계에서 이미 기만과 간계에 의해 실행되었던 교환관계는 근대 이후의 시민사회와 자본주의를 비합리적으로 작동시키는 핵심 원리가 되었음을 밝혔다. 프랑크푸르트 학파가 사회학의 영역에서 내놓은 가장 결정적인 개념인 '관리된 사회'의 작동에서도 교환 원리는 핵심적인 역할을 수행한다. 교환 원리는 사회구성원 모두를 교환관계의 희생자로 만들며 사회구성원 모두를 전체로서 작동하는 사회에 예속시킨다. 교환 원리는 각기 개별적으로 존재하는, 동일하지 않은 모든 것을 교환이 가능한 대체물로 만들면서 종국적으로는 동일한 것으로 관리한다. 아도르노에게 후기 자본주의 사회는 교환 원리가 총체적으로 작동되는 사회이다. 개별 인간도 교환 원리에 의해 이러한 방식으로 관리되면서 전체das Ganze로서 작동하는 사회에서 하나의 기능을 ―개별 인간 자신이 자신과 동일하지 않은 것과 교환되면서― 떠맡게 된다는 것이 아도르노가 보는, 교환 원리에 의해 작동되는 기능의 연관관계이다. 단적으로 말해서, 교환 원리는 아도르노가 사회를 기능의 연관관계로 보는 결정적 근거가 된다. 이 자리에서 아도르노의 강의를 직접 들어 보기로 한다. "다시 말해, 사회, 조직화된 사회는 사회적으로 조직된 인간 사이의 기능적 연관관계일 뿐만 아니라 본질적으로, 하나의 존재로서, 교환에 의해 규정되는 연관관계입니다. 사회를 원래부터 사회적으로 만드는 것은 교환관계입니다. 교환관계를 통해서 사회는 사회에 특별한 의미에서 개념적으로 기초가 이루어질 뿐만 아니라 실재적으로도 기초가 만들어집니다. 교환관계는 사회의 개념에 참여하는 모든 사람을 잠재적으로 결합시킵니다. 지금 이 자리에서 조금은 조심스럽게 표현한다면, 교환관계는 확실한 의미에서 자본주의적 사회들에 뒤이어 나타날 사회들의 전제조건들까지도 표현합니다. 더 이상 교환되지 않을 수도 있지 않느냐 하는 논의는 자본주의적 사회들에 뒤이어 나타날 사회들에서도 이루어질 수 없을 것임이 확실합니다"(제4강).

사회를 개별 인간들의 총합으로 보지 않고 과정과 생성, 기능의 연관관계로 파악하는 아도르노에게 사회학은 개별 사실들의 총합이 될 수 없다. 더 나아가 사회학은 인구사회학, 노동사회학, 산업사회학, 교육사회학, 농촌사회학 등등 각 개별 분과 사회학들의 총합이 아니다. 아도르노는 사회학이 이처럼 가지를 치는 현상을 이음표(-) 사회학이라는 용어로 표현한다. 사회학은 그에게는 사회의 본질에 대한 통찰을 매개하는 학문이며, 역사적으로 출현하는 사회 현상들에 대한 비판적 인식을 매개하는 학문이자, 철학이나 경제학과 같은 인접 학문에서 획득된 인식을 수용하여 사회의 구체적인 총체성에 대해 이해를 추구하는 학문이다. 예를 들어 경제학에 중요한 물음인 자본에 대한 물음은 사회학에서도 역시 중요하다. 자본에 대한 물음은 "또한 우리 사회의 구조를 가장 예민한 주관적인 행동방식들에까지 […] 파고들어가 규정짓는 것에 관한 물음일 뿐만 아니라, 사회의 전개와 특별히 사회적인 형식들의 전개도 이러한 물음에 결정적으로 의존되어"(제16강) 있기 때문이다. "사회학은 사회학일 뿐이다"라고 주장하는 쇼이흐Scheuch 교수를 정면으로 반박하면서, 아도르노는 경제학에서 매우 중요한 물음인 자본에 대한 물음과 같은 물음이 사회학에서도 제기되어야 한다고 강조한다. 이렇게 해야만 하는 이유를 아도르노는 매우 설득력 있게 제시하고 있다. "사회학은 그 어떤 사물적인 영역들 내부에 들어 있는 사회적인 모멘트들에 대한 성찰입니다. 사회적인 함의들에 대한 인상학적인 확인에서부터 사회적인 총체성에 대한 이론 형성에 이르기까지의 성찰이 바로 사회학입니다. 첫째로, 사회학은 이러한 사회적인 모멘트들에 필연적으로 관련되어 있으며, 이것은 단지 변두리에서 관련되어 있는 것만은 아닙니다. 둘째로는, 일단은 사회학 자체에 낯선 것들인 사물 내용들과 사물 영역들이 사회학 자체에 내재되어 있으며, 이렇게 해서 사회학이 어떻든 가능해집니다. 이러한 두 가지 점이 사회학의 경계 지우기를 그토록 문제성이 있도록 만드는 것입니다"(제12강).

아도르노의 이러한 시각에 따르면 세계 사회학계에서 지배적인 위치를 점하고 있는 실증주의적 사회학은 사회적인 모멘트를 파악할 수도 없고 사회학에 낯설게 보이는 사물들의 영역이나 내용을 사회학에서 배제함으로써 사회를 총체적으로 인식하는 결과에 도달할 수도 없다. 아도르노의 눈에는, 실증주의적 사회학이 사회적인 총체성을 인식하는 것은 절대적으로 불가능하며 사회를 비판적으로 인식하는 것은 더더욱 불가능하다. 실증주의적 사회학에 맞서 제안하는 비판 사회학의 모습을 우리는 이 글의 모두에서 선취적으로 인용된 구절에서 이미 살펴 본 바 있다. 아도르노는 오늘날 대학에서 철저하게 제도화된 상태에서 "연구방법론과 계약에 맞춰져 있는" 실증주의적 사회학에 대한 통렬한 비판을 통해서 사회학이 나아가야 할 길이 비판 사회학임을 주장하고 있는 것이다. 역사의 흐름에서 사회를 비판적으로 인식하는 사회학, 오로지 주어진 사실에 대한 연구에 제한되어 있지 않고 경제학, 심리학 등의 학문과의 공동학제적 연구를 통해 사회적인 모멘트들과 사회적 총체성에 대한 통찰에 도달함으로써 전체사회적인 주체의 형성에 기여하는 사회학을 아도르노가 제시하고 있는 것이다. 그것 자체로서 이미 사회적으로 지배적으로 출현하는 전체das Ganze가 된 자본이 개인을 철저하게 종속시키는 경향이 가속화하고 있는 오늘날의 세계 상황에서 볼 때, 아도르노가 1960년대에 제시한 비판 사회학은 ―전체사회적인 주체의 형성이 현재의 상황에서는 단지 꿈에 머물러 있을 수밖에 없는 것처럼 보일지라도— 전체사회적인 주체의 형성을 향한 인류의 포기할 수 없는 소망에 기여할 수 있는 사회학으로서 그 현재적 중요성을 획득할 수 있을 것이라고 사료된다.

VII

1980년대 이후 신자유주의가 세계의 사회경제질서를 지배하는 이데올로기로서 결정적인 영향력을 행사하면서 사회학에서도 프랑크푸르트 학파가 주창한 비판적 사회이론과 같은 진보적인 이론이 쇠퇴하고 실증주의적 사회학의 지배력이 더욱 강화되는 추세가 전개되고 있다. 특히 한국의 사회학은, 거의 대부분의 학문이 대학이라는 제도에 철저하게 편입되고 대학이 자본에 종속되는 현상이 증대되면서 사물화, 물신화되는 와중에서, 사회에 대한 비판적 기능을 수행하기가 어려운 처지에 몰리고 있다. 아도르노는 이미 1968년에 사회학이 비판 기능을 상실하는 것에 대해 경고하면서 사회학자가 조사-기술자가 되는 현상을 통렬하게 지적하였다. 한국사회에서 보이는, 사회적 양극화 또는 경제적 양극화라고 표현하는 극단적인 대립주의의 형식들이 사회의 유지를 위태롭게 하는 상황에서도 사회에 대한 본질적인 물음 제기와 이에 대한 해답을 찾는 절박한 과제를 도외시하고 연구 용역을 받아 실증주의적 방법론에 근거하여 리서치에 몰두하는 오늘날 한국의 사회학에 아도르노의 통렬한 지적이 해당되는 것은 아닌지 물어 볼 필요가 있다고 본다. 아도르노의 예리한 비판을 여기에서 구체적으로 보기로 한다. 실증주의에서의 "실제의 개념은, […] 전체적인, 주어진 사회적 기구 내부에서 그 어떤 조치들에 대한 필요한 재료들을 제공하는 것을 말하는 개념으로 수정되는 결과에 이르게 됩니다. 주관적으로 볼 때는, 다시 말해 사회학자 자신들이 몰아붙이는 것의 관점에서 볼 때는, 이러한 경향은 우리가 아마도 사회학자라는 직업의 '직원화職員化'라고 부를 수 있게 되는 결과에 이르게 됩니다. 이렇게 해서 조사-기술자, 조사-담당-직원이 출현하게 됩니다. 조사-기술자는 자신에게 맡겨진 과제들을 설정할 수 있고 이미 앞에 놓여 있는 방법론들을 자신에게 귀속된 과제들에 적용할 능력만을 갖게 됩니다. 자율적인 학문 연구자의 자리에 조사-기술자가 들어서는 것입니다"(제3강).

오늘날 한국사회는 극단적인 대립주의의 모습을 보이고 있으며, 사회구성원들의 절대 다수는 삶 자체가 고통인 질곡에서 빠져나오지 못하고 있다. 절대 권력으로 등장한 한국의 자본 권력은, 정치·행정 권력, 언론 권력, 교육 권력, 종교 권력과 겉으로 보기에는 연합하면서도 실질적으로는 이러한 권력들을 지배하면서, 신자유주의가 지배하는 세계 사회경제질서에서 자본이 인간의 영혼까지 관리하는 정도보다도 더욱 철저하고 빈틈이 없이 한국인들의 영혼을 지배하면서 개별 인간 상호 간의 대립주의, 개별 인간과 사회의 대립주의를 강화·심화시키고 있다. 개별 인간이 개별 인간으로부터 소외되어 있고 사회로부터 소외되어 있다는 진단과 비판은, 인간이 지키고자 하는 마지막 영역이자 어떤 간섭이나 지배로부터도 자유로운 상태에서 내적인 삶으로서 유지시키고 싶어 하는 영혼까지 물신화시키는 자본의 폭력 앞에서는, 이제 사치스러운 추억이 되고 말았다고까지 말할 수 있는 상황에 놓여 있는 것이 바로 한국사회이다. 자본 권력이 총체적으로 설치한 지배의 메커니즘에서 ─수단의 물신화를 가속시키면서 ─ 생존에 유리한 위치를 확보하려고 무한 질주하는 한국인들에게, 이러한 메커니즘에 어떻게 해서라도 편입됨으로써 경제적 자기 보존을 유지시키려는 한국인들에게 소외는 19세기나 20세기에 인간이 당했던 고통을 표현하는 개념 정도에 지나지 않은 개념이 되고 말았다는 자조가 통용될 수도 있는 것이다. 사회가 개인에게 가하는 고통이 원인이 될 수 있는 자살률과 같은 지표, 즉 사회가 잘못되어 있음을 가장 극명하게 객관적으로 알려주는 지표가 OECD 국가들 중에서 가장 높은 사회가 바로 한국사회이다. 한국사회는 경제적 자기 보존이라는 강제적 속박의 틀에서, 경제적 자기 보존이 대립주의를 강화·심화시키는 메커니즘에서 한국인들의 삶을 자본에 의해 지배되는 형식의 삶으로 재생산시키면서 가치 있는 삶에 대한 소망을 거의 원천적으로 봉쇄하고 있다. 아도르노가 대립주의와 관련하여 1968년에 표명한 다음과 같은 인식과 경고는, 오늘날 인류사회와 한국사회는 소외를 넘어서서 영혼까지 자본에 의해 관리당하는 상황에 처해 있지만, 21세기 초반의 한국사회에 극명하게 해당된다고 본다.

"인간이 서로 소외될 수 있는 상태를 통해서만이 오로지 서로 결합될 수 있는 총체성에서 우리는 오늘날 살아가고 있습니다. […] 개별화의 원리를 통해서, 다시 말해 각기 개별적인 인간이 지배적인 사회 형식들에서 그들에게 각기 개별적인 이득이나 이윤을 찾아나서는 것을 통해서, 개별화에 이처럼 고집스럽게 붙어 있는 것을 통해서 전체는 끙끙거리는 신음 소리와 함께 말로 표현할 수 없는 희생자들을 내면서 그 생명이 유지되고 재생산되는 것입니다. […] 사회의 전체 또는 총체성이 연대적連帶的으로, 그리고 사회적 전체 주체로부터 출발하여 생명이 유지되지 않고 오로지 인간의 대립주의적인 이해관계들에 의해서만 유지됨으로써 합리적인 교환사회에 근본적으로 —그 뿌리에서부터 출발하여— 비합리성의 모멘트가 침투하게 되는 것입니다. 이러한 비합리성의 모멘트는 모든 순간에서 사회를 산산조각 내는 위험을 가하고 있습니다"(제5강).

인간의 대립주의적 이해관계들에 의해, 이러한 이해관계들에서 절대적 우위를 보증하는 자본과 권력이 절대 다수의 사회구성원들의 삶을 처절할 정도로 유린하는 것에 의해 유지되는 한국사회에서 —이들의 삶을 이처럼 유린하는 정도에 상응하여 상승되는— 비합리성의 모멘트들이 한국사회를 산산조각 내는 속도를 줄이기 위해서라도 한국의 사회학, 사회과학은 아도르노의 경고에 귀를 기울이고 대립주의를 없애 가지는 노력에 힘을 모으는 것이 절실하게 요구된다고 말할 수 있을 것이다.

　사회학의 방법론, 또는 더욱 확대된 시각에서 사회과학의 방법론과 관련하여 아도르노가 후학들에게 제공하는 인식도 『사회학 강의』가 매개하는 매우 소중한 학문적 유산이다. 아도르노는 사회학을 처음 공부하는 학생들에게 올바른 방법론이 무엇인가를 알려주기 위해 『사회학 강의』가 제공하는 전체 강의에서 차지하는 비중을 볼 때 지나치게 많다는 느낌이 들 정도로 많은 강의를 방법론 논쟁에 할애하고 있다. 이것은 사회학 연구에서 방법론이 그만큼 중요하다는 것을 반증한다. 방법론에 대한 올바른 인식이 없이는 사회, 사회적 현상들을 사회학적으로 연구하는 것이 불가능하다는 것이 아도르노의 일관된 입장이다. 사물과 방법론의 분리, 사물에 대한 방법론의 우위, 방법론에 의한 사물의 협소화, 사물에 대한 방법론의 지배, 방법론에 의한 학문의 물신화를 비판한 아도르노는 방법론이 사물 안으로 침잠해 들어가서 사물을, 사물의 본질을 방법론이 해치지 않은 상태에서, 변증법적 성찰과 결합된 경험적 연구를 통해서 인식해야 한다는 점을 제9강에서부터 제12강에 걸쳐 역설하고 있다. 이를 위해 그는 경험적 사회연구의 여러 척도들을 검토하고 있으며, 내용 분석의 예를 들어가면서 변증법적 성찰과 경험적 사회연구가 어떻게 결합될 수 있는가를 상세하게 보여주고 있다. 독자들은 그의 친절한 강의에서 사회학 방법론에 대한 소중한 인식을 획득할 수 있으리라 본다. 그가 중시하는 것은 사회적 현상들의 역사적 차원을 인식하는 것이며, 이것은 오로지 철학, 심리학, 경제학의 영역에서 획득된 인식을 사회학적 인식에 결합시키는 변증법적 비판 사회학에 의해서만 성취될 수 있다고 주장한다. 사회적 현상들이 방법론의 틀에 갇히게 됨으로써 사회적 현상들에 필연적으로 내재되어 있는 역사적 차원들이 배제되는 결과에 이르게 되어 마침내 사회적 현상들의 본질이 제대로 포착될 수도 없고 이해될 수도 없는 문제점을 아도르노는 실증주의적 방법론에 들어 있는 가장 심각한 문제점으로 보고 있기 때문이다.

베버의 사회학 방법론에서 근간을 이루는 합리적 행위, 가치 자유의 관점, 이상형과 뒤르켐의 사회학 방법론에서 결정적 역할을 하는 '사회적 사실들의 꿰뚫어지지 않음'의 개념, 관념의 사물화를 아도르노 나름대로 분석하고 베버와 뒤르켐에서 보이는 방법론적인 문제점들을 구체적으로 비판하는 내용은 ―그가 인식의 유토피아로서 꿈꾸었던― 대상을 적중시키는 인식, 그에게는 폭력일 뿐인 동일화 사고로부터 동일하지 않는 것das Nichtidentische를 구출하려는 그의 인식론과 맞닿아 있다. 『사회학 강의』에서 아도르노가 펼쳐 보이는 방법론 논쟁은, 그의 인식론과 접맥되면서, 대상에 대해 개념의 폭력을 행사하지 않고 대상을 인식하려는 노력이 사회학과 사회과학에서도 얼마나 중요한 것인가를 새삼스럽게 일깨워주고 있다. 미리 정해진 방법론에 맞춰 획득된 인식은 어떤 경우에도 사물의 본질에 대해 진리를 말해줄 수 없고 때로는 방법론에 의해 조작된 인식의 위험에 빠져들 수 있기 때문이다. 곁들여 말해도 된다면, 그가 주창하고 있는, 변증법적 성찰과 경험적 사회연구의 결합을 통한 비판적 사회학 연구방법론은 특히 실증주의의 지배로부터 벗어나지 못한 채 수행되고 있는 한국 사회학에서의 주된 연구방법론에 대한 경고로 받아들여도 될 것이다.

사회란 무엇인가 하는 질문, 사회를 벗어나서는 어떤 경우에도 유지될 수 없는 개별 인간의 삶이 무엇인가 하는 근원적인 질문에 대해 아도르노는 ―독일의 학자들은 그를 20세기의 마지막 천재라고 부르는 것을 망설이지 않는다— 매우 충격적이고도 절망적이며 고통스러운 인식을『사회학 강의』의 첫 강의에서 이미 알리고 있는바, 옮긴이는 이것을 마지막으로 인용하고자 한다. "사람들이 사회에 대해 더욱 많이 이해하면 할수록, 이 사회에서 자신이 유용하게 되는 것이 더욱더 어려워지게 됩니다. 내가 사회에 대해 더욱 많이 이해하면 할수록, 내가 사회 속으로 들어가서 나를 발견하는 정도가 더욱 적어지는 것은 —일단은 이렇게 표현해도 된다면— 모순입니다"(제1강). 이러한 모순을 꿰뚫어 보고 점진적으로 없애 가지면서 모순이 줄어드는 사회를, 사회의 비합리적 모멘트들을 이해하는 것이 사회에 대한 이해가 아니고 사회의 합리성을 이해하는 것이 사회에 대한 이해가 되는 사회를, 개별 인간과 사회의 관계가 사회가 개별 인간에게 일방적으로 요구하는 유용성이 아니고 개별 인간과 사회의 화해에 의해서 작동될 수 있는 사회를 향한 결코 포기할 수 없는 열망에, 우리 한국 사회에 특별할 정도로 절박하게 다가오는 열망에 아도르노의『사회학 강의』가 이 땅에서 조금이라도 기여할 수 있다면 옮긴이에게는 그보다 큰 기쁨은 없을 것이다.

『사회학 강의』를 옮기는 과정에서 발생한 모든 오류나 과실은 오로지 옮긴이의 책임이다. 이에 대해 독자 여러분의 가차 없는 질책을 바란다. 이 책이 세상에 나올 수 있도록 오랜 시간 동안 모든 노력과 지원을 아끼지 않으신 세창출판사 사장님을 비롯한 직원 여러분에게 진심으로 감사드린다. 공부하는 길의 동반자가 되어 주고 항상 격려해 준 아내에게 이 책의 출판이 위로와 기쁨이 되기를 바란다.

2014년 3월
서울 보문동 서재에서
문 병 호

테오도르 W. 아도르노 연보

1903

9월 11일 독일 프랑크푸르트 암 마인Frankfurt am Main에서 포도주 도매상을 운영하는 오스카 알렉산더 비젠그룬트Oscar Alexander Wiesengrund와 이탈리아 혈통의 성악가 마리아 바바라 카벨리-아도르노Maria Barbara Cavelli-Adorno della Piana의 외아들로 태어남. 10월 4일 프랑크푸르트 성당에서 가톨릭 세례를 받음. 출생신고 때 사용한 성姓 Wiesengrund- Adorno를 1943년 미국 망명 중에 Adorno로 바꿈. 유명한 피아니스트였던 이모 아가테Agathe가 늘 아도르노 식구와 함께 살았음. 어머니, 이모와 함께 음악에 둘러싸여 유복한 어린 시절을 보냄.

1910

프랑크푸르트 독일인 중등학교에 다님. 견진성사 수업에 참여.

1913

카이저 빌헬름 김나지움으로 전학.

1921

김나지움 졸업. 최우수 졸업생. 프랑크푸르트 암 마인 대학 등록. 중학생 시절부터 받아오던 음악 레슨 계속. 베른하르트 제클레스에게서 작곡 수업을 받고 에두아르트 융 문하에서 피아노 레슨을 받음. 당시 지방 신문사의 기자였고 후일 망명지 미국에서 영화이론가로 명망을 떨치게 되는 14세 연상의 사회학자 지그프리트 크라카우어Siegfried Kracauer(1889-1966)와 알게 됨. 크라카우어와 함께 칸트『순수이성비판』읽기 시작.

1921-1924

프랑크푸르트 대학에서 철학, 심리학, 사회학, 음악학 강의 수강.

1922

대학의 한 세미나에서 막스 호르크하이머Max Horkheimer(1895-1973)를 만남.

1923

발터 벤야민Walter Benjamin(1892-1940)을 만남. 편지교환 시작. 그레텔 카플루스Gretel Karplus(1902-1993)를 알게 됨. 음악비평문들 발표.

1924

바이에른의 한적한 시골마을 아모르바흐Amorbach에서 후설 현상학을 주제로 박사학위 논문 집필. 6월에 프랑크푸르트 대학 철학과에 제출. 박사학위 취득. 지도교수는 한스 코르넬리우스Hans Cornelius(1863-1947). 초여름 작곡가 알반 베르크Alban Berg(1885-1935)를 그의 오페라 〈보체크Wozzeck〉 초연에서 알게 됨.

1925

3월에 알반 베르크에게서 작곡을 배우고 에두아르트 슈토이어만Eduard Steuermann에게서 피아노를 배우기 위해 오스트리아 빈Wien으로 감. 아놀드 쇤베르크Arnold Schönberg(1874-1951), 조마 모르겐슈테른Soma Morgenstern(1890-1976), 게오르크 루카치Georg Lukács(1885-1971)를 알게 됨. 8월 크라카우어와 함께 이탈리아로 휴가를 다녀온 뒤 프랑크푸르트로 돌아옴. 작곡에 몰두하여 〈현악 4중주 op.2〉 등을 작곡. 이 곡은 1926년 빈에서 초연됨. 음악비평문들을 씀.

1926

한스 코르넬리우스에게서 철학 연구 계속함. 알반 베르크와 서신교환 지속. 베를린과 빈에 체류. 알반 베르크, 안톤 베베른Anton Webern(1883-1945)에 관한 논문과 12음 음악에 관한 논문들 작성.

1927

교수자격논문 착수. 음악비평문들 다수 발표. 9월에 그레텔 카플루스와 이탈리아 여행. 11월에 첫 번째 논문 「초월적 영혼론에서 의식되지 않은 것의 개념」을 지도교수 코르넬리우스에게 제출하였으나 지도교수의 의견에 따라 대학에 제출하지는 않음.

1928

연초에 베를린으로 여행. 그 사이 약혼한 그레텔 카플루스 방문. 베를린에서 음악비평가로 활동하기 위한 안정된 직장을 구했으나 실패함. 에른스트 블로흐Ernst Bloch(1885-1977), 베르톨트 브레히트Bertolt Brecht(1898-1956) 알게 됨. 음악지 『여명Anbruch』의 편집위원. 연초에 작곡가 에른스트 크레네크Ernst Krenek(1900-1991) 알게 됨. 새로 작성할 교수자격논문의 주제를 키르케고르로 결정. 키르케고르의 철학에서 미학이론적 내용을 찾아보려 함. 아도르노가 작곡한 〈Sechs kurze Orchesterstück op.4〉가 베를린에서 발터 헤르베르트Walter Herbert의 지휘로 초연됨. 알반 베르크에 헌정한 〈Liederzyklus op.1〉 완성.

1929

『여명』 편집진과 불화. 베를린에서 〈Liederzyklus op.1〉 초연. 또 다시 음악비평가 자리에 도전. 갓 프랑크푸르트대학 철학과 정교수가 된 파울 틸리히Paul Tillich(1886-1965)가 아도르노에게 교수자격논문 제출해보라고 허락. 1월에 마틴 하이데거Martin Heidegger(1889-1976)와 처음이자 마지막으로 대학 재단이사 쿠르트 리츨러의 집에서 만남.

1930

두 번째 교수자격논문에 몰두. 10월에 탈고. 여배우 마리안네 호페 알게 됨.

1931

1월 교수자격논문 통과. 지도교수는 파울 틸리히. 부심은 막스 호르크하이머. 2월 교수자격 취득하고 철학과 강사로 임용됨. 5월 취임강연 「철학의 시의성」.

1932

7월 프랑크푸르트 칸트학회 초청으로 강연. 「자연사 이념Die Idee der Naturgeschichte」. 사회연구소 기관지 『사회연구Zeitschrift für Sozialforschung』에 논문 「음악의 사회적 위상에 대하여」 게재.

1933

교수자격 논문이 『키르케고르. 미적인 것의 구성』이라는 제목으로 J. C. B. Mohr (Paul Siebeck) 출판사에서 출간됨. 국가사회주의자들이 권력을 장악하는 동안 베를린에 머물면서 빈으로 가 다시 교수자격을 취득할 생각을 함. 9월에 유태인 교수에 대한 면직 조치에 따라 강의권을 박탈당함. 프랑크푸르트 집이 수색을 당함. 11월과 12월 사이 대학 연구원 지원 단체(AAC)에 영국대학의 초청장을 받을 수 있도록 도움 요청.

1934

4월 영국으로 망명. AAC가 옥스퍼드 대학과의 접촉을 주선함. 6월 옥스퍼드 대학의 머튼 칼리지Merton College에 연구생으로 등록. 후설 현상학 연구 시작. 박사학위 논문 초안이 대학 당국에 받아들여짐. 10월 뉴욕에 있는 호르크하이머가 아도르노에게 연락. 사회연구소와 계속 연락하지 않았다고 아도르노를 질책.

1935

옥스퍼드에서 철학 저술 작업을 하는 동시에 음악에 관한 기고문도 작성. 6월 26일 이모 아가테 사망. 에른스트 크레네크가 전하는 알반 베르크의 사망소식을 듣고 충격 받음. 베르크의 비참한 최후는 경제적 이유로 병원에 가지 않고 집에서 가위로 허벅지 종기를 제거하다가 걸린 패혈증이 원인.

1936

『사회연구』에 헥토르 로트바일러Hektor Rottweiler라는 필명으로 논문 「재즈에 관하여」 게재. 빌리 라이히Willi Reich(1898-1980)가 편집을 주도한 알반 베르크 평전에 참여. 호르크하이머가 아도르노에게 영국에서 박사학위를 받는 즉시 사회연구소의 상임연구원으로 임용하겠다고 알려옴. 알프레트 존-레텔

Alfred Sohn-Rethel(1899-1990)과 서신교환 시작. 11월에 파리에서 벤야민과 크라카우어 만남.

1937

호르크하이머의 초청으로 6월 9일 2주간 뉴욕 방문. 8월에 파리에서 벤야민, 존-레텔 그리고 크라카우어 만남. 두 차례 철학 심포지엄. 아도르노의 논문 여덟 편이 실린 빌리 라이히 편집의 알반 베르크 평전이 빈에서 출간됨. 8월에 베를린의 그레텔 카플루스가 런던에 도착. 9월 8일 패딩턴Paddington 구청에서 결혼. 막스 호르크하이머와 영국 경제학자 레드버스 오피Redvers Opie가 증인. 10월에 호르크하이머가 아도르노에게 편지로 미국에서 라디오에 관한 연구 프로젝트에 참여할 수 있음을 알려옴. 베토벤 프로젝트 시작. 리하르트 바그너 Richard Wagner(1813-1883)에 관한 저술 시작.

1938

빈 출신의 사회학자 파울 라자스펠트Paul Lazarsfeld(1901-1976)가 주도하는 라디오 연구 프로젝트에 연구원 자리를 얻기 위해 미국으로 건너감. 나치 집권 후 뉴욕으로 근거지를 옮긴 프랑크푸르트 사회연구소의 공식 연구원이 됨. 미국에서 처음 작성한 논문 「음악의 물신적 성격과 청취의 퇴행에 관하여Über den Fetischcharakter der Musik und die Regression des Hörens」를 『사회연구』에 게재. 이 해 후반부는 발터 벤야민과 유물론적 미학의 원칙들에 관한 논쟁이 정점에 오른 시기임.

1939

아도르노의 양친이 쿠바를 거쳐 미국으로 망명. 아도르노와 라자스펠트 사이에 공동연구에 대한 견해 차이 발생. 5월에 컬럼비아 대학 철학부에서 「후설과 관념론의 문제」 강연. 후에 『철학저널』에 게재됨. 『사회연구』에 「바그너에 관한 단편들」 발표. 라디오 프로젝트의 음악부분에 대한 재정지원 종료됨. 호르크하이머와 아도르노가 공동 작업으로 구상했던 『변증법 논리』의 기초가 될 대화와 토론들이 두 사람 사이에서 이루어짐.

1940

라디오 프로젝트에서 부정적인 경험을 한 아도르노에게 호르크하이머가 연구소 기관지『사회연구』편집을 담당하는 정규직 제안. 아도르노는 반유태주의 프로젝트 구상.『국가사회주의의 문화적 측면』초안 작성. 벤야민이 9월 26일 스페인 국경 포르 부Port Bou에서 스스로 목숨을 끊음. 아도르노와 그레텔 큰 충격 받음.『건설Aufbau』에「발터 벤야민을 기억하며」기고.

1941

『신음악의 철학』작업. 호르크하이머와『변증법 논리』공동 작업을 계속하기 위해 로스앤젤레스로 이주 계획.「대중음악에 대하여」와「라디오 심포니」발표. 11월 로스앤젤레스로 이주.

1942

연초부터 호르크하이머와 함께 후에『계몽의 변증법』이라는 제목으로 출간될 책의 저술에 집중. 아도르노는 영화음악을 위한 프로젝트를 위해 한스 아이슬러Hans Eisler(1898-1962)와 작업. 할리우드 사교계의 수많은 망명인사들과 교제. 그레타 가르보Greta Garbo, 막스 라인하르트Max Reinhardt, 알렉산더 그라나흐Alexander Granach, 프리츠 랑Fritz Lang, 릴리 라테Lilly Latté 등.

1943

토마스 만Thomas Mann(1875-1955)과 알게 됨. 만이 집필하는『파우스트 박사 Doktor Faustus』의 구상에 결정적 영향을 미침. 그동안 정기적으로 편지를 주고받았던 뉴욕의 양친을 7월 방문. 버클리 여론 연구 그룹과 공동작업. 반유태주의의 본성과 외연에 관한 프로젝트 진행. 그 결과물이『권위주의적 인성』.

1944

한스 아이슬러와 함께『음악을 위한 작곡』집필에 많은 시간 투여. 호르크하이머와 공동 저술한 철학적 단상『계몽의 변증법』이 프리드리히 폴록Friedrich Pollock(1894-1970)의 50회 생일을 기념하여 출간. 전미 유태인 협회Das American Jewisch Committe(AJC)가 반유태주의 프로젝트 지원 승인. 샤를로테 알렉산더Charlotte Alexander와 내연관계.

1945

2월 막스 호르크하이머의 50회 생일을 기해 후일 출간될 책 『미니마 모랄리아』의 제1부 보여줌.

1946

부친이 7월 8일 뇌출혈로 사망. 9월에 뉴욕으로 어머니 방문. 위장장애, 심장이상 등. 편도선 절제 수술.

1947

『계몽의 변증법』이 암스테르담의 퀘리도 출판사에서 나옴. 『권위주의적 인성』 마무리 작업. 한스 아이슬러와 3년 전에 마무리 지은 저술 『영화를 위한 작곡』이 아이슬러의 단독저술로 출간됨. 아도르노의 이름을 제외시킨 것은 정치적인 고려에 의한 결정.

1948

라 하브라La Habra 칼리지에서 음악학자로 활동. 로스앤젤레스의 심리분석 연구소에서 강의. 토마스 만이 『파우스트 박사의 성립』이라는 저술에서 파우스트 소설에 기여한 아도르노에게 감사를 표함. 『미니마 모랄리아』 2, 3부 완성.

1949

『신음악의 철학』. 연말, 15년 만에 독일로 돌아옴. 막스 호르크하이머의 교수직 대행으로 프랑크푸르트 대학에서 강의. 비정년 트랙. 파리를 거쳐 10월에 프랑크푸르트에 도착. 편지와 그 밖의 그리고 여러 공식적인 언급들에서 독일 민주주의에 진실성이 결여되었다는 한탄을 늘어놓았지만 학생들의 정신적 참여에는 매우 감동을 받았다고 밝힘. 한스 게오르크 가다머Hans-Georg Gadamer(1900-2002)가 하이델베르크 대학의 초빙을 받아 떠나면서 후임으로 아도르노를 추천. 알반 베르크의 미망인 헬레네 베르크 Helene Berg와 베르크의 오페라 〈룰루Lulu〉의 오케스트라 편성작업 관련으로 서신교환.

1950

『권위주의적 인성』이 포함된 『편견연구Studies in Prejudice』가 뉴욕에서 발간

됨. 다름슈타트 지역연구Darmstädter Gemeindestudien에서 주관한 독일 과거사 문제 연구에 참여. 호르크하이머와 함께 사회연구소 재건에 노력. 다름슈타트 '신음악을 위한 국제 페스티벌Internationle Ferienkurse für neue Musik'의 위원이 됨. 중간에 몇 번 불참하기는 했지만 1966년까지 위원자격 유지. 마리 루이제 카슈니츠Marie-Luise Kaschnitz(1901-1974)와 친분 시작.

1951
주어캄프Suhrkamp 출판사에서 『미니마 모랄리아』 간행. 발터 벤야민의 아들 슈테판 벤야민Stefan Benjamin으로부터 부친의 저작 출간에 대한 전권 위임받음. 10월에 잠깐 프레드릭 해커Fredrick Hacker가 주도하는 심리분석 재단 Psychiatric Foundation 설립에 참여하기 위해 캘리포니아의 비벌리 힐즈 방문. 12월 바인하임Weinheim에서 열린 제1차 독일 여론조사를 위한 대회에서 기조 발표. 잡지 『메르쿠어Merkur』에 「바흐 애호가들에 맞서 바흐를 변호함」 발표.

1952
『바그너 시론(試論)』. 2월 23일 뉴욕에서 아도르노의 모친 사망. 10월부터 해커 재단의 연구소장Research Director. '독일 청년음악운동' 진영과 정치적 미학적 논쟁 시작. 1959년에 이르기까지 양 진영에서 학회, 라디오 대담 그리고 저술출판을 추진하는 형식으로 논쟁 계속됨.

1953
프레드릭 해커와의 격렬한 갈등으로 재단에 사퇴를 통보하고 8월에 독일로 돌아옴. 『미니마 모랄리아』에 대한 호평. 프랑크푸르트 대학 철학 및 사회학 전공 교수로 부임. 정원 외 교수. 정년트랙. 「카프카 소묘」, 「이데올로기로서의 TV」, 「시대를 초월한 유행」, 「재즈에 관하여」 등 수많은 에세이 발표.

1954
사회연구소의 소장 대리로서 연구과제에 대한 책임 증가. 7월에 에두아르트 슈토이어만Eduard Steuermann 그리고 루돌프 콜리쉬Rudolf Kolisch와 함께 다름슈타트 신음악을 위한 국제 페스티벌에서 가르침. 하이델베르크에서 열린 제12차 독일 사회학자 대회에서 이데올로기 개념에 대해 발표. 아놀드 쉰베르크

메달 받음.

1955

『프리즘』 출간. 미국여권이 만료됨에 따라 1938년 미국으로 이주하면서 상실했던 독일 국적 회복. 부인 그레텔과 함께 프리드리히 포드추스 Friedrich Podszus의 도움을 받아 벤야민의 저술 두 권 출간. 8월에 토마스 만 사망 소식을 들음. 알프레드 안더쉬Alfred Andersch(1914-1980)와 친분. 서신교환 시작됨.

1956

『불협화음들』, 『인식론 메타비판』 출간. 4월 헬레네 베르크와 빈에서 만남. 오랜만에 크라카우어와 프랑크푸르트에서 만남. 게르숌 숄렘Gershom Scholem (1897-1982)과의 활발한 교류.

1957

『헤겔 철학의 면모들』. 철학 및 사회학 전공 정교수로 임용됨.『시와 사회에 대한 강연Rede über Lyrik und Gesellschaft』. 바그너의 오페라 〈파르지팔Parzifal〉의 악보에 관한 에세이가 바이로이트 축제공연 프로그램에 게재.

1958

『문학론』 제1권. 사회연구소 소장이 됨. 여가수 카를라 헤니우스Carla Henius 와 알게 됨. 불면증. 연초 빈에 강연을 하러 가서 처음으로 사무엘 베케트 Samuel Beckett(1906-1898)의 『막판극Das Endspiel』 접함. 파리에서 그를 만남. 파리에서 세 차례 강연.

1959

베를린 비평가 상, 독일 문학비평가 상. 5월 베를린에서 열린 제 14차 사회학 대회에서 「얼치기 교육Zur Theorie der Halbbildung」 발표. 10월에 카셀 도큐멘타 기간에 신음악에 대하여 발표. 바덴바덴에서 현대예술에 대하여 발표. 기독교 유태교 공동작업을 위한 연석회의에서 「과거청산은 무엇을 의미하는가」 발표. 페터 스촌디Peter Szondi(1929-1971)가 주선한 파울 첼란Paul Celan(1920-1970)과의 만남은 성사되지 않음. 프랑크푸르트 대학 시학강의를 계기로 인게 보르크 바흐만Ingeborg Bachmann(1926-1973)과 친분.

1960

빈에서 구스타프 말러 100주기 추도 강연. 첼란과 서신교환. 사회연구소와 향후 설립될 지그문트 프로이트 연구소와의 관계를 정립하기 위해 알렉산더 미처리히Alexander Mitscherlich의 주선으로 바덴바덴에서 2주 간 체류.

1961

Paris College de France에서 3회에 걸친 대형 강의. 이탈리아(로마, 팔레르모, 페루자 등)에 강연요청. 아도르노와 칼 포퍼Karl Popper(1902-1994) 사이에 있던 '사회과학 논리'에 관한 토론이 촉발시킨 이른바 '실증주의 논쟁' 시작. 주어캄프사가 주관한 Vortragsabend에 베케트에 관한 장문의 발표문. 「베케트의 막판극 이해」.

1962

1월에 아도르노와 엘리아스 카네티Elias Canetti(1905-1994)의 라디오 공동 대담. 3월 토마스 만 전시회 개막 연설. 알렉산더 클루게Alexander Kluge(1932-)와의 친분.

1963

독일 사회학회 회장으로 선출됨. 60회 생일에 프랑크푸르트 시가 수여하는 괴테휘장Goethe Plakette 받음. 6월 빈에서 개최된 유럽학회에서 20세기의 박물관을 주제로 강연. 베를린에서 횔덜린에 관한 강연.

1964

독일 사회학회 회장으로 하이델베르크에서 제15차 사회학 대회 개최. 주제는 막스 베버와 오늘의 사회학. 바이로이트 트리스탄과 이졸데 공연안내문에 「바그너의 시의성」 게재.

1965

2월에 아놀드 겔렌Arnold Gehlen(1904-1976)과 '사회학은 인간에 관한 학문인가?'라는 주제로 라디오 방송에서 논쟁. 호르크하이머 70세 생일을 축하하는 아도르노의 글이 주간신문 디 차이트Die Zeit에 실림. 3월에 파리에서 강연. 사무엘 베케트 다시 만남.

1966

게르숌 숄렘과 함께 벤야민의 편지들을 편집하여 두 권으로 간행. 브뤼셀에서 음악사회학에 관한 대형 강의. 다름슈타트 페스티벌에 마지막으로 참여. 「음악에서 색채의 기능Funktion der Farbe in der Musik」이라는 주제로 3회 강연(매회 두 시간).

1967

베를린 예술아카데미에서 발표(「음악과 회화의 관계」, 「예술과 예술들 die Kunst und die Künste」). 게르숌 숄렘의 70회 생일을 맞아 12월 스위스 취리히 신문Neue Züricher Zeitung에 숄렘에 대한 아도르노의 헌정사가 실림. 7월 베를린 자유대학에서 아도르노 강의에 학생운동 세력이 반발하고 방해하는 행동 처음 발생.

1968

갈수록 과격해지는 학생운동 급진세력과 갈등 심화. 1월에 파리에서 미학에 관한 강연. 다시 베케트 만남. 2월에 쾰른에서 열린 베케트 작품에 관한 TV 토론회 참석. '비상사태하에서의 민주주의 행동본부Demokratie im Notstand'가 주최한 행사에 참여. 이 행사는 TV로 중계됨.

1969

피셔Fischer 출판사에서 『계몽의 변증법』 재출간. 『미학이론』 저술에 몰두. 1월 운동권 학생들이 사회연구소를 점거하자 경찰에 해산요청. 4월 학생들의 도발로 강의중단 사태 발생(이른바 '상의 탈의 사건'). 자유 베를린 방송에서 「체념Resignation」에 대해 강연. 학생운동의 행동주의를 두고 허버트 마르쿠제 Herbert Marcuse(1898-1979)와 논쟁. 이론과 실천의 관계에 대한 메모들. 스위스의 휴양지 체르마트Zermatt에서 휴가를 보내다가 8월 2일 심장마비로 비스프Visp의 병원에서 사망.

1970

그레텔 아도르노와 롤프 티데만이 편집한 『미학이론』 출간.

* 위 연보는 슈테판 밀러 돔Stefan Müller-Doom의 아도르노 전기 Adorno. Eine Biographie, Frankfurt/Main(2003)에 기초함.

연도별로 본 아도르노의 저작*

1924

• Die Transzendenz des Dinglichen und Noematischen in Husserls Phänomenologie. Phil. Dissertation. Frankfurt/M.
후설 현상학에서 물적인 것과 노에마적인 것의 초월

1927

• Der Begriff des Unbewußten in der transzendentalen Seelenlehre (Habilitationsschrift, wurde aber noch vor der Einleitung des Habilitationsverfahrens zurückgezogen).
초월적 영혼론에서 의식되지 않은 것의 개념

1933

• Kierkegaard, Konstruktion des Ästhetischen. Tübingen. J. C. B. Mohr.
키르케고르. 미적인 것의 구성

1947

• Dialektik der Aufklärung. Philosophische Fragmente. Amsterdam, Querido, zusammen mit Max Horkheimer geschrieben.
계몽의 변증법

---

* 1983년 프랑크푸르트 대학교에서 개최된 '아도르노에 관한 토론회 Adorno-Konfernz'에서 발표된 원고를 정리한 책인 Adorno-Konfernz 1983, Frankfurt/M. Suhrkamp, 1983에 첨부된 르네 괴르첸Rene Goertzen의 목록을 기준으로 하였다. 연도는 아도르노의 개별 저작의 최초 출판 연도를 의미한다.

1949

• Philosophie der neuen Musik. Tübingen. J. C. B. Mohr.
신음악의 철학

1950

• The Authoritarian Personality. New York. Harper & Brothers.
권위주의적 인성

1950

• Minima Moralia. Reflexionen aus dem beschädigten Leben. Berlin, Frankfurt/M.
Suhrkamp.
미니마 모랄리아

1952

• Versuch über Wagner. Berlin, Frankfurt/M. Suhrkamp.
바그너 시론(試論)

1955

• Prismen. Kulturkritik und Gesellschaft. Berlin, Frankfurt/M. Suhrkamp.
프리즘. 문화비판과 사회

1956

• Zur Metakritik der Erkenntnistheorie. Studien über Husserl und die
phänomenologischen Antinomien. Stuttgart. W. Kohlhammer.
인식론 메타비판. 후설과 현상학적 이율배반들에 관한 연구
• Dissonanzen. Musik in der verwalteten Welt. Göttingen. Vandenhoeck &
Ruprecht.
불협화음들. 관리된 세계에서의 음악

1957

• Aspekte der Hegelschen Philosophie. Berlin, Frankfurt/M. Suhrkamp.

헤겔 철학의 면모들

1958

• Noten zur Literatur I. Berlin, Frankfurt/M. Suhrkamp.
문학론 I

1959

• Klangfiguren. Musikalische Schriften I. Berlin, Frankfurt/M. Suhrkamp.
울림의 형태들

1960

• Mahler. Eine musikalische Physiognomik. Frankfurt/M. Suhrkamp.
말러. 음악적 인상학

1961

• Noten zur Literatur II. Frankfrut/M. Suhrkamp.
문학론 II

1962

• Einleitung in die Musiksoziologie. Zwölf theoretische Vorlesungen. Frankfurt/M.
Suhrkamp.
음악사회학 입문
• Sociologica II. Rede und Vorträge. zusammen mit Max Horkheimer,
Frankfurt/M. Europäische Verlagsanstalt.
사회학 II

1963

• Drei Studien zu Hegel. Frankfurt/M. Suhrkamp.
헤겔 연구 세 편
• Eingriffe. Neuen kritische Modelle. Frankfurt/M. Suhrkamp.
개입들

- Der getreue Korrepetitor, Lehrschriften zur musikalischen Praxis. Frankfurt/ M. Fischer.
  충실한 연습지휘자
- Quasi una fantasia. Musikalische Schriften II. Frankfurt/M. Suhrkamp.
  환상곡풍으로

1964

- Moments musicaux. Neu gedruckte Aufsätze 1928~1962. Frankfurt/M. Suhrkamp.
  음악의 순간들
- Jargon der Eigentlichkeit. Zur deutschen Ideologie. Frankfurt/M. Suhrkamp.
  고유성이라는 은어

1965

- Noten zur Literatur III. Frankfurt/M. Suhrkamp.
  문학론 III

1966

- Negative Dialektik. Frankfurt/M. Suhrkamp.
  부정변증법

1967

- Ohne Leitbild. Parva Aesthetica. Frankfurt/M. Suhrkamp.
  길잡이 없이

1968

- Berg. Der Meister des kleinen Übergangs. Wien. Verlag Elisabeth Lafite/ Österreichischer Bundesverlag.
  알반 베르크
- Impromptus. Zweite Folge neu gedruckter musikalischer Aufsätze. Frankfurt/M. Suhrkamp.

즉흥곡

1969

• Komposition für den Film. zusammen mit Hans Eisler, München. Rogner & Bernhard.

영화를 위한 작곡

• Stichworte. Kritische Modelle 2. Frankfurt/M. Suhrkamp.

핵심 용어들. 비판적 모델 2.

• Nervenpunkte der Neuen Musik(Ausgewählt aus Klangfiguren: cf. Klangfiguren von 1959).

신음악의 예민한 문제들

• Th. W. Adorno u.a., Der Positivismusstreit in der deutschen Soziologie. Neuwid und Berlin. Luchterhand.

독일 사회학에서 실증주의 논쟁

1970

• Ästhetische Theorie. Hrsg. von Gretel Adorno und Rolf Tiedemann, Frankfurt/M. Suhrkamp.

미학이론

• Über Walter Benjamin. Hrsg. und mit Anmerkung versehen von Rolf Tiedemann. Frankfurt/M. Suhrkamp.

발터 벤야민

• Aufsätze zur Gesellschaftstheorie und Methodologie. Frankfurt/M. Suhrkamp.

사회이론과 방법론에 관한 논문들

• Erziehung zur Mündigkeit. Vorträge und Gespräch mit Helmut Becker 1959~1969. Hrsg. von Gerd Kadelbach. Frankfurt/M. Suhrkamp.

성숙함으로 이끄는 교육

1971

• Eine Auswahl. Hrsg. von R. Tiedemann. Büchergilde Gutenberg.

작은 선집

• Kritik, Kleine Schriften zur Gesellschaft. Hrsg. von R. Tidemann. Frankfurt/ M. Suhrkamp.
사회 비판

1973

• Versuch, das Endspiel zu verstehen. Aufsätze zur Literatur des 20. Jahrhunderts I. Frankfurt/M. Suhrkamp.
베케트의 막판극 이해
• Zur Dialektik des Engagements. Aufsätze zur Literatur des 20. Jahrhunderts II. Frankfurt/M. Suhrkamp.
사회 참여의 변증법
• Philosophische Terminologie. Zur Einleitung. Band I, Hrsg. von Rudolf zur Lippe. Frankfurt/M. Suhrkamp.
철학용어들 I
• Philosophische Terminologie. Zur Einleitung. Band II, Hrsg. von Rudolf zur Lippe, Frankfurt/M. Suhrkamp.
철학용어들 II

1974

• Briefwechsel. zusammen mit Ernst Kreneck, Hrsg. von Wolfgang Rogge. Frankfurt/M. Suhrkamp.
에른스트 크레네크와의 편지 교환

1975

• Gesellschaftstheorie und Kulturkritik. Frankfurt/M. Suhrkamp.
사회이론과 문화비판

1979

• Der Schatz des Indianer-Joe. Singspiel nach Mark Twain. Herausgegeben und

mit einem Nachwort von R. Tiedemann. Frankfurt/M. Suhrkamp.
인디언-조의 보물. 마크 트웨인에 따른 징슈필
* Soziologische Schriften I. Hrsg. von R. Tiedemann. Frankfurt/M. Suhrkamp.
사회학 논문집 I

1980

* Kompositionen, Band I: Lieder für Singstimme und Klavier. Hrsg. von Heinz-Klaus Metzger und Rainer Riehn. München. Edition Text + Kritik.
창작곡 제1권. 성악과 피아노를 위한 가곡
* Kompositionen, Band II: Kammermusik.Chöre, Orchestrales. Hrsg. von Heinz-Klaus Metzger und Rainer Riehn. München. Edition Text + Kritik.
창작곡 제2권. 실내악곡, 합창곡, 오케스트라곡

1981

* Noten zur Literatur IV. Hrsg. von R. Tiedemann. Frankfurt/M. Suhrkamp.
문학론 IV

사회학 강의

Einleitung in die Soziologie